中国语言文学文库·典藏文库

吴承学　彭玉平　主编

潘允中汉语史论集

潘允中 著

中山大学出版社
·广州·

版权所有　翻印必究

图书在版编目（CIP）数据

潘允中汉语史论集/潘允中著. —广州：中山大学出版社，2018.12
（中国语言文学文库·典藏文库/吴承学，彭玉平主编）
ISBN 978-7-306-06487-5

Ⅰ. ①潘…　Ⅱ. ①潘…　Ⅲ. ①汉语史—文集　Ⅳ. ①H1-09

中国版本图书馆 CIP 数据核字（2018）第 274567 号

出 版 人：王天琪
策划编辑：嵇春霞
责任编辑：罗雪梅
封面设计：曾　斌
责任校对：王延红
责任技编：何雅涛
出版发行：中山大学出版社
电　　话：编辑部 020-84110283，84111996，84111997，84113349
　　　　　发行部 020-84111998，84111981，84111160
地　　址：广州市新港西路 135 号
邮　　编：510275　　传　真：020-84036565
网　　址：http://www.zsup.com.cn　E-mail：zdcbs@mail.sysu.edu.cn
印 刷 者：佛山市浩文彩色印刷有限公司
规　　格：787mm×1092mm　1/16　24.5 印张　412 千字
版次印次：2018 年 12 月第 1 版　2018 年 12 月第 1 次印刷
定　　价：86.00 元

如发现本书因印装质量影响阅读，请与出版社发行部联系调换。

中国语言文学文库

主　编　吴承学　彭玉平

编　委（按姓氏笔画排序）

　　　　王　坤　王霄冰　庄初升

　　　　何诗海　陈伟武　陈斯鹏

　　　　林　岗　黄仕忠　谢有顺

总　序

吴承学　彭玉平

中山大学建校将近百年了。1924年，孙中山先生在万方多难之际，手创国立广东大学。先生逝世后，学校于1926年定名为国立中山大学。虽然中山大学并不是国内建校历史最长的大学，且僻于岭南一地，但是，她的建立与中国现代政治、文化、教育关系之密切，却罕有其匹。缘于此，也成就了独具一格的中山大学人文学科。

人文学科传承着人类的精神与文化，其重要性已超越学术本身。在中国大学的人文学科中，中国语言文学学科的设置更具普遍性。一所没有中文系的综合性大学是不完整的，也几乎是不可想象的。在文、理、医、工诸多学科中，中文学科特色显著，它集中表现了中国本土语言文化、文学艺术之精神。著名学者饶宗颐先生曾认为，语言、文学是所有学术研究的重要基础，"一切之学必以文学植基，否则难以致弘深而通要眇"。文学当然强调思维的逻辑性，但更强调感受力、想象力、创造力和语言表达能力。有了文学基础，才可能做好其他学问，并达到"致弘深而通要眇"之境界。而中文学科更是中国人治学的基础，它既是中国文化根基的重要组成部分，也是中国文明与世界文明的一个关键交集点。

中文系与中山大学同时诞生，是中山大学历史最悠久的学科之一。近百年中，中文系随中山大学走过艰辛困顿、辗转迁徙之途。始驻广州文明路，不久即迁广州石牌地区；抗日战争中历经三迁，初迁云南澄江，再迁粤北坪石，又迁粤东梅州等地；1952年全国高校院系调整，始定址于珠江之畔的康乐园。古人说："艰难困苦，玉汝于成。"对于中山大学中文系来说，亦是如此。百年来，中文系多番流播迁徙。其间，历经学科的离合、人物的散聚，中文系之发展跌宕起伏、曲折逶迤，终如珠江之水，浩浩荡荡，奔流入海。

康乐园与康乐村相邻。南朝大诗人谢灵运,世称"康乐公",曾流寓广州,并终于此。有人认为,康乐园、康乐村或与谢灵运(康乐)有关。这也许只是一个美丽的传说。不过,康乐园的确洋溢着浓郁的人文气息与诗情画意。但对于人文学科而言,光有诗情是远远不够的,更重要的是必须具有严谨的学术研究精神与深厚的学术积淀。一个好的学科当然应该有优秀的学术传统。那么,中山大学中文系的学术传统是什么?一两句话显然难以概括。若勉强要一言以蔽之,则非中山大学校训莫属。1924年,孙中山先生在国立广东大学成立典礼上亲笔题写"博学、审问、慎思、明辨、笃行"十字校训。该校训至今不但巍然矗立在中山大学校园,而且深深镌刻于中山大学师生的心中。"博学、审问、慎思、明辨、笃行"是孙中山先生对中山大学师生的期许,也是中文系百年来孜孜以求、代代传承的学术传统。

一个传承百年的中文学科,必有其深厚的学术积淀,有学殖深厚、个性突出的著名教授令人仰望,有数不清的名人逸事口耳相传。百年来,中山大学中文学科名师荟萃,他们的优秀品格和学术造诣熏陶了无数学者与学子。先后在此任教的杰出学者,早年有傅斯年、鲁迅、郭沫若、郁达夫、顾颉刚、钟敬文、赵元任、罗常培、黄际遇、俞平伯、陆侃如、冯沅君、王力、岑麒祥等,晚近有容庚、商承祚、詹安泰、方孝岳、董每戡、王季思、冼玉清、黄海章、楼栖、高华年、叶启芳、潘允中、黄家教、卢叔度、邱世友、陈则光、吴宏聪、陆一帆、李新魁等。此外,还有一批仍然健在的著名学者。每当我们提到中山大学中文学科,首先想到的就是这些著名学者的精神风采及其学术成就。他们既给我们带来光荣,也是一座座令人仰止的高山。

学者的精神风采与生命价值,主要是通过其著述来体现的。正如司马迁在《史记·孔子世家》中谈到孔子时所说的:"余读孔氏书,想见其为人。"真正的学者都有名山事业的追求。曹丕《典论·论文》说:"盖文章,经国之大业,不朽之盛事。年寿有时而尽,荣乐止乎其身,二者必至之常期,未若文章之无穷。是以古之作者,寄身于翰墨,见意于篇籍,不假良史之辞,不托飞驰之势,而声名自传于后。"真正的学者所追求的是不朽之事业,而非一时之功名利禄。一个优秀学者的学术生命远远超越其自然生命,而一个优秀学科学术传统的积聚传承更具有"声名自传于后"的强大生命力。

为了传承和弘扬本学科的优秀学术传统，从2017年开始，中文系便组织编纂中山大学"中国语言文学文库"。本文库共分三个系列，即"中国语言文学文库·典藏文库""中国语言文学文库·学人文库"和"中国语言文学文库·荣休文库"。其中，"典藏文库"（含已故学者著作）主要重版或者重新选编整理出版有较高学术水平并已产生较大影响的著作，"学人文库"主要出版有较高学术水平的原创性著作，"荣休文库"则出版近年退休教师的自选集。在这三个系列中，"学人文库""荣休文库"的撰述，均遵现行的学术规范与出版规范；而"典藏文库"以尊重历史和作者为原则，对已故作者的著作，除了改正错误之外，尽量保持原貌。

一年四季满目苍翠的康乐园，芳草迷离，群木竞秀。其中，尤以百年樟树最为引人注目。放眼望去，巨大树干褐黑纵裂，长满绿茸茸的附生植物。树冠蔽日，浓荫满地。冬去春来，墨绿色的叶子飘落了，又代之以郁葱青翠的新叶。铁黑树干衬托着嫩绿枝叶，古老沧桑与蓬勃生机兼容一体。在我们的心目中，这似乎也是中山大学这所百年老校和中文这个百年学科的象征。

我们希望以这套文库致敬前辈。

我们希望以这套文库激励当下。

我们希望以这套文库寄望未来。

2018年10月18日

吴承学：中山大学中文系学术委员会主任、教授，长江学者特聘教授
彭玉平：中山大学中文系系主任、教授，长江学者特聘教授

目 录

第一部分 汉语词汇史概要

第一章 汉语词汇史概说 ··· 3
 第一节 上古词汇发展的特点 ····································· 4
 第二节 中古词汇发展的特点 ····································· 7
 第三节 近代词汇发展的特点 ····································· 9
 第四节 现代汉语词汇发展的新特点 ······························ 10
第二章 汉语构词法的发展 ·· 14
 第一节 上古构词法的特点 ······································ 14
 第二节 中古时期构词法的发展 ·································· 29
 第三节 近代至现代构词法的发展 ································ 31
 第四节 汉语词汇向复音化发展的原因 ···························· 34
第三章 汉语基本词汇的发展 ······································ 38
 第一节 汉语基本词汇的特征及远古来源 ·························· 38
 第二节 关于自然现象、自然物的词汇 ···························· 39
 第三节 关于方位的词汇 ·· 42
 第四节 关于人和人体部分的词汇 ································ 43
 第五节 关于亲属的词汇 ·· 49
 第六节 关于生产劳动的词汇 ···································· 54
 第七节 关于物质文化的词汇 ···································· 59
 第八节 关于行为的基本词汇 ···································· 64
 第九节 关于事物的性状的基本词汇 ······························ 69
 第十节 关于基本词汇的结论 ···································· 70

- 第四章　同义词的发展变化 …………………………………… 72
  - 第一节　古代音近义同的同义词发展 ……………………… 74
  - 第二节　方言性同义词的发展 ……………………………… 77
  - 第三节　代表特殊概念同义词的发展 ……………………… 79
  - 第四节　具有修辞色彩同义词的发展 ……………………… 82
- 第五章　词义的历史发展规律 ………………………………… 91
  - 第一节　词义的引申 ………………………………………… 91
  - 第二节　词义的缩小 ………………………………………… 93
  - 第三节　词义的新陈代谢 …………………………………… 95
- 第六章　汉语古今借词和译词的来源（上）………………… 98
  - 第一节　上古时期的借词 …………………………………… 99
  - 第二节　中古时期的借词 …………………………………… 104
  - 第三节　近代时期的借词 …………………………………… 113
- 第七章　汉语古今借词和译词的来源（下）………………… 117
  - 第一节　鸦片战争后汉语大批吸收东西方借词和译词 …… 117
  - 第二节　直接来自西欧的借词和译词 ……………………… 118
  - 第三节　日本译名的借用和日语借词 ……………………… 123
  - 第四节　五四运动以后出现的新词 ………………………… 125
- 第八章　汉语成语、典故的形成和发展 ……………………… 130
  - 第一节　成语、典故的来源及其发展过程 ………………… 130
  - 第二节　成语、典故的积极作用 …………………………… 136
  - 第三节　近30年来成语、典故的新发展 …………………… 138

第二部分　汉语语法史概要

绪论 ……………………………………………………………… 145
  - 第一节　汉语形成的过程 …………………………………… 145
  - 第二节　汉语历史语法的特点 ……………………………… 150

上编　词类的发展

- **第一章　名词的发展** ·· 165
  - 第一节　上古物体范畴的产生和发展 ··············· 165
  - 第二节　近代以前的名词前加成分 ··················· 167
  - 第三节　五四运动以后新兴的名词词尾 ············ 173
  - 第四节　名词的语法特点 ································ 174
- **第二章　动词的发展** ·· 176
  - 第一节　上古动词的特点 ································ 176
  - 第二节　动词的词头问题 ································ 177
  - 第三节　现代汉语动词语助"了""着"的来源 ······ 181
  - 第四节　动词重叠的起源 ································ 184
- **第三章　形容词和副词的发展** ····························· 186
  - 第一节　上古形容词的词头问题 ······················ 186
  - 第二节　古代形容词和副词的发展 ··················· 187
  - 第三节　词尾"的""地"的产生和发展 ··············· 192
  - 第四节　否定副词"弗""勿"的演变 ·················· 195
- **第四章　人称代词的发展及其变格问题** ················ 201
  - 第一节　第一人称代词的演变过程 ··················· 201
  - 第二节　第二人称代词的演变过程 ··················· 208
  - 第三节　第三人称代词的演变过程 ··················· 211
  - 第四节　人称代词复数表示法的发展 ················ 215
- **第五章　指示代词、疑问代词的发展** ···················· 219
  - 第一节　指示代词的发展 ································ 219
  - 第二节　疑问代词的发展 ································ 226
- **第六章　数词和量词的发展** ································ 233
  - 第一节　数词的产生和发展 ····························· 233
  - 第二节　量词的起源和发展 ····························· 236
- **第七章　介词的发展** ·· 247
  - 第一节　"于"（於）、"乎""在"的演变 ············· 247

第二节 "之"的演变	251
第三节 "以""为"的演变	254
第四节 "与""同""和"的演变	258

第八章 连词及其与句子关系的发展 ……………………… 263
  第一节 上古连词的基本情况 ……………………………… 263
  第二节 几个常用连词的发展 ……………………………… 265

下编 句法的发展

第九章 汉语词序的发展 ……………………………………… 273
  第一节 词序固定是汉语的一大特点 …………………… 273
  第二节 上古汉语语序变化的几种情况 ………………… 274
  第三节 介宾结构的词序 ………………………………… 278

第十章 句子语气词的发展 …………………………………… 283
  第一节 上古句子语气词的特点 ………………………… 283
  第二节 陈述句语气词的发展 …………………………… 285
  第三节 疑问句语气词的发展 …………………………… 292
  第四节 现代汉语语气词"呢""哩""么""吗""吧""罢"
     的起源 ……………………………………………… 298

第十一章 判断句的发展 ……………………………………… 303
  第一节 上古判断句的基本形式 ………………………… 303
  第二节 "是"由近指代词到系词的发展 ……………… 307
  第三节 系词"是"的扩张用法 ………………………… 312

第十二章 描写句的发展 ……………………………………… 318
  第一节 描写句最早出现的几种形式 …………………… 318
  第二节 连系性动词描写句的发展 ……………………… 321
  第三节 动词谓语的描写句的发展 ……………………… 324

第十三章 叙述句的特殊形式的发展 ………………………… 328
  第一节 意动用法引起宾语性质的变化 ………………… 328
  第二节 使动用法引起主谓关系的变化 ………………… 331
  第三节 从意动用法和使动用法看汉语的词类问题 … 334

第十四章 汉语动补结构的发展 ……………………………… 337
第一节 动补结构的产生和发展 ……………………… 337
第二节 趋向补语的发展 ……………………………… 344

第十五章 被动式的产生和发展 ……………………………… 350
第一节 古汉语的被动式问题 ………………………… 350
第二节 上古汉语被动意念的表示法 ………………… 351
第三节 被动式的起源和发展 ………………………… 353
第四节 近代以来被动式的发展 ……………………… 361

第十六章 处置式的起源和发展 ……………………………… 364
第一节 处置式的起源 ………………………………… 364
第二节 处置式的成熟流行 …………………………… 366
第三节 处置式的发展 ………………………………… 367

结束语 ……………………………………………………………… 371

附录 第二部分《汉语语法史概要》引书简称 ………………… 373

跋 …………………………………………………………………… 376

第一部分
汉语词汇史概要

第一章　汉语词汇史概说

　　汉语词汇史是汉语史的三大组成部分之一，其余两个是汉语语音史和汉语语法史。以历史悠久著称的汉语，拥有极其丰富的词汇。经历漫长的时代留存至今的甲骨文、金文以及《周易》《尚书》《诗经》①《论语》《孟子》《庄子》《楚辞》等，是世界上最珍贵的上古前期书面语的宝库。这些书面语记录着极其丰富、极其精炼的汉语词汇，其中不少还在现代汉语里继续使用。秦汉以后，历代都产生过一批伟大的思想家、文学家和艺术家，他们的作品和其他民间作品，成为汉语词汇史的伟大宝藏。到了现代，汉语词汇的发展，更达到了空前丰富多彩的地步。据中国社会科学院语言研究所1978年8月出版的《现代汉语词典》"前言"宣称，词典中所收条目，包括字、词、词组、熟语、成语等，共56000多条。朱起凤先生尝以个人之力，历30多年之寒暑，完成《辞通》二十四卷，从"丁东"起，至"物色"止，收集经史子集中的双音单纯词和相应的双音假借词，共4万多条。这是一笔庞大的语言财富！这笔财富是怎样发展过来的呢？它经过什么变化和有哪些规律？将来又会走向什么方向？这就是本章所要研究和探讨的问题。

　　汉语词汇史应该包括什么内容，我认为原则上既要综览古今，指出各个时代词汇产生、发展和变化的特点及社会性，又要分述汉语词汇系统各个组成部分（尽可能联系其形音义的关系）的发展面貌。这两方面缺一不可。本部分根据这个原则，以前者为纲、后者为目，依次讨论下列7个问题：①汉语词汇发展的特点；②汉语构词法的发展；③汉语基本词汇的发展；④同义词的发展变化；⑤词义的历史发展规律；⑥汉语古今借词和译词的来源；⑦汉语成语典故的形成和发展。

---

①　《周易》《尚书》《诗经》也称《易》《书》《诗》。

第一节　上古词汇发展的特点

汉语在殷商以前的情况，已无文献可考。自殷商至秦代，中国社会由奴隶制逐渐转入封建制，变动至为剧烈。秦并六国，建立了专制主义的中央集权的封建国家，中国社会第一次发展到大一统的新阶段。所有这些上古社会的变革和发展，都不能不在当时的书面语里得到一定反映，同时在汉语的词汇系统也可以看到它的反映。

第一，语言词汇由简约向繁复铺张发展。殷商及西周时代，语言比较质朴，记录口语的语词也还不多，像甲骨文、金文、《周易》《尚书》以及《诗经》中的"雅""颂"等。但从词汇来说，却不能认为在上古前期就只有单音词而没有双音词，即使在甲骨文、金文里也不能这样说。只是古人对什么概念用单音词表示，什么概念以双音词表示为宜，这和后人，特别是今人有所不同罢了。例如甲骨文、金文里有一部分合体文字①，从其结构看来，当时人们是把这种合体字内容作为整体的概念，所以用"复音"形式来记录它们。我们不妨把这些合体字看作汉语复音词结构的初级状态。合体字所表示的事物，约有以下几类比较明显：

（1）表示天气变化动态的：允雨、小雨、其雨、不雨、亡雨、风雨、亡风。（原文各词俱是合体，因铅排不便，仍作两字排，仅改作活体字以示区别，下同——编者）

（2）表示亲属和人名的：王母、中母、母癸、母壬、小帝、小王、小臣。

（3）表示整个时间或整个数目的：九百、一千、二千、三千、五千、二月、三月、四月、五月、十三月、三旬、四旬、三祀。

（4）表示器物数量的：一牢、二朋、五朋、百朋、卅朋、二爯、十爯、一卣、三卣、二伐、十五伐、二匹、三匹、十匹、一牛、二牛、一羊、二羊、一豕、二豕，等等。

合体字延续至秦才停止。《诗经》的"雅""颂"里出现不少的双

---

① 这里所引合体字，是根据高明编《古文字类编》，中华书局1980年版。

声、叠韵词和一般复音词。到了春秋战国一变而为文从字顺、辞采纷披的诸子文学语言。这是什么原因呢？清代史学家章学诚说："纵横之学，本于古者行人之官（专门管理来朝见或聘问的交际官），观春秋之辞命，列国大夫，聘问诸侯，出使专对，盖欲文其言以达旨而已。至战国而抵掌揣摩，腾说以取富贵，其辞敷张而扬厉，变其本而加恢奇焉，不可谓非行人辞命之极也。"（《文史通义·诗教上》）。这是说战国纵横游说的频繁，促使语言向铺张藻饰发展了。其实这些话只是说出了问题的一方面，即语言促进了社会交际的发展，同时我们还看到了另外一方面，即社会的大发展又促进了语言的发展。当时诸子学术思想灿然大备，文章驰骋不拘，确是促使语言词汇丰富发展的重要原因。《庄子·天下篇》自述其写作方法说："以谬悠（无稽）之说，荒唐之言，无端崖之辞，时恣纵而不傥（随时放任而不偏党），不以觭（奇）见之也。以天下为沉浊，不可与庄语（正经话）。以卮言（随物而变，不执一固守之言）为曼衍，以重言为真，以寓言为广。"① 为什么《庄子》一书词汇那么丰富，句式那么多样化，由此可以得到解释了。

第二，有关农业生产的词汇逐渐丰富起来。商代的主要生产是畜牧，而农业也已逐渐发达；但甲骨文和《商书》中有关农业的词汇却还不多，较重要的只有麦、黍、稷、谷、秬、获、耤（锄地）、田、畴、井、疆、亩、圃、啬（穑）、农、秋（收成）等。到了春秋战国时代，这一类的词就增多了。如《周礼》"大宰之职"有九谷的说法，指黍、稷、秫（shú，粘稻子）、稻、麻、大小豆、大小麦。《考工记》的"匠人为沟洫"里详细叙述了当时的灌溉系统，出现了甽（小沟）、遂（较大于甽的沟）、沟（较大于遂的）、浍（较大于沟的）等新词。《吕氏春秋》出现的《任地》《辩土》和《审时》3篇，都是专讲农业技术的，其中出现不少新词语。如：任地（使用土地）、浴土、保湿、藁（禾秆）、穗、糠、上田、下田、螟螣（害虫）、棘（地瘠）、穉禾（晚种早熟稻）、重（即穜，早种晚熟稻）、垆（硬土）、埴（黏土）、陂、培（田侧）、穊（禾盛貌）、穖（穗的分枝）、秙（疑即秸，舂米）、枲、荚、糳（麦皮）、蚼蛆（害禾虫），等等，足以说明周秦时代农业词汇的发展 [东汉许慎撰《说文解字》（简称《说文》），从禾的字不过100个；《大广益会玉篇》增至178字；清初

---

① 郭庆藩辑，王孝鱼整理：《庄子集释》第四册，中华书局1961年版。

的《康熙字典》从禾的字却有400多个，字（词）之逐渐丰富，可见一斑］。

和农业发展有密切关系的还有药草。据专家研究，《山海经》在《五藏山经》里，还记录了一百一十七种药物。其中利用动物做药的六十四种，用植物做药的四十九种，用无机物做药的四种；其中，治人病的，一百零三种，治兽病的两种，毒鼠、毒鱼的药物有六种，其他四种，还有两种未记载治什么病。①

第三，表示抽象概念的词汇，日益发达。概念是人脑的最高产物，而抽象概念更是人类思维进一步发展的标志。在西周以前，即在甲骨文时期，除已出现"仁""义""美""爱""祝""福""禄"等字以外，这种词语还是有限的；到了春秋战国时代，不仅数量上大大增加，而且词所代表的概念内涵也发展了。像儒家所提出的"仁"这个字，虽然早见于殷商，但在春秋战国时代才有"知（智）、仁、勇"并提。有时则"仁、义、礼、智、信"并提，构成一套完整的儒家道德观念。如《论语·子罕》："知者不惑，仁者不忧，勇者不惧。"《孟子·告子上》："恻隐之心，仁也；羞恶之心，义也；恭敬之心，礼也；是非之心，智也。仁义礼智，非由外铄我也，我固有之也，弗思耳矣。"对立的矛盾概念的词汇也大大增加了。《老子》和《易经》中都有不少表示这种概念的词。如大小、有无、美恶、难易、长短、高下、前后、强弱、虚实、远近、内外、出入、进退、往来、得丧、有亡、生死、吉凶、祸福、泰否、损益、盈虚、消长、剥复，等等，这是汉语反义词的最早来源。

第四，社会阶级关系的变化在词汇中也得到相应的反映。在奴隶社会，比方甲骨文里，就有代表大小奴隶主的名词。如帝、王、百姓（百官）、史、尹、吏等，也有奴隶阶级的各种称呼，如"民"和"众"是奴隶的统称，男奴隶叫"臣"，女奴隶叫"妾"，在屋下做工的罪人叫"宰"。《春秋左传》里说："天有十日，人有十等。……故王臣公（臣，名词，这里做使动用法。'臣公'即使公为臣。以下仿此）。公臣大夫，大夫臣士，士臣皂，皂臣舆，舆臣隶，隶臣僚，僚臣仆，仆臣台。"（见《昭公七年》）在十等中，王、公、大夫和士四等属于贵族阶层，其余属于奴隶。后来由于阶级分化，"百姓"改变为"人民"的同义词；"民"

---

① 参见袁珂《山海经校注》卷五《中山经》，上海古籍出版社1980年版。

和"众"也已扩大为指一般人民。没落的贵族有时也自称为"民"。"宰"却上升为统治阶级的一种名称,如《论语·子路》:"仲弓为季氏宰。""宰"即家臣之长。

第二节 中古词汇发展的特点

自西汉至唐朝约 1000 年中,中国社会经历了好几个封建王朝,生产关系在前朝的基础上有了进一步的发展,总的说来,农业、手工业、商业,都呈现出相对的繁荣。对外交往逐渐频繁,民族融合和文化交流成为这个时期很突出的事件。在这期间,汉语词汇的发展,表现在以下几个方面:

(1) 由于汉魏六朝的散文、辞赋和乐府诗歌以及唐代诗文各极一时之盛,因此,文学语言得到空前的发展。前朝的文学语言以说理为多,此时则基本上向描写发展。例如,辞赋直接继承楚骚,其语言上的特点就是"铺采摘文,体物写志"(《文心雕龙·诠赋》),试一读班孟坚的《两都赋》和左太冲的《三都赋》(蜀都、吴都、魏都各赋一篇),就可以知道他们都是穷搜华丽的辞藻,以描摹物状,抒发感情的典型。例如左思的写作方法,《晋书·左思传》说:"思复欲赋三都,遂构思十年,门庭藩溷,皆著笔纸,思得一句,即便疏之。……及赋成……司空见而叹曰:'班、张之流也,使读之者尽而有余,久而更新。'于是豪贵之家竞相传写,洛阳为之纸贵。"至于乐府民歌记录了很多当时民间的活的语汇,这对丰富汉语的文学语言起了很大的作用。

(2) 中古社会生产的发展,也促进了有关科学的发达。在这期间,书面语言中还涌现了一批科学技术方面的新词。我们的祖先对于同农业有密切关系的历法学,向来就很重视。在战国时代作品《吕氏春秋·十二纪》里,已有立春、雨水、立夏、小暑、立秋、白露和立冬的说法。后来东汉人撰述的《易纬通卦验》,便详细记录了二十四节气的名称。后魏以后,人们把这些名称刊入历书里,并加说明,以指导农业生产。又如汉代的医药学也相当发达,张仲景所著《伤寒论》一书,记录了大量的医学新词语,如脉、脉涩、脉浮、寸、关、尺、表、里、恶寒、针灸、虚、实,等等。这些中医上的词和语都一直沿用至今。

(3) 词汇新陈代谢,在上中古衔接时期也表现得尤为明显。先秦古籍如《尚书》所使用的一部分词语及其意义，到了汉代已经古老陈腐，时人已经不很了解；因此，司马迁作《史记》时，不得不换以汉代较通行的语言，有的连句子也改变了。试比较下面两边的文句，便可看出词语变化的一斑：

《尚书·尧典》	《史记·五帝本纪》
克明俊德。	能明驯德。
协和万邦。	合和万国。
历象日月星辰。	数法日月星辰。
以殷仲春。	以殷中春。
鸟兽孳尾。	鸟兽字微。
寅饯纳日。	敬道日入。
宵中、	夜中、
宅朔方	居北方
允釐百方，庶绩咸熙。	信饬百官，众功皆兴。
胤子朱启明。	嗣子丹朱开明。
静言庸违，	共工善言，共用僻，
象恭滔天。	似恭漫天。
下民其咨，	下民其忧，
有能俾乂。	有能使治者。
佥曰：於，鲧哉。	皆曰：鲧可。
方命圮族。	鲧负命毁族，不可。
师锡帝曰：有鳏在下曰虞舜。	众皆言于尧曰：有矜在民间曰虞舜。
乂不格奸。	治不至奸。
观厥刑于二女。	观其德于二女。

这些词语的变化，大致遵循着三个原则：①方言（或部客语）的普遍性选择，如：允子→嗣子；邦→国；历象→数法；寅→敬。②同义词的口语性选择，如：克→能；佥→皆；朔→北；协→和；宵→夜；启→开；宅→居；象→似。③同音假借字的规范性选择，如：仲春→中春；工→宫；厥→其。这三个变化发展的规律，当然也适用于中古以后的汉语。

（4）汉语中的外来成分大批出现，是中古汉语词汇发展的又一特点。这些外来成分有两个来源：一是由对外通商输进来的新事物的新名词，如珊瑚、琉璃、骆驼、安石榴、苜蓿等词；二是佛经的翻译，如世界、圆满、方便等均是梵语译词。关于词汇中的外来语，后面另有专章讨论，这里暂不多谈。

第三节 近代词汇发展的特点

近代时期——自公元 10 世纪晚唐起至 19 世纪鸦片战争后，此时期较突出的历史特点是：抗击外族侵略的战争频繁，对外通商有更大的发展；西洋文化逐渐输入；民间讲唱文学和词曲盛行，给予书面语言以很大影响，并且留下了极其丰富的口语词汇。在这种情形下，汉语词汇发展的特点，有如下两个方面：

第一，自然科学和社会科学方面的新词术语，第一次出现在汉语词汇里，成为这个时期词汇发展的新生力量。明末万历十年（公元 1582 年），意大利天主教耶稣会传教士利玛窦（Matteo Ricci，1552—1660 年）奉派来中国，曾和中国学者徐光启合作，译著有《几何原本》《测量法义》等。《几何原本》六卷，书中出现了不少新的词汇，如直线、平行线、底线、三角形、直角、钝角、锐角、内角等，这些词汇在今天的数学书中仍被使用着。

鸦片战争以后，西方资本主义文化像狂潮般冲开中国的大门。从此古老的中国社会发生了巨大的变化，讨论革新的著作、编译的新书，如雨后春笋，层出不穷。与此有关的政治、经济、外交一类新词语，产生得特别多。像工党、议院、工业、商业、赔款、公法、均势、政权等，都经常出现于当时的书刊（例如康有为的《大同书》和《上清帝第五书》）。这些新词术语，大大地丰富了近代汉语。

第二，书面语开始口语化，并逐渐建立起纯用口语词汇写成的文学语言。自秦汉以后，正统文言已渐渐脱离人民的活的语言，典籍中只有零星口语出现。在唐代的变文和禅师语录中，开始出现好些口语成分。宋儒讲学，多用口语记录，于是有"语录体"产生。个人著作也有部分或大部分采用口语的，如南宋王明清的《挥麈录》、徐梦莘的《三朝北盟会编》

和无名氏的《宣和遗事》①等。元人的词曲和明清小说，都基本上是用当时口语写的，其中记录了大量的民间词语。试比较下面的例子，其中(1)代表宋代的口语，(2)(3)代表元明时代的口语，(4)代表清代的白话。至于现代词汇的发展，留在下一节讨论。

(1) 坐间，张太尉不作声，良久问道："你早睡也（呀）！那你睡得着？"（王）俊道："太尉，有甚事睡不着？"张太尉道："你不知自家相公得出也？"俊道："相公得出那里去？"（《挥麈后录余话》卷二）

(2) 那一日俺婆婆身子不快，想羊肚儿汤吃。你女儿安排了。张驴儿道："将（拿）来，我尝一尝。"他道："好便好，只少些盐醋。"他赚得我去取盐醋，他就下了毒药。他又教我将去。俺婆婆让老张先吃，随即吃了，药死了老张。（关汉卿《窦娥冤》）

(3) 两个来到山下东路林子里潜伏等候。看看日头中了，又没一个人来。时逢残雪初晴，日色明朗，林冲提着衮刀，对小喽啰道："眼见得又不济事了！不如趁早，天色未晚，取了行李，只得往别处去寻个所在。"小校用手指道："好了，兀的不是一个人来！"林冲看时，叫声："惭愧！"只见那个人远远在山坡下，望见行来……（《水浒》七十回本第十一回，人民文学出版社1972年版）

(4) 宝玉和妙玉赔笑道："那茶杯虽然腌臜了，白撩了岂不可惜？依我说，不如就给了那贫婆子罢，他卖了也可度日。你说使得么？"

且说众人等他不见，板儿没了他姥姥，急的哭了。众人都笑道："别是掉在茅厕里了？快叫人去瞧瞧。"因命两个婆子去找。回来说："没有。"众人纳闷。（《红楼梦》第四十一回，人民文学出版社）

从上述宋、元、明、清文学语言越来越走向口语化的（量变）情况看来，可以断言，汉语本身已经到了非质变为现代汉语不可了。

第四节 现代汉语词汇发展的新特点

从五四运动前后至今，是现代汉语词汇走向空前发展的新阶段。这个

---

① 即《新刊大宋宣和遗事》，据中国古典文学出版社1954年版，简称《宣和遗事》。

新阶段又有前期和最近期之别。1949 年中华人民共和国成立以前属现代的前期，1949 年以后至现在属最近期。

总的说来，在现代前期，汉语词汇的发展，具有三个较显著的特点：①借词、译词占新词中的很大比重，其中又以社会科学的新词术语为其主要内容；②口语词汇，历史上第一次正式取得文学语言的地位，为中国民族共同语的发展奠定了基础；③复音词空前发展，已经在语言中取得绝对优势，其中甚至有四个音节以上的词（如盘尼西林、布尔什维克），这是前所未有的。

现代汉语词汇在最近 30 年来①的发展，无论就它的意义和规模来说，都远非前一阶段可比，值得在汉语史上大书特书。其所以这样，是因为我国社会的飞跃发展，大大地推动了汉语的发展，而政府所制定的语言政策和各种指示，则在这个发展过程中起了直接的指导作用。

中华人民共和国成立后，在党的领导下，我国人民进行的社会主义革命和社会主义建设是新词新语产生的主要源泉。新词的发展，不仅表现在新词数量的庞大上，同时还表现在新词使用范围的深广方面。比如：在中华人民共和国成立前，国民党政府的一切文告及官员们来往的函件，绝大多数都是用古色古香的文言雅语，从中很难看到什么新词。在国民党的统治下，许多报纸刊物，也喜欢用文言，而拒绝使用新鲜活泼的现代汉语。中国共产党在这些方面，表现了完全相反的作风。党从人民的利益这个根本立场出发，从延安时代起，直至中华人民共和国成立后，一切文告函件改用语体。报纸杂志也基本上根绝了文言的残迹。无论评论、电讯和一切报道及论著，全都使用普通话的书面形式。

总的说来，中华人民共和国成立后新词的发展，有以下几个特点：

（1）反映社会主义生产建设的名词术语，越来越多于其他词语。我们现在处在 20 世纪 80 年代，又进入了一个新的时代，即新的科技革命的时代，生产力正在进一步飞速地变化着。面临着这样一个社会改革的局面，过时了的生产体系就要相应地与改革同时发生变化。因此，现代汉语里又有一批更新的科技词汇产生了。钱伟长先生 1984 年 6 月 2 日在民盟组织宣传工作会议上的讲话具有代表性。他说：

---

① 按：本书原于 20 世纪 80 年代出版过，书中关于时间段的描述，可按此类推，下文不再一一说明。

我们面临的改革内容，主要是：

一、计算机（电脑）影响到科学技术的各个领域。各方面都迫切地需要提高工作效率。过去几年的工作，用计算机来搞，一个星期就解决了。……一句话，计算机工作快，效率高。人的头脑所具有的逻辑思维能力，计算机也有。它能采用最优的办法得出结论。同样的情报，进入各个人的大脑后，会得到不同的结论出来，问题就在于人的思维不同。但采用计算机就可以避免此类问题。采用计算机技术，可以促使生产、科技发展得更快。

由于有了计算机，我们就在两方面取得了较快的发展，一是生命科学，一是海洋资源的开发……

另外，信息也可以作传播。比如：以遥感技术为基础的资源卫星测量，用卫星可统计每年全国的粮食产量。这方面，苏、美、英等国家做得较为准确。我们不准，因为大多靠人来估算。用卫星来测量地下资源，勘探队就不用到处跑，我们已经用卫星勘测到了铜矿和富铁矿。其实，传感器技术的涉及方面很多，它是人的一些器官如眼耳的延长。过去，我们不重视这方面的工作。现在，在南京建立了传感器研究中心，联合长江流域各城市的力量，专门研究传感器。

再有一个微波信息技术、视听技术。其中以微波信息技术发展最快……

生命科学是用现代技术研究生命。遗传工程研究，就是在不破坏细胞的情况下，改变细胞内部的遗传信息结构。在这个基础上，还发展了许多生命科学的分支，如分子生物学、生物化学（包括化学）、生物物理、生物数学、生物工程等。美国的洛克斐尔得大学专门研究生命科学这项内容。有不少诺贝尔物理奖金获得者改行研究生命科学。……我们刚刚在做准备工作。

海洋资源的开发是另一生产技术的新领域，它也只有十几年的历史，但正在飞速发展。……将来的生产与现在生产的不同就在于自动化。不是大型密集的，而是小型分散的。产品的种类也要不断地改进。不管男女老幼，爱好情操都是不一样的，所以生产要小型化、多样化，才能满足人们生活的需要。这方面，国外早就这么搞了，现在发展更加厉害了。

（2）词组的迅速词化。词组当然和词不同，但如果撇开词组而单独谈词，就很难完全显示汉语新质要素的大量产生。现在在这一类的词组里，有些已经逐渐凝固成词了，例如"抗旱"可以说"抗了旱"或"抗过旱"。"挂钩"可以说"挂了钩"或"挂好钩"。类似的，还有"整风""整党""高速度""高产量"，等等。这些原来大都是词组，但是由于它们结合得很紧，使用频率又高，现在看来，也很难否认它们都不是词了。由词组演化为词，在汉语史上不乏先例，但演化过程却是比较长的。如"睡觉""太阳""月亮"等，都是经过千年左右，然后由词组凝固为词的。现在"抗旱""挂钩"等几个词组却显然要突破这种时间上的限制，迅速走向词化。这也是受了整个社会形势的影响，是语言社会性的具体证明。广大人民需要它们，经常把它们当作词使用，这就缩短了它们词化的过程。

　　（3）简称大量流行，并且有凝固为词的趋势。这是中华人民共和国成立后新词发展的又一大特点。由于某些新事物新概念比较复杂，因而作为概念符号的语言，当然也就复杂化了。这是汉语发展主要的一方面。另一方面，汉语的传统习惯却是力求简练。这样在语言发展中，就产生了一个矛盾——繁化和简化的矛盾。而简称就作为这对矛盾的统一体而大量产生了。例如，在土地改革期间，干部和农民同吃、同住、同劳动，这是一个复杂的事物，却用"三同"这个简称，巧妙地把它们概括起来了。又如"双百方针""三不主义"，以前提出过，现在又有新内容、新要求而重新提出来了。邓小平同志在《坚持四项基本原则》讲话里说道："思想理论问题的研究和讨论，一定要坚决执行百花齐放、百家争鸣的方针，一定要坚决执行不抓辫子、不戴帽子、不打棍子的'三不主义'的方针，一定要坚决执行解放思想、破除迷信、一切从实际出发的方针。"此外，"文艺""党委""马列主义""四化"等都是已经当作一个词或词组看待，甚至在某些正式文件里也经常使用了。又简称不管原来的词语有多长，一般总是以双音节的形式出现，这是由双音词是汉语构词法的基本形式这一点所决定的。

　　此外，词汇的新陈代谢规律的作用，在新词发展中表现得特别显著。又词义的发展也表现了许多新的形式。这些都将另辟专章讨论。

第二章　汉语构词法的发展

第一节　上古构词法的特点

"构词法是丰富语言词汇和以新的词汇单位充实词汇的基本方法"。"在构词的过程中，在丰富词汇的过程中，构词法本身也在不断地丰富和完善着。"①

汉语词汇发展的总趋势是复音化，但这个过程是复杂的，构词方式是多种多样的。在上古前期的殷商时代，一般说来，社会事务比较单纯，概念的发展还处在初级阶段，因而人们用于记录概念的词也比较简古，最突出的特点就是单音词较占优势。甲骨文限于文体，复音词比较少见，固不待说，值得注意的是，《尚书》里的《商书》5篇②也不例外。这5篇《商书》共1851个字，其中复音词除去重见的，只有30多个，其余的字都是单音词。在上古后期的战国时代，这种情况有了显著的改变。例如，《离骚》全文用字2470个，其中就有复音词40多个。《庄子·逍遥游》全文1465个字，有复音词80多个。但是复音词与单音词的比例仍然悬殊，而且就词的使用频率来说，单音词仍然占压倒优势。例外的是山名、玉名有三音节的，如《尔雅·释地》的"医无闾（地名，在辽东）之珣玗琪"（玉名，即《尚书·顾命篇》所谓夷玉）。

就词的演变来说，上古汉语的词汇有非派生词（即现在所谓"根词"），也有派生词（相当于古人说的"孳乳"），两者的变化并不相同。有人说，上古汉语没有纯粹的双音节词③，或者说汉语的非派生词，除很

---

① 中国科学院语言研究所编：《语言学论文选译》第三辑，科学出版社1957年版，第1页。
② 有人把《盘庚》上中下作3篇计，那《商书》就是7篇了。
③ 参见［波兰］亚努士·赫麦莱夫斯基《上古汉语里的双音词问题》，载《中国语文》1956年10月号。

少数的情况以外,是单音节的①。这是不是事实呢?不,完全不是。上古的非派生词大多数是单音节的,但也有不少双音节的单纯词(前人叫"连语",又叫"联绵词")。许慎《说文》所收的 9353 个单字大多数就属于根词,其中有相当一部分从甲骨文起,早已进入基本词汇(如天、地、人、日、月、山、水、土、木、父、母、子、女等),成为汉语词汇发展的核心,世世沿用不绝。但是《说文》里的字也有相当一部分是词素而不是词的。这类词素与另一词素本为复音单纯词,因限于《说文》只收单字的体例,却被人为地分在两处。如,"玫"下云:"玫瑰,火齐珠。""瑰"下云:"玫瑰也。""玫瑰"显然就是复音单纯词。"珊"下云:"珊瑚","瑚"下云:"珊瑚也。"可见"珊瑚"是不可分析的复音单纯词。类此的还有:"瑾瑜""玲珑""玓瓃""琅玕""璆琳""蛺蝶"(段注:叠韵为名,今俗云:胡蝶,见《庄子》)"蜻蛉",这些都是属于非派生的词根,它们在上古究竟有多少数量,还没有精确统计过,不得而知。王国维曾撰《联绵字谱》三卷,所收《诗》《书》《易》《礼》《左传》、诸子、《尔雅》《方言》《说文》《楚辞》各书的双音单纯词共约 2700 个。这个数目,除个别尚须审定外,大体接近事实。近人符定一撰《联绵字典》三十六卷,但收词太滥,论字体又墨守《说文》,这些缺点,都受到学者批评。

上古非派生词,单音节的并没有什么构词的标志,这到现在还是这样。双音节的单纯词却有明显的三种构词方式:

(1)词根重叠。这即古人所谓"重言",今称叠音词。这种词应该认为是单纯词的一种,因为在重叠以后已经和单字的意义完全不同。如《诗经》"关关雎鸠"的"关关",并不是"关",而是雎鸠鸟雄雌和鸣的声音;"河水洋洋"的"洋洋",也不是"洋",而是表盛大状的"洋洋"。这种构词法在上古时期相当重要,通过它,古人创造了极为丰富多彩的词汇。在《诗经》的 305 篇诗中,叠音词就有 200 多个。当然,叠音词有时也可单用而不叠音;但这是为了修辞上的需要,而且是有条件的,即在单字的前面或后面,往往带上一个类似造词成分的虚词,构成不可分析的双音节。这样的词,意义仍然和单音节的根词不同,而跟叠音词则完全一样。如:

---

① 参见[苏联]伊兰克等著《华语课本》序,译文刊在《中国语文》1954 年 11 月号。

汎汎杨舟（《诗·采菽》）——→ 亦汎其流（《诗·柏舟》）
风雨凄凄（《诗·风雨》）——→ 凄其以风（《诗·绿衣》）
坎坎鼓我（《诗·伐木》）——→ 坎其击鼓（《诗·宛丘》）
武夫洸洸（《诗·江汉》）——→ 有洸有溃（《诗·邶风·谷风》）

洸洸训威武，因洸有威武义。"有洸有溃"，义亦在洸。因威武而像有怒色也。故朱熹释："溃，怒色也。"

汉代的训诂家是懂得这种构词法的，所以他们往往以重言释之。《诗·硕人》："硕人其颀。"《郑笺》："长丽俊好，颀颀然。"又《氓》："咥其笑矣。"《毛传》《郑笺》均训作"咥咥然笑"①。

（2）双声叠韵词。这是上古复音词的主要构词法。由此产生的单纯词，它的两个音节的古声母或古韵母必定相同或相近，而且紧密结合，不可分析。双声叠韵词在上古复音词中占很大的比例，并在后世很有发展。但这两个词的名称，是在南齐《文心雕龙·声律篇》首先提出来的。清代洪亮吉的《北江诗话》说："三百篇无一篇非双声叠韵，降及《楚辞》与渊（王褒字子渊）、云（扬雄字子云）、枚（枚乘）、马（司马相如）之作，以迄《三都》《两京》诸赋，无不尽然。唐诗人以杜子美（甫）为宗，其五七言近体，无一非双声叠韵也。"可见这种构词法在古代文学语言中是非常能产的。由此产生的单纯词，有不少是稳固性很强的，它们中许多还一直沿用到现代。兹就先秦著作，除了叠音词以外，举例如下：

双声类：

匣　母

幽闲（《诗·关雎》）

厌浥（《诗·召南·行露》）

隐忧（《诗·邶风·柏舟》）

踊跃（《诗·邶风·击鼓》）

悠远（《诗·小雅·渐渐之石》）

---

① 参见钱大昕《十驾斋养新录》卷一"以重言释一言"条，俞樾《古书疑义举例》卷一"以重言释一言例"条。

窈窕（《诗·周南·关雎》）
隐约（《庄子·山木》）
夭阏（《庄子·逍遥游》）
燕婉（《诗·新台》）
伊威（《诗·豳风·东山》）
鸳鸯（《诗·小雅·鸳鸯》）
郁攸（《左传·哀公三年》）
夭隐（《楚辞·大招》）
幽隐（《楚辞·惜往日》）

影　母

玄黄（《易·坤卦·上六》《诗·召南·卷耳》）
萑苇（《诗·豳风·七月》《易·说卦传》）
潢汙（《左传·隐公三年》）
荣华（《楚辞·离骚》）
眩曜（《楚辞·离骚》）
和协（《左传·隐公十一年》）
闲暇（《孟子·公孙丑上》）
萦怀（《书·秦誓》）
邂逅（《诗·郑风·野有蔓草》）
回遹（《诗·小雅·小旻》《大雅·抑》、又《召旻》）
瞽惑（《说文·目部》）
溪髁（《庄子·天下》）
晧旰（《说文·日部》）
沆瀁（《庄子·远游》）
苟简（《庄子·天运》）

见　母

奸宄（《书·盘庚》《微子》《牧誓》《康诰》《梓材》）
诰教（《书·酒诰》）
鳏寡（《书·大诰》《康诰》《吕刑》，《诗·小雅·鸿雁》）
鞠躬（《论语·乡党》《仪礼·聘礼》）

拮据（《诗·鸱鸮》）
蒹葭（《诗·秦风·蒹葭》）
纠禁（《周礼·大宰·乡师》）
简稽（《周礼·大宰》）
降格（《书·吕刑》）
结诰（《方言》八）
狡狯（《说文·犬部》）
拘绞（《说文·戈部》）
矜纠（《荀子·议兵》）
绳固（《韩非子·难言》）
憰怪（《庄子·齐物论》）
胶葛（《楚辞·远游》）
耿介（《楚辞·离骚》）
滑稽（《楚辞·卜居》）

喻 母

逸豫（《书·康诰》）
由裕（《书·康诰》）
猷裕（《书·君奭》）
淫泆（《书·酒诰》）
说怿（《诗·静女》）
夷怿（《诗·那》）
余裕（《孟子·公孙丑下》）
盈溢（《说文·水部》）
容与（《庄子·人间世》，《楚辞·湘夫人》《哀郢》）
犹豫（《楚辞·离骚》）
姚易（《说文·女部》）
姚远（《荀子·荣辱》）
姚冶（《荀子·非相》）
翯宇（《荀子·非十二子》）
愉佚（《荀子·性恶》）
粤宛（《管子·五行》）

姚佚（《庄子·齐物论》）
泆阳（《庄子·达生》）
夷犹（《楚辞·湘君》）
摇悦（《楚辞·九辨》）

晓 母

馨香（《书·酒诰》《吕刑》）
戏谑（《诗·淇奥》）
孝享（《诗·天保》）
荒忽（《管子·水地》，《楚辞·湘夫人》《哀郢》）
恍惚（《韩非子·忠孝》）
惚恍（《老子》十四章）
欣欢（《荀子·非相》）
嘘吸（《庄子·天运》）
儵忽（《吕氏春秋·决胜》，《楚辞·天问》《悲回风》《远游》《招魂》）
譁哗（《吕氏春秋·离谓》）
险巇（《楚辞·离骚》《大招》）
歔欷、纬缬、赫戏（《楚辞·离骚》）

溪 母

顷筐（《诗·卷耳》）
契阔（《诗·击鼓》）
磬控（《诗·大叔于田》）
謦欬（《庄子·徐无鬼》）
忼慨（《说文·心部》《楚辞·哀郢》）
垮埳（《墨子·亲士》）
卷曲（《庄子·逍遥游》）
困苦（《庄子·逍遥游》）
肯綮（《庄子·养生主》）
郤曲（《庄子·人间世》）
喫诟（《庄子·天地》）

群　母

穷奇（《左传·文公十八年》）
柜柳（《尔雅·释草》）
蜷局（《楚辞·离骚》）

疑　母

劓刖（《易·困卦·九五》）
臲卼（《易·困卦·上六》）
杌陧（《书·秦誓》）
敖倪（《庄子·天下》）

端　母

诪张（《书·无逸》，《尔雅·释训》作"侜张"）
蝃蝀（《诗·蝃蝀》，《说文·虫部》作"螮蝀"）
颠倒（《诗·东方未明》《墓门》）
追琢（《诗·大雅·棫朴》，《荀子·富国》引作"雕琢"）
敦琢（《诗·有客》）
怵惕（《孟子·公孙丑上》）
卓鸷（《庄子·在宥》）
跮踱（《庄子·秋水》）
侘傺（《楚辞·离骚》《惜诵》《涉江》《哀郢》）
惆怅（《楚辞·九辨》）
怊怅（《楚辞·九辨》）

透彻母

辗转（《诗·关雎》《泽陂》）
町疃（《诗·东山》）
挑达（《诗·子衿》）
饕餮（《左传·文公十八年》《吕氏春秋·先识》）
饕贪（《韩非子·亡征》）
突梯（《楚辞·卜居》）

定澄母

踟躅（《易·姤卦·初六》）
踟躕（《庄子·秋水》）
踟蹰（《诗·静女》）
踯躅（《荀子·礼论》）
踌躇（《荀子·礼论》，《庄子·养生主》《田子方》《外物》，《楚辞·九辨》）
螗蜩（《方言》十一）
沈滞（《国语·周语下》《吕氏春秋·情欲》《楚辞·九辨》）
涤场（《诗·七月》）
杼柚（《诗·大东》）
绸直（《诗·都人士》）
佚宕（《谷梁传·文公十一年》）
唐棣（《诗·何彼襛矣》，《尔雅·释木》作"棠棣"。注："今山中有棣树，子如樱桃，可食。"《说文》作"唐逮"，段注："唐逮双声，盖古语也。"）
蹢躅（《说文·足部》）
跌踢（《说文·足部》）
遁逃（《荀子·成相》）
条直（《管子·地员》）
恬淡（《韩非子·忠孝》）

叠韵类：

东　部

童蒙（《易·蒙卦》卦辞）
蒙戎（《诗·邶风·旄丘》）
龙茸（《左传·僖公五年》）
从容（《庄子·田子方》）
讽诵（《吕氏春秋·尊师》）

穹隆（《周礼·辀人》注）
螳螅（《方言》九）
鞠躬（《左传·宣公十二年》）
汹涌（《说文·水部》）
蝹蜙（《说文·虫部》）
丰厐（《方言》一）
丰隆（《韩非子·饰邪》《楚辞·离骚》）
鸿蒙（《庄子·在宥》）

阳　部

想象（《楚辞·远游》）
苍筤（《易·说卦传》）
沧浪（《孟子·离娄上》）
荒唐（《庄子·天下》）

侵　部

坎窞（《易·坎卦·初六》）
沈潜（《书·洪范》）
罐闻（《庄子·齐物论》）
菡萏（《诗·泽陂》）
贪惏（《左传·成公七年》《昭公二十八年》）
坎廪（《楚辞·九辨》）

谈　部

汜滥（《孟子·滕文公上》）
渐深（《荀子·修身》）
冉镰（《方言》六）

耕　部

螟蛉（《诗·小宛》）
丁宁（《左传·宣公四年》《国语·晋语》五）
屏营（《国语·吴语》）

峥嵘（《楚辞·远游》）
丁零（《说文·鼠部》）
蜻蛉（《方言》十一）
溟涬（《庄子·天地》）

真　部

瞑眩（《孟子·滕文公上》）
震眩（《国语·周语下》）
颠眴（《方言》七）

谆　部

絪缊（《易·系辞传下》）
昆仑（《书·禹贡》，《楚辞·离骚》作"昆仑"）
殷勤（《诗·卷耳》笺）
焚轮（《尔雅·释天》）
逡巡（《公羊传·宣公六年》《哀公六年》，《谷梁传·庄公六年》《定公十年》）
逡遁（《管子·戒》）
遵遁（《管子·小问》）
蹲循（《庄子·至乐》）
浑敦（《左传·文公十八年》）
愠惀（《楚辞·哀郢》）
纷缊（《楚辞·橘颂》）

元　部

磐桓（《易·屯卦·初九》）
洗腆（《书·酒诰》）
艰难（《书·无逸》，《诗·中谷有蓷》《白华》，《左传·僖公二十八年》）
睍睆（《诗·凯风》）
燕婉（《诗·新台》）
芄兰（《诗·芄兰》）

畔援（《诗·皇矣》）
缱绻（《诗·民劳》）
迁延（《左传·襄公十四年》）
邯郸（《说文·邑部》）
烂漫（《庄子·在宥》）

歌　部

果蓏（《易·说卦传》）
果蠃（《诗·东山》，《小宛》作"螺蠃"）
委蛇（《诗·羔羊》《庄子·达生》《楚辞·离骚》，《诗·君子偕老》作"委佗"）

支　部

踶跂、摘僻（均《庄子·马蹄》）
炊累、离畏（均《庄子·在宥》）
诡随（《诗·民劳》）

（3）非双声叠韵类的上古复音单纯词。这种词并非双声，也非叠韵，但它和双声、叠韵单纯词性质是一样，是不可分析的。上古这类复音单纯词也很丰富。除了上面提到的"玫瑰""珊瑚"等以外，下面再举一些例子。

妯娌（《尔雅·释亲》："兄妻为妯，弟妻为娌。"）
强御（《诗·烝民》）
伉俪（《左传·成公十一年》《昭公三年》）
须臾（《荀子·劝学》）
沸腾（《诗·十月之交》）
颠沛（《论语·里仁》）
忧虞（《易·系辞传上》）
鹦鹉（《礼记·曲礼上》）
淹久（《左传·僖公三十三年》）
幽昧（《楚辞·离骚》）

冤屈（《楚辞·怀沙》）
暗漠（《楚辞·九辨》）
营求（《说文·夐部》）
媮乐（《楚辞·离骚》）
嫌疑（《礼记·曲礼上》）
混芒（《庄子·缮性》）
刚健（《易·乾卦·文言传》）
感应（《易·咸卦·象传》）
觊觎（《左传·桓公二年》）
谴怒（《诗·小明》）
朴樕（《诗·野有死麕》）
寤寐（《诗·关雎》）
蕴结（《诗·素冠》）
优裕（《国语·周语上》）
幽默（《楚辞·怀沙》）
昌披（《楚辞·离骚》）
造次（《论语·里仁》）
英华（《礼记·乐记》）
淹留（《楚辞·离骚》）
幽蔽（《楚辞·怀沙》）
蝶蝝（《方言》八）
扬榷（《庄子·徐无鬼》）
陷滞（《楚辞·怀沙》）
坏乱（《礼记·学记》）
回翔（《楚辞·大司命》）
榘矱（《楚辞·离骚》）
充满（《吕氏春秋·当染》）
蜈蚣（始见于《玉篇》）

  以上非双声叠韵的复音单纯词，在上古和上古以后的书面语言中数量繁多，不胜枚举。这里就从略了。
  上古的合成词，绝大部分是以词根复合法产生的，少数用附加法。上古后期有了三音节复合词。以下就分别举例简述这些构词法的概况。

（1）复合法。这种构词法的最早萌芽形式，可追溯到殷商和西周时代卜辞、金文里的"合文"。"合文"的情况在上章已经谈到，这里再举一些实例①：

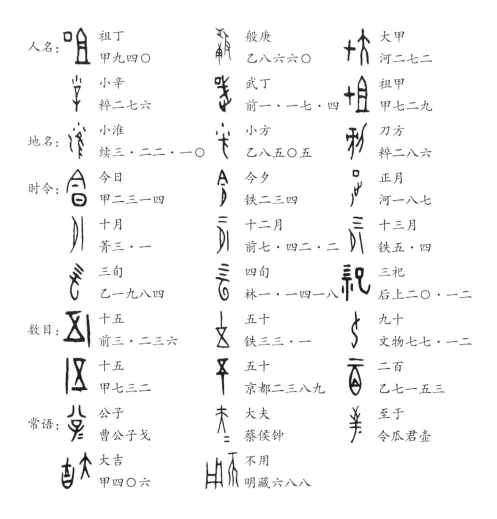

这种合体文到秦初已经停止了，但毕竟通行了一个相当长的时期。由

---

① 引例参见高明《古文字类编》第二编"合体文字"，中华书局 1980 年版。

此可见，上古前期，就有了复合词的萌芽。不过，大量的复合词是在春秋战国时期发展起来的。《诗经》里就有了不少；《楚辞》里的复合词更加丰富。看来，复合法已是当时新词产生的重要方式。这种构词法，以同义或近义联合的最多，偏正式次之，动宾式较少，主谓式只有少数例子。现举各种形式的例子如下：

联合式：杨柳　衣裳　经营　改造　爪牙　家室　腹心　凤夜
　　　　于（吁）嗟　威仪　奋飞　瞻望　劳苦　谴怒　光明
　　　　婚姻　面目　劬劳　圣善　黾勉　琴瑟　塞渊　跋涉
　　　　戏谑　泣涕　琼琚　咨谋（《诗经》）
　　　　嫉妒　幽昧　萎绝　淹留　幽晦　幽默　追逐　驰骛
　　　　练要　修姱　规矩　绳墨　郁邑　污秽　谣诼　美好
　　　　险隘　侘傺　清白　茕独　康娱　修远　鸾皇　云霓
　　　　畏惧　号呼　过失　久远　穷困　阊阖　骄傲　违弃
　　　　讴歌　年岁　萧艾　变化　贪婪　离别　荣华
　　　　（《楚辞》）
偏正式：男子　女子　农夫　童子　公子　灌木　周行　武夫
　　　　庶士　德音　令人　中国　君子　小人　苍蝇　冬至
　　　　美人　公庭　中冓　狐裘　武人　旷野　天步　夏至
　　　　（《诗经》）
　　　　飞龙　腾驾　沈藏　人生　苗裔　黄昏　大义　微言
　　　　危言　玉鸾　金相　玉质　潜龙　民生　蛾眉　太息
　　　　流水　华藻　吉日　瑶席　姣服　未央　寿宫　中洲
　　　　相知　天狼（星）（《楚辞》）
动宾式：得罪　牵牛（星）　总角　败类　秉彝　携手
　　　　充耳（填也）（《诗经》）
　　　　剖心　发轫　想象　成功　成仁　露才　守分（《楚辞》）
主谓式：鹰扬　天命　鹿鸣（《诗经》）
　　　　狐疑　目成　禹播降　蛇吞象（《楚辞》）

（2）附加法。词根加后缀的构词法，用于事物名称的绝少（《孟子·离娄》里的"眸子"算是例外），主要是用来构成性状词，其中三音节的是一种能产的附加法，如：

  宛然　潸焉　焕乎　沃若（《诗经》）
  穆眇眇　莽茫茫　惨郁郁（《楚辞》）
  井井兮　严严兮　分分兮（王念作"介介兮"）　厌厌兮　炤炤兮（《荀子·儒效》）

从以上的例子可以看出，上古复合词有三个显著的特点：

（1）复合词的两个词素，仍保持它们的独立性，可以单独使用，这里显示着古汉语的词汇有一部分具有两重性，它有时是词，有时是词素，例如，"土地"这个词在《孟子》里凡九见，如"诸侯之宝三：土地、人民、政事""欲辟土地，朝秦楚""狄人之所欲者，吾土地也""土地荒芜""土地辟""此所谓率（因为）土地而食人肉""辟草莱、任土地者次之""使饥饿于土地"，看来"土地"似乎结合得很紧了，但是在同书中，"土"和"地"单用的，仍然不少，如"广土众民""地不改辟矣""地非不足也"等都是。又如，"恭"和"敬"是同义词，《论语·子路》："居处恭，执事敬。"这里"恭"指外表的态度，"敬"指处事时的内心，"恭""敬"似乎很有区别。但在《论语》以后的一些书里，"恭敬"却是作为一个复合词使用，如《荀子·修身》："体恭敬而心忠信。"《孟子·告子》："恭敬之心礼也。"《左传·宣公二年》："不忘恭敬，民之主也。"

（2）复合词的词素次序也还不很稳定，如"恭敬"也可以作"敬恭"（《诗·云汉》："敬恭神明"），"衣裳"也可以作"裳衣"（《诗·东方未明》："颠倒裳衣"）。这可能为了押韵。

（3）偏正式、动宾式等类的词有些还处在词组阶段。如"苍蝇""织女""良人""美人"，等等。

这里必须指出：上古构词法，受到一字一词和古代用词以简练为常例的社会习惯等的影响很深很广，即使是复音单纯词，有时也可能以单个字（词素）出现。这是研究汉语词汇史的人不可不知道的。举例来说，"胡蝶""蟾蜍""蜘蛛""须臾"都是单纯词；但是，众所周知，古代诗文中也常见"蝶梦""蝶粉蜂黄""蟾酥""蛛网"。"须臾"之"须"，也可以一个"须"代之。这见于《荀子·王制篇》："贤能不待次（次第）

而举，罢不能不待须（注：'须，须臾也。'）而废。"不过话又说回来，单纯词可以单用，这毕竟是极少数的例外，单纯词总的规律还是不可分析的。

此外，上古构词法有时也受语音的影响，出现一种特殊的现象。有些词，由于经常在一块使用，结果造成音节的融合，原来的双音节词变为单音节词，如：

丁宁→钲　　扶摇→飚　　终葵→椎　　蒺藜→茨
不律→笔　　不可→叵　　何故→胡　　如此→尔
而已→耳　　何不→盍　　斯须→须

甚至有些本来不相干的两个音节，却变成另一个单音节词。如：

之乎→诸　　之于→诸　　者焉→旃　　何以→奚

但是这些只是汉语词汇发展中的偶然现象，发展的主流始终是复音化。

第二节　中古时期构词法的发展

自汉代起，汉语新词的产生已逐渐以复合法为主要方式。因此，复合法在文学语言中大批出现，许多词在上古是单音节的，现在却变成复合词了。例如贾谊《过秦论》："秦孝公……有席卷天下，包举宇内，囊括四海之意，并吞八荒之心。"其中的"席卷""包举""囊括""并吞"，再如王充《论衡·自纪篇》的"观览""传授""虚伪""深沉""分别""文雅""典雅""明瞭""户口""落魄""名称""倜傥""隔绝""供养"，等等，都是先秦所未见或罕见的。

本期复合词的发展还受到外来语的影响，佛经的大量翻译，变文的广泛流行，给汉语添加了不少的双音复合词。

中古复合词的发展，不仅表现在数量上，同时也表现在这种构词法的内涵的扩展上。例如，主谓式在上古还罕见，本期"席卷""囊括"之类的词变多了起来。又如动补式复合词，上古还少见，本期逐渐产生了。为了进一步说明中古时期复合法各种结构的发展情况，下面从六朝《世说新语》和唐代变文里摘录一部分例词：

联合式：澄清　风景　人物　领袖　广博　名教　功德　测量
　　　　依据　神气　意思　疲倦　危急　宠爱　疑虑　逃走
　　　　宾客　料理　德业　（《世说新语》）
　　　　根源　因缘　改变　思念　欢喜　救济　功勋　解脱
　　　　虔诚　烦恼　沉沦　赞扬　障碍　破除　观看　约束
　　　　爱护　安排　（变文）

动宾式：虚心　如意　抚军　参军　失望　请假　解职　从事
　　　　裸体　犯法　离婚　屏风　（《世说新语》）
　　　　握心　伤心　随意　无端　无量　无限　（变文）

动补式：饿死　保全　（《世说新语》）
　　　　饱满　破坏　（变文）

主谓式：风流　口吃　蝉联　土崩　瓦解　（《世说新语》）
　　　　粉碎　自在　自觉　（变文）

本期联合式复合词还有复词偏义的一类，也是上古所无的构词法，如顾炎武《日知录》卷二十七所举："得失，失也；利害，害也；缓急，急也；成败，败也；同异，异也；祸福，祸也。"等等。

除了复合法大量发展以外，附加法也有新的发展，这是本期构词法的又一特点。

本期新兴的附加法共有四种，一是继续东汉时期产生的习惯，其余都是前所未见的。前者指加前缀"阿"的，最早见于东汉。《日知录》卷三十二说："《隶释·汉殽阮碑阴》云：'其间四十人，皆字其名而系以阿字，如刘兴——阿兴，潘京——阿京之类。'"本期续有发展，如《三国志》里的"阿瞒""阿斗"。《世说新语》里的"阿奴""阿母""阿兄""阿智"（人名），"变文"里的"阿孃""阿婆"等是。其余三种都是加后缀的，如"石子""艇子"，见于南朝乐府；"石头"见《世说新语》，

"锄头"见《齐民要术》;"猧儿"见"变文"。当然,阿、子、头、儿,见于其他中古著作的情况还很多,在此不一一举例了。

总之,中古汉语构词法的发展,首先以复合法为主要形式,其次是新兴的附加法。但这并不是说上古的双声叠韵构词法就不发展了。应该指出,双声叠韵词在中古文学语言中还是继续产生,为数不少的。仍以《世说新语》为例,其中双声叠韵的新词就有:点缀、仓卒、萧瑟、标榜、磊落、仿佛、狷介等双声词和盘桓、殷勤、彷徨、从容等叠韵词。

由于单纯词及派生词、复合词的继续发展,中古汉语的语汇越来越走向复音化了。陆法言所撰《切韵》(公元601年),据《封演闻见记》说,收字12158个。这个数目,基本上可以代表隋以前书面语的用字,但是当时流行的词汇比字丰富得多了。如果连复合词也计算的话,那数量更加庞大了。由此可见,中古时期词汇复音化的程度是很可观的。那么,我们能不能由此断言复音词在中古汉语中已占优势了呢?我看,还不能这么说。就一个时期某个别书面语言里词的绝对数量来说,复音词可能多于单音词;但是如果从书面语中词的使用频率来看,那么,单音词仍然比复音词为多,即使最接近口语而不像其他作品那样简古的唐代"变文",也不例外。

第三节 近代至现代构词法的发展

近代以来,汉语词汇发生了两个显著的变化,这就是复音词的大量产生,超过以前任何一个时期,不仅复合法如此,其他附加法以至单纯词,都有很大的发展。由于复音词大量发展的结果,使得汉语从过去单音词占优势变成复音词占压倒优势的局面。

我们从辞书所收词汇看,中国科学院语言研究所编的《现代汉语词典》所收单字不过6000个左右,而语汇,包括词、词素、词组、成语,共约43000条。有人根据构词法分析,认为现代汉语里有30000多条可以肯定是词,但还不是普通话词汇的全部[1]。上海辞书出版社出版的《辞海》,全书选收百科性的各类词目91000多条,其中单字不过14872个。

再从书面语中词的比例看,复音词也比单音词多。这个趋势,在近代

---

[1] 参见陆志韦等《汉语的构词法》,科学出版社1957年版,第10页。

作品,例如《水浒全传》就已经渐渐明显起来,而在现代一般书刊里就表现得越加突出了。下面先举《水浒全传》第二十三回的一段文字看看(其中加黑点的是复音词或词组)。

> 武松正走,看看酒涌上来,便把毡笠儿掀在脊梁上,将哨棒绾在肋下,一步步上那冈子来。回头看这日色时,渐渐地坠下去了。此时正是十月间天气,日短夜长,容易得晚。武松自言自语道:"那得甚么大虫?人自怕了,不敢上山。"武松走了一直,酒力发作,焦热起来,一只手提着哨棒,一只手把胸膛前袒开,踉踉跄跄,直奔过乱树林来。见一块光挞挞大青石,把那哨棒倚在一边,放翻身体,却待要睡,只见发起一阵狂风来。

这段共使用汉字163个,其中有97个汉字组成了41个复音词或词组(还包括两个成语性的四字格),只有66个单字单词的。这就是说,汉字一字一词的只占40%,而60%的汉字只是复音词的词素而已。① 到了现代,复音词的比例越发增高到占绝对的优势。试再举《毛泽东选集》第四卷第一篇《抗日战争胜利后的时局和我们的方针》第一段为例:

> 最近几天是远东时局发生极大变动的时候。日本帝国主义投降的大势已经定了。日本投降的决定因素是苏联参战。百万红军进入中国的东北。这个力量是不可抗拒的。日本帝国主义已经不能继续打下去了。中国人民的艰苦抗战,已经取得了胜利。抗日战争当作一个历史阶段来说,已经过去了。在这种形势下面,中国国内的阶级关系,国共两党的关系,现在怎么样?将来可能怎么样?我党的方针怎么样?这是全国人民很关心的问题,是全党同志很关心的问题。

上例用字一共178个,其中只有28个是单字单词,约占全部汉字的16%,其余84%左右即150个汉字都是词素,组成了68个复音词。② 现代汉语的复音词之多,于此可见一斑。

在汉语词汇日益走向复音化的过程中,构词法表现出以下一些特点,

---

①② 编者按:第一段应为162字,第二段应为185字,后数据有误,尊原文不改动。

由此产生了许多新的结构。

第一，单纯词多音化。中古以前的单纯词绝大多数是两个音节的，而且双声叠韵为其主要结构，后来有一部分是三音节的，近代以来，这种情况有很大的改变，单纯词发展到四音节以上，而且构词法也突破了双声叠韵的老方式，变为以汉字记音为主了。像下面这些都是前此所无的新结构。

   新词：花里胡哨　吊儿郎当　迷离马虎　知识　智力
      马克思列宁主义　毛泽东思想
   译词：阿司匹林　布尔什维克　产业革命　信息社会　社会主义

第二，复合词多音化。过去三音节结构的复合词是很少的，现在多了起来；而且还有多种结构的混合式，这也是一种新兴构词法。既然是多种结构混合成词，词的音节也就相应地多了。如：

  偏正式：睁眼瞎　收音机　录音机　（以动宾式为偏）
     寒暑表　升降机　（以联合式为偏）
     拖拉机　巧克力糖　（以外来单纯词为偏）
     马尾松　夏令营　（以偏正式为偏）
     电熨斗　自来水笔　（以主谓式为偏）
     狗东西　内兄弟　（以联合式为正）
     闷葫芦　冰淇淋　（以单纯词为正）
     铁饭碗　信息社会　（以偏正式为正）
  动宾式：打瞌睡　打哈哈　（宾词复音）
     倒栽葱　磕打牙儿　（动词复音）
  动补式：来不及　吃不消　啃不烂　（否定补式）
  主谓式：金不换　脑充血　脑血栓

第三，附加法多音化，而且还产生了好些新的结构。可以说，附加法到了现代已经得到空前的发展。统计现代汉语构词的附加法，连原有的在内，已经有三类十五种。举例如下：

（1）加前缀的，两种：

　　阿：东周时期产生的，已详上文。
　　老：上古后期产生，经过中古时期的继续，近代以来通行，如"老三""老积极""老革命"，等等。

（2）加后缀的，这种构词法最能产，目前仍在不断发展中。绝大多数后缀已经虚化。计有十一种，其中，—头，—子，—儿三种，中古以前已盛行，例见上文。

　　—家：作家　艺术家　专家
　　—员：演员　指挥员　店员　社员
　　—手：歌手　助手　多面手　舵手
　　—者：学者　侵略者　作者　记者
　　—式：蛙式　喷气式

以上五种是汉语固有的，但到了本期才大量发展起来。

　　—性：党性　思想性　启发性
　　—化：强化　电气化　革命化　年轻化　知识化　专业化
　　—主义：社会主义　享乐主义　复仇主义

以上三种是本期从外语吸收过来的构词法，是非常能产的。

（3）附加成分重叠的，后重叠的如"气昂昂""文绉绉"，上古已有这种结构。惟本期特别发达，前重叠的如"呱呱叫""喷喷香"之类，则是近代以后的新结构，它似乎是把前者倒过来说的。

第四节　汉语词汇向复音化发展的原因

　　上述各节表明，汉语词汇从上古到现在的整个规律是向复音化发展。那么这种发展的原因何在呢？
　　这里有外因，又有内因，而内因是主要的。

中国社会的发展，促进了汉语的发展，这在词汇发展过程中，表现得特别明显。本篇第一章的全部事实，已经充分说明了这点，这里无须再说。现在要探讨的是，什么是词汇发展的内因。

有人说，由于上古汉语语音的简化，增加了大量的同音词，因而影响力了交际，不能不产生大量的复合词以补救这个缺点①。这就是说，汉语语音的简化是因，产生大量的同音词是果，这个果又为产生大量复合词之因。这种说法并不符合词汇史的事实，当然也就不能回答什么是汉语词汇复音化发展的内因。下面分三点来说明这个问题。

第一，在先秦时期，当然无所谓语音简化，甚至在中古《切韵》时期，我们也还不能这样说，因为缺乏有力的证据。所谓语音趋向简化，实际上是针对唐宋以后北方音系的发展趋势来说的。然而，在上古典籍中，词汇向复音化发展的趋势已极为显著。原来双声叠韵是上古单纯词的主要构词法，但这一构词法在后期的发展、运用却不限于单纯词，连同义词或近义词也有不少是利用双声叠韵组成复合词的，如"恭敬"（《礼记》）、"规矩"（《孟子》），见母；"亲戚"（《孟子》），清母；"思索"（《荀子》），心母；"刚强"（《楚辞》），阳部；"攀援"（《庄子》），元部。同时，这种同义复合的构词法，似乎起了类化作用，许多非双声叠韵的单词，也复合成双音词，单单《荀子》一书便不乏其例，如"恐惧""调和""便利""狭隘"（《修身篇》），"宽容""妒嫉""倾覆""谨慎""变化"（《不苟篇》），"事业""职业""群象""焚烧"（《富国篇》）等都是。如果再举汉魏六朝辞赋的例子，那就不胜其数了。可见词汇向复合化的发展，是在语音简化前早已存在的事实。说复合词的发展是语音简化的结果，这是不正确的。我们至多只能说，后来语音的趋向简化，加速了复合词的发展；但两者之间并没有必然的因果关系。

第二，产生大量复音词的原因有两个：一是同音的单音词太多，二是同义的单音词过于纷繁。这种情形在先秦已经很严重，汉魏时期又续有发展。同音词太多，当然会妨碍语言的交际功能的发挥。同义的单音词太纷繁，也跟词的表达概念这个概括功能有矛盾。所以这两者实际上都是语言交际功能与语言结构系统（单音节结构）之间的矛盾的一种反映。《尹文子》里讲过一个因同音词引起误会的笑话："郑人谓玉未琢者为璞，周人

---

① 参见《中国语文》1961年3月号，第14页。

谓鼠未腊者为璞。周人遇郑贾（gǔ）人，曰：'欲买璞乎？'郑贾曰：'欲之。'出璞视之，乃鼠也。因谢不取。"可见同音词要是多了，确实有碍语言的交际。这规律可谓古今皆然。古汉语的同音词，有的属于一词多义，有的是同音通假，两种同音现象是一样严重的。一词多义的，试以《经籍纂诂》的"明"字条为例："阳也；昼也；发也；显也；著也；通也；犹洁也；盖也；精白也；精气也；犹备也；犹张也；成也；犹盛也；智也；犹才也；类也；犹外也；视曰明……"同音通假的，如"光"，本义是光明，但"光""广（廣）"古音同，因而又通作"广（廣）"："叔父若能光裕大德"（《国语·周语》）；"康"本义是"安康"，但和"空"同音，古代常通作"空"："康瓠谓之甈"（《尔雅·释器》），又借作"广（廣）"："康周公"（《礼记·祭统》）；"公"的本义是私之反（背私为公），但因和"功"同音，常通作"功"："以奏肤公"（《诗·六月》）。诸如此类，举不胜举。汉代的人已经感觉到麻烦，而不得不纷纷加以训诂。这说明上古单音词的结构与语言的交际功能早就存在着矛盾。这个矛盾就是直接决定词汇向复音化发展的内因。无须等待后来的语音简化，这个发展趋势也是早已形成的。后来的多义词，多为新生的复合词所代替，如"发明""明显""明白""聪明""贤明""明智"等类便是。同音假借也起了分化。"光""广（廣）"就分别为"光明"（《诗经》）、"广大"（《荀子》）；"康""空"分别为"康宁"（《尚书》）、"虚空"（《庄子》）、"空同"（《法言》）；"公""功"分别为"公事""公门"（均《论语》）、"功烈"（《史记·殷本纪》）、"成功"（《楚辞》）、"功名"（《庄子》）。

汉语同义词的复杂情况，可以用《尔雅》和《广雅》为例。《尔雅》训"大也"的同义词有39个，而《广雅》增加到60个。这些纷繁的同义词，反映了汉语的丰富多彩，也反映了古人特殊概念的异常发达。通语只有一个"大"，而特指的专门词"大"却有几十个。如："广"，殿上的大屋子；"廓"，把小的扩大；"庞"，石大；"壮"，人大；"硕"，头大；"洪"，大水；"浩"，水势大；"甫"，大也。其他类似的例子有的是。这里存在着两个问题：①这些同义词都是单音的，最容易和别的同音词同音，这样就难免存在上述同音词过多的毛病，结果也就必然会走上复合化的道路；②人们的概念并不是一直向特殊化发展的，相反，它往往又会从特殊走向一般，同时特殊与一般又是交错进行、不断地向前发展的。这样，作为表达概念的词，也就不能不引起变化：由特殊走向一般化和概括化的发展。结果，那千差万别的特殊化的单音词就很难守住原来的结构，而不得不依类相从，变为同义复合词了①。汉语联合式复合词之所以特别发达，这是主要原因。

　　第三，词组的词化。附加法的发达和外来成分的吸收，都是词汇复音化的来源。这和语音简化也没有关系而另有其必然的原因。社会日益发展，人们的思维也日益发展，越来越多的事物的概念难以用单一的音节来表达。例如，"地震""日食""月食"均早见于《春秋》，当时还是主谓式词组，但习用既久，逐渐凝固为词。不这样也是不可能的，因为我们根本没法在汉语中找到别的单音词来代替它们。外来代替的新概念如"拖拉机""苏维埃"等也是这样。单音词不容易表达比较复杂的概念，这是非常明白的。这正是语言的交际功能与词汇的结构系统之间的矛盾表现。除了复音化之外，不可能有别的解决办法。

---

① 参见潘允中《从汉语史看语言发展的内因》，载《学术研究》1962 年第 1 期。

第三章 汉语基本词汇的发展[①]

第一节 汉语基本词汇的特征及远古来源

词汇之区分为基本词汇和非基本的一般词汇，是和社会发展有密切关系的。初民时代的汉语，可以说一切的词都属于交际所必需的，基本词汇与非基本词汇的界线是不明显的。其后，随着社会的向前发展，出现了分工的行业，人们的生活面广阔了，交际频繁了，语言的词汇也复杂了，这才有基本词汇与一般词汇的区分。这种区分的产生一方面反映出了社会的发展，另一方面也体现了汉语词汇系统本身的发展。但这种区分不是绝对的，两者有互相转化的可能性。例如，汉语的"官"，古代是基本词，现在是一般词；"党"，古代是一般词，现在是基本词。

基本词汇是语言中最本质的东西，它具有的特征是：①历史稳固性；②全民性；③有构词能力。[②] 不过，并不是所有基本词汇都同时具备这些特征，有的只具有其中的两个，例如亲属名称多半都是这样。总的来说，这些特点使基本词汇在语言发展中始终起着核心的作用。

由于汉族文化历史的悠久，因此汉语的基本词汇有相当大的一部分是在上古前期西周以前形成的，以后日益充实、发展起来，逐步达到现在这么丰富的程度。基本词汇的研究，一方面要上溯古代，弄清语源，另一方面又要时时注意它的发展情况及规律。具体说来，我们要研究的是，从远古到现在，汉语各类基本词汇是怎样形成的，经过怎样的发展过程，它们作为构词基础的作用如何，在形成和发展中出现了什么规律。把这一系列的过程，根据汉语发展的历史事实，加以概括地描述，就是本章的任务。

[①] 本章曾在《中山大学学报》1959年第1、第2期合刊上公开发表。现在收入本书时，对原文个别字句略有修改。

[②] 参见 M. C. 古勒车娃《研究语言的基本词汇的任务》，《新建设》1934年2月号有译文摘要。

汉语的基本词汇按其性质，可以分为八大类：①关于自然现象、自然物的名称；②关于方位的名称；③关于人和人体部分的名称；④关于近亲的名称；⑤关于生产劳动（如渔猎、畜牧、农业、工业等）的词汇；⑥关于物质文化（如宫室、衣服、家具等）的词汇；⑦关于行为的词汇；⑧关于事物的性状的词汇。如果按照词类来分，基本词汇主要有名词、动词、形容词三大类。本节基本上是按词的性质分类，但也结合词类来谈。

第二节　关于自然现象、自然物的词汇

自然现象先人类而存在，自然物也是在远古时代就有的。我们的祖先在和自然界做斗争中，在生产实践中，接触最早、最多、关系最密切、印象最深刻的就是自然现象和自然物。因此，关于这一类的名称是古人最早就创造出来的。例如，在汉语现存可靠的最古的书面语言中，就已经出现以下的基本词：

天、星、月、年、岁、春、秋、冬、光、火、风、雨、云、雷、电、雪、水、土、山、木、石、虫（和"它""也"同源）、鸟、地、草、河（以上见商代甲骨卜辞和《尚书·商书》）
华（花）、江、海、云（以上见金文和《诗经》）

这些词，具有惊人的稳固性，直到现在，还是现代汉语的基本词汇。但是，其中不少也经过了一段演变的过程。

有的是跟社会发展密切联系着的，例如"电"，这个词早见于卜辞和《尚书·金縢》："天大雷电以风。"但长期以来，它仅仅是自然现象的名称，直到近代由于自然科学的发展，"电"由天空走入下界为人们利用以服务于生产时，才发挥了它的构词能力，产生了许多新词，尤其是摹借词（译词），如"电车""电影""电报""电话""电灯""电视""电流""电子""电脑"，等等。可见基本词汇的发展，是社会发展的结果。

有些词是古人在生产实践中创造出来的。如"年"的原始意义指禾熟，并非纪时。卜辞的"年"字从禾下人，正是表示禾熟了，人在其下收割。①

---

① 卜辞中的"十年"，各家多认为是计算收获的次数，并非纪时。

这和《说文》的解释："年，谷熟也。"是完全符合的。所以古人把五谷丰收叫"有年"，大丰收叫"大有年"。"年"引申为纪时的词，大概是周初的事，如《尚书·金縢》就有"既克商二年""周公居东二年"的记载。由纪时的"年"，又引申为年龄的"年"，如《论语·里仁》："父母之年，不可不知也。"年即年岁。另一同义词"岁"的发展情况，和这差不多。后引申为纪时词，如《诗·氓》："三岁为妇"，即做了媳妇三年。但在战国时期，已开始称年龄为岁。如《战国策·齐策》："民称万岁。"《庄子·渔父》："孔子再拜而起曰：'丘少而修学，以至于今，六九岁矣。'"又《盗跖》："人上寿百岁，中寿八十，下寿六十。""岁"的这个新义，一直沿用至今。

完整的四季名称，始见于殷周文献①。如：

若农服田力穑，乃亦有秋。(《尚书·盘庚上》)
日月之行，则有冬有夏。(《尚书·洪范》)（惟近依高明所编《古文字类编》有"秋"字）
春日迟迟。(《诗·七月》)
四月维夏。秋日凄凄。冬日烈烈。（三句分见《诗·四月》各章）

从语源上看，这些词正是古代社会农业生产过程系统的反映。班固《白虎通·五行篇》是这样解释的："春之为言，偆偆（蠢）动也"，"夏之为言，大也。"这就是说，"春"表示一切生物萌动的季节；"夏"表示生产作物的长大阶段；"秋"训示谷熟（《说文》），表示收成的季节；"冬"训终（《白虎通·五行篇》），表示生产到了完成告终的时节。《白虎通》卷四引《乐记》一段话很有意思，说："春生，夏长，秋收，冬藏。"由此可见，四时的名称是从农业生产过程的演变在名词概念上的反映。

有些基本词，反映着古人对客观世界认识的发展，例如"日""月"。古人按照日是圆满充实而月则常缺这种直观认识，创造了日、月这两个象

---

① 卜辞里只有春秋冬而未见夏，春秋时期的金文里才有"夏"字，但还不能因此就证明当时尚无四时之分，因为《诗经》里已有四时名称，显然是前代的沿袭。

形字。为什么叫日月呢？《说文》这样解释："日，实也"，"月，阙也"。古人还注意到日有强烈的阳光，所以语言中又产生"阳"这个词。卜辞的"阳"字左从阜，是个土山，右边高高挂着一个太阳。从字的结构可以看出它的原始意义是日光。后来"阳"也可以作为"日"的同义词使用，如《诗·湛露》："匪阳不晞（干）。"《毛传》说："阳，日也。"然后由"阳"再演变为"太阳"。我国在战国时期，天文学已很发达，人们已懂得岁星运行的轨道，"太阳"这个词，最先就是指太阳道。例如，成书于秦汉之间的《内经》里说："凡此太阳司天之政"（卷二十一）；又"太阳司天，其化以寒"（卷二十二）。《内经》的作者企图用天空中的阴阳现象来说明人体内产生的相对反应。《史记·天官书》所谓"太阳，大旱丧也"，也是指岁星道。后来称日为太阳，语源于此。按汉和帝永元二年（公元90年）下诏说："邪气岁增，侵犯太阳。"汉末赵晔的《吴越春秋》载范蠡为吴王祝寿词说："上感太阳，降瑞翼翼。"曹植（公元192—232年）《洛神赋》："皎若太阳升朝霞。"刘桢《大暑赋》："太阳为兴达炎烛。"《释名》："赤，赫也，太阳之色也。"可见日的同义词"太阳"，在汉魏以前已经通行了。现在"日""日头"的名称只在方言里还可以听到①；在普通话里，"太阳"已经是全民性的基本词了。

单音词的"月"，中古时也称"月光"。南朝陈徐陵编辑《玉台新咏·和王舍人送客未还，闺中有望诗》："良人在何处，惟见月光还。"现在华南许多方言还保留着这个名称。后来又易"光"为"亮"，称"月亮"。这大概是唐时的事。唐李益《奉酬崔员外副使携琴宿使院见示》诗："庭木已衰空月亮"，以后就固定为词。但是，"太阳"和"月亮"都没有完全代替了"日""月"，后者依然是属于汉语基本词汇中的根词。这是因为"日""月"的构词能力强，而且词义有了发展。"日"引申为一日的"日"，并由此产生了许多一般用词，如"今日""明日"等词，"月"也发展为纪时的词。这在商代已经这样了。在清代小说里，根词"日"又逐渐为另一根词"天"所代替，出现了"今天""明天""几天"等词语。现在方言里（如粤语、客家话）仍然保留着"今日"这个3000多年前的古词，在北方话里，则"今天""明天"等词早已成为共同语了。但"日"这个词还是并存不废，如现代汉语的"节日""假日""五

---

① 据钱大昕《恒言录》卷六"俗语有出"条记"日头"见于宋神童诗："真个有天无日头。"

月一日"等词语就必须用"日"而不能用"天"。

汉语基本词汇的这些复杂现象，可以拿 M. C. 古勒车娃的话来解释："基本词汇并不是孤立的东西，它也受到语言中许多规律的影响。这些规律有时向完全不同的方向发生作用，可以破坏基本词汇所固有的规律，比方俄语 oko（目）为 rπas（眼睛）代替了，并不等于说 oko 根本不属于基本词汇，从立陶宛语中保存到今天的相当于 oko 的 akis（眼睛），可以得到旁证。"①

第三节　关于方位的词汇

汉语方位词的来源，可以追溯到远古时期。甲骨文中的"东""南""西""北"是作为方位词用的。《尚书·盘庚》也有"底绥四方"（平定四方）的话。可见这几个基本词产生得很早。但它们的本义是否都代表和今天一样的概念，就很难说了。比方说，汉人曾经根据声训的原理，结合自然现象对生物消长的关系来解释"东""南""西""北"的语源，如班固在《白虎通·五行篇》里曾经根据谶纬学，谬说什么"所以命名为东方者，动方也，万物始动生也。南方者，任养（保养）之方，万物怀任（怀妊）也。西方者，迁方也，万物迁落也。北方者，伏方也，万物伏藏也"。意思是说，东风吹而万物生，日出于东而万物开始活动，所以东方代表"动方"这个概念，东、动古同音。南方温暖，可以任养万物，所以南方代表"任方"这个概念。南、任古同音。古人认为西方总是荒落的地方，不利于生物生长的。比方说，太阳、月亮都升于东而落于西，西风吹而草木凋零，所以古人把西方理解为迁方，迁即迁落之意。迁从西得声，西迁古声同义通。当北方苦寒的时候，万物利于伏藏，北就是代表伏藏这个意思。所以北方即伏方，北伏古双声。《尚书大传》和《汉书·律历志》里都有类此的解释。这比许慎《说文》纯以字形来解释的（如说"东"从日在木中，"西"象鸟在巢上）似较合理一些，因为现在来查对古文字，都和许慎说不完全符合。

另外两个方位词"上""下"，也见于甲骨卜辞，它的原始意义就是指方位。它可以单独表示方位，如《诗·桑中》："送我乎淇之上矣"（在

---

① M. C. 古勒车娃：《研究语言的基本词汇的任务》，《新建设》1934 年 2 月号有译文摘要。

淇河上给我送行），又《凯风》："爰有寒泉，在浚之下"（有个寒泉，在浚邑下面）；也可以接在名词后面来表示方位，如《诗·清人》："河上乎翱翔"（在黄河岸上遨游），《论语·雍也》："则吾必在汶上矣。"

"上""下"这两个基本词都有很强的构词能力，在上古时期已然这样；以后历代更越来越多。如"上帝""上天""上士""上古""上服"……清人编的《骈字类编》 "上"字头双音词共有700条左右，"下"字条也差不多。如"下民""下土""下士""下服""下流""天下"等词，早见于历代典籍。《孟子·梁惠王》有"从流下而忘反（返）谓之流，从流上而忘反谓之连"的话，因而产生"上流""下流"两个词。中古时期又由此产生了一个"上流"的同义词"上游"。唐李商隐《重有感》诗："玉帐牙旗拥上游。""上游"指地位高。"下游"则是"上游"的反义词。

"左""右"也是表示方位的两个基本词。甲骨文的原始字形恰好像两只张开的左右手。由左右手引申为左右方，《诗·关雎》"左右采之"中的"左右"，正是方位词。

在上古，"左右"也可以连成一词，表示扶助之意，那就转作动词用了。如《尚书·泰誓》："左右予小子。"《易经·泰卦》："以左右民。"疏："左右，助也。"后引申为支配、操纵。现代汉语的"左右"，意思是"反正"，来源于元代流行的口语，如元曲《岳阳楼杂剧》："左右茶客未来哩。"由这又转为不定词，如说"三百元左右"。

至于政治上的"左派""左倾""右派""右倾"等，都是译词，另有语源，不属本章范围，从略。

第四节　关于人和人体部分的词汇

汉语中关于人和人称代词都产生得很早。"人"字见于卜辞，是个最古远的基本词。"人民"见于《诗·大雅·抑》："质尔人民。"但上古前期所谓"人民"的概念，可能指奴隶，也可能指衰落的贵族或平民，和今人的概念不同，但它的词形古今不变。

下面将着重讨论关于人体部分的名称的演变情况。

汉语中关于人、人体部分的基本词汇，在上古前期已经很完备。这表示我们的祖先在很早以前就具有这方面的丰富的知识。以下是从商周古文字中举的例子：

　　首、页、口、目、耳、自（鼻）、面、眉、足、血、肉、心——以上并见卜辞和西周全文①
　　胃、身、胆、手、牙、须、肤——以上见西周金文
　　肌、骨、胫、腋、肾、舌——以上见春秋战国器文
　　齿——见《诗经·硕人》
　　眼——巽：为多白眼。（《易经·说卦》）
　　头——试之人头。（《墨子·鲁问》）

这里要指出的是，先秦关于人体部分的基本词，绝大多数是单音节的；但自战国以后，单音词渐渐发展为双音词，发展的方式是采取同义结合。比如：

　　身体：故圣人之为衣服，适身体、和肌肤。（《墨子·辞过》）
　　筋骨：劳其筋骨。（《孟子·告子》）

由战国到秦汉时代，我国医药科学已相当发达，和这有密切关系的肢体名称，也就更加丰富起来。其中不少是复音词。《内经·灵枢·经水篇》说："其（病人）死可解而视之。"可见当时已懂得以解剖来观察尸体各部分的情况。"技术和科学的不断发展，要求语言用进行这些工作所必需的新词新语来充实它的词汇。语言就直接反映这种需要……"② 从《内经》里面关于肢体的名称的完备情况来看，正好说明这个词汇发展的一般规律。下面是从《内经·素问》卷一里摘录下来的几个复音词例子：

　　皮肤：去寒就温，无泄皮肤。
　　肌肉：肌肉满壮。
　　颈项：春不病颈项。

---

① 据高明编《古文字类编》，中华书局1980年版。
② 斯大林：《马克思主义和语言学问题》（中译本），人民出版社1971年版，第8页。

《内经》里拥有这么多以前还没有出现过的双音词，这是它大异于其他先秦古籍的地方（从这一点来看，也可以说明《内经》的著作时期，当在战国时期）。我们就现存的古代书面语言的材料来看，在先秦时期，"皮"和"肤"，"肌"和"肉"，"颈"和"项"等都是不联用的单音词。而且"皮"和"肤"在上古也有区别，"皮"指有毛的兽皮，去毛后叫"革"。（《诗》："羔羊之皮，素丝五紽。……羔羊之革，素丝五緎。"）"肤"却专指人皮。（如上文《诗·硕人》例，又《易经》："剥床以肤。"）大概秦汉以后，"皮"义就扩大了，《素问》里称人肤为"皮肤"，即其一例。

　　下面谈谈这些最常见的基本词"口、嘴""脚、腿""面、脸""首、头""颈、脖子"等的演变过程。

　　"口""嘴"——上面举过的《尚书·盘庚》的例子："度乃口"，又《秦誓》"不啻如自其口出"（简直像他嘴里讲出来的），这都是"口"的本义。春秋战国时候，引申为"人口"之口，如《孟子·梁惠王上》："八口之家可以无饥矣。"汉魏以后产生了一个"口"的同义词"觜"。"嘴"本作"觜"或"柴"，原义专指鸟嘴，后来发展为兼指人嘴。六朝乐府民歌有云："蚊子叮铁牛，无渠下觜处。"这里的"下嘴"是双关语，指蚊子也兼指人。可见，"嘴"作人嘴用，在六朝时已经通行，否则民歌里不会用它。到唐代以后，却普遍起来。唐人《朝野佥载》载："尚书左丞陆余庆转洛阳长史，其子嘲之曰：'陆余庆笔头无力嘴头硬'。"宋人王明清《挥麈余话》载："詹大和坐累下大理，李传正操俚语诟之曰：'子嘴尖如此，诚奸人也。'"

　　"脚""腿"——现在我们叫"腿"的，指膝头以下脚掌以上部分，这在上古时期叫"胫"。《论语·宪问篇》："以杖叩其胫。"成玄英疏："胫，脚也。"或称"足"，如《乡党篇》："足蹜蹜如有循。"朱骏声《说文通训定声》说："足，膝下至跖之总名。""脚"是比较晚出的，始见于晚周诸子。《韩非子·外储说右下》："因下抽刀而刎其脚。"《荀子·正论》："捶笞膑（膝盖骨）脚。"称"脚"为"腿"当在中古后期。在这以前，《说文》和《广雅》都未收"腿"字。《广韵》："骽，股也，俗作腿。"南朝《玉篇》："腿，胫也，本作骽。"这算是最早的"腿"了。在唐以后的作品里，"腿"就代替了"脚"而稳定下来。例如：

> 铁佛闻皱眉，石人战摇腿。（韩愈《嘲鼾睡》）
> 一双腿子似木槌。（唐变文《丑女缘起》）
> 唬得两腿不摇而自动。（《宣和遗事·亨集》）

至于现代我们所谓的"脚"，已非古义，而是专指小腿末端接触地面的那部分。这在先秦叫"蹠"，通作"跖"。《战国策》："蹠穿膝暴。"注："蹠，足下。"《说文》"跖"字下段玉裁注："今所谓脚掌也。"从唐宋作品来看，当时所谓"脚"已经是指脚掌，和今义一样了。例如：

> 老夫若也不信，脚掌上见有脓水。（唐《舜子至孝变文》）
> 脚敲两舷叫吴歌。（韩愈《奉酬卢给事云夫四兄》诗）
> 唬得尚让顶门上丧了三魂，脚板下走了七魄。（《五代史梁史平话》卷上）

"面""脸"——"面"这个词产生得早，见于商代卜辞，这是3000年前的古词了。"面"的原始意义是指人面的全部。现在说"脸"不大说"面"，"脸"已取"面"而代之。但最初"脸"不等于"面"，只是指面的一部分"颊"。《集韵》："脸，颊也。""颊"就是面旁①。"脸"的产生约在东晋前期，如：

> "文君姣好，眉色如望远山，脸际常若芙蓉。"（晋葛洪《西京杂记》卷二）

这是用"脸"字较早的例子。按《西京杂记》的作者，以前有人怀疑未必是晋葛洪。明胡应麟《四部正伪》已为辨正。鲁迅《中国小说史略》第四篇也指出："梁武帝敕殷芸撰《小说》，皆抄撮故书，已引《西京杂记》甚多，则梁初已流行世间，周以葛洪所造为近是。"葛洪是晋元帝时人，那么，"脸"这个词在公元4世纪时，就已经通行了。在比较后出的《玉台新咏》里，用例较多，如：

---

① 如果按照元人《韵会》的解释："脸，目下颊上也。"脸就不是颊，而只是颊上目下之一点。这似乎失之穿凿。

轻红澹铅脸。（江洪《咏歌姬》卷五）
　　绕脸傅斜红。（《皇太子圣制乐府》卷七）
　　慢脸若桃红。（刘遵《繁华应令》卷八）
　　红脸桃花色。（陈后主《有所思》）

　　从上面的例子看来，"脸"似乎专指女性①，但是再看唐人的作品，却并不如此，它是男女适用的。例如，《维摩诘经问疾品变文》写文殊菩萨的丰度说："眉分皎洁三秋月，脸写芬芳九夏莲。"文殊并非女性。张仲方的《驳李吉甫谥议》一文骂李"滔泪在脸，遇便则流"。杜牧之《寄侄阿宜诗》："头圆筋骨紧两脸。"这些"脸"都和"颊"同义，指男子的面两旁。后来"脸"就发展为"面"的同义词，如明人的《水浒传》里，"面上"和"脸上"已经混用，不大区别，"洗脸"已经代替了"洗面"。现在"脸"固然已经进入基本词汇，但"面"也仍然是个构词能力很强的基本词，而且在某些词语习惯上是要用"面"的，例如，"面貌""面子问题""面对面的斗争"，这些地方都不说"脸"，而一定要说"面"。

　　"首""头"——古人称"首"，今人叫"头"，词形不同，而语源则一。"首"在商周彝器铭文里很多，算是上古汉语的基本词。"頭"字右旁的"頁"就是頭义。古凡作稽首之首，均作"頁"不作"首"。"頁"作"头"是战国以后才通行起来的。从它在战国诸子中的普遍性来看，"头"肯定是当时的通语，而不是方言词。例如：

　　生瘇于头。（《左传·襄公十九年》）
　　故杀之，断其头而葬之。（《晏子春秋·内篇杂下三》）
　　生王之头，曾不若死士之垄（墓）也。（《战国策·齐策》）
　　头銛达而尾赵缭（长貌）者邪？（《荀子·赋篇》）
　　今有人于此，欲必击其爱子之头，石可以代之。（《吕氏春秋·爱类》）
　　昔者秦攻齐。令："有敢去柳下季垄五十步而樵采者，死不赦。"令曰："有能得齐王头者，封万户侯，赐金千镒。"由是观之，先王

---

① 有人认为称脸限于妇女，观以下各例可知并不尽然。

之头曾不若死士之垄也。(《战国策·齐策》)

鸿蒙拊脾雀跃掉头曰:"吾弗知! 吾弗知!"(《庄子·在宥》)

按"首""头"是声义并同的同源词,证据是"道"从首得声,在上古属定母(d')字,凡同谐声者必同声母(至少也同声类),这是前人已经证明了的,所以"首"和"道"在上古必定同属舌头音,而"头"也是舌头音。此外,还可以从文字结构来看。《说文》:"首,古文百也","頁,头也,从百,从儿,古文䭫首如此。"这就是说,"头"字的偏旁"页"本从"首"(百的古文)得声,训头,"页"和"首"声义相同。"页"左旁从豆为"头",显然是后起的形声字。

"头"在中古以后,除继续为肢体名称的基本词外,一部分词义虚化为名词词尾。

"颈""脖子"——我们现在说的"脖子",上古前期多说"领"或"项",西周金文作"胫",战国以后说"颈"或"颈项"。"领""项"均指脑后受枕处,"颈"指头茎,从页,茎声。但使用时,却往往不大区别。如《诗·硕人》:"领如蝤蛴。"毛传:"领,颈也。"《庄子·马蹄》:"喜则交颈相靡。"《释文》:"颈,领也。"《左传·成公十五年》云:"我君景公引领西望。"引领就是伸长脖子。可见古人用词有较大的灵活性,领、颈都可以指脖子。有的则"颈项"联为一词,如《素问·金匮真言论》:"病在肝,俞在颈项。"在近代民间文学里,渐渐称"颈"为"脖子",如:

那张都监……被武松当头一刀,齐耳根连脖子砍着,扑地倒在楼板上。(《水浒传》第三十一回)

那汉又见那妇人叫将起来,却慌了,就把只手去克着他脖项。(《古今小说》卷三十五)

在现代汉语里"颈"和"脖子"并行不废,北方多说"脖子",华南却说"颈"为常,如"上吊"叫作"吊颈"。

此外,关于肢体名称在构词上的发展,有一个特点,值得注意。如果两个肢体词结为合成词,往往引起词义的变化,它不再表示肢体的概念,而是产生新的比喻义。这个现象在上古已经产生,后世续有发展。例如,

《诗·周南》:"赳赳武夫,公侯腹心。""腹心"即"心腹",指能效忠诚的亲信。《诗·祈父》:"予王之爪牙。""爪牙",指王之卫士,后来变为贬词,指党羽。《诗·烝民》:"出纳王命,王之喉舌。""喉舌"为言语所出,比喻枢要。唐牛僧孺《玄怪录》"刘讽"条:"又一女郎起传口令,……令曰:'鸾老头脑好,好头脑鸾老。'"王定保《唐摭言·误放》:"主司头脑太冬烘,误认颜标作鲁公。""头脑"均指思想。《隋书·郭荣传》:"黔安首领田罗驹阻清江作乱。""首领"指头目。《史记·苏秦传》:"今子释本而事口舌,困,不亦宜乎。"类似的还有"口舌"(指争辩)、"耳目""手脚""手足"等。

第五节 关于亲属的词汇

从古代到现在,汉族人民常用的近亲名称最基本的有 18 个:祖、父、母、伯、叔、舅、甥、侄、兄、弟、姊、妹、夫、妻、子、女、公、婆。这些称谓并不是一开始就是这样的,它们也和其他的词一样,经过了一段复杂的演变过程。

"祖""父""母"称谓的来源——由男女的性别名称演变而为今义。在卜辞里,"祖""父""母"这三个词都很多,但含义和现在不尽相同。现代考古学家认为,远古社会通行亚血族群婚制,人们多父多母,实无所谓祖、父、母。这种社会制度的残余,在古汉语词汇里得到反映。卜辞里的"祖某""妣某",等于"男某""女某"。周初所谓"某父""某母"①,"父"指男性,"母"指女性。男子都可以自称为"某父",女子自称为"某母"。可见"父""母"在当时还不是今义的专称。后来,由于社会进化,父子名分才确立,"父""母"才成为生子育女者的专名,而父之父母称为"祖父母"。如《尔雅·释亲》里的称谓便是。在中古时代,由于语音变迁或方言关系,陆续出现"父"的同义词"爹""爸""爷"等,"母"的同义词"娘""妈"等。魏张揖《广雅·释亲》:"爸、爹,父也。"又"妈,母也"。按上古无轻唇音,今声母 f,中古念 v',上古念 b';鱼、模韵中古以前念 a 不念 u。所以古人念"父"如"爸",念"母"如"妈","爸""妈"即"父""母"的古音之遗。

① 参见郭沫若《甲骨文字研究·释祖妣》及王国维《女字说》(载《观堂集林》卷三)。

"爹""爷"原来是北方方言，中古以后渐渐变为通语。南朝作品《木兰辞》称父母为"爷娘"："朝辞爷娘去。"现在北方话多称祖父为"爷爷"，词义又有了变迁。

"伯""叔"的演变——由伯仲叔季的诸父的排行，发展为伯父叔父的专称，再变为伯、叔的单称。上古所谓"伯父""仲父""叔父""季父"的"伯""仲""叔""季"，实际上是一种排行，等于今人叫老大、老二、老三、老四。这种排行，对于其他亲属也是适用的，如"伯母""叔母""伯舅""叔舅""伯姐"（大姐）、"叔妹"（小姑）。根据先秦书面语，叔父伯父，产生在西周以后。《诗·鲁颂》："王曰叔父。"《左传》里更多"伯父""叔父"之称。《尔雅·释亲》："父之昆弟，先生为世父，后生为叔父。"《释名·释亲》里说得更详细："父之兄曰世父，又曰伯父；父之弟曰仲父；仲父之弟曰季父。"南北朝以后多单称伯、叔①。这么一来，"伯""叔"就由序数词变为专称了。近代以来，对仲父以下，多称二叔、三叔、四叔等。如果就叔的语源为排行序数这点来说，这简直是双重序数了。此外，伯、叔本为对父之兄弟的称谓，即如上述，但后来也适用于妻对夫之兄弟的称谓，如《尔雅·释亲》说，妇女称夫之兄为"兄公"，夫之弟为"叔"。在《史记·陈丞相世家》里，却称夫之兄弟为"兄伯"和"叔"。"兄伯"也简称"伯"，现在仍然沿用"伯""叔"之称，这是由于长期以来形成的亲从子称的社会习惯。

"舅"和"甥"——称母亲的兄弟为"舅父"，自称为"甥"。这两个名称后来就稳定下来，没有变动。虽然《尔雅·释亲》说"妻之父为外舅"，但后世不通行，"舅父"这个词还是母之兄弟的专称。不过从唐代起，夫对妻之兄弟也称"舅"。清钱大昕《恒言录》卷三引《唐书·朱延寿传》云："杨行密妻，延寿姐也，……行密曰：'得舅代，吾无忧矣。'"现在仍然沿用这种称呼。"舅"可以兼称妻之兄弟，这也是来源于亲从子称的社会习惯。

"兄""弟""姐""妹"——"兄""弟"的原始意义是："兄"表示长，"弟"表示次第②。所以古代男子固然可以称先生的为兄，后生的

---

① 《颜氏家训·风操篇》："古人皆称伯父、叔父。而今世多简称伯、叔。"
② 《说文解字》："兄，长也。"段玉裁注："古长不分平上，其音义一也。长短、滋长、长幼，皆无二义。"又《说文解字》："弟，韦束之次第也。"

为弟,而女子也可以用兄弟来分长幼。《孟子·万章》:"弥子之妻与子路之妻,兄弟也。"这里的"兄弟"等于"姐妹"。因此,古代有称姐为"女兄",妹为"女弟"的。尽管这样,"兄""弟""姐""妹"的今义,在周代已经基本稳定下来,这是没有疑问的。上文谈了,古人也用"伯""仲""叔""季"来表示兄弟的长幼序数,这和殷人以"甲""乙""丙""丁"为长幼的序数是一样的。现代汉语的"老大""老二""老三""老四"的称呼,可以说是来源于此。不过,古人所谓"伯",专指嫡出的长子,庶出的就只能称"孟"而不称"伯"①。这一字之差,却反映着古代宗法社会的一个特征。今人直接称兄为"哥"。按"哥"本"歌"的古写,唐以前没有"兄"义,训"哥"为"兄",始于唐人长孙讷言的《广韵》笺注②,又从唐人小说里,也可以看出当时这种称呼。如李复言《续玄怪录》:"女急掩其口曰:'哥哥深诚化人,不宜如此。'"现在普通话称弟弟为"兄弟",起源于元代。《元史》泰定帝即位诏说:"诸王哥哥兄弟每('们'的古音之源)也都理会的。"这"兄弟"即是"弟弟"。"每"即现今的"们"。这在中古南北朝时,已经出现③。

"夫"和"妻"——中国的氏族封建社会等级制度很严,这使近亲名称也复杂化了。同是老婆,而各阶层的称呼不同。《礼记·曲礼下》说:"天子之妃曰后,诸侯曰夫人,大夫曰孺人,士曰妇人,庶人曰妻。"战国以前,"后"指君王,没有用作后妃之义的。《战国策·赵策》始见"赵太后"的称谓。大约战国以后,"后"就成为帝王之妻的专名。不过,尽管古代配偶名称很多,"夫""妻"却是具有全民性的两个词,在一般场合,总是使用它们。这只要看《尔雅·释亲》以"妻党"为类名,再看《易经·小畜》说:"夫妻反目",就知道那是当时的通语了。中古以来,"夫人"也用作普通妇人的一般专称,并不一定含有等级意味。现在现代汉语里也还经常用到它,比方说"某大使夫人"。至于现代汉语的"爱人",是受外语影响的摹借词,五四运动以后只适用于未婚夫妻,中华人民共和国成立后,使用范围已扩大到已婚夫妇了。

---

① 《白虎通·姓名》:"嫡长称伯,庶长称孟。"
② 《广韵》"哥"下注云:"古作歌字,今呼为兄也。"按《广韵》笺注是唐人长孙讷言作。又《酉阳杂俎》卷十一"宁王"条:"上(玄宗)知之大笑,书报宁王:宁哥,大能处置此僧也。"
③ 关于"们",本书第二部分《汉语语法史概要》第四章第四节有专门论述,此不赘述。

"公公""婆婆"的来源——由"舅""姑"到"公""婆"。女子对丈夫的父母,上古通称"舅""姑",见于《尔雅》。中古以后,渐渐改称"公""姑"(或"翁""姑")。《汉书·贾谊传》:"抱哺其子,与公并倨。""公"即指夫之父。《释名·释首饰》里引俚语说:"不暗不聋,不成姑公。""姑公"即"公姑"的倒称。在同时的民间乐府里,有称"公姥"的。如《焦仲卿妻》:"便可白公姥。""姥"或作"姆",即"妈"的另一字形。《广韵》姥、妈俱莫补切。晋以后称"姑"为"婆",如乐府《休洗红》:"人生百年能几何,后来新妇今成婆。"又干宝《搜神记》:"李信妻走告姑曰:'阿婆!儿夜来不知何故变相?'"① 现代多用叠词,称"公公""婆婆",即来源于此。

"子""女""儿"——上古所谓"子""女"和今语不完全相同。"子"可以指儿子,也可以指女儿,也可以统指儿子和女儿。如:

子(包括子和女的):子于父母,则自名也。注:言子者,通用男女。(《礼记·曲礼下》)
子(单指儿子):子之妻为妇。(《尔雅·释亲》)
子(单指女儿):以其子妻之。(《论语·公冶长》)

"子""女"分称,"子"指儿子,"女"指女儿,这是从上古中期春秋时代开始的。如:

穆姬闻晋侯将至,以大子䓨、弘与女简、璧登台而履薪焉。(《左传·僖公十五年》)
〔穆姬听说晋侯做了俘虏,即将押来秦国,她就带着两个儿子䓨和弘,两个女儿简和璧跑到高台上去,台上铺着柴火,准备自焚。〕
王(周襄王)德狄人,将以其女为后。(《左传·僖公二十四年》)
〔王对狄人很感激,准备娶狄人的女儿做王后。〕

"子",中古以后称"儿子"。"儿"字早见于卜辞,本义指小孩子,

---

① 关于"公婆"之称的演变,可参见《通俗篇》卷十五(《函海》本)。

和"孺子"同义。西汉初期"儿"义已有所发展，除指小孩外，也兼有"儿子"义，如：

高后儿子畜之。(《史记·齐悼惠王世家》)
[吕太后把他当作儿子来抚养。]
教儿子不谨。(《史记·张释之传》)
今吾何自从吾儿游乎？(《史记·留侯世家》)
吾得疾遂困，以如意母子相累，其余诸儿，皆自足立，哀此儿犹小也。(《汉高祖手敕太子》)
[我已病得不行了，现在把赵王如意两母子嘱托你照顾。其他的儿子都已经能够自立，可怜的就是这儿子，他年纪还小呢。]

东汉以后，"儿"更普遍是指"儿子"，如：

乡（向）者夫人儿子皆以君。(《汉书·高帝纪》)
[刚才你的夫人和儿子的好运，都是因为你啦！]
堂上启阿母：儿已薄禄相。(《焦仲卿妻》)
[回家告诉妈妈：儿子已经没有做大官的福气。]
已得自解免，当复弃儿子？(蔡琰《悲愤诗》)

从汉语的亲属称呼中可以看出三个特点：第一是双重制，即同时存在间接称呼和直接称呼或者说书面语和口头语两套，如"父亲""母亲""伯父""叔父""兄"等用于间接称呼或书面语，而"爸""爹""爷""妈""娘""伯""叔""哥"等则多用于直接称呼，即口语。第二个特点是叠词：平辈以上称呼，大部分都变为重叠词，如"爸爸""爹爹""爷爷""妈妈""娘娘""伯伯""叔叔""哥哥""弟弟""姐姐""妹妹"等是；惟对下一辈则不用叠称，如"儿子""孩儿""女儿"等是①。又只用于书面形式的"夫""妻""岳""婿"等称呼也不适用叠词。第三个特点是交叉式：大多数的称呼都是既适用于长辈，同时也适用于平辈，如对父之兄弟都可称为"伯""叔"，对母之姐妹和妻之姐妹都可称

---

① 这里指称呼，如果不用于称呼，单音词子、孙也可以叠音，如子子、孙孙是。

"姨",对母之兄弟和妻之兄弟都可称"舅"等。

第六节 关于生产劳动的词汇

汉语中一些有关生产劳动的词汇,是从古代社会各个发展阶段渔猎、畜牧、农业、手工业时代产生出来的。这些词所反映的时代虽然已成过去,但是,语言仍然存在,词所代表的事物——生产,一部分也还存在。随着社会的发展,这些词又获得了新的意义。因此,它们仍然属于基本词汇。至于有关手工业生产的基本词,则是现代汉语具有生命力的词汇核心,这是不言而喻的。

渔猎生产的对象是鱼、鹿、狐、虎、象、兔等;渔猎使用的工具是网、弓、矢。追兽叫作"逐",打猎有所得就叫作"获",把矢扣在弓上叫作"射"。这些词见于殷商文献,都是远古时期产生出来而现在也还是常用的。其中有的还属于基本词汇,例如,"鱼""渔";有的则经过词义的引申演变,然后进入基本词汇,例如,"射""弓"。"射"现在已经是个有构词能力的词,用它作词根,可以构成"射击""扫射""喷射""注射"等新词。这里的"射"都是由"射"的本义演变出来而又有所不同的。在现代汉语中,用"弓"做基础可以构造"弹棉弓""胡琴弓""量地弓"等词,但"弓"义也和古代有所不同。

畜牧的主要生产对象是马、牛、羊、鸡、犬、豕六畜。生产的高度发展,要求人们对六畜的性别、种类、性格和成长期等能够详细鉴别,以便搞好生产。因此古代在马、牛、羊、鸡、犬、豕等六类名称里面,还分出很多复杂的各种名称。《说文》里从"马"的字有117个,从"牛"的字46个,从"羊"的字25个,从"犬"的字83个,从"豕"的字22个,可见汉语中这类词汇是很丰富的。

后来社会向前发展,这些用于畜牧事业的复杂名称,在语言中已没有必要,它们大部分消失了,或为别的新词所代替。保存下来的只是"马""牛""羊""猪"等基本词。这类词汇中的一小部分,则经过词义的辗转引申,仍然保存在一般词汇里,并和别的同义词相结合,发展成现代汉语的常用词。如"狡""驯""狂""犯""牵""驾""牴"等,按其语源,均与牲畜的性格、动作有关,现在却发展为双音词,而别有新义了。如:

"狡"——狡猾　　"驯"——驯服　　"狂"——狂妄
"犯"——侵犯　　"牵"——牵引　　"驾"——驾驶
"牴"——牴触

现在谈谈有关农业的基本词汇。历史考据学家根据殷墟发掘的地下材料，认为商代在盘庚迁殷以后，农业已经逐渐发展成主要的生产活动。周朝的农业更加发达。因此，在殷周两代语言中，关于农业生产的词汇是很丰富的。在卜辞里，已有一些栽培植物的名称，如"果""桑""粟"等；也有关于农民副业的名词，如"蚕""丝""帛"等；又有关于耕种的名词，如"田""井""获"等。《尚书·洪范》："稼穑作甘"的"稼穑"，即今人所谓"庄稼"。现在除了"帛"已改称丝织品，"畴"的词义已改变以外，其他都一直是汉语的常用词，其中的"田"还是基本词。

关于农产品名词，在殷商时代出现的有"黍""稷""禾""来"（或"麦"）等四种。周代增加了十种①，如"牟""稻""粱""糜""苣""秬""秠""菽""荏菽""麻"等。这些谷物名称，代表古代人民的主要食物。其中"禾""稻""麦"和有关的近义词"谷""米"等，都属于基本词汇。它们的演变简述如下：

"禾""谷"——上古所谓"禾"有广狭二义，广义指一切谷类，如《诗·七月》所说"十月纳禾稼"的"禾"是。现在仍然沿称为"禾"，惟北方多叫"庄稼"。《新编五代史平话·梁史平话》卷上载："朱温使霍存打扮庄家（稼）人去。"可见管"禾"叫"庄稼"，流行于近代前期。"禾"的狭义专指一种谷子，如《诗·七月》又说"禾麻菽麦"的"禾"是，今称"小米"。

"稻""米"——古人或称"稌"（tú），"稌"和"稻"声近，实即一物，今称稻子，脱了皮就叫"米"或"大米"。在古代，"稻""粱"都是较贵重的粮食。

"麦"——古今词义不变，今称"麦子"。有"大麦""小麦"之分，也有古今相同的，不过用以表示这个概念的词不同罢了。上古殷周时代称"来""牟"，《诗·周颂》："贻（赠给）我来牟。""来""牟"，别的书也作"𫗴"或"𪍑""𪋿"。中古以来，管"𫗴"叫小麦，管"𪋿"叫大麦。

---

① 以出现在《诗经》里的为根据。

成书于公元 3 世纪的《广雅·释草》说:"大麦,䴹也;小麦,䴢也。"①

此外,"耕""种""农"和上文提过的"田",也是反映农业的基本词,下面略述它们的演变。

"耕"——《说文》:"耕,犁也,从耒井,古者井田,故从井。"这是说"耕"的本义是用牛犁田。按孔子有弟子名耕的都以牛为字号,如冉耕字伯牛,司马耕字子牛。从这点看来,《说文》的解释是可信的。不过,人耕也可以说耕,如《诗·周颂》:"亦服亦耕,十千维耦。"(大搞你们的耕作,来个万人并耕)这里说的情况,就不一定是牛耕了。

"种"——现代汉语也管耕田叫种田,如果笼统地说,当然没有什么不对。其实上古所谓"种"和上面所说的"耕"不同,"种"是把谷子种在田里,因此把可以种的谷子叫"种子"。这种用法,在周代书面语里就已经如此,如《诗·生民》:"茀厥丰草,种之黄茂。"(除掉那些茂草,种上好谷子)这就是指种田。同诗又说"诞降嘉种"(上天降下好谷种),这是指种子。后来由种田的种,扩大为一切种植的种,如《史记·萧相国世家》:"召平者故秦东陵侯,秦破为布衣,贫,种瓜于长安城东";《汉书·艺文志》录《种树臧果相蚕》十三卷,这些"种"的用法都是比较后起的。在这之前,一般说"树"不说"种",如《孟子·梁惠王》:"五亩之宅,树之以桑";屈原《离骚》:"又树蕙之百亩。"

"农"——"农"的原始意义也是耕,如《汉书·食货志》所谓"辟土植谷曰农"。据郭沫若考释,"农"字所从之辰,就是古代的一种耕器②。这种耕具是比较原始的。可见"农"比训犁的"耕"更接近于远古汉语。当时基本词汇比较贫乏,耕田叫"农",耕田的人也叫"农"。如《尚书·盘庚》"若农服田穑,乃亦有秋"(如农民那样努力耕田,也就得到收成)。周代称"农人"或"农夫"。《诗·甫田》:"食我农人","农夫之庆"。至于"农民"一词,是比较晚出的。

"田"——"田"字早见于商代卜辞,像个四方形的大块土地。历史学家因此认为上古可能有过井田制③。那么,从词义学角度,我们也不妨

---

① 王念孙:《广雅疏证》卷十上"大麦"下疏文。
② 参见郭沫若《甲骨文字研究·释干支》,载中国科学院考古研究所编《考古学专刊甲种第十号》,科学出版社 1962 年版,下同。
③ 参见郭沫若《十批判书》,人民出版社 1954 年版,第 23 页。

肯定"田"的原始意义就是种植五谷的田地。这个词历3000多年没有改变过。至于古人打猎也叫"田",这应当是引申义,它在《尚书·无逸》里就已经出现了①。

中华人民共和国成立后,在农业生产发展过程中,"耕""农"等都是能产的根词,它们构造了一批反映农业生产发展的新词,也有的是旧词获得新义的。如:

耕作　深耕　冬耕　耕具
农村　农业　农药　农作　农作物　农产品　农具

最后谈谈有关手工业生产的基本词汇。

我国在殷商时代已有手工业,"工"字已在卜辞中出现。《周礼·考工记》详述各类工匠的操作方法,这说明周代的工艺更加发达。关于这一类基本词的演变如下:

"工"——"工"本指工艺,工匠也叫工。《论语·卫灵公》:"工欲善其事,必先利其器。"由工艺变为工业义,这是最近百年间的事。"工"的构词能力很强,已见于古汉语的"工力""工夫""工部""工程"等词。至于现代汉语以"工"字构成的词群,根据《现代汉语词典》所收,就有80多个,如"工资""工分""工作""工业""工具""工人""工会"等词都是。

"车"——"车"字见于卜辞,惟传说我国在黄帝时就已经有指南车,那么,"车"这个词的来源就更古远了。"车"字并见于甲骨文、金文和春秋战国各个时期的文字,从来就是个基本词,本指交通工具,后来发展为兼指一切用轮轴转动的器具,如"纺车""风车""滑车""车床"等词都是。至于"汽车""火车""电车"等译词的"车"义,还是和"车"的本义关联着的。

"机"——上古指有发动作用的器具。《说文》:"机,主发谓之机。"《庄子·天地篇》里最早使用"机械"这个词:"有机械者,必有机事。"但在古汉语里,"机"的造词能力并不算强,到了现代却变成一个能产的基本词了,许多有关工业生产的新词,如"织布机""机床""发动机"

---

① 《尚书·无逸》:"文王不敢盘于游田。"田,即打猎。

等都是用"机"作词根的。

"钢铁"——我国在春秋战国时代已经有冶铁业,"铁"字见于书面语的,如《管子·地数篇》说:"出铁之山三千六百九十山。"[①]《孟子·滕文公》:"许子以釜甑爨,以铁耕乎?"但是炼钢业却可能是西汉以后才产生的。成书于公元 2 世纪的《说文解字》,也没有收录"钢"字,只在"镂"字下解说"刚铁也"。但是,《列子·汤问篇》已有"练钢赤刃,用之切玉,如切泥焉"的话。这恰好证明《列子》是晋人伪托之书,决非先秦作品,因为在西汉以前,古汉语中绝不会产生"钢"字。不过无论如何,《列子》只能算是较早使用这个词的了。其实在曹丕的《大墙上蒿行》诗中,已见"苗山之铤,羊头之钢"句,"铤"是生铁。"钢",《玉篇》解释为"炼铁",《广韵》训"钢铁"。"钢"的语源是"刚",古人有时也以"刚"作"钢"。如东晋刘琨《重赠卢谌诗》:"何意百炼刚,化为绕指柔。"这里刚柔对举,其实"刚"是双关语,指千锤百炼的坚刚的钢铁。不过,"钢"在语言中,过去并不重要,使用得少,构词力也缺乏。最近 30 多年来我国工业生产大发展,"钢"才成为最活跃的构词核心,"钢都""钢管""钢板""钢材""钢锭""钢水""钢花"等词大批涌现。

此外,也有一些基本词是各行共有的,例如,"生产"和"劳动"。

"生产"——这个词很早就见于《史记·高祖本纪》:"不事家人生产作业。"但过去这只是一个一般的词,在语言中的作用不大。中华人民共和国成立后,党和人民政府以发展生产为首要任务,"生产"一词成为十亿人民每天都离不开的语言,并且在摹借新词上成为一个极其活跃的词根。这样,它就由一般词变为基本词了。

"劳动"——"劳"和"动"在上古只是两个不联用的单音词。《孟子·告子下》:"劳其筋骨",又《滕文公》:"将终岁勤劳。""劳""动"结为双音合成词,始于中古时期。《三国志·华佗传》:"人体欲得劳动,但不当使极耳。"但是,和"生产"一样,过去"劳动"也只能属于一般词汇。而且和现在生产劳动的意义也大有区别,只是到了现代,它才获得了新义,并且进入基本词汇,成为一个能产的词。

---

① 《管子》非管仲自著书,前人已指出。不过,无论如何,它不会是战国以后的作品。

第七节 关于物质文化的词汇

远古时期，人们过的是简陋的原始生活，还谈不上什么物质文化，在这方面所使用的词汇也是比较贫乏的。到了殷周时代，特别是晚周以后，社会生产力已大大提高，因而在语言中反映物质文化的词汇也就逐渐丰富起来了。这里就宫室、衣服、家具这三类基本词汇的产生与发展情况，分别讨论一下。

一、宫室类基本词汇

这些词汇见于卜辞的有"宫""室""家""门""户"等词，见于《尚书》的有"屋""房""台""堂""馆""园"等词。

"宫""室"——古人穴居野处，无所谓宫室。后来由穴发展为宫室，已经前进一步。"宫"和"室"最初也没有多大分别，室即是宫，宫即是室，"宫室"在上古是一切房屋的总称。从秦代起，"宫"专指帝王之居。现在"宫"似乎又恢复古义，依然指房屋，但不是一般房屋，它含有壮丽的意义，习惯上用于特指一种建筑物，如"少年宫""文化宫"之类。"室"则由"宫室"这个较广泛的含义缩小为现在专指建筑物内的一所，如"实验室""办公室""教室"等是。

"房""屋"——古人所谓"房"是比"室"小的，如《释名·释宫室》所说："房，旁也，室之两房也。"可见"房"最初只是指建筑物内小于室的一间（房屋字不见甲骨、金文）。"屋"有覆义，所以宫室的上盖叫"屋"①，转为指整个屋舍，自汉以前已如此。《诗·秦风·小戎》："在其板屋。"孔颖达《正义》引《汉书·地理志》云："天水陇西，山多林木，民以板为屋，故秦诗曰：'在其板屋。'"《韩非子·外储说左上》："虞庆为屋，谓匠人曰：'屋大尊。'匠人对曰：'此新屋也。'"《史记·陈丞相世家》："高帝南过曲逆，上其城，望见其屋室甚大，壮哉县！"这些"屋"都指建筑物的整体，而不是其中的一部分。后来"房"

---

① 《说文解字》段玉裁注："屋者，室之覆也，引申之，凡覆于上者皆曰屋，天子车有黄屋。《诗》笺：'屋，小帐也。'"段说可信。屋的本义应该是屋室的上盖，然后扩大为整个屋舍，而帐幄义则是引申的。

和"屋"渐渐变成同义词,没有什么区别。例如成书于公元3世纪的《广雅·释宫》就是这样解释的:"房、屋,舍也。"现在普通话里的"屋"义已由大而小,指建筑物内的一间。"房"则由小而大,指整座建筑物。只有在广州话和客家话里,"房"和"屋"还保留着古义。这种变化,可能是在近代时期发生的。像下面例句中的"屋",正是现在北方话的说法。

入门转左廊下小屋中,呼帝与后坐。(《宣和遗事·利集》)
寻到厨房后面一间小屋,见几个老和尚坐地,一个个面黄肌瘦。(《水浒全传》第六回)
直寻到里面八九间小屋,打将入去,并无一人。(同上)

不过,上面的例子只能说明宋元以后就有这种用法罢了,但还不是普遍的、绝对的。

"楼""台"——"台"比"楼"出现得早些,《诗经》有"灵台"而无"楼"字。但《考工记》里已谈到殷人有"重屋"①。据《说文》解释,"楼"就是重屋。那么,也许春秋以前有楼房,而在语言里却叫"重屋",偶然也叫"楼"。"楼"是出较晚出的字。《左传·哀公八年》:"囚诸楼台。""楼"和"台"是有区别的,《尔雅·释宫》:"四方而高曰台,狭而修曲曰楼。"这和《孟子·告子上》说的"岑楼"(尖角高楼),倒还相像。现在从它的本义引申,产生了很多新词,如"讲台""舞台""电台"等是。

二、衣服类基本词汇

衣服方面所使用的词,最早出现在商代卜辞里的有"衣""服""丝""帛""裘""巾""䘸"等。"帛"即现代语的"绸"或丝织品,"裘"是皮衣,"䘸"是缝衣服。可见我们的祖先远在3000多年以前已经懂得缫丝、织绸、制皮、织布、缝衣等劳动,以满足当时人们的物质生活的需要了。到了周秦汉代,纺织工艺有了进一步的发展,因此,语言中关于这一类的词也增多了。下面择要谈谈这类基本词发展的情况。

---

① 《考工记》:"殷人重屋,堂修七寻,堂崇三尺,四阿重屋。"

"衣服""衣裳"——这两个双音节同义词,很早就产生了。《诗·曹风·蜉蝣》:"蜉蝣之羽,衣裳楚楚","蜉蝣之翼,采采衣服"。以后没有什么变化。中古时期或有称"衣著"的,如《桃花源记》:"男女衣著悉如外人。"现在方言里仍然有称"衣著"的。古代"衣"和"裳"的含义是有区别的。《说文》:"上曰衣,下曰裳。"后来生产力日益发展,人们穿的种类越来越多,"衣"渐变成了通名,含义逐渐扩大了,一切披在人体或物体外面的东西都可以称"衣"。如管套裤叫"胫衣",袜子叫"足衣",均见于《说文》。唐人以"弓衣"训"橐"①。此外,还有"芋衣""笋衣""豆衣"等名称。现代更产生"炮衣""糖衣"等新词。

"褂""衫""裤"——古人所谓"褂"指长衣,字或作"袿"。《广雅》:"袿,长襦(rú)也。"这个词已见于战国作品。宋玉《神女赋》:"振绣衣,被袿裳。"在古代,"褂"和"衫"是有区别的。据《释名》解释,"袿"是女人的上等服,"衫"却指普通短袖上衣,没有男女之分。但后世所谓"褂""衫",是异名而同实的。《通雅》说:"今吴人谓之衫,北人谓之褂。"现在普通话的"褂"和"衫"也没有什么区别,都是上衣的通称,如大褂子也叫长衫,小褂子也叫短衫。上古管下服叫"裳",不叫"裤"。今语的"裤"(古作"绔"),始见于战国诸子。《韩非子·外储说左上》:"郑县人卜子使其妻为袴。"《方言》卷四:"关西谓之袴。"可见这个词是由方言发展为共同语的。按古人所谓"袴"指开裆的下服,其合裆的叫"裈"(kūn)②。现在"裈"这个词已不用,"裤"是通称,不加区别了。

"鞋子"——现代人所谓"鞋子",在春秋以前称"屦"(jù),动词用"履"。如《诗·魏风》:"纠纠葛屦,可以履霜。"(缠缠结结的凉鞋,可以踏霜而不觉得冷)战国时代却有三种情况,有的书面语仍然说"屦"不说"履",如:

巨屦小屦同贾(价),人岂为之哉?(《孟子·滕文公》)
子以为窃屦来与?(又《尽心》)

---

① 《诗·周颂·时迈》:"载櫜(gāo)弓矢。"孔颖达疏云:"櫜者弓衣,一名韬。"
② 《急就篇》颜师古注:"合裆谓之裈。"

有的说"履"不说"屦",这是比较普遍的,如:

今谓人曰:"予子冠履,而断子手足,子为之乎?"(《墨子·贵义》)

[现在对一个人说:"我给你帽子和鞋子,但要斩断你的手脚,你愿意吗?"]

粗布之衣,粗紃之履。(《荀子·正名》)

[粗布衣服,粗麻鞋子。]

夫迹,履之所出,而迹岂履哉?(《庄子·天运》)

[脚迹是由鞋子产生的,难道脚迹就是鞋子吗?]

有的却"屦""履"并用,上文说"屦"下文说"履",但动词必用"履"。如:

屦虽贵,足以履之。(《韩非子·外储说左》)
履虽五采,必践之于地。(同上)

到了中古时期的汉代,"履"已代替了"屦",成为通语。《方言》四说:"扉、屦、麤,履也。……履,其通语也。"同时"鞵"字也产生了。"鞵"即"鞋",《说文》说是"生革鞵"。那么,"鞵"的本义即今语"皮鞋"。后来"鞵"又代替了"履",为一切鞋的通名,进入基本词汇。今人管长统鞋叫"靴",原作"鞾",据《释名》解释,是一种胡服军鞋。隋代典籍里开始以简体"靴"代"鞾",如《隋书·礼仪志》云:"帷褶服以靴。靴,胡履也。"看来,"靴"可能是胡语借词。

"帽子"——在古代阶级社会里,帽子有各种名称。士以上的用冠,老百姓用头巾。汉以后,"巾"通用于上下。"冠"也还是一种通称,其中又有"冕""弁"之分,大夫以上的冠叫"冕",通常礼服叫"弁"。戴冠必须是成年男子,加冠时还要举行仪式(见《礼记·冠义》)。"帽"是后起字,《说文》作"冃",本义是指复头巾。冒、帽的语源本此。在先秦文献中最早使用"帽"这个词的是《荀子·哀公篇》,它以同音字"务"代"帽":"古之王者有务,而拘领者矣,其政好生而恶杀焉。"唐杨倞注:"务读冒,拘与勾同,曲领也。言虽冠,衣拙朴,即行仁政也。"① 务念为帽,现在广州话仍然保留着这个古音。魏晋以来,"帽"逐渐变成冠类的通称。《晋书》记魏明帝着绣帽,这是称帝王戴的帽。《魏书》载管宁常着皂帽,这是称普通人士戴的帽。《西京杂记》卷一记赵飞燕为皇后,她的妹妹赠以"金轮紫华帽",这是称皇后戴的帽。可见"帽"早就成为共同语了。

三、家具类基本词汇

这一类的基本词,主要的有"床""壶""杯""桌""椅""凳"等几个。关于这些词的演变,有种种不同的情况。

有的是古今区别不大的,例如"床"。但古人的床是坐卧两用,如《诗·斯干》:"乃生男子,载寝之床。"《易经》:"剥床以肤。"(击床伤及人身)《孟子》:"舜在床,琴(动词:弹琴)。"《商君书》:"人君处匡床之上而天下治。"所以《说文》说:"牀(床),安身之几坐也。"现在的"床"义却专指卧具。

有的是由繁而简的。古代帝王重视祭祀,动不动用酒,因此所用的酒器,名目繁多,较常出现于殷周古籍的有"觞",指盛有酒的酒器名。今语是大杯。但同时又是个动词,指以酒饮人或自饮。《礼记·礼器》郑玄注云:"凡觞,一升曰爵,二升曰觚,三升曰觯(zhì),四升曰角,五升曰散,献子男之飨礼也。壶大一石,瓦甒五斗,缶大小未闻也。"中古以后,就渐渐少用了。现在只有"壶"和"杯"这两个词还算属于基本词汇。

也有一些基本词是上古所没有,在中古以后产生的,如"凳""桌""椅"等是。古人席地而坐,因此管座位叫"席"。此外,没有坐具名称。如《论语·乡党》:"席不正,不坐。"《史记·贾生传》载汉文帝召贾谊谈话,"至夜半,文帝前席"(把座位向前移)。"凳"来源于"登"。《释名》:"榻登,施之承大床前,小榻上,登以上床也。"清钱大昕《恒言录》据此认为由登床的"榻登",产生坐具的"凳",这是可信的。《广韵》卷四"凳"字注云:"床凳字出《字林》。"《字林》是晋人所撰,可见这个词在公元4世纪以前已产生了。字初作"橙",如《世说新语·方正》"太极殿始成"条文末注:"谢安与王语次,因及魏时起陵(凌)云

---

① 这个例子转引自明方以智的《通雅》卷三十六《衣服篇》。

阁，忘题榜，乃使韦仲将县橙上题之。"据日本影印宋本，"橙"不作"櫈"或"凳"①。"凳"在南北朝时叫作"杌"。《齐民要术·种桑柘篇》："采者必须长梯高杌。""杌"读 wù，即"凳"的别称。又《礼记·檀弓上》："始死之奠，其余阁（庋藏食物之具）也与？"唐孔颖达"正义"解释说："阁，架橙之属。"可见直至唐时，"凳"仍作"橙"。惟《广韵》"橙""凳"并收，《集韵》作"櫈"。

古代没有"桌子"，先秦用"几"，《尚书·顾命》有"凭玉几"的话，可见上古已有依靠用的"几"，大概就是《孟子·公孙丑下》所谓"隐几而卧"的"隐几"。汉以后，有"食案"②。但不论几、案，都和现在的桌不同。据清黄以周《礼书通故》引马融说，"几长三尺"。汉人的案，和几仿佛，有矮脚，是用以承放食物的。后来案发展为较高的桌，语言中也就有了"桌"这个词了。据方以智《通雅·释器》引北宋杨亿《谈苑》载："咸平景德中，主家造檀香倚卓，俗以为椅子，棹子。"可见"椅子""桌子"这两个词是在北宋以前早就产生的。按"卓"有高义，汉以后叫案"桌"。"椅"字早见于《诗·湛露》："其桐其椅"，这是一种木名，非坐具。椅子之所以初名为"倚"，是因为椅子后面有靠可以依倚，后来又借"椅"为"倚"。"倚子"这个词最早见于唐人著作。《唐语林》卷六记颜鲁公"奉使李希烈，春秋七十五矣，……命取席固圜其身，挺立，一跃而出，又立两藤倚子相背，以两手握其倚处，悬足点空，不至地三二寸，数千百下"。

第八节　关于行为的基本词汇

以上所谈基本词汇，绝大部分是属于名词类的。这一节讨论的是关于人的行为的几个基本词，即属于动词范畴的基本词，如"想""吃""说""走""跑""看"等。现在择要略谈它们的发展过程。

---

① 参阅钱大昕《恒言录》卷五及《恒言广证》卷五。钱说所引《晋书·王献之传》里提及韦仲将悬凳题书事，亦见《世说新语·方正篇》"太极殿始成"条注。"凳"字，《晋书》本作"橙"。宋本《世说》亦作"橙"。又《广证》引《世说新语·夙惠篇》"顾和外孙瞙在凳下"句，按："凳"是"燈"字之误。文学古籍刊行社 1955 年影印的《世说新语》唐写本残卷作"燈"，可以证实。

② 章太炎《检论·订礼篇》："周时俎豆具食，汉始有案。"章说可信。

"想"——古人说"思",今人说"想"。"思"字在商代卜辞里未发现,但《国风》和其他春秋以前的典籍用得很多,而"想"字却一个也没有。如:

子惠思我,褰裳涉溱。(《诗·褰裳》)
无思远人,劳心忉忉。(又《甫田》)
学而不思则罔(惘然),思而不学则殆(危险)。(《论语·为政》)
象曰:"郁陶(形容想念)思君尔,忸怩。"(《孟子·万章上》)

在晚周的书面语里,开始用"想"了,但例子少得很。如:

十日想。(《周礼·眂祲》)①
胸中大扰(很乱),妄言想见。(《吕氏春秋·情欲》)

在秦汉间的作品,例如《内经·素问》里,"思想"合成为双音词。《痿论》说:"思想无穷,所愿不得。"《上古天真论》说:"内无思想之患。"后来曹植的《磐石篇》也有"仰天长太息,思想怀故邦"句。这些用法,都和现代汉语很接近,不同的是,"思想"现在是名词,不作动词用,动词总是用单字单词"想"为常。我们看《史记·孔子世家》:"余读孔氏书,想见其为人。"再看《世说新语·文学》:"卫玠总角时,问乐令梦(问做梦的原因于乐令)。乐云是想。"这和现在的说法就更接近了。

"吃""喝"——上古饮食类的动词很有区别,对饭类用"食",液体类用"饮",粥类用"歠"。例如:

鱼馁而肉败,不食。(《论语·乡党》)
饭疏食,饮水。(又《述而》)
尔乃饮酒醉饱。(《尚书·酒诰》)
歠粥,面深墨。(《孟子·滕文公》)

---

① 经近人考证,《周礼》是战国时期作品。

中古时期产生了一个"吃"。"吃"初作"吃",指口吃,而不训食。《说文》有"吃,言蹇难也"。《史记·韩非传》:"非为人口吃。"从南北朝起,渐渐用"吃"代"吃",如《世说新语·言语》:"邓艾口吃。"同时,"吃"产生了一个新义,训食或啖。《广韵》:"吃,食。"《玉篇》:"吃,啖也。"唐文人诗歌中,经常以"吃"代"食"或"喝",如杜甫诗:"临歧意颇切,对酒不能吃","楼头吃酒楼下卧","梅熟许同朱老吃",等等。在唐代俗文学如"变文"里更可以看出,当时"吃"已代替了食,没有区别了的,甚至连茶、酒、水、浆一类的东西也说"吃",而不说"饮"。这是唐以前所没有的。例如:

母若饥渴时多,香饼琼浆便吃。(《目连缘起变文》)
愿母今朝吃一匙。(同上)
阿娘吃饭成火,吃水成火。(《大目乾连冥间救母变文》)
茶吃发病,酒吃养贤。(《茶酒论变文》)

"吃"的这种扩张用法,一直到明清小说还是这样,只有少数例外。比方说,在《西游记》里就有一些句子对饮料开始用"喝"代"吃"。但"喝"的普遍通行,还是较晚的事。"喝"本义是呵喝,原无饮义。今义"喝茶""喝酒"之"喝",来源于"欱"。《广韵》:"欱,呼合切。"《说文》:"欱,歠也。"歠训吸饮,可见"喝"与"欱"音义是接近的。宋人即以"欱"为"喝"。《传灯录》:"口欱东南风",欱即喝。

"说"——在汉语里,我们经常碰见的是某某云、某某曰、某某谓或某某言。这些表示说话的词"云""曰""谓""言"等是和今人的口语习惯格格不入的。古人的语言虽然跟现在的口语很有距离,但就说话这一类的词来说,却是距离不大的,只是书面语往往把语言的实际掩盖罢了。现在我们常用的"说",上古多训解说,但在《论语》里也有作说话解的,如:

子闻之,曰:"成事不说,遂事不谏,既往不咎。"(《八佾篇》)
[孔子听见了这件事,他说:"已经做过的事,不必说了,已经做成了的事,不必劝他了,过去的事算了罢,不必追究了。"]
子贡曰:"惜乎,夫子之说君子也!"(《颜渊篇》)

[子贡说："可惜刚才老师所说的关于君子的话是错了啊！"]
子曰："道听而涂说，德之弃也。"(《阳货篇》)
[孔子说："把路上听到的话到处乱说，这是道德上不许可的坏作风。"]

《论语》比较能反映当时的口语，在这里是可以看得出来的。不过这一类的例子毕竟不多。到了中古时期的南北朝，情况就不同了，有一部分作品用的词汇比上古更接近于今语。举例如下：

王子猷说："世目士少为朗，我家亦以为傲朗。"(《世说新语·赏誉篇》)
有人向张华说此事。(又《德行篇》)
二子俱说，更相易夺，言无遗失。(又《夙惠篇》)
[两个儿子同时抢着说，没有遗漏的。]
浩问起故，云："有死事。"终不可说。诘问良久，乃云：……(又《术解篇》)

由此可见，现代汉语"说"的用法，在中古时期已经开始定形了。
"走""跑"——古人所谓"行"，等于今语的"走"，所谓"走"，相当于今语奔跑的"跑"。例如：

我独南行。(《诗·击鼓》)
[我自个儿往南走。]
与子偕行。(《诗·无衣》)
[跟您一道走。]
孔子行。(《论语·微子》)
[孔子走了。]
弃甲曳兵而走。(《孟子·梁惠王》)
[丢了铁甲，拖着刀逃跑了。]
齐王走莒。(《吕氏春秋·权勋》)
[齐王跑到莒国去了。]

现代汉语的"走"主要有两义：①离去；②走路。由"跑"义演变为"离去"义即第一义，大概是在战国至西汉期间开始的，如：

三国疾功楚，楚必走。(《战国策·秦策》)
郦生瞋目按剑叱使者曰："走！"(《史记·朱建传》)

例一的"走"，释"跑"或"去"都可以，可见词义正在变化中。例二的"走"，只有"去""走开"或"滚开"的意思，正是现代人的说法。中古以后，这种用法已经定型化，例如：

我须过一处，留汝在后，慎勿复走。(《苟氏灵鬼志》)
弟走从军阿姨死。(白居易《琵琶行》)

第二义走路的"走"，出现在南北朝以后的民间文学和变文中，例如：

语我不游行，常常走巷路。(南朝《读曲歌》)
吴当阳县董昭云，尝乘船过钱塘江，中央，见有一蚁著一短芦走。(《齐谐记》)
大臣走出，中奏王知。(《八相成道变文》)
其父遥见，便识太子，走至下阶，便即拜舞。(《刘家子传变文》)

由"走路"义又引申为"移动"义，如"走棋"的"走"，也见于六朝的《子夜歌》："驻箸不能食，蹇蹇步围里，投琼著局上，终日走博子。"

"跑"字见于《广韵》，本义是兽用脚刨地，如唐韦应物《调笑令》："胡马，胡马，远放燕支山下，跑沙跑雪独嘶，东望西望路迷。"语言中以"跑"来代替古语的"走"，这是近代时期的事。例如：

阎婆道："押司不要跑了去，老人家赶不去。"(《水浒全传》第二十一回)

那婆娘……飞也似跑下楼来。（同上）
只见两个公人跑将进来。（《二刻拍案惊奇》卷四）

"看"——先秦典籍有"观""视""瞻"等词，而没有"看"。惟《说文》已收"看"字，可见它是汉以前产生的。"看"和"视""观""瞻"等是同义字，而较接近于口语，在中古时期用得比较普遍。举例如下：

看伺空隙。（《三国志·周鲂传》）
东宫顷似更成进（长成有进步），卿试看。（《世说新语·方正》）
歆废书出看。（又《德行》）

唐代"看"和"观"结为合成词"观看"，如《八相成道变文》："同往观看"，"却往南门观看"。现在"看"是基本词，而"观看"是书面语的常用词，口语不大说。

第九节 关于事物的性状的基本词汇

有关事物的性质、状态的词就是所谓形容词。这类基本词是：红、白、青、黄、黑、大、小、多、少、长、短、高、低、美、好、远、近等。它们有的早见于殷商文献，有的出现于其他先秦古籍。例如：

前、后、赤、青、白、丹、大、小、多、少、长、高、内、外、远、美、好、深、浅。（高明《古文字类编》）
红紫不以为亵服（便装）。（《论语·乡党》）
桑之落矣，其黄而陨。（《诗·卫风·氓》）
今有人于此，少见黑曰黑，多见黑曰白……（《墨子·非攻》）
布帛长短同，则贾（价）相若。（《孟子·滕文公》）
云谁之思，西方美人。（《诗·丽兮》）
无有远近幽深。（《周易·系辞上》）
充耳以青乎而。（《诗·著》）

[带着青色的耳坠子。]

这些基本词在语言中都很稳固,有的也经过一些演变。比如,"红"在现代汉语里是统指大红、浅红,古代只指浅赤(《说文》:"红,帛赤白也。"),而大红却叫"绛"(《说文》:"绛,大赤也。"),或"朱"(《说文》段注:"朱本木名,引申假借为纯赤之字。")。"红"还引申为喜庆义,如"红事"的"红";为享受盛名义,如"红人""红极一时"的"红";为象征革命义,如"红军""又红又专"的"红";为盈利义,如"红利""分红"的"红"。"红"在这里,充分发挥了它在构词上的核心作用。

"长""短"作为性状词,并不限于长度方面,也可以指优缺点:"长"指优点,"短"指缺点。如《后汉书·马援传》:"好论议人长短,妄是非正法,此吾所大恶也。"也可以转为专长义,这在上古时期已经产生了,如《孟子·公孙丑》:"敢问夫子恶乎长?"就是指专长。

"黑白"可以引申为是非正义,如《春秋繁露》:"黑白分明,然后民知所去就。"至于"白"与"红"相对,"白"指反革命(白军、白旗),却是晚近产生的新义。可见现代中国革命斗争的发展,在语言词汇中也得到相应的反映。

"美"字见于商代卜辞,从羊在火上,原义大概指烧羊肉的鲜美。但在《诗经》时代,已扩大为人物之美,如《魏风·汾沮洳》:"彼其之子,美如玉。"又《齐风·猗嗟》:"美目扬兮。"《论语·八佾》:"子谓韶(乐曲名),尽美矣,未尽善也。"

"好"本指女性的美好。《说文》:"好,美也。"《诗·葛屦》:"好人服之。"好人即为美人。由人的美好,扩大为一切事物的美好。如《诗·何人斯》:"作此好歌,以极反侧。"在汉代方言里还有称美人为"好"的。如扬雄《方言》二:"自关而西,秦晋之间,凡美色或谓之好。"现在已没有这种用法。现代汉语所谓"美好生活"的"美好",是这个词的引申义的进一步发展。

第十节 关于基本词汇的结论

从以上关于汉语基本词汇的形成及其发展的历史描述里,可以得出基本结论如下：

（1）汉语词汇从古到今是一脉相承的，其中基本词汇在上古时期已经形成了一大部分，这是因为汉语在当时已经是相当发展的语言，这些基本词已历时3000年左右，基本上没有大的变化。在这里充分显示了它的历史稳固性。

（2）一般词汇也可以转入基本词汇，例如"生产"和"劳动"，这两个词，在过去都只能属于一般词汇，现在却已进入基本词汇了。

（3）基本词汇的发展，是和社会的发展密切联系着的，如"电""机""工"等基本词在现代汉语里，它们的构词能力特别发达，可以充分说明这个问题。

（4）古代基本词汇以单音节占优势，而且双音节的基本词，一般说来缺乏构词能力。这种情况，在现代有了变化，双音节的基本词渐渐多了，而且还具有构词能力，如"人民"可以构成"人民性""人民币"等，"生产"可以构成"生产率""生产力""生产者"等。这是古汉语所无，而为现代汉语所独有的一大特点，也是汉语基本词汇的一大发展。

（5）在汉语词汇向复音节发展中，基本词汇起了促进的作用。现在大部分古代沿用下来的基本词都成为现代汉语的根词，并积极地构造多种多样的复音词，使汉语词汇大大地丰富起来。

第四章 同义词的发展变化

一种语言的丰富性，不仅仅表现在词的数量的日益增加上，同时也表现在词义的不断纷繁上，特别是同义词的纷繁，包括在词的修辞色彩与文体色彩的丰富方面。汉语之所以是世界上最发达的语言之一，原因正在这里。它从先秦以来，就拥有数量惊人、色彩多样的同义词，足供历代的语言巨匠任意选择、加工，使他们杰出的著作在用词造句上发挥出高度的表现力。

什么是同义词？从词义上说，是指一组基本意义相同或相近但各具有细微差别的词。这是词汇丰富多彩的重要源泉之一。从词的使用上说，它们有互相替换性的"互文"或"对文"的区别和作用。"互文"不必同音或音近。从词在句子中上下相连的关系上看它的用法同异：凡是可以互相对换替代的叫"互文"；凡是意义相对或相反的叫"对文"。

王引之《经传释词》里用"互文"以释同义词的，几于俯拾皆是。下举其卷一为例：

> 与，犹以也。《易·系辞传》曰："是故可与酬酢，可与祐神矣。"言可以酬酢，可以祐神也。《礼记·檀弓上》曰："殷人殡于两楹之间，则与宾主夹之也。"言以宾主夹之也。《玉藻》曰："大夫有所往，必与公士为宾也。"言必以公士为摈也。义见上文。《中庸》曰："知远之近，知风之自，知微之显，可与入德矣。"言可以入德也。……"与"亦"以"也，互文耳。
>
> 以，犹而也。《书·金縢》："天大雷电以风。"《礼记·乐记》："治世之音安以乐，乱世之音怨以怒，亡国之音哀以思。"……昭十一年《左传》曰："桀克有缗（小国名）以丧其国，纣克东夷而陨其身。""以"亦"而"也，互文耳。
>
> 因，犹也；亦声之转也。《楚策》曰："王独不见夫蜻蛉乎？六足四翼，飞翔乎天地之间，俯啄蚊虻而食之，仰承甘露而饮之；自以

为无患，与人无争也。不知夫五尺童子，方将调饴胶丝，加己乎四仞之上，而下为蝼蚁食也。夫蜻蛉其小者也，黄雀因是已。"案，"已"字绝句，"因是"，犹是也；已，语终词也。言黄雀之自以为无患，亦犹之蜻蛉也。下文曰："夫黄雀其小者也，黄鹄因是已。""夫黄鹄其小者也，蔡圣侯之事因是已。""蔡灵侯之事其小者也，君王之事因是已。"义并与此同。《文选·咏怀诗注》引延笃《战国策论》云："因是已，因事已复有是也。"所解虽未了，而其以"已"字绝句甚明。今本改"已"为"以"，而以"黄雀因是以"五字连下句读之；则义不可通矣。下文皆放此〔古"以"字与"已"字，字形相像，故常相混。《楚策》此语，原文应作"因（犹）是已"为是。引者注〕。

用，词之"以"也。《一切经音义》七引《苍颉篇》曰："用，以也。""以""用"一声之转。凡《春秋公羊传》之释经，皆言"何以"；《谷梁》则或言"何用"。其实一也。《书·皋陶谟》曰："侯以明之，挞以记之，书用识哉。"用，亦"以"也，互文耳。

用，词之"由"也。《诗·君子阳阳》传曰："由，用也。""由"可训为"用"，"用"亦可训为"由"，一声之转也。《礼记·礼运》曰："故谋用是作，而兵由此起。"用，亦"由"也，互文耳。

"对文"之例，也常见于古书。现以清人俞樾《古书疑义举例》（据1956年中华书局本）"两字对文而误解例"为例，择要说明。

原著者先说明"对文"所指：

凡大小、长短、是非、美恶之类，两字对文，人所易晓也；然亦有其义稍晦，致失其解者。如《尚书·洪范篇》："木曰曲直，金曰从革。""曲直"对文，"从革"亦对文。《汉书·外戚传》注曰："从，因也，由也。"盖从之义为由，故亦为因。从革，即因革也。金之性可因可革，谓之"从革"；犹木之性可曲可直，谓之"曲直"也。人知"因革"，莫知"从革"；斯失其解矣。《尚书·酒诰篇》："作稽中德。"按："作稽"二字对文。稽字从禾，《说文》曰："禾，木之曲头，止不能上也。"故"稽"亦有"止"义。《说文》稽部："稽，留止也。""作稽"者，作止也。言所作所止，无不中德也。

《国语·楚语》:"吾闻君子唯独居思念前世之崇替。"按:"崇替"二字对文。韦注曰:"崇,终也;替,废也。"是未达崇字之义。《文选·东京赋》薛宗注曰:"崇,犹兴也。"然则"崇替"犹言"兴废"。

《管子·五辅篇》:"修道路,便关市,慎将宿。"按"将宿"二字对文。《广雅·释诂》:"将,行也;宿,止也。"然则"将宿"犹言"行止"。又,《水地篇》:"违非得失之实也。"按:"违非"二字对文。"韦",读为"题"。隐十一年《左传》:"犯五不题。"杜注曰:题,是也。然则"违非"犹言"是非"。

以上所说"互文"和"对文",只是同义词范畴在训诂上的一种重要现象。其实同义词的发展变化还有多种多样,有音近义同的,有方言性的,有代表特殊概念的,有具有各种修辞色彩的,等等。兹分述如下。

第一节 古代音近义同的同义词发展

这类词都是前人所谓"声近义同"或"一声之转"之类的字、词。清人王引之说:"夫训诂之旨,本于声音。揆厥所由,实同条贯。如《周南·关雎篇》:'左右芼之。'《传》训'芼'为'择',后人不从,而不知芼、苗声近义同。'左右芼之'之'芼',《传》以为'择',犹田、苗、蒐、狩之苗。《白虎通》以为择取。《尔雅》:'芼,搴也。'亦与择取之义相近也。《召南·甘棠篇》:'勿剪勿拜',《笺》训'拜'为'拔',后人不从,而不知'拜'与'拔'声近而义同也。《邶风·柏舟篇》:'不可选也',《传》训'选'为'数',后人不从,而不知'选''算'古字通。朱穆《绝交论》作'不可算也'。郑注《论语》:'何足算也',以'算'为'数',正与此同义也。"(见《经籍纂诂序》)王氏的话是对的,但不能因此得出结论,以为凡是音近或双声叠韵的词都意义相同,因为事实上音近的词很多,不可能都是同义,所以"声近义同"的提法是不全面的。如果倒转过来说,义同则音近,这也只有一部分事实。因为词义相同的关系,人们便用相近的语音形式来表示它。这种现象是容易理解的。在《尔雅》《说文》和《广雅》里,都收录了不少这样的同义词,有的是双声,有的是叠韵。这种音近同义词,绝大多数产生于先秦，最初以单音节的形式各自独立使用，后来发生了变化，大致遵循着两个规律：

第一是同义复合化，即原来几个义同而音近的单音节词，结合为双音节的复合词，两个词素或是双声，或是叠韵。如果这种复合词不止一个而是两个以上，那么，它们必然又是同义词，这是二次同义词了。关于这点，前文第二章已有谈到，这里做进一步分析。《尔雅》的例子，如：

"永、悠，远也。"（《释诂》）永、悠、远，同义词，双声。后来，"永远""悠远"复合固定化，它们第二次构成了同义关系。复合以后的词义，等于原来两个单音词的意义总和，没有多大变化；但那二次同义词的意义却是同中有异，其同义素是"远"，差异素是"永"和"悠"。差异素是同义词所以产生细微差别的根据。以下凡是依这种方式产生的同义复合词都如此。

"坚、巩，固也。"（同上）坚、巩、固，同义词，双声。"坚固""巩固"后来成为二次同义词，其中"固"是同义素，"坚"和"巩"是差异素。

"谐、协，和也。"（同上）谐、协、和，同义词，双声。"和谐""和协"成为二次同义词，其中"谐""协"是同义中的差异素。

《广雅》的例子，如：

"柔、耎（ruǎn，通'輭'，今作'软'）、懦，弱也。"（《释诂》二）柔、耎、懦、弱，同义词，它们的古音非常接近甚至相同，如从柔得声的鞣字亦作鞣，柔需同音；懦，字亦作愞，《广韵》："愞弱也。或从需。"需、耎音近。"柔弱""耎弱""懦弱"成为二次同义词，其中细微的差别，表现在"柔""耎""懦"这些词素上面。

"辅、护、救，助也。"（同上）护与扶义同，辅、扶、助同义而叠韵，"辅助""扶助"成为二次同义词。

当然，并不是所有义同音近的单音节同义词都能演变为二次同义词的，而最普遍的现象还是由一次的同义词演变而为同义素的复合词。

例如：

"遵，循也。"（《尔雅·释诂》）遵、循，单音同义词，叠韵。后来"遵循"成为复合词，其中两个词素同义。
"会，合也。"（同上）会、合，单音同义词，双声。后来"会合"结成双声复合词。
"第，次也。"（《广雅·释诂三上》）第、次，单音同义词，叠韵。后来"次第"结成叠韵复合词。
"嬉，戏也。"（同上）嬉、戏，单音同义词，双声，又叠韵。后来"嬉戏"结成复合词。
"叛，乱也。"（同上）叛、乱，单音同义词，叠韵，后来结成复合词"叛乱"。

从《说文》看来，古代这种双声叠韵的单音同义词向复合化发展的趋势，就更明显了。如：

"祸，害也。""祸害"结成双声复合词。
"讶，相迎也。""迎讶"结成双声复合词，多用于古代书面语。"讶"释文本作"迓"。
"在，存也。""存在"结成双声复合词。
"俾，益也。""俾益"结成叠韵复合词，多用于书面语。
"祷，告事求福也。""祷告"结成叠韵复合词。
"共，同也。""共同"结成叠韵复合词。
"界，境也。""境界"结成双声复合词。
"偏，颇也。""偏颇"结成双声复合词，多用于书面语。

音近义同词演变的第二个规律是词的规范性选择。这就是说，几个音近的同义词同时存在，经过一段使用过程以后，其中一个在语音和词的书面形式方面比较规范，得到了较普遍的使用，其余的都渐渐退隐了。这里面隐然有个规律在作用着，就是词的规范性的选择。例如：

"询，信也。"（《尔雅·释诂》）询、信，叠韵同义词。询也作恂、洵。现在的文学语言通行"信","询"(恂、洵)退隐在文言里。

"勖、茂(懋)、勔,勉也。"(同上)均双声同义词,有勤勉义。今通行"勉"。

"晋,进也。"(同上)晋、进,双声兼叠韵同义词,今通行"进"。

"亏、圮,毁也。"(同上)均叠韵同义词,今通行"毁",而"圮"则归于退隐,"亏"则和"毁"分化,指"亏损"。

"勋,劳也。"(同上)勋、劳,叠韵同义词。《左传·昭公九年》:"叔孙昭子曰:'《诗》云:'经始勿亟,庶民子来',焉用速成,其以勋民也?'"后世说"劳民",不用"勋民"。

"悈,急性也。"(同上)悈、急,双声兼叠韵同义词,今通行"急"。

"逆,迎也。"(同上)逆、迎,双声而铎阳对转而成同义词,今通行"迎"。

"浥,湿也。"(同上)浥、湿,叠韵同义词,今通行"湿"。

"煜,耀也。"(同上)煜、耀,双声同义词,今通行"耀"。

"庸,用也。"(同上)庸、用,有历史继承关系,今通行"用","庸"只用于书面语。

上述同义词的两种变化,在中古以后还陆续产生,尤其是前一种变化更多,如"呼""唤"双声同义,变为复合词"呼唤";"观""看"叠韵同义,变为复合词"观看",等等。它们都是经过一段独用过程,然后成为复合词的。

第二节 方言性同义词的发展

这有两种:一是因方音差异而产生的转语,这实际是包括在上述义同音近的一类里面,这里就不谈了。另一种是不同音的方言同义词,这是我们现在所要讨论的。这种词各个时代都有,它们在各区域方言里不断地产生,并且不断地为通语所吸收。因此,这种方言性同义词的发展规律,实际就是方言词如何转入通语的规律。

从扬雄《方言》和许慎《说文》看来，有些同义词原来是范围较小的"某地语"或"某地之间语"，后来经过方言交融，却发展为通语。发展的规律就是普遍性的选择原则。谁使用得普遍，谁就可能转为通语。一般说来，政治上有势力的方言，总是比较容易为通语所吸收的，因为它使用得普遍些。例如：

"楚谓之聿，吴谓之不律，燕谓之弗，秦谓之笔。"（《说文》）汉以后"笔"终于成为通语。

"党、晓、哲，知也。楚谓之党，或曰晓；齐宋之间谓之哲。"（《方言》一）"党"即"懂"。"党""晓"在汉代都还是楚地方言，宋以后常出现于接近口语的作品，这才成了通语。

"钊、嫽，好也。青徐海岱之间曰钊，或谓之嫽好，凡通语也。"（《方言》二）钊即"俏"。《集韵》："俏，好貌。"可见这个词在宋代已普遍通行，否则绝不会采入韵书。

"茫、矜、奄，遽也。吴、扬曰茫。"（《方言》二）郭璞注："今北方通然也。""茫"即"忙"，急急忙忙的意思，晋时已是北方通语，从郭注可知。按杜牧诗："过如霹雳忙。"《集韵》："忙，心迫也。"可见在唐、宋时期，"忙"又由北方地区语进入全民语言，所以成了韵文韵书的常用词。

"秦晋之间曰狯，楚谓之剟或曰蹶（言蹭蹶也）楚郑曰芀，或曰婅。（言黠婅也。今建平郡人呼狡为婅，胡刮反）"（《方言》二）婅，今作猾。《汉书·翟方进传》："方进劾立（王立）怀奸邪，乱朝政，狡猾不道。"是"婅（猾）"在东汉时已由方言转入规范的书面语。

"瓨（缸），瓭（都感反，亦音沉，）甂（音舞），㼡（音山），瓿（音郑），瓮（昨江反）。灵桂之郊谓之瓨（今江东通名大瓮为瓨），其小者谓之瓭。周魏之间谓之甂（今江东亦呼罂为甂子），秦之旧都谓之瓿，淮汝之间谓之㼡，江湘之间谓之瓮。……自关而东赵魏之郊谓之瓮，或谓之罂。东齐海岱谓之甕。罂，其通语也。"（《方言》五）由此又可见，"瓮"的使用范围，也已经由"赵魏之郊"扩大到江东。六朝以后，"缸""瓮"常见于诗文，无疑，已经成了全民性的通语。

有势力、流传广的文学作品，它的词语也往往被吸收到全民语言里去。例如，关于"冷静""娇"一类的词，各地方言的说法是不同的，但是现在"静悄悄""冷清清""娇滴滴"却成了普遍的通语，这不能不说是和元曲流行有着直接关系。这三个词同时见于王实甫《西厢记》第四本第四折：

（雁儿落）绿依依墙高柳半遮，静悄悄门掩清秋夜；疏剌剌林梢落叶风，昏惨惨云际穿窗月。

（得胜令）惊觉我的是颤巍巍竹影走龙蛇，虚飘飘庄周梦蝴蝶，絮叨叨促织儿无休歇，韵悠悠砧声儿不断绝；痛煞煞伤别，急煎煎好梦儿应难舍；冷清清的咨嗟，娇滴滴玉人儿何处也？

第三节　代表特殊概念同义词的发展

古人在某些方面的特殊概念相当发达，由此而产生的代表特殊概念的词很不少。这些词的意义尽管特殊，但特殊中仍然含有一般性，实际上是同类词一类的东西。但是，由于过分特殊化，并不利于语言的交际职能的发挥，它们很快就分化了。这种变化的规律，总的来说，是和一般语言一样，由具体到抽象。这是古人的思维发展过程的反映，所以这类同义词后来在不同程度上走向抽象化和一般化了。这种变化的方式，具体说来，是和上述音近同义词一样，向复合化发展。最普遍的形式是，原来代表特殊概念的词，词素化了；与同义的通语结成同义复合词。例如：

《尔雅·释诂》："陨、下、降、坠、零，落也。"其中除"落"是通语外，其余都代表特殊概念：陨，指石头掉落（《左传·僖公十六年》："陨石于宋五。"）。下，指叶落（《楚辞·湘夫人》："洞庭波兮木叶下。"）。降，指从上落下（《诗·节南山》："昊天不惠，降此大戾。"）。坠，指从高处落下（《淮南子·天文》："贲星坠而勃海决。"）。零，指草落（《说文》："凡草曰零，木曰落。"）。后来这些词都词素化了，分别与通语"落"结成"陨落""下落""降落""坠落""零落"等同义复合词，并且词义也抽象化了，"陨落"不仅指陨石，也指星体的陨落；"降落""坠落"适用于一切事物，但仍保持细微的差别。"零落"既用于草木，也用于人事。其中，"落"义的抽象化，具有更大的意义。"落"本来代表一个特殊概念，指树木凋落，后逐渐成为"凡物下坠皆曰落"的概念词。因此，它就有条件作为这一组同义词中的同义素，使它们同中有异，异中有同。它们的关系如下图：

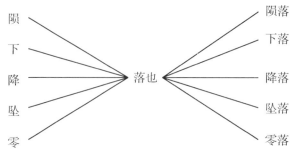

《广雅·释诂一上》："弸、忾、充、盈、饱、馕、丰，满也。"按"弸"是"弓强貌"（《说文》），即满弓。"忾"（慨）气满，即满肚子气。"充"的本义是"长也，高也"（《说文》），转为充实义。"盈"，《说文》："满器也"，指东西装得满满的。"馕"指酒食。"饱"指吃得饱满。"丰"，《说文》："豆之丰满者也。""豆"是古代盛肉食的器皿，它的原始意义是特殊的。"满"本身也是一个代表特殊概念的词，专指水的盈满（《说文》："满，盈溢也。"）。后来"满"成为较概括化的通语，并与上述一部分特殊的词分别结成同义复合词："充满""饱满""丰满"。其他特殊的意义，大体可以概括在内。至于"盈满""充盈"等，也是以同样方式产生同义词，但只适用于书面语，在口语中比较罕见。

古人给"洗"这种行为以许多特殊的说法。据许慎《说文》解释："洒手曰澡，曰盥（guàn），洒面曰頮（huì），濯发曰沐，洒身曰浴，洒足曰洗，濯衣曰澣（浣）。"从这些说法看来，当时只有"洒"是洗涤的统称语，"澡""浴"在"洗澡""洗浴"里只作为词素来用；"澡"也不是洗手而是洗身。至于"盥""濯""澣"等，只保留在书面语里。

《尔雅·释诂》："黎、庶、烝、多、丑、师旅，众也。"据郝懿行疏："黎庶者，民之众也。"专指人民的众多，今称"民众""群众"。烝，烝民，古代或称黎民，或称庶民，意义全同。"多"和"众"现连成复合词"众多"，但不作名词使用。"师旅"则和原义分化，变为军队专称，如《论语·先进》："加之以师旅。""丑"用作众义的本来极少，后来通语里更罕见。由此可见，这类同义词，基本上只保留了最一般的"民众""群众"的含义。

又《释言》："宫中之门谓之闱，其小者谓之闺，小闺谓之阁。"这里

"闺""阁"之别，是指其原始意义如此，其实在汉代，"闺阁"已不加区别，连成为复合词，通称内室。"阁"也作"閤"。《史记·汲郑列传》："黯多病，卧闺閤内不出。"

《说文》里有很多特殊的山的名称："峀，山有草木也"，"屺，山无草木也"①，"㟳，山多大石也"，"嶅，山多小石也"，"岨，石戴土也"。这些词过于特殊化，后世不大使用，它们只是保留在古代书面语里。人们遇必要时就以"山"为中心词，构成描述性的词组来代替这些词的含义。可见这是同义词的另一种变化，跟上述各例都不同。

概念特殊化的词，它们的产生和演变，不仅是古人的思维发展过程的反映，同时也是社会发展过程的反映。例如：

上古管浅黑色的马叫"骓"（guī），赤白色的什毛马叫"騢"（xiá），浅黑带白色的杂毛马叫"駰"（yīn），葱白色的马叫"骢"（cōng），前足全白的马叫"騱"（xī），黄白色相杂的马叫"骍"（huáng），公马叫"骘"（zhì），母马叫"騇"（shè），公猪叫"豭"（jiā），母猪叫"豝"②（bā），一岁的小猪叫豵（zōng），三岁的小猪叫"豜"（jiān），这些特殊的专称，在上古畜牧社会是生产实践中所必需的。后来社会进一步发展，就没有必要了。它们被概括到"马""猪"这两个通名里去，遇必要时，就同前例一样，代以描述性的词组。

"老"的同义词有"耆"（qí）六十岁；耊（dà），七十岁（《玉篇》："七十曰耊。"）；耋（dié）八十岁；耄（mào），九十岁③。这些特殊名称的产生，可能和古代封建社会特别强调"长幼有序"这个概念有关，《礼记·王制篇》说："五十杖于家，六十杖于乡，七十杖于国，八十杖于朝。"可见封建社会特别重视"序齿"，由此而产生一种相应的词也就不奇怪了。不过，从《礼记》的这几句话看来，六十、七十……的说法是普遍性的口语，而"耆""耊"等词只能习用于书面语。现在普通话里已不用这些特殊化的词，有时抽象一点，就只说"老"或"老耄"；具体一些就直说六十、七十、八十、九十。

---

① 《毛诗·魏风·陟岵传》："山无草木曰岵，山有草木曰屺。"这和《说文解字》："屺，山无草木也。岵，山有草木也"的解释正相反，段玉裁注认为毛说较长。

② 一说二岁猪叫"豝"。

③ 《礼记·曲礼上》则谓八十、九十曰耄。

总的说来，汉语词汇概括性的逐步增强，是汉族人民的逻辑思维逐步趋于完善的重要标志之一，它和汉族社会的历史发展也不是决然无关的两件事。

第四节　具有修辞色彩同义词的发展

这类同义词的特点是：代表同一概念，但基于修辞上的需要或文体上的要求，它们义同而色彩各别。这和汉语文学的关系特别密切，因为语言是文学家的重要武器，正如刀枪是士兵的武器一样。由于汉语历史悠久，作品丰富，这种同义词特别发达。直到现在，它还是现代汉语同义词发展的主流。它的发展规律，和上述从特殊走向一般化的恰恰相反，它是由一般走向特殊。这是思维向精密化发展在语言上的反映。

这种同义词和上述第三类同义词的不同点在于：第三类同义词是同一事物或现象名称的特殊化，是名物的特殊化；而这是对事物或现象进行描写的多样化，是修辞色彩的多样化。下面从几个例子的分析中，可以看出这种同义词从一般走向特殊发展的过程及其修辞作用。

《说文》："惟，凡思也"，即一般的想，指想的性质。在这一点上，"思""惟"没有什么不同。

又："念，常思也"，即经常地想。这是从时间上说。

又："怀，念思也"，即念念不忘地想。这是从程度上说。

又："想，覬（冀）思也"，即带有某种愿望地想，想的外延。

又："虑，谋思也"，即有所思考地想，想的内涵。

可见古人对"思"这个概念，有五种细微差异的表述。这是古人概念的发展，也是同义词向精密化发展的一例。其中每一个单词的基本意义又各自有一系列同义词的发展。如从"惟"产生"思惟""思考"，从"念"产生"思念""惦念"，从"怀"产生"怀念""怀想"，从"想"产生"想望""想念"，从"虑"产生"思虑""考虑"等复合词，其中，词素"惟""念""怀""想""虑"的基本意义就是使这些复合词互相区别开来的主要根据。它们的发展过程，可示意如下：

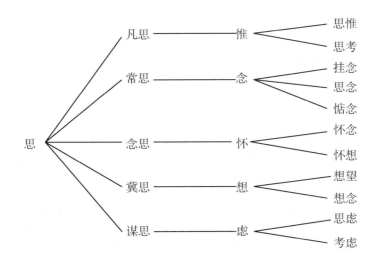

和这类相似的例子是"隐"。

在先秦,"隐"有掩蔽义。《说文》:"隐,蔽也。"《吕氏春秋·重言》:"桓公管仲虽善匿,弗能隐矣。"高诱注:"匿,藏;隐,蔽。"这里"隐""匿"对举,实际是古人所谓互文,即"隐"有"匿"义,"匿"也有"隐"义。《易·坤卦·文言》:"天地闭,贤人隐"的"隐"正是潜藏的意思。《国语·齐语》:"君若欲速得志于天下诸侯,则事可以隐令,可以寄政。"注:"事,戎事也。隐,匿也。寄,托也。匿军令托于国政;若有征伐,邻国不知。"可见,"隐蔽""隐藏""隐匿"这三个后来产生的复合词,意义是十分接近的;但又不完全相等,原因除了"隐"是同义素之外,还有"蔽""藏""匿"等差异义,使它们具有不同的修辞色彩。此外,"隐"还有讳义,而"讳"又有隐义。《论语·子路》:"父为子隐,子为父隐。"隐,讳之也。《公羊传·闵公元年》:"春秋为尊者讳,为亲者讳,为贤者讳。"讳,隐也。后来"隐讳"成为复合词。

又"瞒"本作"䁖",《说文》:"瞒,平目也。"段注:"今俗借为欺谩字。"凡匿情相欺叫"瞒"。可见它和"隐"义相近。后来"隐瞒"连成复合词,本此。

"隐讳""隐瞒"和上述的"隐蔽""隐藏""隐匿"都是同义词,但互相之间却有细微差别。它们的相互联系如下所示:

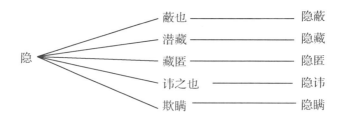

上述二例有极大的代表性,现代汉语里的许多同义词,多半是类似这样产生和发展过来的。下面是同中微异的另外一些例子:

(1)古代描写美貌的同义词,先后产生了如下8个,表现了互不相同的修辞色彩,其中大部分又派生了一组组意义接近的同义词。

"美""好""佳"指一般的美,在古汉语里往往通用,其中"美"是最基本的。

"美"——"好(hǎo)色曰美",见《淮南子·精神》"献公艳骊姬之美"注。"美"和"好"同义,可证以《方言》二:"自关而西,秦晋之间,凡美色或谓之好。"所以古人管美色叫"好色",《孟子·万章》:"好色,人之所欲。""美"又和"佳"同义。《说文》:"佳,善也。"《广韵》:"佳,好也。"古代"美人""佳人"同义,如《淮南子·说林训》:"佳人不同体,美人不同面,而皆悦于目。"这里是说女性美①,但别处亦偶用以指男人。

"丽"——指外表光彩夺目的美,今语所谓漂亮。宋玉《登徒子好色赋》:"玉为人体貌闲丽。"其实"丽"和"美""佳"的区别是不明显的,"美人""佳人""丽人"三个词几乎可以互换,以古人的用法可证。上例另一段云:"玉曰:天下之佳人,莫若楚国;楚国之丽者,莫若臣里;臣里之美者,莫若臣东家之子。"这里的"佳人""丽者""美者"显然是修辞上为了避复的换称。不过"丽人"不用于男性,这又是同中之异。"美丽""佳丽"常复合为同义词,范围已扩大,指人物、风景均可。

"艳"——指容貌丰满的美(见《说文》徐锴注),和一般的美有区别,可以兼指男女。《左传·文公十六年》:"公子鲍美而艳。"此指男性。《诗·十月之交》:"艳妻煽方处。"传:"美色曰艳。"此指女性。所以

---

① 下文云:"西施,毛嫱,状貌不可同,世称其好美,钧也。"由此可见上文所说佳人、美人同指女性。

"美色"也叫"艳色"。王维《西施咏》:"艳色天下重,西施宁久微?"后来"艳"与"丽"联为复合词,两个词素的基本意义大致不变,但词义已扩大为一切物象,凡丰盛而光彩夺目的东西,都可以说艳丽。

"妩媚"——指姿态美,还含有叫人喜爱之意。陶渊明《闲情赋》:"神仪妩媚,举止详妍。"这个词现在在书面语里较常见到,口语里却罕用了。

"妖冶"——原义指艳丽。司马相如《上林赋》:"若夫青琴、宓妃之徒,绝殊离俗,妖冶娴都。"但是后来含有贬义,指艳丽而不正派,这就和"美丽"等词不同了。归有光《山茶》诗:"虽具富贵姿,而非妖冶容。"

"窈窕"(yǎo tiǎo)——指姿态风度的美。《诗·关雎》:"窈窕淑女,君子好逑。"毛传:"窈窕,幽闲也。"也指男子。古乐府《孔雀东南飞》:"云有第三郎,窈窕世无双。"今语"苗条"可能是"窈窕"的音转,只限于女性。

概括起来,这一组同义词的发展如下图所示:

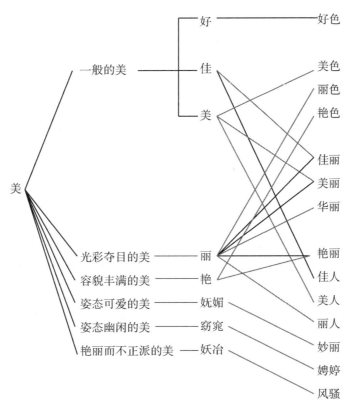

（2）"哭"的同义词计有"泣""啼""号""呜咽""泫然"5个，连哭6个，每个有特殊的感情色彩和不同的用法。

"哭"——有声有泪的哀痛。《说文》："哭，哀声也。"《孟子·尽心下》："哭死而哀。"后来变成最通行的通语，无声下泪也叫"哭"。

"泣"——有泪无声的哭。《说文》："无声出涕者曰泣。"《诗·氓》："不见复关，泣涕涟涟。"有时"哭泣"连成复合词，那是不加区别的泛指。《孟子·滕文公上》："及至葬，四方来观之，颜色之戚，哭泣之哀，吊者大悦。"泣而抽噎叫"啜泣"。

"啼"——本指婴儿的哭，是一种带呜咽的哀痛，和声泪俱下的哭不同。《礼记·丧大记》："始卒，主人啼，兄弟哭，妇人哭踊。"郑玄注："悲哀有深浅也。"孔颖达疏解释说："亲始死，孝女哀痛，呜咽不能哭；如婴儿失母，故啼也。兄弟情比主人为轻，故哭有声也。"现在还有"哭哭啼啼"或"啼哭"的说法，这是泛说，啼、哭并不分的。

"号"——有声无泪的哭，《左传·宣公十二年》："明日，萧溃。申叔视其井，则茅绖存焉，号而出之。"又"号泣"亦连用，《孟子·万章上》："舜往于田，号泣于旻天，何为其号泣也？孟子曰：'怨慕也。'"

"呜咽"（wū yè）——较悲痛的低泣声。《南齐书·王俭传》："流涕呜咽。"

"泫然"——本为形容流泪的状词，如《礼记·檀弓上》："孔子泫然流涕"，但是后来也单独使用，指流泪，但就不是有声地哭。《文中子·王道》："子不豫，闻江都有变，泫然而叹曰：'生民厌乱，久矣，天其或者将启尧舜之运，吾不与焉，命也。'"

这一组同义词的各种感情色彩，约可概括为如下所示：

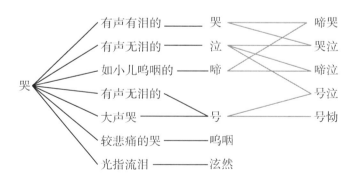

（3）汉语里关于"笑"及其状态差异的描写词，从上古到近代陆续产生了 20 个以上，堪称汉语同义词丰富多彩的典型。

"笑"——指一般的笑。《诗·氓》："言笑晏晏。"

"哂"（shěn）——表讥讽感情的微笑。《论语·先进》："（曾晳）曰：'夫子何哂由也？'（子）曰：'为国以礼，其言不让，是故哂之。'"

"莞尔"——微笑。《论语·阳货》："夫子莞尔而笑。"

"粲然"——盛笑。《谷梁传·昭公四年》："（楚）灵王使人以庆封令于军曰：'有若齐庆封弑其君者乎？'庆封曰：'子一息，我亦且一言。有若楚公子围弑其兄之子而代之为君者乎？'军人粲然皆笑。"

"逌（攸）尔"——讥笑。班固《答客戏》："主人逌尔而笑曰：'若宾之言，所谓见世利之华，阇道德之实，守奟奥之荧烛，未仰天庭而睹白日也！'"

"辴（chǎn）然"——喜笑，带有自得之意。《庄子·达生篇》："皇子曰：'委蛇（庄子寓言中的怪物），其大如毂，其长如辕，紫衣而朱冠。其为物也，恶闻雷车之声，则捧其首而立，见之者殆乎（近乎）霸。'桓公辴然而笑曰：'此寡人之所见也！'"

"哄堂"——满屋子同时发笑，语本《因话录》："唐御史皆有台院、殿院、察院，以一御史知杂事，谓之杂端。公堂会食，皆绝笑言，惟杂端笑而三院皆笑，谓之哄堂，则不罚。"《红楼梦》第四十一回："刘姥姥两只手比着说道：'花儿落了，结了大倭瓜。'众人听了，哄堂大笑起来。"

"绝倒"——笑得很厉害，前仰后合，几乎要倒了。《新五代史·晋家人传》："左右皆大笑，帝亦自绝倒。""绝倒"可以独用。

"捧腹"——捧着肚子大笑，也是极言笑得厉害，但略带讥讽的色彩。《史记·日者列传》："司马季主捧腹大笑曰：'大夫类有道术者，今何言之陋也？何辞之野也？'"后来"捧腹"成为大笑的代称，如"令人捧腹"。

"喷饭"——文言里的"令人喷饭"，也是极言笑得凶的描写语。这个词来自《冷斋夜话》："一座大笑，喷饭满案。"

"齿冷"——指笑得嘴巴合不拢，使牙齿也冷了，这里面含有鄙夷的感情色彩。《南史·乐颐传》："人笑褚公，至今齿冷。"后遂有"使人齿冷"的说法。

"轩渠"——举手而笑。《后汉书·蓟子训传》:"儿识父母,轩渠笑悦,欲往就之。"后转为笑的代称。

"解颐"——指欢笑。原是个词组,《汉书·匡衡传》:"匡语诗,解人颐。"后来演变成一个词,指欢笑、开颜欢笑。苏颋《别李维森》诗:"京国自携手,同途欣解颐。"

"解颜"——和"解颐"义同。陶潜《怀古田舍》诗:"秉耒欢时务,解颜劝农人。"

"胡卢"——指喉间的笑声。《孔丛子·抗志》:"卫君乃胡卢大笑。"亦作"卢胡"。《后汉书·应劭传》:"夫睹之者掩口卢胡而笑。"

"哑哑"(èè)——笑声。《易·震卦》:"笑言哑哑。"

"哑然"——形容笑声。《吴越春秋·越王无余外传第六》:"禹乃哑然而笑曰:'我受命于天……'"

"嫣然一笑"——形容笑得美,见宋玉《登徒子好色赋》。

此外,还有形容笑声的象声词:"哈哈""呵呵"等。

以上"笑"的同义词绝大多数是文言书面语的说法。只有象声词"哈哈""呵呵"至今还在口语里沿用,并且还有新的产生,如"吃吃地笑""笑微微""笑吟吟"的"吃吃""微微""吟吟"是。其他的词也不是说完全消亡了,而是在口语里多半变为更形象化的词组。例如,"笑破了肚皮"(捧腹)、"笑得前仰后合"(绝倒)、"笑得眼睛没了缝儿"(欢喜地笑)、"扑哧一笑"(笑声)、"冷冷地笑"(鄙夷地笑),等等都是。由此可见,向多样化、精密化也就是特殊化发展,就是这种同义词的历史发展趋势,这一点和上述各例是完全一样的。

这里附带谈一下避讳语、禁忌语、避亵语和委婉语。这种词语,在汉语里也很丰富,并且历史久远、形式多样。同是一个概念,往往用特殊的词语来表达,然按其性质,仍属于同义词一类的东西,是汉语特殊修辞手法的产物。不过,这种词语,一般说来,在语言中并不具有什么积极意义,其中不少还是旧社会意识形态的反映,有的则已经消亡;但是它们毕竟是在汉语史上有过影响的语言现象,这里还是应该探源溯流地给它们谈谈。

(1)避讳和禁忌。死者的名叫讳,对所讳之字避而不用叫"避讳"。避讳的产生是由于封建社会的阶级制度给予语言的影响。《左传·桓公六年》:"周人以讳事神,名终将讳之。"《礼记·曲礼上》曾经细谈到哪些地方要避讳，哪些地方可以不讳。可见避讳起于周朝①。后来变本加厉，为了避讳，常改用另一同音或同义词，或者改变字形。如刘向编录诸子，因避汉宣帝刘询的讳，把"荀卿"改为"孙卿"，荀、孙同音。汉朝的严助、严光、严遵等，本姓庄，因避汉明帝刘庄的讳而改姓严。庄、严同义词。魏张揖撰的《广雅》，到了隋朝曹宪作《音释》时，因避隋炀帝杨广的讳，被改名为《博雅》（后世仍多称《广雅》，不知者以为是另一书名，闹了笑话）②。宋朝朱熹注四书，凡遇宋皇帝的讳都改写别字作代，如改"恒"为"威"，以避钦宗讳；改"慎"为"谨"，以避孝宗讳；改"匡"为"正"，以避太祖讳；改"贞"为"正"，以避仁宗讳。清圣祖讳玄烨，因改"玄"为"玄"（最后一笔缺写），后来索性以"元"代"玄"，"天地玄黄"改为"天地元黄"，连古人郑玄也变作郑元了。清世祖讳胤禛，因此，《尚书·胤征篇》的"胤"改作"𦙍"后来索性改为"允征"。清高宗讳弘曆，因把"弘"改作"宏"，"曆"改作"歷"。清宣宗讳旻宁，因改"宁"为"寗"。清穆宗讳载淳，因改"享"为"亯"，"醇"作"醕"。避讳更甚的是连字形近似的同音词也给改变了，如月神为姮娥，因汉文帝名恒，汉人改"姮"为"嫦"。也有物名因避讳而改称的，汉高祖的吕后名"雉"，汉人特改"雉"为"野鸡"，以避吕后讳。"野鸡"一词，沿用至今。

还有因避免某种顾忌而改变说法，使用另一近义词的。这种现象也始于先秦时代。《战国策·赵策》："一旦山陵崩，长安君何以自托于赵？""山陵崩"指赵太后的死。皇帝刚死称"大行"或"晏驾"，见于汉代典籍③。司马迁《报任少卿书》："恐卒然不可为讳"，正是对死的禁忌说法。我国社会习惯往往禁忌直接说死亡，而另换一个说法，如"逝世""永诀""身故""撒手""仙游""寿终"之类。古代汉语里，管病危叫

---

① 《礼记·曲礼上》云："卒哭乃讳。礼不讳嫌名，二名不偏讳。逮事父母，则讳王父母，不逮事父母，则不讳王母。君所无私讳，大夫之所有公讳。诗书不讳临文不讳。庙中不讳。"

② 谢启昆《小学考》卷三引张崇缙言："训诂之书，莫先于《尔雅》。……嗣是作者若《释名》《埤雅》《广雅》《博雅》《小尔雅》诸书……"谢自注："按《博雅》即《广雅》，盖避隋讳而改。"

③ 应劭《风俗通》："天子新崩未有谥号，故总其名曰大行皇帝。"《史记·范雎传》："宫中一日晏驾。"集解引应劭曰："天子当晨起早作，如方崩殒，故称晏驾。"

"大渐",临死叫"弥留"或"易箦"①。这些都是一种禁忌语。现在部队管受伤叫"挂彩",南方则说"带花",论其语源虽也来自禁忌语,但含有褒义的色彩,已经和一般的禁忌语不同。古代对于志士仁人为国家为正义而死,往往不称"死"而称"成仁""就义",现在管革命烈士献出生命叫"牺牲",都是由禁忌语转变为褒义词的例子,更加不是禁忌语了。

(2) 避亵语。凡涉及秽亵,鄙俗一类的事物,人们极力避免直接提到它,而另换以别的词语。由此就产生了许多同义词。如管尿叫"小便",始于汉代。《汉书·张安世传》:"郎有醉,小便殿上。"《说文》:"尿,小便也。"管拉屎处叫"厕",拉屎去叫"如厕",见于《左传·成公十年》:"晋侯如厕。"汉代又说"更衣"(见《汉书·灌夫传》)。明代说"出恭"。现在妇女怀孕也说"有身"或"有喜",也是一种避亵词。"有身"来源很古,《诗·大明》:"大任有身。"《元曲》里不说阉人,而说"净身人",也是为了避亵②。

(3) 委婉语。是委婉其词之意,即雅语。在旧日士大夫阶层里,委婉语最流行,多用在书面语里。委婉语的来源也可以远溯到先秦时代。如有病,却说"有采薪之忧",语见《孟子·梁惠王下》,《曲礼下》则说:"有负薪之忧。"妇人被遣回娘家,叫"大归",见于《左传·文公十八年》。从前做官的人辞职不干,就说"挂冠""倦勤""归田""引退""退避贤路""乞归骸骨""急流勇退",或说"掼纱帽",等等。把不敢打交道说成"不敢领教",称人夫妇为"伉俪",称人兄弟为"昆玉",这些都属于从前的文人雅语,现在大多数已经不用了。现在汉语的"闹情绪",也是一种委婉语。

---

① 《尚书·顾命》:"呜呼,疾大渐,惟几,病日臻,既弥留。""易箦"一词见《礼记·檀弓上》,谓病重要换席子也。

② 《元曲·风光好·第二折》:"空那般衣冠济济,状貌堂堂,却为甚偏嫌俺妓女,怕见婆娘?莫不他净了身;不辨阴阳人道?"

第五章　词义的历史发展规律

　　词义是客观事物、现象或关系在人们意识中的一定反映，它和一定的语音结合起来而成为词。一个词通常只有一个基本意义，而且它具有相对的稳定性，但是在语言长期充当社会交际工具的过程中，词义经常会受到瞬息万变的社会的影响，也会受到使用语言的人们的主观影响。因此，词义总是在不断变化、发展的。可以说，一个词的意义，完全取决于它的社会情况和历史情况。

　　词义的变化、发展，是词汇系统性的表现之一，它是有规律可循的。汉语词义的演变，概括来说，走着两个相反相成的方向：第一是词义的引申。引申是汉语训诂学的传统说法。东汉许慎《说文解字·叙》（简称《说文·叙》）："引而申之，以究万原。"同时《说文》里，也经常运用这种规律，以探寻字词的辗转变化和发展。清代许多《说文》学者如段玉裁、朱骏声、王念孙父子等人，都喜欢谈它，其中谈得最好最透的是朱骏声的《说文通训定声》里面结合假借而谈的"转注"。因为它是产生多义词、转义词的主要原因。现代语言学所谓词义的扩大和转移，实际都可以包括在引申里面。第二是词义的缩小。引申是表示概念外延的扩张，是词义发展的主流；而词义的缩小却是概念范围的收缩，两者作为矛盾统一体，构成了词义发展规律的主要内容。此外，词义的代谢——新质代替旧质，都是词义的历史发展规律的内容。

第一节　词义的引申

　　首先要弄清楚词义为什么会产生引申。这原因似乎复杂，事实上不外两个方面：一是社会的，又一是语言本身的。语言是概念的表达工具，谈词义引申的原因，其实应该在社会和概念两方面去探求。这两方面的界线也不是在任何情况下都是很清楚的。也可以说，两者是交互作用的，社会事物的变化，在人的概念中得到反映，因而词义也跟着变了。

首先看看词义因引申而扩大的下列各例（据朱骏声《说文通训定声》）：

私：《说文》："禾也，从禾，厶声。北道名禾主人曰私主人。"〔假〕借为厶。《贾子·道术》："兼覆无遗谓之公，反公为私。"《管子·任法》："私者下之，所以侵法乱主也。"《离骚》："皇天无私阿兮。"注："窃爱为私。"《秦策》："赏不私亲近。"注："犹曲也。"《吕览·有度》："奚道知其不为私。"注："邪也。"〔转注〕《仪礼·燕礼》："寡君，君之私也。"注："谓独受恩厚也。"《秦策》："王虽有万金弗得私也。"注："爱也。"《左传·襄二十五年》："非其私昵"注："所亲爱也。"又《礼记·聘义》："宾私面私觌。"疏："以其非公聘正礼，故谓之'私'"。《杂记上》："大夫有私丧。"注："妻女子之丧也。"（按，应谓：私丧，妻子之丧也）《曾子问》："自卿大夫之家曰私馆。"疏："私馆者谓非君命所使私相停舍，谓之私馆。"《公羊传·昭五年》："不以私邑累公邑也。"注："臣邑也。"《诗·嵩高》："迁其私人"。《传》："家臣也。"《诗·噫嘻》："骏发尔私。"《传》："民田也。"《诗·硕人》："谭公维私。"《尔雅·释亲》："女子谓姊妹之夫为私。"《诗·葛覃》："薄污我私。"《传》："燕服也"。又《孟子·尽心上》："有私淑艾者。"注："独也。淑，善。艾，治也。君子独善其身，人法其仁，此亦与教法之道无差也。"《吕览·似顺》："以臣私之，（尹）铎可赏也。"注："惟也。"又《左传·襄十五年》："师慧过宋朝，将私焉。"注："小便也。"又《方言二》："私，小也。梁、益之间，凡物小者谓之私小。"

除朱氏所举外，还有引申为自私自利的，如《尚书·周官》："以公灭私。"《宋史·杜范传》："同心为国，岂容以私而害公？"引申为秘密的，如《汉书·霍光传》："私使乳医淳于衍行毒药杀许后。"又有引申为暧昧、不合法的，如走私、私通、私货。引申为男女阴部，如私处，私病。这些都是"私"义因引申而扩大或转移了。

市："市，买卖所之也。市有垣。"（《说文》）古者神农作市。或曰祝融也。《管子·乘马》："市者，货之准也。"准犹平也。《吕览·自知》："欲知平直，则必准绳。"注：准，平；绳，直。《周礼·司市》："大市，日昃而市，百族（百姓也）为主。朝市，朝时而市，商贾（音古）为主。夕市，夕时而市，贩夫贩妇为主。"《公羊·宣公十五年·传》注："因井田以为市，故俗语曰'市井'。"又《论语·宪问》："肆诸市朝"。《史记·孟尝君传》："过市朝者"。索隐：市之行位，有如朝列，因言市朝耳。〔转注〕《广雅·释诂三》：市，买也。《齐语》："市贱鬻贵"，注：取也。《越语》下："又身与之市。"注：市，利也。《秦策》："王（谓秦惠王）不如留之（指楚怀王特使景鲤）以市地。"注：求也。《史记·项羽本纪》："以市于齐。"索隐：犹要也。

由此可见，一个"市"字，由买卖所之（即市镇）本义，引申为赴市（或曰"赴圩"）的"市"，为"准"，为"市平"，为"准绳"，为"市井"，为"市朝"，为"购买"，为"利"，为"求"，为"要索"。此外还引申为"市人"（城市居民），为"市官"，如《周礼》："司市下大夫二人。"注："司市，市官之长。"为"市尺""市牙"（牙侩），为"市门"（市肆之门）。杜甫还以之入诗："筋力登危集市门，死生射（音亦）利兼盐井。"（《负薪行》）为"市虎"，比喻以无为有的流言蜚语。为"市骨"，买死马之骨，比喻招揽人才。由"市牙"转为"市侩"，指唯利是图的商人之辈。清黄景仁《偶题斋壁》诗云："生疏字愧村翁问，富有书怜市侩藏。"

词义经过引申而扩大，向多义方面发展，是汉语词义发展的主要方向。由于多义词的不断发展，汉语词汇日益丰富，我们的语言越来越精密，越来越富有表现力。

第二节　词义的缩小

词义也有由大变小的。这和以上两类引申方式的发展，恰恰走着相反的道路。中国传统的训诂学，把词义的这种变化，也归在引申里，未免过于笼统，因为引申意味着概念外延的扩大，而缩小却是相反的现象，两者必须区别开来。而本章开头时说，通常一个词只有一个基本意义，不先经过引申，怎能缩小？所以引申仍可包括缩小，从上节看"私"字经过多种引申，竟指小便，这是典型的缩小。

词义为什么会由大缩小？这原因和引申一样复杂，但也同样可以由社会的和概念的两方面去概括它。正如上文所指出的，这两者的界线并不十分清楚，而且往往是交互作用的。还有如下各例缩小的字（词），也是类似"私"的典型。

"瓦"——上古凡土器已经烧过的都叫"瓦"（见《说文》）。《诗经》里所谓"乃生女子，载弄之瓦"（《小雅·斯干》），"瓦"指纺砖，是瓦器中的一种。酒器也有叫"瓦"的，如《仪礼·燕礼》中的"瓦大"。甚至用陶土烧成的棺材也称"瓦棺"（见《礼记·檀弓上》）。至于今义屋瓦的瓦，也见于先秦。《庄子·达生篇》："虽有忮（zhì）心（忌恨人的心肠）者，不怨飘瓦。"但古代的瓦器，同时也称陶器。后来这两个名词分了工，陶器照旧称为陶，"瓦"义则缩小为专指屋瓦。

"书"——《说文·叙》："著于竹帛谓之书"，即指一切记录下来的文件和著作。东汉以后，"书"义缩小，专指书籍。

"虫"——古义范围很广，徐灏《说文解字注笺》："虫者，动物之通名，故或行，或飞，或蠃（同倮，luǒ），或介，或鳞，皆以为象。"昆虫固然称虫，鱼也叫虫。《说文》："鱼，水虫也。"兽类叫毛虫，鸟类叫羽虫，龟类叫介虫。《大戴礼记·曾子天国》："毛虫之精者曰麟，羽虫之精者曰凤，介虫之精者曰龟。"现在虫的意义缩小为专指昆虫。个别方言里也有例外，如《水浒传》里管虎叫"大虫"，现在北京人也有管蛇叫"长虫"的。

"臭"——原泛指气味，后专指秽气。但指秽气义，亦为时颇古。《国语·晋语三》："惠公即位，出其世子（按指申生）而改葬之，臭达于外。"此指死尸秽气无疑。

"小说"——语见《汉书·艺文志》："小说家者流，盖出于稗官（小官），街谈巷语，道听途说者所造也。"凡笔记、杂录、故事、考证以及一切琐碎小品文，古人一概叫小说。今义缩小为专指有情节结构的描写文体。

"金"——上古"金"是五色金的统称，包括金、银、铜、铁、铅，金叫黄金，银叫白金，铜叫赤金，铁叫黑金，铅叫青金。现在"金"缩小为黄金的专称，只有在"五金""金属"等个别特定词语里，"金"才保留着旧义。

"汤"——在上古有二义：一指饮料，《孟子》："冬日则饮汤"，这在现代汉语里沿用不变；一指一般热水，如温泉叫"汤泉"，热水洗澡洗头叫"汤沐"。所谓"赴汤蹈火"，"汤"也是指一般热水。其实前一义是从后一义引申出来的。现在"汤"只指饮料，词义缩小了。

"禾"——古代有两个含义：可以特指一种谷类，即稻子；也可以泛指一般谷类。《诗·七月》："九月筑场圃，十月纳禾稼，黍、稷、重、穋、禾、麻、菽、麦。"其中，"禾稼"的"禾"是第二义；"禾麻"的"禾"为第一义。后来禾只指稻子，这也是词义的缩小。

"翁"——在汉代有二义：一指鸟颈毛。《汉书·礼乐志》："赤雁集，六纷员；殊翁杂，五采文。"孟康注："翁，雁颈也。""翁"的第二义指老义（见《方言》），也指父辈。后来，"翁"的第一义消失，缩小为专指老人或父辈。

词义缩小的例子，在新词中似乎没有什么发展。但是，也有一些词的意义确实正在向缩小变化中。例如"领导"本是领前引导的意思，现在专指一个组织里的领导同志。我们说"向组织反映"，这组织也是专指政治组织，而不是一般的组织。在一定的语言环境里，这些都可以认为是词义由大缩小的例子。

从以上所述当中，可以看出，词义的发展以由小到大的扩张式最为突出，其次就是词义的转移。这两种类型的总趋向是词义的不断引申，因而促成词汇的不断发展。由于词义的由大缩小，为数不多，可以断言，这不是今后词汇发展的方向。前人以引申一词来概括词义的发展，基本上是正确的，只是还需要进一步做具体的分析。

第三节 词义的新陈代谢

词义不断地进行新陈代谢，不断地以新质代替旧质，这是词汇日益丰富、发展的又一规律。

代谢和转移，表面上相似而实则不同。转移是先通过词义的引申扩大，一词而兼有数义，然后本义消失，而引申义独存。代谢则不同，它不一定经过一词多义并存的局面，而主要是词义的旧质消亡，新质代之而起；或者本来是旧词，被人们赋予了新义，从而旧义退隐，新义独存。例如：

"功臣"——这个词见于《汉书·高惠高后文功臣表》。唐代开始以"功臣"名号赐予有功之臣。后来的封建王朝,都曾沿用。辛亥革命推翻清王朝的专制统治以后,"功臣"一词,除见于历史性的书面语以外,实际在口语中已经接近消失。但是,现在我们把它和人民结合起来,产生了"人民功臣"这个光荣称号。这样,"功臣"就获得了新义。

"八股"——这个词来源于明、清两代应制科举的八股文体。自从清末废除科举制以后,"八股"这个客观事物已经消失,"八股"一词也就成为历史陈迹了。现在我们却借用它来讽刺那种公式化的文章,"八股"就产生了一种新义。

"火箭"——这个词见于《北史·王思政传》:"思政射以火箭烧其攻具。"这是"火箭"的古汉语旧概念,在语言中已经若存若亡。自从我们用它来意译英语的 rocket,"火箭"所代表的就不是旧概念,而是新概念了。类似的例词还有的是。

从以上三个例子看来,词义的新陈代谢的原因,无疑是来自社会事物的变化。但是如上文已指出的,词义的新陈代谢,有不少是纯粹属于语言本身的,不一定能够判明它变化的原因。例如:

"走"——古义指奔跑。《孟子·梁惠王》:"弃甲曳兵而走。"《吕氏春秋·权勋》:"齐王走莒。"这里的两个"走",等于今语的跑。今语"走"有二义:①离去(他走了);②走路(我走到街上去看了一回)。这两种含义都是后来才产生的新义。"走"由原来的跑产生了新义"离去"即①义,是在战国至西汉期间开始的,如:

> 三国疾攻楚,楚必走。(《战国策·秦策》)
> 郦生瞋目按剑叱使者曰:"走!"(《史记·郦生陆贾列传》)

例一的"走"释"跑"或"去"似乎都成,可见新旧词义正在变化中。例二的"走"只有"去""走开"或"滚开"的意思,这正是新生的词义。中古以后,这个新义就稳定了。从下例可以看出:

> 我须过一处,留汝在后,慎勿复走。(《古小说钩沉·荀氏·灵鬼志》)
> 弟走从军阿姨死。(白居易《琵琶行》)

"走"的第二义"走路",在南北朝以后的民间文学中已经经常出现。如:

  语我不游行,常常走巷路。(《读曲歌》)
  吴当阳县董昭云,尝乘船过钱塘江中央,见一蚁著一短芦走。(《齐谐记》)
  大臣走出,申奏王知。(《八相成道变文》)

现在"走"的旧义(跑),已经消失,新义却一直沿用下来。另一方面,"跑"又产生了一个新义,来代替"走"的古义。换句话说,"走"的古义又在"跑"的新义中复活过来。《说文》无"跑"字。"跑"字先见于《玉篇》云:"蹴也。"后来收在《广韵·五肴》。原义是兽用足刨地。如唐韦应物《调笑令》:"胡马,胡马,远放燕支山下,跑沙跑雪独嘶,东望西望路迷。"语言中以"跑"来表达古义的"走"是近代时期的事。如:

  阎婆道:"押司不要跑了去,老人家赶不上。"(《水浒全传》第二十一回)
  那婆娘……飞也似跑下楼来。(同上)
  只见两个公人跑将进来。(《二刻拍案惊奇》卷四)

"时髦"——原义指一时俊士。《后汉书·顺帝纪赞》:"孝顺初立,时髦尤集。"髦是毛发中的长毫,比喻士中之俊。最近几十年间,"时髦"产生了一个新义,指一时好尚。而原义从此已很少人知道了。

"觉悟"——古义指觉察。语见《史记·孟尝君传》:"如有齐觉悟,复用孟尝君。"后来佛经翻译也使用这个词,指对佛说的领悟,这已是新义了。现在所谓"觉悟",指一个人的政治认识的自觉性,是更晚起的新义,但是它却完全取代了旧义。

"交涉"——古义指关涉,关系,如宋范成大诗:"春虽于病无交涉。"在近代汉语里,"交涉"产生了一个新义,专指人与人之间、国与国之间互相处理事情的行为。现在旧义已退隐。

"武断"——古语"武断乡曲"(《史记·平准书》),指在乡间行使霸道。现在,"武断"指专凭个人主观乱下判断,是后起的新义。

第六章　汉语古今借词和译词的来源（上）[①]

汉语词汇在悠久的历史发展过程中，不但通过它本身的变化、发展的规律而日益丰富起来，同时也在各个历史时期中不断吸收兄弟民族和世界有关民族的语言来丰富自己，加强自己的表现力。这就是本章所要谈的借词和译词问题。如果连词和音搬过来（如"师比"）是借词，要是仅以汉字翻译原来的词义的（如"胡琴"），那就算是译词了。

汉语大量吸收借词，是在鸦片战争（1840～1850年）以后，特别是最近几十年间的事。但是在上古时期，我们的祖先已经跟四方边疆诸部族有过不少的来往。《礼记·王制》曾记其事："中国、夷、蛮、戎、狄，皆有安居。……五方之民，言语不通，嗜欲不同。达其志，通其欲，东方曰'寄'（译官名，下同），南方曰'象'，西方曰'狄鞮'，北方曰'译'。"可见翻译之"译"是上古时期产生的古词。中古及近代时期，接触尤为频繁。因此，汉语中的外来成分，即使在先秦时期都已经有了一些。汉唐两代吸收了不少西域语，更是大家知道的。而佛教借词在中古时期尤为突出，影响也最深广。近代则以明末清初输入的早期西洋借词为其特点。总之，在鸦片战争以前汉语的借词——包括音译和意译的——是很不少的，在汉语史研究上，有必要对它做一鸟瞰式的描述。

这些借词散见于各种典籍，或专谈语源，或偶尔涉及，向来还罕见有专文加以系统的探讨。当然，这项工作牵涉的范围很广，不是一件轻而易举的事，但它却非常需要。1950年，罗常培先生出版了《语言与文化》，其中第四章专述汉语中的古今借词，考证翔实，学者称便；惟例词不多（收录近代以前借词12条），有待补充。笔者为教学需要，曾略加搜集，所得仍嫌不多。兹并就诸家著录，兼收并蓄，加以整理，做一极其初步的

[①] 本章全文曾以《鸦片战争以前汉语的借词》为题名，初次发表在《中山大学学报》（社会科学版）1957年第3期；1958年上半年，我应兰州大学之邀，在该校中文系讲授"汉语史（词汇和语法篇）"时，本章亦曾编入词汇史讲义里，这次收入本书时又有修改补充。

综合描述。

第一节 上古时期的借词

这里所谓上古时期，是按照汉语史上分期的习惯，指公元前3世纪五胡乱华以前。其实在更早时，我国和西南兄弟民族已有来往。如《周礼·秋官·大行人》："属象胥，谕言语"，所谓"越裳以三象重译而献白雉"。《后汉书·南蛮西南夷列传》："交趾之南有越裳国。周公居摄六年制礼作乐，天下和平，越裳以三象重译而献白雉，曰：'道路悠远，山川阻深，音使不通，故重译而朝。'"在这个时期，汉语借词范围很广，其中以西域语占最大部分，匈奴语次之。其他借词就很少了。如果就借词流入的时期先后来说，那么，匈奴语是较早于西域语的，但并不是每个借词都这样。

首先，有必要把匈奴和西域两个概念说明一下。古代北狄种在各个时期、各个地域，各有不同的称号。商周间称"鬼方""混夷"或"獯鬻"，周代又称"猃狁"，春秋叫"戎狄"，战国时开始称为"匈奴"，又叫作"胡"①。这个种族历商、周、秦、汉四代，都曾不断地跟汉族发生过多次的战争。这样长期的巨大的历史事件，不可能不反映到汉族语言中来。因此，在汉语中就留下了一些匈奴语（或称"胡语"，或称"北狄语"）借词。西域这个名词起于汉代，是指玉门关、阳关以西地方的统称，始见于《汉书·西域传》，它包括于阗、大宛、焉耆、阿拉伯等国在内，习惯上也包括从西域这条交通路线前来和中国交往的大秦（罗马帝国）、安息（古波斯国）、身毒（即今印度）在内。汉武帝派张骞通西域以后，汉使和西方诸族的使者陆续带来了许多特产贡物。这是西域语传入的主要原因。但在这以前，中西方也已经有了很多接触。例如《逸周书·王会解》记述周成王时西方诸族前来交换物产的盛况，其中即有西南戎族献的"酋耳"（即狻猊，详下文）；《穆天子传》记述周穆王西游的故事。两书所记，并不纯属虚构，从中可以约略窥知先秦时代汉族和西南诸戎族的交际情况。因此，西域借词的传入，实际是在汉武帝以前，范围应该包括西戎和西南诸族语在内。

---

① 参见王国维《鬼方、昆夷、猃狁考》。

以下就依次分为：1. 匈奴语借词；2. 西域语借词。各举例谈谈。

一、匈奴语借词

这类借词，包括胡语、北狄语在内，绝大多数是音译的。

"骆驼"——初作"橐驼"，最早见于《逸周书·王会解》，篇末在列举了13个北狄名称后说："请令以驼，其鸟多寓。"《山海经·北山经》卷三也有"又北三百八十里曰虢山，……其兽多橐驼"的话。可见这个借词是北狄语，由来已久。唐时开始称骆驼，韩愈《石鼓歌》："十鼓只载数骆驼。"

"猩猩"——初作"生生"，是北狄语，始见于《逸周书·王会解》："都郭生生，欺羽生生，若黄狗，人面，能言。"晋孔晁注："都郭，北狄；生生，兽名。"《山海经·海内南经》作"狌狌"，《礼记·曲礼上》和《尔雅》均作"猩猩"。

"师比"——这个借词屡见于先秦古籍，是指胡人用的一种金属带钩子。法国人伯希和（M. Paul Pelliot）和日本人白鸟库吉都认为这是匈奴语 serbi 的对音①。由于音译的汉字不定形，古籍里出现了几种写法，如：

师比：(赵武灵王)遂赐周绍胡服衣冠具带，黄金师比，以缚王子。(《战国策·赵策二》)

犀比：晋制犀比，费白日些。(《楚辞·招魂》)

鲜卑：小腰秀颈，若鲜卑只。(又《大招》)

胥纰：黄金胥纰一。(《史记·匈奴列传》)

犀毗：黄金犀毗一。(《汉书·匈奴传》)

鵕鸃：赵武灵王具带鵕鸃而朝。(《淮南子·主术训》，高诱注："鵕鸃读曰私钮头。"二字三音。)

20世纪50年代，国内学术界对这个词的字源有进一步深入的研究。据鲍尔汉、冯家昇考证，"鲜卑"来源于俄语 sibir，它是一种人民的称呼。这种人民在古汉语中作"鲜卑"时，本义指一种兽，相当于蒙古语

---

① 转引自罗常培《语言与文化》第四章，国立北京大学出版社1950年版，下同，不再一一注明。

sobar，汉语叫貀（五爪虎）。由于古代鲜卑人崇拜它，把它用作本部落的名称，同时把它的形象铸在金属带上，作为该部落的识别。现在"西伯利亚"siberia 的名称，也来源于此。①

"琵琶"——汉代胡人乐器名，初作"枇杷"，见《释名·释乐器》："枇杷本出于胡中，马上所鼓也。推手前曰枇，引手却曰杷，象其鼓时，因以为名也。"这显然不是原名，而是刘熙所释。应劭《风俗通义》卷六作"批把"，说不知谁作："以手批把，因以为名。"他显然不懂得这是外来语，所以拘泥于字形来解释语源，实际仍是沿袭《释名》所说。

"胭脂"——是一种用胭脂花制成的修饰面部用的颜料，也作"焉支"。《史记·匈奴列传》有"焉支山"，《正义》引《西河故事》云："匈奴失祁连、焉支二山，乃歌曰：'亡我祁连山，使我六畜不蕃息；失我焉支山，使我妇女无颜色。'"汉语音译借词，往往一词多形，所以"胭脂"又作"烟肢"（见《史记·匈奴列传》，《索隐》引习凿齿与燕王书），"燕支""胭肢"（均见《古今注》），"胭脂"（南朝陈后主有胭肢井，故址在今南京市），"撚支"（刘向《九叹·惜贤》），"撚支"（《汉书·司马相如传》张揖注）等各种写法。

二、西域语借词

西域语借词（包括大宛、西戎、安息、希腊、身毒——古代印度等语在内），几乎全是音译的。

"吹鞭"——古乐器名。《说文》："筮，吹鞭也。"日本人林谦三认为是希腊文 tibia 的对音②。

"狻猊""狮子"——"狻猊（suān ní）"见《尔雅·释兽》："狻猊如虦猫，食虎豹。"郭璞注："即师子也，出西域。"汉顺帝时（按系阳嘉三年即公元 134 年事）疏勒王来献犎牛及师子。《穆天子传》曰："狻猊日走五百里。"按《尔雅》成书约在公元前 2 世纪即汉武帝以前，可见中国出现师子实早于疏勒王献师子事约 300 多年。此外，"师子"名称也早见于《汉书·西域传》。郭璞所注实不能说明问题。关于"狮子"的语源，各方解释不一。法国汉学家高体越（Henri Gauthiot）认为"狮子"

---

① 参见包尔汉、冯家昇《"西伯利亚"名称的由来》一文，载《历史研究》1956 年 10 月号。
② 参见郭沫若《甲骨文字研究》，第 143 页。

是从粟特语（sogdian，属伊兰语）的 šrr‑w，šarrs 来的①。但是这不能说明"狻猊"的语音。郭沫若先生认为"狻猊"是来自巴比伦语，理由是"狻"之初字当为"夒"，"狻猊"即"夒猊"，也就是《逸周书·王会篇》所说"酋耳者身若虎豹，尾参其身，食虎豹"的"酋耳"，当即巴比伦语的 UR②。又"酋耳"一作"尊耳"，郭氏疑为后人欲求与狻音切近之故而改。但"狻猊"为什么后来叫"狮"？"狻猊"和"狮"究有什么语音联系？郭氏没有说明，问题仍未解决。郝懿行《尔雅义疏》说，"狻"音先官反，"狻猊"合声为"师"。此说略近是，但他还不知道这是一个外来语。清文延式《纯常子枝语》卷二十三引日本古书源顺《倭名类聚钞》说，"狻猊"来自梵语。这是对的。按"狮子"梵语（sanskrit，古代印度的雅语）为 simha，"狻猊"即其音译，又和从弭得声字"麛"相通（《汉书·古今人表》"钽猊"作"钽麛"），迷、弭均属"明"（m）母。可见"狻猊"是 sim‑的对音。"师"中古属照系二等的"山"（ṣ）母，在上古则接近精系"心"（s）母，因此，"狻""师"是声近通假字。"师"只是"狻猊"的简称，亦即 sim 略去辅音尾 m 的音译。《逸周书·王会篇》说的"酋耳"，一作"尊耳"，也可以从这里得到解释了。"尊""狻"音近，"耳""兒"（猊字从兒得声）双声字，那么，"尊耳"也仍然是"狻猊"的又一音译。

"膜拜"——《穆天子传》二、三、四各卷均屡见"膜拜而受"一语。什么是"膜拜"？郭璞注："今之胡人礼佛，举手加头，称南膜拜者，即此类。"按"膜"即"南膜"或"南谟""南无"的省称，巴利文称 namo，梵文称为 namas 的对音，原义为归礼，是北魏杨衒之所撰《洛阳伽蓝记》里常见的词。从《穆天子传》的内容看来，这个词的传入，确和佛教有关。

"苜蓿"——今名"金花菜"，始见于《史记·大宛列传》："马嗜苜蓿，汉使取其实来，于是天子始种苜蓿、蒲陶肥饶地。"可见，"苜蓿"是张骞通西域时传入中国的。《汉书》写作"目宿"。根据德国学者劳佛尔（B. Laufer）的考证，这是古伊兰语 buksuk 或 buxsux 的对音③。"苜

---

① 参见罗常培《语言与文化》第四章。
② 参见郭沫若《甲骨文字研究》，第 126 页。
③ 参见罗常培《语言与文化》第四章。

蓿"这个借词在民间却流传得很早,汉魏乐府诗《蜨蝶行》:"蜨蝶之遨游东园,奈何幸逢三月养子燕,接我苜蓿间。"

"瑠璃"——梵语俗语 veluriya 的译音的简称,最早见于成书在公元前 1 世纪(汉昭帝始元年间)的桓宽《盐铁论·力耕篇》:"而壁玉、珊瑚、琉璃,咸为国之宝。"成书较后 100 多年的《汉书·西域传》又作"壁流离"。王先谦《汉书补注》引徐松说:"壁流离"梵书作"吠瑠璃",或云"毗琉璃"。按"毗琉璃"即 veluriya 的对音,而"吠琉璃"则来源于梵文雅语的 vaidurya,汉字译音往往是不定形的,所以《说文》里又省称"璧瑠"(音留),左思《吴都赋》作"流离"。魏张揖《广雅》卷九下《释地》作"琉璃",和《盐铁论》正同,省略头尾音节而保留中间的音节。这种译法是很特别的,但它却巩固下来了。

"葡萄"——司马相如《上林赋》:"樱桃蒲陶"。成书较后的《史记·大宛列传》有大宛国产蒲陶酒的记载。可见这个词来自大宛。《玉台新咏》作"蒲萄",《行路难》云,"九华蒲萄之锦衾"。关于这个借词的字源问题,学者看法不一,比较可信的是劳佛尔的意见。他认为"蒲萄"是来自伊兰语 buduwa,它的语根 buda,和新波斯语 būda(酒),中古波斯语 bātak 有关①,波兰汉学家亚努士·赫迈莱夫斯基肯定了劳佛尔的这个意见,并补充说,"葡萄"可能是发音类似 bādage 的古代大宛语的代表②。

"石榴"——植物名"安石榴"的简称。《博物志》说:"张骞使西域,得安石榴种以归,故名安石榴。""安石"就是"安息"(arsack),属古波斯国。按:"榴"是汉语,"石榴"等于安石的榴,严格说来不算借词。真正的借词是石榴的音译"涂林",见于晋陆机与陆云书:"张骞为汉使外国十八年,得涂林,安石榴也。"涂林就是梵语 darim 的对音。《洛阳伽蓝记》卷四作"奈林"。后来不知怎的,这个音译词不通行了。《广雅·释草》:"若榴,石榴也。"是魏时已通称"石榴",又称"若榴"。

"荽"——即芫荽,来自西域的一种香菜。《博物志》说:"张骞使西域,得荽,俗称芫荽。"

---

① 参见罗常培《语言与文化》第四章。
② 参见赫迈莱夫斯基《以"葡萄"一词为例,论古代汉语的借词问题》,载《北京大学学报》1957 年第 1 期。

"酋长"——《汉书·宣帝纪》:"杨玉酋非首。"注:"羌胡名大帅为酋,如中国言魁。"可见"酋"是羌胡语借词。

"木乃伊"——早见于元代至正年间(约公元14世纪时)陶宗仪所著《辍耕录》卷三,是阿拉伯语 mūmiyà 或波斯语 mūmiyá 的对音。

"槟榔"——这是来自马来亚(今马来西亚)的借词,在西汉时代已经出现,初作"仁频",唐代称"宾根"。司马相如《上林赋》:"留落胥邪,仁频并间。"唐颜师古注:"仁频即宾根也,频或作宾。" 说这两个是同义词是对的,但是字源可不相同。马来亚北部有个小岛叫 pinang,华侨有时把它写作"咇㖞",但比较普遍的是译作"槟榔屿"。汉语"槟榔"来源于马来语 pinang,这是众所周知的。至于"仁频"的字源,可能是爪哇语(今印尼语)jambi 的对音。汉代跟南洋诸族还没有直接来往,这个借词,应该是通过西域的媒介输入中国的。因此,我把它附在西域语借词里。

除了上述两类借词外,还有个别的夷语借词,如"珣"为上古东夷语"珣玕琪"的简称,是一种美玉,见于《尔雅·释地》。又如《周礼·春宫》:"鞮鞻氏掌四夷之乐"的"鞮鞻",也是夷语借词,有时作"侏离""朱离""兜离"或"兜勒"。惟这些借词和现代汉语的关系很少,这里只此一提就是了。至于在汉语前头接上一个胡字的词如"胡桃""胡琴""胡椒"等,都不算借词,这里一概从略(理由见本章结论)。

第二节　中古时期的借词

中古时期(公元4世纪东晋时代—12世纪南宋前半期)汉语中的借词,以佛教梵语占最主要地位。但这不是说佛教借词传入中国是从中古时期才开始的。事实上是在东汉初期,天竺僧人白马驮经来中国之前,少数佛家词语已见于当时的皇家公文里。据《后汉书·光武十王传》记载,楚王英喜欢拜佛吃斋,于汉明帝永平八年(公元65年)拿着黄缣白纨三十匹给朝廷,表示为自己赎罪。汉明帝批复他的诏书说:"王诵黄老之微言,尚浮屠之仁慈,洁斋三月,与神为誓,何嫌何疑,当有悔吝?其还赎以助伊蒲塞、桑门之盛馔!"这里就一气用了"浮屠""桑门""伊蒲塞"三个佛教借词。自东汉末年至东晋以前,佛经翻译已逐渐多起来了;但是有组织的大规模的佛经翻译,还是从苻秦秘书即赵政开始的,而且在这以前，佛经绝大部分是直译的，文辞晦涩难懂，大大限制了它的流通范围。可以说，在六朝以前，佛经只是供佛教徒内部诵习的，一般文学作品，并不受佛学影响，对于汉语，当然还不起什么作用。东晋以后，风气一变，佛教盛行于南北朝，佛经也改用了意译，流传很广。文人学士大都喜欢谈佛，经常在作品中引用佛经禅语。隋唐两代，此风尤盛，汉语中许多佛教借词都是在这个时期传入的。因此，我们谈到佛教借词，也就以这个时期为主。这类借词对汉语的影响很大，其中不少早已完全汉化，非经考证，不容易辨清它的语源。当然，也有一部分只是佛教专门用语，不能成为全民语言的；但大多数是历来为汉族人民所喜爱，因而广泛地渗入各种文学语言中，大大地丰富了汉语的词汇。

佛教借词，大抵可以分为音译、意译和半音半意译三种，以意译占最多数。这种借词，数量多得惊人，下面只就其中跟现代汉语关系比较密切，在汉语里比较常用的例子提出谈谈。

一、音译类

这类音译词，往往不是原文整个词的移译，而只是译出其中的一个音节，也有原来是全译的，后来变为简称。例如：

"佛"——汉字"佛"的本义是"仿佛"，这和佛家的"佛"没有意义上的联系，后来源于梵语 buddha。这个词最早出现于东汉初年，译作"浮屠"①。汉语古音不分轻重唇，凡轻唇音都念如重唇，所以译 Bu——作"浮"。南北朝作"佛图"（见《世说新语·言论篇》），也作"佛陀"或"佛驮"，同时也简称"佛"，如梁释慧皎写的《高僧传》中即多单称"佛"而少见"佛图"。"佛驮"本为如来十号之一，因佛教为佛所创，古人便称佛教徒为"浮屠"。六朝人也有称佛堂为"佛图"的。如《世说新语·言语篇》："庾公尝入佛图，见卧佛。"又唐人还称塔为浮图，如岑参即有《与高适、薛据登慈恩寺浮图》诗，即指塔。这是词义引申的一种用法，其实梵语"塔"与"佛"不同词。

"塔"——梵语 stupa，译音为"私输簸"或"数斗波"。《大唐西域记》作"窣堵波"，也作"兜婆""偷婆"或"塔婆"，这是把 stupa 节缩为 tupa 了。"塔"即"塔婆"之省。那么，tupa 又再演化为 t'ap 了。

---

① 见上文引汉明帝永平八年（公元 65 年）诏书。

"塔"这个单音词出现得很早,《高僧传》"康僧会"条有述吴孙权造塔事,《魏书·释老志》有"象塔",《洛阳伽蓝记》有"宫塔""大塔"等名词。可见,"塔"在南北朝以前已普遍通行。古人也称佛堂为"塔",葛洪《字苑》说:"塔,佛堂也。"

"劫"——汉语原有"劫"字,本为威胁或夺去之意。《说文》:"人欲去以力胁止曰劫;或曰以力去曰劫。"但佛家所谓"劫灾""劫数"的"劫"却是意义完全不同的另一个词,它来源于梵语 kalpa,佛经译为"劫簸"或"劫波",略称为"劫"。那么,kalpa 就只译了一个音缀 ka。佛家解释"劫"的意义说,坏劫之末有火、风、水三灾。现在我们管大灾难叫浩劫,语源本此。

"夜叉"——梵语 yaksa 的对音,一作"药叉"或"夜乞叉",是恶鬼的总名,意译为"能啖鬼"或"捷疾鬼"。《维摩诘经》注:"夜叉有三种,一在地,一在虚空,三天夜叉是也。"《水浒传》里有母夜叉孙二娘,可见这个词在民间流行已久。

"魔"——梵语 mara,"魔罗"的略称,意译是能夺命、障碍、破坏、扰乱等;音译初作"磨",南朝梁武帝(萧衍)改为"魔"。佛家有所谓四魔的:一是烦恼魔,二是阴魔,三是死魔,四是自在天魔。汉语常说的"魔鬼",即来源于第三种死魔。"魔"的原义并不等于鬼,它是指一种能引诱人、使人迷惑不易摆脱的东西,由此又引申出许多新词,如"魔力""魔术""魔道""魔障",等等。白居易诗:"唯有诗魔降不得",是指魔力。吴筠《步虚词》:"豁达制六天,流铃威百魔"(《乐府诗集》卷七十八),却泛指一切魔障。

"阎罗"——即"阎罗王",略称"阎王""阎罗"。原作"阎魔"为梵语 yama 的对音,意义是鬼王,即地狱的统治者。这当然是佛家的神话,但它在汉语中,却留下一定的影响。人们往往把旧社会那些好杀人的反动统治者叫作"生阎王"。

"茉莉"——梵语 mallika 的对音,花名,出产于印度。佛经里作"抹莉",宋《王十朋集》作"没利",南宋《洪迈集》作"末丽",明李时珍《本草纲目》始作"茉莉"。惟李氏说"茉莉"原出于波斯,这却和史实有些出入,但也许是当时事实,由印度经波斯而来中国嘛。

"袈裟"——梵语 kasāya 的对音,也作"迦沙曳",是一种僧衣。唐《玄应音义》卷十五曾叙述这个词的形体产生经过:"袈裟,上举佉切,下所加切,《韵集》音加沙,字本从毛,作'毾毿'二形,葛洪后作《字苑》,始改从衣。案外国通称袈裟,此云不正色也。"

"和尚"——梵语 upadhyaya,意义是"亲教师",音译为"邬波驮耶",而非"和尚"。现在"和尚"这个词是由印度俗语"乌社"讹转的,原义是指称博士(见《南海寄归传》)。《世说新语·言语》"高座道人"条刘注引"高坐别传曰:'和尚胡名尸黎密,西域人'"。可见"和尚"这个借词在六朝时已出现。

"钵"——梵语 patra,"钵多罗"的省称,有时"钵"后接以汉语"盂",称"钵盂",为比丘六物之一,用以盛饭的器具。《高僧传》"佛图澄"条:"初虎殓,以生时锡杖及钵内棺中。"钵和袈裟衣这两件是出家必具之物,因此,佛家以道传授弟子,叫作"传衣钵"。苏东坡诗:"传家有衣钵",本此。

"僧"——梵语 samgha,"僧伽"的简称,本义指比丘的众数即"比丘们"的意思。后来一个比丘也称"僧"。《高僧传》所载僧人自东汉至梁凡 450 多人,原来"僧"的名称在南北朝以前已流行。

"罗汉"——梵语 arhan,"阿罗汉"的简称。词见《智度论》三,意思有三点:一译"杀贼",杀烦恼贼之意;二译"应供",当受人天供养之意;三译"不生",永入涅槃不再受生死果报之意。总体来说,"罗汉"就是佛家圣者的意思。

"菩萨"——梵语 bodhisattva,"菩提萨埵"的简称,意译是"大觉有情"。汉语中本无"萨"字,唐人作"扶薛",或作"菩萨","萨"是"薛"的讹变。南北朝时,佛教借词流行,甚至有以"苦萨"为名的,如北周宇文导即小字"菩萨"。

"三昧"——也作"三摩提",梵语 samādhi 的对音,意思是"正定",指佛家的一种修养方法。后来这个借词在汉语里意义有了变化,指事情的奥妙,凡懂得某种奥妙的,叫作得其三昧。

"禅"——念 chān,梵语 dhyāna,"禅那"的简称,意思是静心思虑(见《慧苑音义》上),义译为思维修、静虑等。佛家管静坐叫坐禅。杜甫《饮中八仙歌》:"苏晋长斋绣佛前,醉中往往爱逃禅",即指坐禅。

"刹那"——梵语 ksana 的对音,意思是一念间,一瞬间。《探玄记》十八:"刹那者,此云念顷,于一弹指顷有六十刹那。"

"玻璃"——李时珍《本草纲目》说:"本作颇黎,颇黎,同名也,其莹如水，其坚如玉，故名水玉。"按"玻璃"是梵语 sphatika 的略译。唐《玄应音义》二："颇梨，力私切，又作黎，力奚切，西国宝石也。梵言赛颇胝迦，又言颇胝，此云水玉，或云白珠。""赛颇胝迦"正是 sphatika 的对音。可见这个借词的确是来自梵语。但古人所了解的玻璃是一种自然产物，和水晶没有区别。所以玄应和李时珍都管它叫水玉。"水玉"即今人所谓"水晶"。

二、意译类

意译借词也有人叫作译名，它和音译借词不同的地方是，词所代表的概念，在汉语里是没有的，翻译时只得按照汉语的构词法创造新词来表示这个新的概念。但是，这一类的译名比较前一类音译在汉语里更能生根。像下面所举都是我们尽人皆知的词语，在语感上已经不觉得它们是借词了。

"现在""过去""未来"——佛家有三世说，"世"即迁流之意，"三世"是说一切事物都有过去（梵语 atīta）、未来（梵语 anāgatakāla）、现在（梵语 pratyutpanna）三种变化。《宝积经》九十四这样解释："三世，所谓过去、未来、现在，云何过去世？若法生已灭，是名过去世。云何未来世？若法未生未起，是名未来世。云何现在世？若法生已未灭，是名现在世。"这里的"法"即一切事物和道理的通名。

"方便"——梵语 aupayika，原义是"利物有则云方，随时而施曰便"。《维摩诘经》云："以无量方便，饶益众生。"《高僧传》"求那跋摩"条："喜息乐方便。"现代汉语"方便"是便利于人的意思，语源本此。

"平等"——梵语 samata，是差别的对待词，意思是没有高下深浅之别。《金刚经》："是法平等，无有高下。"

"圆满"——梵语 parisphata，始见于晋译《华严经》五十五。佛家说，十界三千诸法，都完全具备，叫作"圆满"。现代汉语的"圆满"，指事情做得很成功，没有缺陷，语源可能本此，那就古为今用了。

"烦恼"——梵语 klesa。《智度论》七云："烦恼者能令心烦，能作恼，故名为烦恼。"

"世界"——梵语 lokadhtu。据《楞严经》四解释"世界"的含义："世为迁流，界为方位。汝今当知，东西南北上下为界，过去、未来、现在为世。"这和汉语固有的"宇宙"一词含义约略相同。《世说新语·排调篇》注引战国《尸子》说:"天地四方曰宇,往古来今曰宙。"但是"世界"和"宇宙"现在都变成不可分析的单纯词。"世界"的词义也有所扩大,它不但指全球,也可以指某一有组织的领域,或某一现象领域,如"科学世界""精神世界"等是。

"转变"——梵语 parinama。《俱舍论》四说,"何名转变?谓相续中前后异性"。拿现在的话说是,事物在连续发展中产生前后不同的质的变化,叫作转变。这和今义大致相同,也可说这是旧语的推陈出新。

"变相"——梵语 viparinata。佛家所谓"变相",意义有三点,其中一点是和现代汉语的"变相"有直接的语源关系的,即把事物的本质转变为图画相,叫变相。例如用图来描绘佛国极乐世界和地狱种种形相,那么,这图中的形相就是极乐世界和地狱的一种变相。后来凡事物从内容不更换而成的新形样,都叫"变相"。

"相应"——梵语 yoga,音译为"瑜伽",意思是契合于理。详细地说,佛家的"相应"有三方面的意义:一是与境相应,二是与行相应,三是与果相应。现在汉语中的"相应"(如说"相应地发展轻工业"),语源本此。"相应"的另一义为事物的契合互应,梵语 yukta,如说"心心相应"是。但是这和《周易·乾卦》"同声相应"的"相应"意义正同,不能说是佛经借词,咱们的祖先早就先说了。

"因果""结果"——梵语 hetavaphalani,"因果"。佛家认为,因是能生果的,果是因所生的,有因必有果,有果必有因。这就是佛经"因果"一词的含义。这个词南北朝时已出现,如《高僧传》中即常见。同时,佛家又认为种什么因,必结什么果,如种瓜得瓜,种豆得豆。"结果"这个词即由此产生。现在马克思主义哲学也讲事物的"因果性"是客观世界的现象普遍相互联系、相互制约的范畴。意义自然有所不同;但"因果"这个词却是利用旧词而赋予新义的。

"因缘"——汉语原来就有"因缘"这个词的。《史记·田叔传》褚先生曰:"任安……为人将车之长安,留,求事为小吏,未有因缘也。"这里的"因缘"意义略同今语"机会",这和佛家的"因缘"不同,后者是梵语 hetupratyaya 的意译。据佛典解释,"一物之生,亲与强力者为因,疏添弱力者为缘,例如种子为因,雨露农夫为缘,此因缘和合而生米"。"因缘"也可以用如"姻缘",如辛弃疾《恋绣衾》:"如今只恨因缘浅，也不会抵死恨伊。"现在汉语中还有"缘分""人缘"等词，都是从"因缘"引申派生的。

"庄严"——梵语 sarita（或 mandana）。据《华严经探玄记》解释："庄严有二义：一是具德义，二交饰义。"前者是指品德修养上的善美，如说"功德庄严"；后者指事物表相的壮丽，为国土、宫殿、衣饰等是。宋范成大诗："天公妙庄严，施此一川雪"，是自然界亦得称"庄严"。现代汉语的"庄严"指庄重严肃，对人和事物都可以适用。

"慈悲"——梵语 karunā。佛家说，对人有爱怜心叫作慈，有同情心叫作悲。《高僧传》"求那跋摩"条："但当起慈悲心，勿兴害念耳。"

"金刚"——梵语 vajra，原义是金刚石。金刚石为金中之精，佛经用以比喻坚利的意思。所以《华严经探玄记》三这样解释："金刚亦二义：一是坚义，二利义。"《金刚顶经疏》一说："世间金刚有三种义：一、不可破坏，二、宝中之宝，三、战具中胜。"又："金刚"也指佛门的侍从力士，他手里拿着金刚棒，因此得名。"金刚怒目"这个词组即来源于此。

"地狱"——梵语 naraka，佛典里音译作"泥梨"。佛家的迷信说法，设想地下有八大地狱、八寒地狱、八热地狱等来处分死后的罪恶众生。

"天堂"——梵语 devasabha，《华严经》："无间地狱，有顶天堂。""天堂"指佛家所悬想的极乐世界的天宫，是佛经里的一种神话。

"究竟"——梵语 uttara，"终极"的意思，见《三藏法数》六："究竟犹至极之义。"

"毕竟"——梵语 atyanta，意思和"究竟"差不多，指到底、终极。词见《智度论》三十一："毕竟空无所有，则是性空。"

"宿命"——梵语 purvanivasanusmrti，指宿世的生命。佛家的迷信说法，认为人们在前世都有生命，或为天，或为人，或为饿鬼畜生，辗转轮回，这叫宿命。现在哲学上的所谓"宿命论"的"宿命"一词，即借用佛教借词而赋予新义的。

"法门"——梵语 dharma - paryāya，《增一阿含经》说："如来开法门，闻者得笃信。"据佛典解释，佛所说的，可以做世人的法则，这叫"法"，这个"法"是众圣入道的必经门径，所以叫"法门"。按《谷梁传·僖公二十九年》："南门者，法门也。"这是指法令所出之门，和佛说"法门"是完全不同的两个词。

"法宝"——梵语 dharma-mani,《维摩诘经·佛国品》说:"集众法宝,如海导师。"按佛说以佛、法、僧为三宝,其中,"法宝"指佛所说的妙法。由此引申,管解决问题非常灵应的方法叫法宝。

"吹法螺"——"法螺"即"梭尾螺",梵语为 san kha,或译作"珂贝""螺贝"。《无量寿经》说:"扣法鼓,吹法螺",这是指佛家的集众说法。《乐府诗集》卷七十八有《舍利佛》诗:"云间妙音奏,天际法蠡吹。"法蠡即法螺,这诗便是描述佛说法的。但是,现在"吹法螺"在汉语中已变为"吹牛"的同义语。

"信心"——梵语 citta-mati,意思是对所闻佛法深信而没有疑心。《传灯录》二十说三祖僧璨曾作《信心铭》。

"信仰"——信仰,指深信三宝而钦仰之。《华严经》十四云:"人生等类同信仰。"按此经在东晋时即有译本,可见"信仰"这个词在汉语中通行已久。

"导师"——梵语 nayaka,意思是导人入道者,为佛菩萨的通称。《法华经·序品》:"文殊师利,导师何故眉间白毫大光普照?"现在汉语中的"导师",一指革命导师,一指指导教师,意义已经变迁。

"道具"——佛家用以修道的衣物。《华严经》入法界品宝髻长者章:"修无分别功德道具"。《释氏要览》中:"道具,《中阿含经》云:'所蓄之物可资身进道者,即是增长善法之具。'"这个词在古汉语中很少见,倒先从佛典传入日本。在日语中,一切器具都可以称"道具"。现代汉语管演剧或摄制电影时表演用的器物,如桌子、椅子等叫"道具",内涵有所发展,这也可能仍是从日语倒流过来的贷词。

三、半音半意译类

这类借词比较少,这里举四个例子。

"彼岸"——梵语 para,音译为"波罗",意译为"彼岸",惟"彼""波"古音近,这可说是半音译了。什么是"彼岸"?佛家以生死的境界比喻为此岸,而以得到正果而涅槃(命终)为"彼岸"。后来这个词的意义有了扩大,凡事情办成功了,也叫"到彼岸"。现在这个词已少用。

"尼姑"——佛家管男僧叫比丘(bhikshu),女僧叫比丘尼,梵语 bhikhsuni,简称为"尼"。本来一ni 只表示女性,和"僧"义无关。《善见论》里解释说:"尼者,天竺女人通名也。"但是,经过约定俗成,

"尼"便特指女僧了，并且在口语中往往接上一个汉字"姑"。这样，"尼姑"就半音译半汉化了。

"忏悔"——梵语 ksamayati 的略译，"忏"是原文的头一个音缀的对音，"悔"则是意译汉语。按《玄应音义》十四对这点已做过解释："忏悔，此言讹略也，书无忏字，正言忏摩，此云忍，谓容恕我罪也。""忏悔"最早见于南北朝作品《高僧传》，如"释玄高"条："自今以后，依方等忏悔，当得轻受"，又"佛陀耶舍"条："竭诚忏悔"。

"蘋果"——梵语 bimbara，音译为"频婆罗"，简作"频婆"，后来再简为"频"，后缀加"果"，并给"频"加"艹"头为"蘋"，变成新形声字。这样一来，"蘋"是音译，而"果"则意译了。按这种音意兼顾的办法，早在唐代就已经使用了，如敦煌变文《丑女缘起》："口似频婆果。"

此外，还有"礼拜""心眼""妄想""真相""不可思议""不二法门""痴人说梦""五体投地""清规戒律"等词语，都是来自佛经的，不一一列举了。

关于中古时期汉语的借词，除了大部分来源于梵语佛经，当然也还有别的一些。例如，鹦鹉鸟俗名"八哥"，又名"唎唎"（见《唐韵》），又见于宋人沿述[1]。"唎唎"即阿拉伯语 babgha 或 babbaghā 的对音。"没药"也是"末药"，来自波斯，是阿拉伯文 mur 的对音。"胡卢巴"，药名，也叫苦豆，在北宋时自阿拉伯传入，原文是 hulban。"祖母绿"即绿柱玉，或叫翠玉，也是阿拉伯文 zumunrud 的对音[2]。又如唐代九部乐有漆"觱篥"，安国乐有双玉，也作"筚篥"，据唐杜佑《通典》卷一四四说是出自胡中。那么，"筚篥"该是胡语借词。"波菜"即"波薐菜"的简称，据《唐会要》卷一〇〇"泥婆罗国"条记载，唐太宗时，"（泥婆罗国）遣使献波薐菜、浑提葱"。那么，"波菜"的"波"也是借词。此外，"眼镜"也是外来的，最初叫"叆叇"，显然是一种音译。这个词已早于宋人两种著述。祝穆《方舆胜览》云："满剌加国出'叆叇'。"按满剌加即马来亚的马六甲（《续通典》卷一四八）。但"叆叇"是否即当时的马六

---

[1] 顾文荐《负暄杂录》："南唐李后主讳煜，改鹦鹉为八哥"，按煜、鹆唐音同，鹆读如欲。

[2] 罗常培《语言与文化》原注："这四条例子的阿拉伯文，是马坚教授提供的。"

甲语，有待研究。另一宋人赵希鹄《洞天清录》也有记述："'叆叇'，老人不辨细书，以此掩目则明。"后来明人张自烈《正字通》说："叆叇，眼镜也。"可见，宋代多用音译，"眼镜"是后起的汉语自造之词。

第三节 近代时期的借词

这一时期是从公元 13 世纪至 19 世纪鸦片战争以前，其间包括元朝的 80 多年和清朝的大部分时期。但是，蒙古语被吸收到汉语中的借词是寥寥无几的，满语更属罕见。在这个时期，汉语中借词的最大特点是在明末清初之际从西洋初步传入了一些科学名词术语。下面先谈仅有的几个蒙古语借词，然后再谈这些西洋语借词。

"站"——汉语的"站"只作久立讲，至于驿站、车站义的"站"，来源于蒙古语 jam 的对音。《元史》中的"站赤"即 ja-mci，意思是管站者①。

"歹"——也是蒙古语借词。宋彭大雅、徐霆所著《黑鞑事略》说，蒙古人管不好叫"觸"。《康熙字典》引《字学三正》说"觸与好歹之歹同"。按"歹"字常见于宋元间平话小说，例如：

邀小人今夜做些歹生活。（《新编五代史平话·梁史》卷上）
朝廷料其有歹意。（《新编五代史平话·晋史》卷上）
河东素有歹志。（《新编五代史平话·晋史》卷上）

明代 270 多年间（公元 1368—1644 年），跟东西洋的交通逐渐频繁。尤其是在公元 16 世纪末期至 17 世纪初期，意大利人利玛窦（Matteo Ricci）等一群传教士来到中国。他们除了传教外，同时也和徐光启等人译了一些科学书籍。因此，中国人初步同西洋文化接触，汉语中出现西方语言的借词（多数是拉丁语），也是从此开始的。例如明熹宗天启七年（公元 1627 年）王征所译《远西奇器图说录》一书里就有以下一串译名（意译借词）。这些译名都是第一次在汉语中出现，并且一直保留在现代

---

① 参见伯希和《高丽文中之蒙古语》，载冯承钧译《西域南海史地考证译丛续编》，商务印书馆 1934 年版。

汉语里的。

齿轮	滑车	风扇	螺丝	机车
起重	自鸣钟	自行车	轮盘	地球
重心	地平线	水库	比例	载重

此外,"测量"一词,见于徐光启 1627 年译的《测量法义》。现在汉语里"逻辑"一词,来源 logic,而 1636 年李之藻和傅汎济合译的《名理探》作"络日伽",是 logica 的对音。但是该书同时又使用"名理学"这个译名。后来严复译作"名学"。汉译《名理探》是介绍亚里士多德的伦理学到中国来的第一部书,该书各卷有一些和社会科学有关的或一般的意译借词。例如:

文法(卷一)　关系(卷一)　特殊(卷二)
性能(卷四)　灵魂(序言)

同时,还有一些意译词,可以代表早期的科学译名。由于和汉语习惯不相适应,后来大多数都改为意译,只有个别是至今保留的。例如"几何",是 geometry 的简译。1607 年,徐光启和利玛窦合译《几何原本》,首次输入了西洋数学,从此"几何"一词就在汉语中沿用下来。但是像下面的三个借词(均见《名理探》卷一)却是不稳定的。

"额各诺靡加"——economics 的初译,后来改用日译名"经济学"。其实这是汉语贷词的"复员"。"经济"一词已见于《文中子·礼乐篇》,现在是赋予新义罢了。

"薄利第加"——politics 的初译,后来改用意译名"政治学"。

"斐西加"——physic 的对音,后来改用意译名"医学"。

"鸦片"的前名"阿芙蓉"也是在明末输入汉语中的。成书在鸦片战争前 200 多年即明万历年间(公元 1573—1619 年)的《本草纲目》已有"阿芙蓉"的记载。这是阿拉伯语 afyum 的对音。鸦片战争前后,英国独占远东的鸦片市场,英语借词"鸦片"(opium)这才完全代替了阿拉伯语的"阿芙蓉"。

此外,明清之际,在介绍西学方面,还使用了一些科学新名词,表面上看来很像外来语,其实却是汉语旧词获得了新的意义的。例如,"算术"已见于我国汉代的《九章算术》。"数学",见宋秦九韶已撰《数学九章》。"动物""植物",见《周礼·大司徒》:"其动物宜毛物""其植物宜早物"。"天文",已见于战国时代(公元前4世纪—前3世纪),当时有楚人甘德著《天文星占》八卷,魏人石申著《天文》八卷,后人合为《甘石星经》。"恒星",见《左传·昭公七年》:"恒星不见。"可见,这些词都是汉语固有的。①

从以上关于鸦片战争以前汉语借词的历史情况中,可以看出这些借词在汉语中的一些作用和特点。

(1)外来语对于丰富汉语词汇,加强汉语的表现力,起了一定的作用,尤其是佛教借词更加深入人心,大家"习焉不察",历来诗人词客,也很喜欢引用。

(2)意译比音译更能符合汉语的习惯,因而更能巩固下来。例如,佛教借词直到现在还流行的就以意译占绝大多数。近代从西欧来的借词也是这样,像"齿轮""滑车""比例""关系""特殊""性能"一类的词都是非常稳定,而且已经成为全民语言。

(3)汉语有巨大的抵抗力,对于外来语不得不用音译的,总是极力使它汉化,然后吸收进来。汉化是采取下列三种方式,也就是音译的三个规律:第一是字形上的,如"师子"的"师",本来是音译,后来"师"加上犭旁,就汉化了。其他如"目宿"加艹头,"留离"加王旁,"颇黎"改作"玻璃","蒲陶"作"葡萄"等。第二是音节上的。汉语词汇是以双音节为常的,因此,有不少借词原来是三四个音节的,都译作双音节,或者初译汉名超过两个音节的,后来都变为双音节。例如,"壁流离"→"瑠璃","塞颇胝迦"→"玻璃","菩提萨埵"→"菩萨",geometry→"几何"。至于意译词,更是双音节占绝对优势。第三是用音加义(半音半意译)的方式,如"忏悔""苹果""尼姑""彼岸"等都是音义各半的。结构是音在前、义在后。现代汉语的"卡车""卡片"之类借词,正是这种译法的传统。

(4)汉语吸收外来语,还有一种很特殊的方法,即在通名前面加上

---

① 《拼音》月刊1957年4月号《谈外来语名词的来源和处理》一文把"天文""恒星""学校"等都列入日语借词,非是。

"胡"字为记,如"胡椒""胡琴""胡桃"等都是。近代的"洋服""洋钱""洋船""洋车""洋规""洋人""洋琴""洋酒"等词也属于这一类。这一类的词在形式上很像音加义的借词,其实并不相同,因为音加义的词,它前缀的音是代表那个事物原有专名的符号(苹果的苹,尼姑的尼,卡车的卡),后缀的义却是汉语中的通名(果、姑、车),前者是最主要的部分,失掉了它,这个词就不是原来的词了。"胡×"之类的"胡"就不是这样的,它不能代表原有的词的任何成分,因为它不是音译;而后缀的通名也不能表示那个词的特点。"胡椒"等于说胡人的椒,"洋服"等于说洋人的服装,这对于原来的词来说,实际上并没有借来什么。因此,这一类的词只能说是汉语特创的新词,用以消化外来的新事物的。这种构词法毕竟过于抽象,所以在现代汉语里没有得到发展,并且一部分原有的也逐渐归于隐退,比方"洋布""洋船""洋车"一类的名词,现在已经绝迹了。

(5)外来语长期充当交际工具,它不但可以成为全民语言,而且也可以进入基本词汇,如佛教借词的"世界""现在""过去""究竟""毕竟""因果"等都是。

第七章 汉语古今借词和译词的来源（下）

第一节 鸦片战争后汉语大批吸收东西方借词和译词

鸦片战争以后，汉语中的借词和译词，比以前有更大的发展。1840年，英国的侵略炮火轰毁了清王朝的闭关政策，同时也惊醒了中国人民，起来注视和挽救这旷古未有的灾难。全国上下爱国忧时之士，知道中国古老的文化已经不行了，非向西方文化学习，改弦而更张之不可。甚至统治阶级内部的保守派也想到从西方输入一些物质文明——主要是机器大炮——来支持摇摇欲坠的清政府。在这个愿望下，中国在战后逐渐掀起翻译西书，学习西方文化的高潮。同治元年（公元1862年）清政府设立京师同文馆，以英、法、德、俄各国文字及天文、物理、数学、医学等教授生徒。次年上海也设立方言馆，广州设立广东同文馆。1870年在上海江南制造局也设立翻译馆。1900年以后，京师同文馆改为译学馆。在这期间，国人大量翻译了西书。许多新的名词概念，成批成批地出现在书面语中，都是前所未见的。此外，在1898年戊戌政变前后，以康有为为首的维新派，在全国范围内掀起一股政治改良的新潮流，他们发表文章，向国人宣传介绍西欧资产阶级的民主主义。同一时期，中国革命先行者孙中山先生在海外鼓吹革命，做了不少的文字宣传工作。他们的宣传介绍文章中，使用了不少新的外语译词和借词，给汉语增添了许多新的血液。总之，从鸦片战争到戊戌政变前后这60多年间，汉语从外语中吸收的新词，大大超过了鸦片战争以前时期。

这一期间首先值得我们注意的是我国第一个留美学生容闳。容闳，号纯甫，广东省香山县人，1828年11月17日出生于澳门，卒于1912年。他少年时期在澳门葡萄牙殖民当局办的玛礼逊学校（Morrison School）念书。他在其1900年所著《西学东渐记》里，谈了学校的生活，文中出现了大量的西文借词和译词。如"玛礼逊学校""主张""勋爵""名誉博士学位""初等""算术""地文""英文""提议""组织""促进""教育""传道师""交涉""基础""文法""生理""心理""哲学",等等。

另外,比《东渐记》还早两年,即清光绪二十四年(公元1898年),马建忠著《马氏文通》十卷,《马氏文通》是语法著作,根据英、法语言的文法,研究经史子集,从中选取例句,创造性地以汉语构造一大批有关文言语法的名词术语。这和容闳一样,是中国人自己吸收、变化西欧语言的新词语,值得加以研究。现略举数例,以见一斑。如以"葛郎玛"(今说"语法")译grammar;以"界说"(今用"定义")译definition;以"名字"(今用"名词")译noun;以"代字"(今称"代名词")译英文pronouns,严复的《英文汉语》译为"称代字";以"静字"(今称"形容词")译adjective,严复译为"区别字";以"状字"(今称"状词")译英文adverbs,严复译为"疏状字";以"介字"(今称"介词")译英文preposition,严复译为"介系字";以"连字"(今称"连词"或者"连续词")译英文conjunctions,严复译为"挈合字"。

1917年的俄国十月革命和1919年我国的五四运动,给予汉语的影响更大。当时全国人民要求在政治上、文化上和一切思想领域内都来个彻底的革命。新书杂志和新闻报纸以空前未有的规模出现在全国各大城市,进步的民主主义知识分子和中国共产党的先驱人物,大量介绍了西方各种学说,特别是最先进、最具有生命力的马克思主义。因此,汉语里骤然输入了一大批新质素,其数量之大,远远超过了戊戌政变以前时期。

在这期间,汉语中的借词和译词是沿着三条不同的途径来的。一是直接来自西欧,因为在1894年中日甲午战争之前,中国人是直接向西方学习的;二是间接来自日本,主要是在甲午战争以后,中国人想通过东洋来学习西洋;三是十月革命以后,反映马克思主义运动的新词,有的直接来自苏联,有的间接来自日本。但是这三条路线有时是不十分清楚的。

第二节 直接来自西欧的借词和译词

在鸦片战争期间,有些知识分子已经开始编译专书来介绍西方国家的史地一类的知识,汉语中的一部分借词和译词就是在当时传入的。例如在1843年后刊行的魏源《海国图志》里就出现了许多新名词,其中意译词占最多数,音译词借词较少。

戊戌政变前后出现在汉语中的译词较多,严复译书,也是意译多于音译。五四运动前后的情况比较复杂，译词和借词都相当多，总的来看，译词仍然占优势，尤其是通过日语吸收过来的，绝大多数是译词。现在就分借词（包括半音译的）和译词两大类，各举一些最常用的例子谈谈。为了能够较确实地了解它们进入汉语的时期，所引书刊，力求以最早出现的为准。

一、借词

这一时期汉语所吸收的借词，以英语为主要来源。它的规律，有以下几个特点：

（1）比较重视语音的对应。例如：telephone（英）——德律风，democracy（英）——德谟克拉西，fascisti（意）——法西斯蒂，soviet（俄）——苏维埃，shock（英）——休克。这比之前期以"佛"译buddha，以"塔"译stupa，以"琉璃"译veluriya等的译法，周密得多了。至于把America简称为"美洲"，Africa简称为"非洲"，诸如此类，为数极少，算是前代译法的残存罢了。

（2）对国际性的名物，绝大多数用音译，极少用意译的。如："金鸡纳" chin–chino（西），"奎宁" quinine（英），"雪茄" cigar（英），"磅" pound（英），"咖啡" coffee（英），"吨" ton（英），"听" tin（英），"米突"（密达）metre（法），"托辣斯" trust（英），"高尔夫"（高而福、果尔夫）golf（英），等等。

（3）吸收外语往往先经过音译，然后转向意译。这是因为用意译来吸收新概念，比音译更能在汉语中生根。这是对前期翻译的优良传统的继承和发展。例如：严复译《群学肄言》把unit（英）翻译为"么匿"，后来通行的是日译词"单位"。在穆勒的《名学》里，严氏译diamond（英）为"珆瑶"，后来通用译词"钻石"。"德律风"是telephone（英）的对音，早见于1892年郑观应的《盛世危言·电报篇》，后通用译词"电话"。有的是音译和意译同时并行了一个时期，意译终于排除了音译的。如，五四运动前后的意译"民主"与音译"德谟克拉西"（democracy），"议院"与"巴利门"（parliament），"发动机"与"引擎"（engine），"政变"与"苦迭打"（coupdetat）等都是。

（4）音义兼顾，采取两种办法：一是选词表音，从语义学原则出发，使所组合的音节同时可以暗示词义。这是前期所无的，如：

维他命 vitamin（英）　　引得 index（英也叫"索引"）
怀娥铃 violin（英）　　　芒果 mango（马来语）
香槟 champion（法）　　爱斯不难读 esperanto（英，来源于俄）
乌托邦 utopia（英）　　　安琪儿 angel（英）

二是沿用前期音后加义的办法，并加以变通，有时也先义后音，如：

卡车 car（英）　　　　卡宾枪 cabine（英）
坦克车 tank（英）　　　啤酒 beer（英）
道林纸 dowling（英）　　来福枪 rifle（英）
酒吧间 bar（英）　　　　车胎 tyre（英）

（5）方言音译借词，逐渐为普通话的译词所取代，这是最近50年来的主要趋势，如：

camera（英）开麦拉（沪）→照相机（普）
cartoon（英）卡通（沪）→动画（普）
gasoline（英）甘士林（沪）→汽油（普）
plug（英）扑落（沪）→插鞘（普）
cement（英）士敏土（粤）→水泥（普）
film（英）菲林（粤）→照相软片（普）
insurance（英）燕梳（粤）→保险（普）
mark（英）唛（粤）→商标（普）
per-cent（英）巴仙（粤）→百分之几（普）
shirt（英）恤衫（粤）→衬衣（普）
stamp（英）士担（粤）→邮票（普）
taxi（英）的士（粤）→出租车（普）

二、译词

在这一时期汉语吸收外来词（主要是来自英语）的方式方法，主要有三种：第一，依照汉语构词法，创造新词，翻译原词含义。第二，摹仿原词的结构,力求在语义和结构上都和原词对应。此即所谓摹仿法。以上两种,就是普通所谓意译,都属于译词。第三,吸收外来概念还使用旧词翻新的办法。这类词的特点是:词形、词音和词所代表的概念都是汉语固有的,但旧概念和外来概念并不会完全相等,现在用来翻译,结果就在旧词基础上获得了新义。然而这实际上还是汉语的词,连译词也说不上的。对于这一类的词当然不应该作为外来成分处理,因为它和那些纯粹代表外来概念的译词有所不同。何况中国人利用这些旧词来翻译外语,也比日本人为早。在未谈译词之前,应先明确认识什么不是译词。例如下面所举的,就都是地道的古汉语的词,和它的新义基本相同。

"文学"——语见《论语·先进》:"文学,子游,子夏。"中国人以"文学"对译英语 literature,最早见于清人的《海国图志》,该志卷四十九载《澳门月报一》云:"马礼逊自言只略识中国之字,若深识其文学,即为甚远。"① 原文是英文,译者为林则徐(据原书注)。在这以前,明人的《名理探》译作"文艺"②。

"地理"——《汉书》有《地理志》,"纪天下山川形势行政区域"。可见这个词是地道汉语。《海国图志》卷三十八记弥(美)利坚云:"又名设义学馆以教文学、地理、算法。"这里以"地理"对译 geography,词义完全一致。

"政治""法律"——这两个词早见于公元前的著作。《管子·七臣七主》说:"法律政令者,吏民规矩绳墨也。"董仲舒《春秋繁露·楚庄王篇》:"若其大纲——人伦、道德、政治、教化、习俗、文义尽如故,亦何改哉!"最早使用这两个词以翻译英语 political、law 的,也是《海国图志》。该书译《澳门月报三》云:"中国人在相近自己海岸上施行其政治……"又:"中国人禁止鸦片系为风俗、政事、税饷,外国人即应遵其法律。"

"思想"——见于公元前的著作《内经·素问·痿论》:"思想无穷,所愿不得。"又《上古天真论》:"内无思想之患。"

---

① 魏源:《海国图志》,于1843年刊行。这里的举例,是根据道光甲辰(公元1844年)古微堂聚珍版五十卷本,下同。

② 傅汎际译义,李之藻达辞:《名理探》,1636年初刻版。该书卷一云:"二曰文艺,西云勒读理加。"

"地雷"——明崇祯十年（公元1637年）出版的《天工开物》卷十五有"地雷制造法"。可见这个相当于英文mine的词，汉语里早就有了。

此外，还有"革命""专制""自由""同志""劳动""博士""标准""战舰"等。

一些根据汉语的习惯而加以意译的新译词有：

"火船""火车"——火船又叫火轮船，也叫汽船，英语steamer。火车，英语train。《海国图志》卷三十九记弥（美）利坚情况说："其运货，河有火船，陆有火车。"

"接吻"——英语kiss。《海国图志》卷三十七记俄罗斯云："见亲友无跪（拜）揖让之仪，惟接吻以为礼。"

"牛油"——英语butter。《海国图志》卷三十七云："又次有牛油、香枧、蜡烛、靴油、石砖、铁等，每年出口之货，约八百余万。"

"公司""银馆"——英语company、bank。《海国图志》卷四十九说："前时有公司时，各大班亦常虑及停止贸易之事。""西洋以商立国，其国所立规制以利上下者，一曰银票，二曰银馆，三曰挽银票，四曰担保会。"书中他处也作"银店"。按清末光绪十九年（公元1893年）郑观应著的《盛世危言》卷五有《银行》一篇，可见"银行"在当时还是个新事物、新名词。

"水雷"——英语torpedo。《海国图志》卷五〇说："不惜重资雇觅咪利坚国夷官壬雷斯在僻静寺观配合火药，又制造水雷。"

"邮政"——英语post。《盛世危言》内还有《邮政》一篇，当时维新派已建议清政府办理邮政。中国人知道邮政是从那时开始的。

"日报"——英语daily的意译。1864年香港华人办《华字日报》。稍后，王韬《弢园文录》曾力言办日报的必要。在这以前，汉语里还没有这个词。

"机器"——英语machine的意译。1865年清政府在上海设"江南机器制造局"，"机器"这个词，当时已成为通用语了。

"军火"——始见于同治四年（公元1865年）李鸿章奏《置办外国铁厂机器摺》，是英语ammunition的意译。

"群学"——严复译《群学肄言》，"群学"即sociology的意译，后来通行的是借用日译"社会学"。

"计学"——严复译economies为"计学"，后来也不通行，而采用日译"经济学"。

第二种译词是利用摹仿法产生的。摹仿法也叫作拟造语。"拟造语"就是按照外来词的构样式而不用它们的语音而构成的词。这就是说，除语言外，其意义和结构都是摹借的。例如，英语 newspaper，汉语译为"新闻纸"，词义当然是借来的，原来的结构，依照我们的说法是偏正式的词。现在仿照它的结构，以"新闻"对译 news，以"纸"对译 paper，也是偏正式。又如"铁路"也是 railway 的摹借，早见于《海国图志》卷四十九。

第三节　日本译名的借用和日语借词

汉语词汇里确有不少的借词和译词是来自日本的，但并不是来自日语，真正来自日语的借词是不多的。这里面的情况需要我们仔细分析一下。

汉语吸收西洋词语开始于 17 世纪初期的明末。我们在上一章已经谈过了。日本人的翻译事业却是从 19 世纪开始的。据《日本国志》载，日本于 1811 年设翻译局于浅草，但是直至明治维新前五年（即公元 1862 年）起，才逐渐发展起来。1862 年正是清朝在北京设立同文馆翻译西书的一年，以后还陆续派遣留学生到欧美直接学习西方文化。自从甲午（公元1894 年）中日战争以后，中国派遣出国留学生才以赴日为主。从此中国人学习西方就通过日本人来进行了。这就是汉语中的西欧语借词和译词有不少是来自日本的原因。但是，必须指出，就那些译词所代表的概念来源来说，是从西洋来的，而不是日语来的。同时，汉字是日文组成的主要部分，日本人翻译西书是利用汉字来创造新词的，有的则索性利用现成的古汉语的词来代表新的概念，使旧词获得新义，连读音也是汉读而不是日读（训读）。虽然日语所谓汉读是中古音而不是现代语。因此，就词的形式来说，也不能说那些是日语的借词或译词，我们只能说那是日本译名的借用。

因此，这里有三种情况必须区别对待。

第一类是利用古汉语的词来翻译西洋语词，赋予它以崭新的意义的，这应该列为日本译名的借用，因为词义是日本人翻造的。但不能说是日语借词，因为日语原来是没有这种词的，只是把古汉语的词语加以翻造而已。例如：

社会	经济	具体	形而上学	共和	保险
讲义	意味	卫生	学士	手段	侵略
主义	乐观	抗议	理性	意识	想象
希望	破产	民主	课程	交际	

第二类是日本人利用汉字创造新词来翻译西欧语的。这种词为数最多，其特点是汉字汉读，并且词义和词的结构也和汉人的习惯很适合。然而这不是汉语原有的词，而是日本人的一种创造，现在由汉语借用，自然应当列入日本译名的借用这一类。其所以不称为日语借用，是因为这些译词的概念非日语所有，日语也是借来的。例如：

高潮　低潮　传统　企业　金融　肯定

而如"文化""文明""政府""教育""改造""交涉""典型"等，这些词有人一概列为从日语中吸收的外来词①，是完全错误的，因为这里并没有从日语借来什么，不论在语音、词形和词义方面都好。恰恰相反，倒应该说，是日语从汉语里借用了这些词。如果其中有个别的词确是日本人先用以翻译外语，这也只能说日语借用汉语罢了，怎么可以"数典忘祖"呢？

现在再谈汉语中第一种纯粹意译的新词。这种新词的特点是词所代表的概念为汉语所无，翻译家按照汉语的构词法，创造新词来表示这个新概念。这和上述旧词翻新不同，这是新词新义。这类译词所借的就只是概念，其余词形，语音都还是汉语的，所以也不是借词而是译词。用这种方法来吸收外来概念是汉语的优良传统。我们在上一章已经指出过了。这个传统在近代以来继续得到发挥。在两种译词中，这种纯粹意译词的数量最大，从鸦片战争年代起到现代止，如果全部收集起来，简直可以编成一部辞典。下面的举例是比较常用的。

---

① 参见高名凯、刘正埮《现代汉语外来词研究》，文字改革出版社 1958 年版，第 114 – 135 页。

"码"——英语 yard。这是 100 年前传入的译词。《海国图志》卷三十四记英吉利云:"尺曰码,每码约中国二尺四五寸,各国不一。"按现行制,每码(3 英尺) = 0.9144 米 = 2.7432 市尺。

否定	直接	间接	抽象	批评	经验
对象	原则	综合	归纳	背景	标本
原子	干部	集团	概念	观念	动员
复员	过程	光线	体操	系统	有机
无机	方针	政党	主观	客观	组合
直觉	直观	表决	否决	原理	出版
反射	神经	宗教	哲学	科学	工业
性能	特权	债权	债务	国际	领土
信号	支部	化石	液体	固体	气体
自治					

第三类是纯粹的日本或半日本语。这类词并不是译自西欧语,也不是以汉语词义做基础的。不论它的语音、语义,都是属于日语的系统。可以说,这是汉语里来自日本的真正借词。例如:

见习	手续	积极	消极	
场合	立场	取缔	取消	憧憬

第四节 五四运动以后出现的新词

现在谈谈五四运动以后汉语中出现的新词。中国人认真大量介绍马列主义是在 1917 年 11 月 7 日苏联革命成功之后。毛泽东同志说:"十月革命一声炮响,给我们送来了马克思列宁主义。"同时也给汉语增添了大量的生气勃勃的新词语。20 世纪初,我国的资产阶级改良派和革命派,在他们流亡海外的生活中,接触到风起云涌的各种社会主义思潮。1902 年,资产阶级改良派梁启超在《新民丛报》第十八号《进化论革命者颉德之学说》一文中,最早提到"麦喀士"(按:即马克思)是"日耳曼社会主义之泰斗"。1903年，又有留日知识分子以"通社"名义翻译出版了日本龟田三郎著的《二十世纪世界大问题》一书，简单介绍了"马露可司"（按：即马克思）的生平，称道马克思的著作《资本论》"数年前美国报章征募十九世纪名家大著十种，此其一也"。并称欧美传播马克思的社会学说"如电光之迅速，瞬息皆遍"。1906年，资产阶级革命派朱执信在同盟会的机关报——《民报》第二号发表《德意志社会主义革命家小传》一文，简略地介绍了马克思、恩格斯的生平和《共产党宣言》及其中的20条纲领。两年后，中国无政府主义者在日本出版的《天义报》也译载过《共产党宣言》的部分章节。当然，这些人都不是存心要宣传马克思主义的。他们不过是作为"有学问者"应具的普通常识而提到马克思和他的著作而已。马克思指出："革命需要被动因素，需要物质基础，理论在一个国家的实现程度，决定于理论满足这个国家的需要程度。"① 1919年5、6月出版的《新青年》6卷5、6两号载有几篇评价马克思学说的文章。汉语书面语言里逐渐广泛出现有关马克思主义和社会主义革命一类词汇，就是从那时开始的。我们看，光是李大钊同志《我的马克思主义观》一文里就使用了大量的这一类新词，其中绝大部分是译词。为了让我们容易看出当时文学语言的新面貌，下面从该文举些例子，如：

马克思主义	社会革命	生产关系	经济组织
经济生活	表面的构造（后改为上层建筑）		社会现象
生产手段	经济构造	社会科学	封建社会
生产方法	物质条件	社会主义	资本论
阶级竞争	无产阶级	劳动阶级	资本主义
生产力	自由竞争	余工（剩余劳动）	政策
利润	价值	价格	余值（剩余价值）
个人主义	唯物主义	唯物史观	资本国家
有产者阶级	基础构造	资本家	资本家的社会
殖民地			

---

① 以上一段材料参考了中山大学历史系李坚同志《一九一九年马克思主义在广东的传播》一文（见广东历史学会1978年论文集）。

据作者注明："译语从河上肇博士。"可见当时最早使用这一类新词的，也还是间接来自日本的，而日译则来自俄语或德语。

在同卷《新青年》别的文章里，还有不少反映马克思主义运动和与此有关的词语，如：

共产党	共产主义	示威	社会科学	反动
劳动者	劳动力	公有制	私有制	压制者
帝国主义	无政府主义	资本家阶级	侵略	被压制者
交换	经济恐慌	消费	赢（剩）余价值	
市场	克服	动机	分配	倾向
地主	精神劳动	肉体劳动	国际主义	社会组织
土地问题	农民问题	物质财富	土地改革	地租

同一时期毛泽东同志主办的《湘江评论》是当时传播马克思主义最有力、思想最先进的一个刊物。通过它，广大青年开始懂得"世界革命""平均主义""辩证法""布尔什维克""红旗""解放"等新词的意义。可见，十月革命以后马克思主义的语言已响彻我国天南地北了。

从上面的例子里可以看出三种情况：第一，初期译词多数借自日语，词形不很稳定，这可能是因为日译本身也还不稳定的缘故。例如在日本昭和五年（公元1930年）编的《社会科学大辞典》里，"阶级竞争"已作"阶级斗争"，"表面的构造"已作"上层建筑"，"基础构造"已作"经济基础"，大家知道，我们现在用的正是后者而不是前者。第二，初期借用日译名多数是照搬，后来却是区别对待，有的沿用下来，有的加以改造，后者如："资本国家"改为"资本主义国家"，"资本家的社会"改为"资本主义社会"，"资本家阶级"改为"有产者阶级"，再改为"资产阶级"。"资产"本来是汉语固有的词，《后汉书·张让传》："资产饶赡。"又日译"压制者""被压制者"，中译改为"压迫者""被压迫者"。"剩余价值"日译原作"余剩价值"，"地租"日译原作"地代"，"殖民地"日译"殖"作"植"，这些也是经过中国人加以调整的。第三，有的借词，日译用片假名（日文楷体字母）标音，汉译却用汉字对译，如"马克思主义"日译是マルキシズム。其他音译借词大多数都是用假名表示，但在前期的日音译借词却是喜欢用汉字标音的，如"露西亚"（俄罗斯)、"独逸"(德)、"佛"(法)等是。汉语在这方面也没有照搬,只有"英国"这个译名是沿用日语的。由此可见,必须根据语言史实有分析地对待日译词的借用问题,如果笼统地把一大批新词一概说是从日语来的,这是大错特错!

此外,也有一部分新词是中国人直接从俄文翻译过来的。比如:

沙皇	拖拉机	卢布	揭露	永恒	质变
质态	反革命	民粹派	思维	自在之物	剥削者
被剥削者	机会主义	高涨	两面派	集体农庄	
国民经济	投降主义	右派	左派(日语是"右翼""左翼")		

这些新词均见于汉译《联共党史简明教程》及其他有关论文,和日译没有直接关系。

关于鸦片战争以后汉语中的译词和借词,数量是很多的,上面所述,仅属举例性质。这些新词,对于丰富现代汉语的词汇,起了并正在起着巨大的作用,特别是后期,即自十月革命以后输入的反映马克思主义和我国社会主义革命的新词,构成了现代汉语的新血液、新质态,这类新词还将不断增加。我们回顾历史,展望未来,可以指出如下几点:

第一,这个时期输入了大量的借词和译词,对于丰富汉语的词汇,加强汉语的表现力,起了空前的大作用,并且对汉语的构词法也有一定的影响,它使汉语的词多音节化了。例如"布尔什维克""苏维埃""马列主义""帝国主义""历史辩证唯物主义"等三个音节以上的词,就是汉语过去罕见的。

第二,从历史事实来看,译词要力求适合汉语习惯,才能巩固生根。这是在上一章里已经指出过的,这里继续得到证明。同时还须注意译词要通俗化,但不应该古典化。严复的许多古雅译名(如计学、群学等)终于为后来的日译所取而代之,道理就在这里。此外,多用熟语,或者音义并译,也是传统的汉化方式。这些都是今后必须继续保持和发展的。

第三,以汉字译音不是好的办法,这对于语音对应固然不够准确,而且由此产生的外来词规范化问题很严重,如英语 golf 有"高尔夫""高而福""果尔夫"三种译法,法语 metre 也有"米突""密达""迈当"三种译法。今后借词,尤其是专有名词,应当采用汉语拼音字母来翻译原文,可以减少乃至消灭这种不必要的分歧。

  总的来讲,汉语从古至今各个历史时期,都在不同程度上为了适应语言的社会性,或多或少地吸收了世界各民族的语言词汇,来丰富和充实自己;但前贤在翻译上颇有一番功夫,尽量注意到音义兼顾,使它汉语化。这个总趋势,一直遗传到现在。近几年来在北京,国际人士的交际场所,也逐渐流行交换名片。外国朋友多数备有中国式卡片正是入乡随俗。不论是外交官、教授、学者,还是记者、商人,名片印的姓名、衔头或商行名称,都是中英文对照。有时你接到一张名片,要不是当面见过主人的样子,你还以为这是一个地地道道的中国人。因为这位外国友人的译名,完全像个中国人。

  许多国家驻华人员译名的汉语化,基本上是他们自己确定的,所以大多数印上了名片。外国人士译名爱用汉语化,也可以说是中外交流的成果之一。

第八章 汉语成语、典故的形成和发展[①]

  1978年4月1日,在报上读到郭沫若同志在全国科学大会闭幕式上的发言《科学的春天》,我立刻被它吸引住了。文章写得意境高超,热情奔放,具有强烈的感染力,而且字里行间,文采纷披,应接不暇。全文不满2000字,却使用了30多个成语、典故,语言上真是极尽推陈出新、熔古铸今之能事。更引起我注意的是,这篇精炼的短文仿佛给汉语史暗示了一点:汉语的成语、典故,具有无限的生命力,值得语言工作者重视和研究。

  汉语的成语和典故,都是属于书面语或文言范畴的语言材料,在结构上比较稳定,统称为固定词组。它们的共同特点是不可分割性,整个词组表达一个完整的概念,在语法上是作为一个语义单位、一个词来看待的。它们的区别,大致来说,典故必须包含有一段故事,表明它的语源,一般需要加以解释,才能让人明白。成语虽然也有出处,但不必就是故事。不过,这个界限有时也不易区分。例如,"献曝"(《列子·杨朱篇》)是典故;而"不言而喻"(《孟子·尽心》)、"半途而废"(《礼记·中庸》)便是成语;而"望洋兴叹",虽然语出《庄子·秋水》,但原义已由在伟大事物面前感叹自己渺小,变为比喻要做一件事情而感到自己力量不足。这是人人能懂的成语,但又是有来历的典故,两者似乎都说得过去。

  无论是成语还是典故,都具有巩固语言的重大作用,是汉语词汇发展史的组成部分。

第一节 成语、典故的来源及其发展过程

  汉语中有一种长期以来为人民普遍流传的特殊的语言材料,经过人们

[①] 本章曾在《中山大学学报》1980年第2期上刊登过,现在收入本书时,个别文字略有更动。

的提炼和反复使用，便定型为固定词组。它们多数属于古代书面语的精炼语言，但其中有相当大的一部分已和现代汉语融成一体，没有很大的分别了。所谓普遍流传的特殊的语言材料，包括故事、格言、谚语、熟语等等，它们就是成语和典故的主要来源。此外，历代作家、语言巨匠的精练的语言片断，也往往辗转引用，加工凝练，成为成语和典故。

　　汉语的历史非常悠久，文献非常丰富，语言巨匠又代有其人，所以拥有极其丰富的成语、典故。但是，成语、典故并不是汉族社会一开始就有的，它们是汉语历史发展的结果。

　　成语是在什么时候开始有的呢？这应当追溯到上古前期。当时还没有后世所谓成语，但是人们往往引用古人的格言、熟语、谚语之类的话，目的在于吸取其中富有教育作用的含义，而非为了铺张辞藻。例如殷商文献《尚书·盘庚篇》里就举了"迟任有言曰：'人惟求旧，器非求旧，惟新。'"迟任是古代传说的贤史，他说的"用人要旧不要新，用物要新不要旧"这句话，显然是流传已久的了。又同书《牧誓篇》："古人有言曰：'牝鸡无晨，牝鸡之晨，惟家之索。'"又《酒诰篇》："古人有言曰：'人无于水监（鉴），当于民监。'"孔子时代的《周易》里有很多成语，但内容跟《尚书》的不同，并不是古人有言，而是格言式的熟语、成语。如"自强不息""同声相应，同气相求""仁者见之谓之仁，知（智）者见之谓之知（智）""密云不雨""云从龙，风从虎""二人同心，其利断金""有不速之客来""夫妻反目""虎视眈眈""突如其来"，等等。相传在经孔子删订的中国历史上第一部诗歌总集《诗经》里，其成语、熟语更多，几于俯拾皆是。在《国风》中，如："寤寐求之""辗转反侧""福履绥之""子孙振振""子孙绳绳""宜尔室家""干城""不我遐弃""夙夜在公""实获我心""天实为之，谓之何哉！""搔首踟蹰""跋涉""如切如磋，如琢如磨"（后世简称为"切磋琢磨"），"永矢弗谖""巧笑倩兮，美目盼兮""一日不见，如三秋兮""孔武有力""不素餐兮""硕大无朋""悠悠苍天，曷其有极""与子同仇"（"同仇敌忾"的最古语源）；在《小雅》中，如"百川沸腾""黾勉从事""战战兢兢，如临深渊，如履薄冰""济济跄跄""绰绰有裕""教猱升木"；在《大雅》中，如"无声无臭""小心翼翼""天作之合""挹彼注兹""凤凰于飞""不可救药""兢兢业业""询于刍荛""殷鉴不远""夙兴夜寐""投桃报李""诲尔谆谆，听我藐藐""谁生厉阶""爱莫助之""既明且哲，以保其身""柔则茹之，刚则吐之""不畏强毅""人之云亡，邦国殄瘁""进退维谷"；《颂》诗的成语只有"长发其详""惩前毖后"（由原文"予其惩而毖后患"改造而成）两条。

然而，从春秋战国总的情况来看，成语的起源，仍以古人格言、谚语的推衍变化为主。例如，《韩非子·五蠹》引鄙谚曰："长袖善舞，多钱善贾（gǔ，做生意）。"《左传·文公十七年》引古人言曰："畏首畏尾，身其余几。"又曰："鹿死不择音（同'荫'）。"又《宣公十五年》："古人有言曰：'虽鞭之长，不及马腹。'"又《僖公五年》宫之奇引谚语："辅车相依，唇亡齿寒。"上文已引过的《诗·大雅·生民》："先民有言：询于刍荛。"班固《汉书·艺文志·诸子略》引作"如或一言可采，此亦刍荛、狂夫之议也"。后来提炼成"刍议"这个典故。从这些例子看来，在先秦时期，汉语中的格言、谚语等已经很丰富，很流行，但按其结构，还是自由式的，还没有定型为固定词组。古书中凡称"先民有言""古人有言"，或称谚语、鄙语的，都是后世成语的胚胎和来源。如"亡羊而补牢，未为迟也"，首先见于《战国策·楚策四》，后来才压缩为"亡羊补牢"这个成语。上述《左传》"虽鞭之长，不及马腹"，也是在后来才凝固为"鞭长莫及"的。由此可见，上古先有格言、谚语之类的材料，随着语言在运用中的发展，其中有的巩固下来，就成为固定词组，有的也许被淘汰了。

典故产生的情况和这略有不同。语言中用典，根源于用事。刘勰《文心雕龙·事类》曾谈到它，认为古人写文章用典，作用不外是"据事以类义，援古以证今者也"。近人黄侃则加以阐发，说用典是一种"兴道之用"。他说："道古以剀今，道之属也。取古事以托喻，兴之属也。意皆相类，不必语出于我，事苟可信，不必义起乎今，引事引言，凡以达吾之思而已。若夫文之以喻人也，征于旧则易为信，举彼所知易为从。"（《文心雕龙·札记》）这样说来，前人对于文章引用古代之事、古人之言，都认为是用事，即所谓用典，而用典的原因是为了加强语言的说服力。这样的用典，范围较广，即使在《尚书》《诗经》《周易》里都已经有了用例，先秦诸子著作，更不用说触处皆是了。但若按照本文开头所定成语和典故的界说，则必须包含有故事才算典故，这在先秦还是不多见的。

不过，上古的用事毕竟是后世用典的来源，这是无疑的。从用事过渡到用典,这在战国时代的文献里可以找到线索。例如《离骚》:"彼尧舜之耿介兮,既遵道而得路;何桀纣之猖披兮,夫唯捷径以窘步!"又"启九辩与九歌兮,夏康娱以自纵。不顾难而图后兮,五子用失乎家巷。"《庄子·逍遥游》:"而彭祖乃今以久特闻,众人匹之,不亦悲乎?"《荀子·赋篇》:"皇天隆物(智),以示下民,或厚或薄,帝(应作'常')不整均。桀、纣以乱,汤、武以贤。……君子(用智)以修(身),(盗)跖(用智)以穿室。"像这样引用故事来阐明论点,在李斯的《谏逐客书》中尤为突出,都很像后世的所谓用典,但是毕竟同用典还有一些区别。所谓用典,是作者不宜直接说出自己的意思,而借用典故来表达。这样的修辞方法,在当时还不多见,只是在《离骚》的末尾云:"既莫足与为美政兮,吾将从彭咸之所居。"彭咸是殷大夫,谏其君不听,投水而死。这里作者说"从彭咸之所居",实际是投水自杀的替代说法。这可以说是后世用典表意的滥觞。

自西汉以后,用典之风渐盛。辞赋家爱好堆砌辞藻,铺张事义,动辄引用典。如枚乘《七发》:"使师堂操畅,伯子牙为之歌""使伊尹煎熬,易牙调和。"师堂和伯子牙都是古代名琴师。伊尹因善烹调,而得到商汤的重用;易牙也是春秋时齐桓公宠信的名厨师。这里所举的四个古人都不是实指,而是以师堂和伯子牙代表最好的琴师,以伊尹和易牙代表最好的厨师。这和上述《离骚》借用典以表意的用法正复相同。魏晋六朝时代,文人更竞尚用典。末流所趋,甚至不惜割裂原文,伪造歪典,矜奇炫异,张冠李戴。北齐颜之推曾在《颜氏家训·文章篇》痛加指责:"《诗》云:'孔怀兄弟'(按:原诗作'兄弟孔怀')。孔,甚也;怀,思也;言甚可思也。陆机《与长沙顾母书》述从祖弟士璜死,乃言'痛心拔脑,有如孔怀'。心既痛矣,即为甚思,何故言'有如'也?观其此意,当谓亲兄弟为'孔怀'。《诗》云:'父母孔迩',而呼二亲为'孔迩',子义通乎?《异物志》云:'拥剑(按为螃蜞之别名)状如蟹,但一螯偏大尔。'何逊诗云:'跃鱼如拥剑',是不分鱼蟹也。"之所以这样,是因为当时用典已形成一种文风,否则不能成文,即使以质朴见称的陶渊明,也不例外。他的《自祭文》写道:"窅窅我行,萧萧墓门。奢耻宋臣,俭笑王孙。"意思是说,我死了,魂魄走向冥冥远处,墓门寂寂;既不必像宋臣桓司马那样奢侈①，也不要像杨王孙那样俭啬②。后两句就是用典。比这个厉害的就更多了。举个典型的例子，南朝陈徐陵撰《玉台新咏序》，全文160多句，用典竟达50余处。读者如果不弄清楚这些典故内容，简直不知所云。这种滥用典故的文风，不是汉语文学语言的主流，应当反对。

　　成语、典故是怎样凝练而成的呢？它们有的是古语的沿袭，并未经过加工过程，更多的是或多或少经过一段加工提炼的功夫。例如上文已提到的"不可救药"，语出《诗·大雅·板》："多将熇熇，不可救药。"又如"绰绰有余"，语出《诗·小雅·角弓》："此令（善）兄弟，绰绰有裕。"《孟子·公孙丑》："岂不绰绰然有余裕哉？"这两个成语产生得早，后来便几乎原句沿用下来了。《诗·大雅·烝民》："既明且哲，以保其身。"后来提炼为四字格成语"明哲保身"。《孟子·公孙丑》里说了一段故事："宋人有闵（悯）其苗之不长而揠之者，芒芒然归，谓其人曰：'今日病矣，予助苗长矣。'其子趋而往视之，苗则槁矣。"后人把它压缩为"揠苗助长"这个典故。《汉书·贾谊传》引当时里谚："欲投鼠而忌器。"后来便压缩为四字成语"投鼠忌器"。又如"狐假虎威""画蛇添足""鹬蚌相争"等，都是由《战国策》里的一段故事压缩而成的典故。"叶公好龙"则是刘向《新序·杂事第五》的压缩。

　　有的典故是在应用中原义逐步有所变化，慢慢形成今义的。例如"青出于蓝"这个成语，出自《荀子·劝学》："青，取之于蓝，而青于蓝。"是说"青"这种染料是从蓝草中提取出来的，可是比蓝的颜色更深青一点。这两句的比喻义，是"以喻学则才过其本性"。便是说，一个人能够学习，就可以发展才智，超过其先天的禀赋。《史记》褚少孙补《三王世家》引传曰："青，采出于蓝，而质青于蓝者，教使然也。"这是以"青"比齐王德行，以"蓝"比王左右之礼义，意思上和《荀子》已有所不同。到了南北朝，就有以"青"比学生、以"蓝"比老师的用法了。《北史·李谧传》："青成蓝，蓝谢青。"可见，以"青出于蓝，而胜于蓝"来比喻学生超过老师的今义，是逐步改变了原来的意义而形成的。

---

　　① 《礼记·檀弓上》："昔者夫子居于宋，见桓司马自为石椁，三年而不成。夫子曰：'若此其靡（奢华）也，死不如速朽之愈也。'"
　　② 《汉书·杨王孙传》："及病且终，先令其子，曰：'吾欲裸葬，以反吾真，必亡（无）易吾意！'死则为布囊盛尸，入地七尺。既下，从足引脱其囊，以身亲土。"

成语、典故本身的结构,也是发展的,不是一成不变的,变的过程也就是加工提炼的过程。如《诗·大雅·桑柔》:"进退维谷",今语变成"进退两难"。史游《急就章》说:"长乐无极老复丁。"魏伯阳《参同契》说:"老翁复丁壮。"后来演化为"返老还童"这个成语。

古代经典作家和语言巨匠所创造的精炼语言,是成语、典故的另一重要来源。如"无妄之灾""密云不雨""同声相应""同气相求""虎视眈眈""突如其来""二人同心,其利断金",均出自《周易》。"华而不实",出自《国语·晋语三》。"大器晚成""大巧若拙""和光同尘""千里之行,始于足下",均出自《老子》。"数典忘祖""唇亡齿寒""外强中干""退避三舍",均出自《左传》。"明日黄花",语出宋苏东坡《九日次韵王巩》诗:"相逢不用忙归去,明日黄花蝶也愁。""走马看花",语出唐孟郊《登第后》诗:"春风得意马蹄疾,一日看遍长安花。"后以比喻粗略地观察事物。

汉语的成语、典故也有吸收自外国语言的,例如来自佛教的"放下屠刀,立地成佛""五体投地",来自基督教的"洗礼",来自《新约·马太福音》的"旧瓶装新酒",来自法语的"火中取栗",来自古代西方传说的"鳄鱼的眼泪",都是。

成语不论来自古代文献、故事、格言、谚语,还是语言巨匠的创造,在结构上都有共同特点,就是绝大多数是四字格,并且有四种形式:并列式、偏正式、动宾式、主谓式。现代汉语的词组正是具有这四种形式,这是汉语历史发展的结果。不过这里有一点区别,现代汉语的词组的音节数,并不是一定的,而作为固定词组的成语却是以四个音节为其基本形式。各式的成语,举例如下:

并列式:急起直追　乌烟瘴气　自暴自弃　尸位素餐
　　　　身败名裂　作威作福　名正言顺　貌合神离
偏正式:循循善诱　乌合之众　不可救药
动宾式:首屈一指　挥汗成雨　包罗万象
主谓式:言者无罪　闻者足戒　明哲保身　风雨飘摇
　　　　众目昭彰　脚踏实地　庸人自扰　痴人说梦
　　　　野心勃勃

典故和成语在结构上大致相同，但有一点不同：成语以四个音节为基本形式；典故则不一定，四个音节的虽然占大多数，如，"画蛇添足""阳春白雪""雪中送炭""锦上添花""倚门卖笑""倒持泰阿"，等等；但两个音节，或由四个音节压缩成为两个音节的也很不少，如"推敲""垄断""言筌""识荆""矛盾"（自相矛盾）、"株守"（守株待兔）、"归赵"（完璧归赵）、"望尘"（望尘莫及）等。

第二节 成语、典故的积极作用

汉语的成语、典故的最大特点，是言语精练，表现力很强，有时千言万语说不尽的，只消用一个成语或典故，便觉活灵活现，恰到好处。如毛泽东《湖南农民运动考察报告》里用"叶公好龙"这个典故来讽刺当时的假革命，就是很好的例子。鲁迅在1925年12月写过题名为《这个与那个》的杂文，其中一段说："我独不解中国人何以于旧状况那么心平气和，于较新的机运就那么疾首蹙额；于已成之局那么委曲求全，于初兴之事就那么求全责备？"这里四句话——每句都用了一个成语或典故来描写大革命前旧社会那种复古、反动、阻挡革命洪流的世态人心，着墨无多，而情态跃然纸上，增强了文章的表现力。高尔基曾在《论文学》里说过："作为一种感人的力量，语言的真正的美，产生于言辞的准确、明晰和悦耳，这种言辞描绘出作品中的图景、性格和思想。"[①] 汉语成语、典故特别具有这种积极的作用。其所以如此，是因为它们是在我国社会发展的各个时期被提炼出来具有总结性的语言。从下面的例子，可以看出我们祖先世世代代所积累的各种宝贵的经验，怎样形象地被保留在固定词组里。

有的成语和典故是古人从生产实践中观察的经验之谈，它们形象地说明某件事情的真理。例如"揠苗助长"的故事，在事实上未必有，而且也不能有，因为这是生产实践所否定了的。拿这个典故来比喻急躁图快，反而把事情弄坏的主观主义，是非常恰当的。以"瓜熟蒂落""种瓜得瓜"说明事物的因果关系，这也是生产实践中重复了千百遍的真理。"华而不实"的作物，事实上偶或有之，而类似这样的人却是很多的。其他像"未雨绸缪"，比喻事前做好准备；"临渴掘井"比喻事前不做准备，

[①] 高尔基：《论文学》，人民文学出版社1978年版，第321页。

临时才想办法的不行;"缘木求鱼",比喻徒劳无益;"饮水思源",表示不忘其本;"一网打尽",比喻把坏人一次提完;"斩草除根",比喻对付坏人要彻底。诸如此类,都不是人们凭主观想象生造出来的语言,而是千锤百炼、具有真理性的精心结构的成语。

有的成语、典故可以说是从现实斗争总结下来的经验。例如,以"狐假虎威"(《战国策·楚策一》)来比喻凭借别人权势压迫群众的坏人;以"笑里藏刀"(《水浒传》第十九回)描绘那种笑吟吟的阴谋家;以"逼上梁山"(语本《水浒传》中林冲等人为官府所迫,上梁山造反)表示旧社会的官逼民反,后来比喻被逼做某种事情;以"四面楚歌"(语见《史记·项羽本纪》)比喻陷入包围中的敌人;以"破釜沉舟"(语见《史记》)表示有进无退,誓不回返的决心。这些都是十分生动有力的积极性语言。

成语、典故中有相当一部分是从学习修养中得来的经验。如"当仁不让"(语本《论语·卫灵公》"当仁不让于师")表示勇于做好事;以"磨杵成针"(语见《潜确类书》)来比喻刻苦用功必有成就。这些成语,直到今天还富有积极意义,鼓舞着人们前进。

还有相当大一部分的典故,却是一般人情世态的经验总结。比如以"画蛇添足"(见《战国策·齐策》)比喻超乎事实需要的多余行为;以"滥竽充数"(见《韩非子·内储说上》)讽刺那种冒充内行去混饭吃的庸人;以"掩耳盗铃"(见《吕氏春秋·自知》)来比喻那种自己欺骗自己的行为;以"画饼充饥"(语见《三国志·魏书·卢毓传》)来比喻好看不顶用的东西;以"雪中送炭"(语见南宋范成大诗)来颂扬做得及时的好事;以"锦上添花"(语出宋黄庭坚《了了庵颂》)来比喻好上加好,或讽刺趋炎附势的势利行为;以"阳春白雪"(语出《宋玉对楚王问》)表示高调;以"下里巴人"(同前)表示俗曲。这些都是鲁迅所谓"现世相的神髓",能"使文字分外精神"的。①

这样看来,成语和典故的发展,是和社会发展关联着的。每一类型的成语和典故都反映了在发展中的各种社会现象,体现出人们怎样看待这些

---

① 参见鲁迅《鲁迅全集》第七卷,人民文学出版社 1957 年版,第 395 页。原文说:"成语和死古典不同,多是现世相的神髓,随手拈掇,自然使文字分外精神,又即从成语中另外抽出思绪:既然从世相的种子出,开的也一定是世相的花。"

现象的经验良言。社会愈发展，人们在这方面的经验也就愈丰富。汉族文化，仅仅就其已有的书面语而言，已具有4000年的历史，汉语所以拥有大量成语、典故，以及成语、典故所以在文学语言中具有那么大的积极作用，原因就在这里。正因如此，五四运动新文化革命运动时期，陈独秀、钱玄同、胡适等人提出"文学改良"，要求做到八件事，其中第六件是反对应用典故。这个问题，曾经引起热烈的讨论。是笼统地反对使用一切古成语、典故呢，还是只反对用死典、僻典？综合当时的讨论，大致来说，他们反对的是死典、僻典、不通之典，以及空泛不切之典。至于引用古来成语、熟语、史事和恰切典故的做法，他们并不反对，从他们的文章中使用的语言可以证明。例如，胡适《文学改良刍议》一文中的"刍议""文以载道""文胜（质）""负弩先驱""退避三舍"等都是典故；"夐绝千古""奋发有为""痛哭流涕""似是而非""舍本逐末""发聋振聩""无病呻吟"，都是成语。陈独秀《文学革命论》中的"始作俑""代圣贤立言""著手成春""陈陈相因""缚手足而敌孟贲"，都是用典；"虎头蛇尾""根深柢固""涂脂抹粉""咬文嚼字""明目张胆"，都是成语。钱玄同反对用典很坚决，但他写的《寄陈独秀书》，用了"斗方名士""下乘""不敢题糕""滔滔皆是""公等碌碌""信口雌黄""优孟衣冠""忍俊不禁"，都是用典；"习非成是""索然无味""生吞活剥""不登大雅之堂""千篇一律""不胜偻指""不可同年而语""斐然可观"，都是成语[①]。

毛泽东同志于1942年在《反对党八股》中指出："我们还要学习古人语言中有生命的东西。……当然我们坚决反对去用已经死了的语汇和典故，这是确定了的，但是好的仍然有用的东西还是应该继承。"[②] 这段话，实际上可以说，是对五四运动以后文学语言问题的论争所做的辩证唯物主义的总结。

第三节 近30年来成语、典故的新发展

上文已经指出，成语、典故本身是发展的，许多历史事实都已经证明

---

① 胡适《文学改良刍议》、陈独秀《文学革命论》、钱玄同《寄陈独秀书》，分别载《新青年》1917年第2卷第5号、第6号、第1号。
② 《毛泽东选集》四卷合订本，人民出版社1966年版，第794—795页。

了这一点。现在值得注意的是，最后30多年来即1949年到现在，成语、典故的变化发展，又甚于历史上各个时期。无疑，这是社会主义社会的空前发展在语言上的反映。中华人民共和国成立后，马列主义、毛泽东思想，在新中国成了居统治地位的意识形态，它要求汉语一定要有相应的发展来为它服务，这就必然会产生大量的新词新语，使汉语的宝库空前地丰富起来，这是其一。其二，中华人民共和国成立后，全国书报刊物，以及政府公文布告，都一概停止使用文言，白话文成了正统的书面语，同时，党的语言政策，执行了毛泽东同志关于"古为今用""学习古人语言中有生命的东西"的指示。这么一来，汉语的内容与形式，包括成语、典故的使用及其新结构的产生，都以日新月异的速度向前发展了。正如瞿秋白同志早在20世纪30年代初期所指出的："现在的文学家，哲学家，政论家，以及一切普通人，要想表现现在中国社会已经有的新的关系，新的现象，新的事物，新的观念，就差不多人人都要做'仓颉'。这就是说，要天天创造新的字眼，新的句法。实际生活的要求是这样。"①

成语、典故的新发展，大致表现在三方面：第一，是新成语的大量产生；第二，是旧成语、典故的获得的新意义；第三，是结构上也有新的发展。下面分别举例加以说明。

第一是中华人民共和国成立后新成语的大量产生。这可以《毛泽东选集》第五卷为例。这本选集里文章的写作时间是从1949年9月到1957年11月份，这正是大量新生的汉语新血液向全国范围的报刊读物和广播灌注的时候。《毛泽东选集》里出现的新成语，在以后30年间，一直成为全民语言的积极成分，并且继续发展，继续产生。因此，它们至今具有极大的代表性。例如："精打细算""大张旗鼓""百花齐放""百家争鸣""和风细雨""求同存异""自力更生""治病救人""厚今薄古"，等等。

第二是旧成语、典故获得的新的意义，这里也以《毛泽东选集》第五卷为例，并旁及其他，来加以说明。其中又有两种情况：

（1）有些本来就具有积极意义的成语、典故，现在用来表达辩证唯物论的某些观点。如：

"纲举目张"——原义是"举一纲而万目张"（见东汉郑玄《诗谱

---

① 根据《鲁迅全集》第四卷《二心集·关于翻译的通信》注①。

序》），现在比喻抓住事物的主要环节以带动一切。

"将欲取之，必先与之"——语本《战国策·魏策一》引《周书》，本为古成语；也见于《老子》第三十六章，只是字句稍异。这个成语的含义是"取"同"与"有辩证的关系。作者用它表达要首先帮助合作社发展，将来农民富有了，就会对国家做出更多的贡献。

"飞鸟之景（影），未尝动也"——用《庄子·天下篇》"飞鸟之影，又动又不动"这句话，来说明"动是绝对的，静是暂时的，有条件的"这个辩证法观点，确是十分恰当的，而且还表明我们的祖先对辩证法早已略知端倪。

"一阴一阳之谓道"——语见《周易·系辞上》。《系辞》相传为孔子所作。但不足信。他的这句话，却有意思，它表达了古代朴素的辩证法，认为宇宙间普遍存在阴和阳两大元素，两大对立面。

"惩前毖后"——《诗·周颂·小毖》有一句"予其惩而毖后患"的话，作者把它凝缩为"惩前毖后"，并加上"治病救人"一句，这就恰当地表述了党对待犯错误的同志加以团结教育的正确方针。

"祸兮福所倚，福兮祸所伏"——这是《老子》第五十八章的话，《毛泽东选集》里用以说明矛盾可以互相转化，是很恰当的。

"拨乱反正"——语本《公羊传·哀公十四年》"拨乱世，反诸正"。原来是儒家夸大孔子作《春秋》的用意的语言。1976年粉碎"四人帮"以后，以邓小平、胡耀邦等为首的新的党中央赋予这个旧熟语以新义，用以表述党在新时期的战略决策。这是十分及时而准确的话，它富于号召力和摧毁力，大长了全国人民的正气！

"实事求是"——语出《汉书·河间献王传》，原义是"务得事实，每求真是"。毛泽东同志在《改造我们的学习》中，给以新的解释："'实事'就是客观存在着的一切事物，'是'就是客观事物的内部联系，即规律性，'求'就是我们去研究。"① 最近报刊上再次肯定这个解释，并进一步强调它是"辩证唯物主义认识论的精髓，是马列主义、毛泽东思想的核心，也是思想解放的根本要求"。②

"艰难困苦，玉汝于成"——"玉"有相助义，"玉汝于成"即成全

---

① 《毛泽东选集》四卷合订本，人民出版社1966年版，第759页。
② 《继续解放思想，端正认识路线》，载《南方日报》1979年9月27日。

你。意思是，艰难困苦，可以磨炼人，使你成功。语出北宋哲学家张载的《西铭》。毛泽东同志在抗日战争时期写的《经济问题与财政问题》一文中，曾引用此语，以劝勉当时被国民党封锁下的同志们。1979年9月29日，叶剑英同志在国庆三十周年的讲话里重新引用这句古语，来勉励全国人民，要"这样看待过去的三十年，才符合历史的实际"。

（2）活用它的含义，来为新事物服务。成语、典故的含义，一般来说，有褒，有贬，也有中性的。但是30多年的发展表明，所谓褒义、贬义，只是相对的说法。汉语本身具有无限活力，它的多样化发展，往往超出常例。在某些特定的场合，褒义可以当作贬义使用，贬义也可以用作褒义。例如：

"八百诸侯"——据《史记·周本纪》记载，当周武王出师伐纣到达孟津时，"不期而会孟津者八百诸侯"。这里显然对周武王这次战役含有肯定它是正义战争的意义。但《毛泽东选集》第五卷里却用这句话来讽刺当时一些部门独立"王国"很多，这就带有贬义了。

"馨香祝祷"——原指祝福，是褒义词。由于修辞的需要，褒义词也可作为贬义词使用，如："很明显，如果依照这些人的主意行事，其结果只能损害中印两国的友好关系。而这正是帝国主义者日夜馨香祝祷的。"① 这里"馨香祝祷"的就不是祝福，而是"祝祸"了。这就由褒义变成贬义来使用了。

"各人自扫门前雪，休管他人瓦上霜"——这是旧社会教人立身行事的格言，被认为是当然的正面话，是褒义。但是中华人民共和国成立后，此语曾一度被认为是个人主义的东西，自然是贬义语了。然而，在20世纪50年代后期，《人民日报》曾撰文批评外国干涉西藏和平解放的行为。文章说："大家家里的事情很多，各人自扫门前雪够忙了，何必多管他家瓦上霜呢？"② 这样，在目前国际事务中，如果涉及别人的内政问题时，这两句成语的含义就成为正确而值得肯定的了。

可见，褒义或贬义的成语、典故，也不是绝对的，一经活用，意义就会变化。

第三，成语在结构上也有新的发展。本来结构固定，不容改动，是成

---

① 《不能允许中印友好关系受到损害》，载《人民日报》1959年4月15日。
② 《西藏的革命和尼赫鲁的哲学》，载《人民日报》1959年5月6日。

语的一大特点。但是这不等于说成语就绝对不能变,只是变的形式有所不同罢了。我们必须看到成语的另一方面的新发展,它在时时突破旧结构,产生新结构。这里所谓新结构,一指仿造,一指嵌字。例如,从"谈虎色变"仿造"谈匪色变",从"后生可畏"仿造"后生可爱"。在"因地制宜"之外,又有"因时制宜""因物相宜""因人制宜"的说法,意义更周密了。从"一举两得"仿造"一举三得"或"一举多得",从"望洋兴叹"仿造"望山兴叹"。以上是意义相同或相近的,但也有意义相反的仿造,如:从"无的放矢"仿造"有的放矢",从"先发制人"仿造"后发制人",等等。嵌字的如"包藏祸心",动宾中间可以嵌字,变为"包藏什么祸心"。"乘风破浪"同样可以嵌进一些字,构成"乘社会主义之风,破资本主义之浪"的新语。这些例子表明,汉语的成语结构变化多端,变的趋势是在运用上越来越具有灵活性。这些例子还表明,新成语无论仿造也好,嵌字也好,都要按照汉语内部规律:一是旧结构的词性必须尊重,不能任意改变;二是新旧结构的意义必须相仿,但也可以相反;三是嵌入的定语不能破坏原来的结构关系,是动宾词组的,还是动宾词组。此外,旧成语以四字格为基本形式,很少有三个音节的,五四运动以后,现代汉语里的三字成语或惯用语才多了起来,最近30年来又续有增加。这也是成语结构上的发展变化。三字成语或惯用语如"出洋相""瞎指挥""单打一""一边倒""一把抓""多面手""翘尾巴""鼓干劲""穿小鞋""泼冷水""打棍子""抓辫子""戴帽子""马后炮"等都是。

第二部分
汉语语法史概要

绪　　论

第一节　汉语形成的过程

　　本部分属于民族语言史的范畴。恩格斯曾经指出过研究民族语言史的重要性。他说："要了解'本国语言的材料和形式'，就必须追溯本国语言的形成和它的逐步发展，如果一不顾它自身的已经死亡的形式，二不顾同类的活的和死的语言，那末这种了解是不可能的。"① 我们现在研究汉语语法发展史，目的是为现代汉语规范化服务。为此，首先要对作为汉民族共同语的现代汉语怎样形成的过程有个概括的认识。

　　我们现在说的汉语，是指以北京音系为标准，以北方话为基础方言的汉民族共同语。它的形成过程，是相当长远而复杂的。

　　在上古前期殷商以前时代的原始汉语，由于文献不足，现在还难以讲清它是怎样的一种面貌。但从以下三点来分析，夏商和西周的语言，大致可以断定为属于中国西北部两大部落极其相近的方言。第一，西周的文化基本上是继承殷商的，而殷商文化又继承自夏。孔子所说："殷因于夏礼，所损益可知也；周因于殷礼，所损益可知也。"（《论语·为政》）完全符合历史事实。语言是社会现象，也可以这样来理解。第二，语言必先于文字。现在看来，殷商的甲骨文和西周的金文，《尚书》中的《盘庚》篇和《周诰》篇等的文字，都是从同一个语系演化出来的，是已经相当成熟的文字。第三，周的先代和殷人是通婚的，如《诗·大雅·大明》："挚仲氏任，自彼殷商，来嫁于周，曰嫔于京。"殷周两族既然能够通婚，这也证明他们是有共同语言的。这种语言也许可以称为"华夏语"，即《尚书》伪孔传《武成》篇所谓"华夏蛮貊，罔不率俾"的华夏。当然，到了春秋战国时代，在华夏范围内，同时呈现着方言相当分歧的现象。孟

---

①　恩格斯：《反杜林论》（中译本），人民出版社1972年版，第316页。

轲曾经讽刺楚国的反儒家学派的许行是"南蛮鴂舌之人"。他又曾以楚人学齐语必须有齐人教他，更重要的须有语言环境这个比喻来说明要宋王行仁政，就必须使他有清一色的讲共同语言的左右部下。"孟子谓戴不胜曰：'有楚大夫于此，欲其子之齐语（学讲齐语）也，则使齐人傅（教导）诸？使楚人傅诸？'曰：'使齐人傅之。'曰：'一齐人傅之，众楚人咻之，虽日挞而求其齐也，不可得矣；引而置之庄岳之间（在城市里）数年，虽日挞而求其楚，亦不可得矣。'"（《滕文公下》）这些话，可以看作当时华夏与亲属方言间差异很大的反映。《左传·襄公十四年》载有戎子驹的一段话："我诸戎饮食衣服，不与华同，贽币不通，言语不达。"可见当时的中国被称为"华"，这里指的是华语和亲属部落语之间仍然存在着分歧。但是，不论是方言的差异或部族语的分歧，它们后来都通过诸夏部族的融合而融化到华语里去了。西汉以后，这才被称为汉语。恩格斯在《家庭、私有制和国家的起源》里谈到美洲各个印第安人部落的特征时，有一段话很可以拿来说明这种情况。他说："有独特的、仅为这个部落所有的方言。事实上，部落和方言在本质上是一致的；因分裂而形成新部落与新方言的事情，不久以前还在美洲发生过，即在今日，也未必完全停止。在两个衰落的部落合而为一的地方，有时例外地在同一个部落内说着两种极为相近的方言。"① 没有疑问，汉语远祖的华语，在上古前期正是由这个分化和整化过程中占优势的部落语言发展起来的部族语言，但它内部又包含着无数的区域方言。直到春秋战国时代，也还是这样。秦始皇消灭分裂的六国诸侯，建立地主阶级专政的政权，当时政治上是统一了，但语言上仍然是"言语异声，文字异形"（许慎《说文·叙》）。后来秦始皇命令李斯做了一次文字规范化的工作，即所谓"书同文"的措施，"罢其不与秦文合者，……取史籀大篆，或颇省改"。这是说，推行秦国的小篆，废去六国的一些异体字，做到全国书面语言的完全统一。秦始皇这样做，是适应了新兴的疆域辽阔的中国历史上第一个封建国家在政治、经济、文化上的需要，有利于中国社会的发展。同时，文字的统一，对以后2000多年汉民族书面语言向规范化发展，也起了不小的积极作用。

至于方言的分歧，当然不会因文字的统一而有所减少。不过，尽管如此，学术界公认周秦时期也存在着一种比较有共同性的"雅言"，作为各

---

① 恩格斯：《反杜林论》（中译本），人民出版社1972年版，第89页。

地人们的交际工具。《论语·述而篇》说，孔子读《诗经》《尚书》和行礼的时候是用"雅言"的。这话还含有另一层意思，即平时他是讲方言的。孔子周游中原列国，也没听说要别人翻译。从这些地方看来，"雅言"无疑就是当时比较通行于交际场合的通语。汉人应劭说得最正确："雅之为言正也。"(《风俗通义·声音第六》) 再从韵文用韵，也可以说明问题。《诗经》包括十五国诗歌和雅、颂等篇章，地域广阔，而其中用韵却无不同。王力先生的《楚辞韵读》分为三十部，比《诗经》的韵只多了一个冬部。这就是先秦时期确有"雅言"即正音存在的最好证明。

从商周到东汉时代，语言已逐渐起了变化。看一些经典所录书面语，已经和汉语言有相当的距离，所以司马迁的《史记》引用《尚书》文字的时候，常常要把它略加翻译，如《汤誓》的"夏罪其如台？"(夏王有罪，怎么办？)《史记·殷本纪》作"(夏)有罪其奈何？"又："时日曷丧？予及汝皆亡！"(这个太阳什么时候掉下来，我和你拼个同归于尽)《史记》作"是日何时丧？予与汝皆亡！"汉代产生了许多说经的经师，训诂学很盛行，主要原因是适应沟通古今语言和地域方言的需要。先秦所谓"雅言"，也就是汉代的"通语"。扬雄《方言》里经常提到"通语""凡语""凡通语""通名""四方之通语"，这些都是当时比较占优势的方言，其中也包括前代的"雅言"。书中记录秦晋语最多，解释他处方言，也常以秦晋语为中心。因此，有些学者认为西汉当时的普通语可能是以秦晋语为主的。① 这个判断，我看可以成立，因为秦晋二地自夏商西周至战国时代，特别是秦始皇统一中国以后，即为政治、经济中心，它的方言占有优越的地位，通行的地域较广，这是可以理解的。

历史上有关民族的重大事变，往往也影响语言的发展。《史记》载，秦始皇三十三年（公元前214年），"发诸尝逋亡人、赘婿、贾人略取陆梁地为桂林、象郡，以谪遣戍"，戍卒共50万人。从此中原汉语伴随着一部分汉族祖先流入广东各地，后来形成的广州话和潮州话，是其中主要的两支。公元4世纪初至5世纪十六国时期（西晋永兴初至南朝宋元嘉间），中原的汉族相率南迁，其中一支辗转迁移到闽、粤、赣、桂等省，就是后来所谓"客家"，因而有"客家话"的产生。十六国时期五种少数部族在中原的大战乱，同时也促使胡语与北方话大融合。不过，汉语所受

---

① 参见周祖谟《方言校笺及通检》"自序"，科学出版社1956年版。

的影响只是词汇方面，至于语法构造和基本词汇，却找不出有什么影响的根据。斯大林在《马克思主义与语言学问题》里谈到两种语言融合的时候说："通常是其中某一种成为胜利者，保留自记的语法构造和基本词汇，并且按照自己发展的内在规律继续发展。"汉语在十六国时期的情况正是这样。后来历史上还出现过类似的情况，也是这样的。

一般说来，中古以后，汉语北方话的变化发展，要比其他方言来得快些。比如，北方话在13、14世纪的时候，入声和 - m 韵尾已经消失，而广州话、客家话和潮州话却至今还保存着这些古汉语的特征。这可能和十六国时期的语言融合很有关系，凡是较早从中原分化出来的方言，所受融合的影响都少些，因而保留古音古语也就多些。

从先秦的"雅言"到汉代的"通语"，都说明汉语在分歧复杂的方言中仍然保持自己的统一性的因素。这是一方面。另一方面，我们的祖先自周秦两汉以来，就留下了极其丰富的书面语，成为后世所谓的"文言"。这对于方言分歧的中国，也起了一定程度的统一作用。

"文言"是古代的文学语言，本来也是在古代口语的基础上产生的。在先秦时期，诸子百家著作中的"文言"在一定程度上，能够反映当时语言的实际，但很难说是言文一致。鲁迅曾认为"中国的言文，一向就并不一致的，最大原因便是字难写，只好节省些"（《门外文谈》）。大约汉代以后，"文言"和口语的距离越来越大。这是因为活人的语言是随着社会的发展而发展的，而书面语为方块字所局限，具有较大的巩固性，加上历代那些脱离人民群众、脱离劳动生产的封建文人有意仿古，"文言"就更加往脱离口语的道路发展了。"文言"学起来既不易，用起来又不是真实语言的反映，因此它失去充当广大人民群众的交际工具的作用。后来，人民群众根据自己的需要，创造性地使用汉字来真实地记录自己的口语，因而就产生了"白话"，和"文言"分庭抗礼。① 最早的有书面根据的初期"白话"，可以追溯到9世纪时期的唐《禅师语录》。自周秦至隋唐，历代多以长安或洛阳为都，均属北方话方言区，唐《禅师语录》中的"白话"，正是当时北方话的粗略反映。后来白话的一些语法结构，已经在语录里有一定的基础。北宋都于汴（开封），自金元至明清则都于北

---

① 《人民日报》1955年12月26日社论：《为促进文字改革，推广普通话，实现汉语规范化而努力》。

京,只有明初约35年间是以金陵为都。中国的政治、经济和文化长期以来以北方为中心,为北方话的发展创造了极有利的条件。自宋元以后,陆续产生了许多著名而拥有全国读者的话本小说、戏剧著作等,都是基本上用语体写的。其中,如元代关汉卿和王实甫等人的曲本,明代作品《水浒传》和《西游记》,清代作品《儒林外史》《红楼梦》和《儿女英雄传》,用的都是或者大体是比较纯粹的"白话"。这种"白话"基本上就是北方话。特别是《红楼梦》和《儿女英雄传》里的语言,可以代表18世纪中叶到19世纪中叶的北京话,是近代汉语的典范,是汉语文学语言已经达到成熟地步的标志。

北方话的语音系统,代表着共同口语,它形成得还要早些,这从14世纪的《中原音韵》里可以看出。当时北方音系的最大特点是:声调平分阴阳,入派三声,全浊声母消失。这种北方话,明代以后,渐渐称为"官话"。辛亥革命后称为普通话或国语。①

由上所述,我们可以得出这样的结论:我国以北京语音为中心的北方话语音系统,形成于14世纪,以北方话为基础方言的汉语文学语言,也在同一时期已臻于成熟,到了18世纪就达到相当典范了。不过,过去受着种种客观条件的限制,还不够普遍,它的实际使用范围,主要在于北方。南方能说普通话的,大致局限于上层人士,普通老百姓却是很生疏的。

1919年的五四运动进行了一次空前的"文化大革命"。当时所提倡的废除文言、推行白话,五四运动前后的国语运动和注音字母运动,以及后来中国共产党领导下的拉丁化新文字运动,等等,都加速了汉民族共同语的普遍发展和言文一致化。可惜在反动政权压制下,这些运动没有能够全面展开,并真正普及广大人民群众中去。

1949年中华人民共和国成立后,在中国共产党的领导下,由于"政治经济的迅速发展,推动着汉语的变化,也提高了语言的社会交际效能。口语方面,能说普通话的人日见其多,普通话在语音方面要求接近北京语音的愿望也越来越强。书面语已经基本上统一于'白话',达到了原则上的言文一致。而且会写会读的人越来越多,书面语在口语的基础上随时在

---

① 以上两段,可参阅罗常培、吕叔湘《现代汉语规范化问题》一书,载科学出版社编《现代汉语规范问题学术会议文件汇编》。

提高自己的精密丰富的程度，同时也就对口语的发展起着集中和提高的作用。"① 这些事实说明，汉民族共同语目前正在向普及和提高两方面发展。1955年10月，中国科学院召开了"现代汉语规范化学术会议"，总结了汉语发展的历史事实，确定汉民族共同语即普通话是以北方话为基础方言，以北京语音为标准音的。接着，1956年2月6日，国务院向全国发出《国务院关于推广普通话的指示》。从此全国人民明确了汉民族共同语的概念，并以自己的语言实践来表示对民族共同语的拥护。30多年来，随着我国社会主义革命和社会主义"四化建设"新高潮一浪高一浪地到来，除了"文革"时期受到严重干扰以外，党中央的声音，天天用普通话从广播电台向全中国每一角落传送，汉民族共同语正以飞跃的步伐向规范化、普及化的前途迈进。

第二节 汉语历史语法的特点

斯大林在《马克思主义和语言学问题》里谈到历史语言的变化时说："语言的语法构造比语言的基本词汇变化得还要慢。语法构造是许多时代以来形成的，它在语言中根深蒂固，所以它的变化比基本词汇还要慢。随着时间的推移，它当然也发生变化，它逐渐改进着，改善和改正自己的规则，用新的规则充实起来。但是语法构造的基础是很长的时期中都保留着，因为历史证明，这些基础能够在许多时代中有效地为社会服务。"② 这是一切语言的共同规律，对于汉语当然也完全适用。汉语的历史，单以它的书面形式甲骨卜辞来说，也有3000多年的纪录了，而它的语法基本构造（应该包括语序、构词法③和基本句式在内），是有惊人的稳固性的。例如甲骨文有"王亥杀我？"(《乙》5403)④"不雨"(《粹》708)⑤ 的句子，《诗·王风》里有"日之夕矣，羊牛下来"，虽然时代距离我们已有

---

① 《人民日报》1955年12月26日社论：《为促进文字改革，推广普通话，实现汉语规范化而努力》。
② 斯大林：《马克思主义与语言学问题》（中译本），人民出版社1971年版，第18-19页。
③ 关于语序和构词法，本书第一部分《汉语词汇史概要》已有专门论述，此不赘述。
④ 董作宾：《殷虚文字乙编》，科学出版社1956年影印版，简称《乙》，数字表示片数，下同。
⑤ 郭沫若：《殷契粹编》，科学出版社1965年版，简称《粹》。

3000年之久，但是这些句子还是一念即懂，这就是因为句子中的语法构造还是和现代汉语差不多的缘故。

当然，所谓稳固性，不等于不变。语言属于社会现象，语言的语法规律不能不受着世界一切都在变化、发展这一总规律的制约。汉语语法正因为它逐步发展、逐渐改善自己的规则，加强自己的表现力，才能达到现在这样丰富、完善和发达的地步。下面就是汉语语法在各个历史时期怎样变化发展的一个概要。其中时代的起止，主要是根据汉语历史发展特点来划分的，它和我国社会史的分期有所不同。

一、上古语法的特点

上古——从殷商至西周是上古前期，从春秋战国至秦是上古中期，西汉是上古后期，东汉是过渡时期。在上古前期，中国社会的发展正由奴隶制度走向封建制度，整个社会的经济及上层建筑都还处在发展中，一方面，作为交际工具的书面语言也正在走向发展的过程中，它的语法构造、表达形式，一般说来，较具灵活性；但从另一方面，又发现它的某些词类和句式都有它的特殊性存在。

（1）词类还没有互相区别开来的语法标志。名词、动词、形容词，往往"一身而三任焉"。那么，这会不会妨碍词性概念的表达呢？不会的，上古汉语里，有的词性一望而知，有的却要受词序的制约。所谓词序，就是词与词之间的关系，词序不同，词性就会改变。例如"树"，在"季氏有嘉树焉"里是名词；在"五亩之宅，树之以桑"（五亩宽的住宅里，都种起桑树）里是动词；在"毋易树子"（别改变已经树立的太子）里又是形容词。又如"善"，在"教人以善"里是名词；在"有善人，有不善人"里是形容词；而在"穷则独善其身"里却是动词了。在上古汉语里，词序重于词性，词性有较大的灵活性。上古前期的卜辞里，已有形容词用作动词的意动用法，也有动词作使动用法的例子[①]。又西周金文里已出现被动式[②]。这些历史特点说明，上古汉语已不是结构简单而是相当发展的语言了。

（2）在上古中期的春秋战国时代，汉语的形容词和副词有一部分已

---

① 参见本部分第十三章第一节和第二节。
② 参见本部分第十五章第350页注①、注②。

具有明显的构词特征,"焉""乎""然"("如""尔""若""而"同)就是经常使用的接尾词,后来在文言中一直沿用了2000多年。名词词头"阿"是在上中古期间的过渡时期东汉产生的。

(3) 上古词类的另一特点是:语气词在前期——殷商时代比较少见,而西周以后才逐渐出现,甚至有在一句之中连用两三个语气词的,如《诗·北门》:"已焉哉,天实为之,谓之何哉!"(算了吧,老天爷要这样做,还有什么好讲呢!)《左传·襄公十五年》:"独吾君也乎哉?"这原因是语气词都只表音而不表义,汉字不是音符,要如实地记录语气本来就有困难,加上殷商时书刻不易,就只好把它省略了。春秋以后,文字上的假借较前发达,所以出现在书面语中的纯粹用字表音的语气词也就多了。

句法方面最突出的特点是:

(1) 词序成为上古语法的重要手段。《左传·宣公二年》:"秦师伐晋"和《左传·襄公十年》:"晋师伐秦",两事绝对不同,宾位和主位是不能挪动的。《公羊传·成公二年》:"齐师大败"和《左传·哀公十一年》:"大败齐师",也是这样,"齐师"在动词前还是在动词后,决定了这个句子是主动还是被动。动词和宾语的词序在上古前期即已很固定。一般句子总是先动后宾,但疑问句和否定句的代词宾语却先置于动词(有少数例外),如《诗·竹竿》:"岂不尔思?"又《击鼓》:"不我活兮。"其中,代词最为特别。在上古前期,凡是代词作宾语的,即使非否定句,宾语也必倒在动词前。如《尚书·大诰》:"民献有十夫予翼。"(有贤人十个来辅佐我。"予翼"即"翼予")

(2) 判断句基本上不用系词,这是先秦语法的又一特点,但同时已经使用"乃""惟""为"来联系名词句的主语和表语,我们姑且称它们为"准系词"。到了战国后期,真正的系词"是"就萌芽了,如《晏子春秋·内篇·谏第二》:"君若欲无礼,此是已。"《吕氏春秋·重言》:"管仲曰:'此必是已!'"

(3) 上古语法的另一特点是:句子的主动与被动,最初基本上没有区别。在"庄公死,子般弑,闵公弑,此三君死,旷年无君,设以齐取鲁,曾不兴师,徒以言而已矣"(《公羊传·闵公二年》)这段内容中,"庄公死"是表示主动的子句,而"子般弑"和"闵公弑"却都是表示被动的,但在形式上三个句子却完全一样,其中的区别是靠意念或词义。"弑"是下杀上,所以是被动句。这是上古前期句式的遗留。但是在西周金文里,新兴的被动式也开始产生。句子的主动与被动已由没有区别到有区别了，这主要是依靠介词"于""为"和词头"见"的继续虚化的作用。

二、中古语法的特点

中古时代——自两晋经过十六国时期至隋唐五代，是封建社会达到相当发展、文学语言日益丰富的时代。在这期间，汉语的语法构造比上古有较大的发展，最突出的就是一部分词已具有自己的语法特征。

上面谈过，名词过去没有什么标志。从东汉起，开始出现作为人名和亲属名词的词头"阿"和另一名词词头"老"。由实词虚化为名词词尾的"子""头""儿"也是在这个时期产生的。尽管如此，这些词头词尾并不是普遍适用于一切名词的。哪些词适用哪个词头或词尾，要取决于语言的习惯。大多数名词只是靠意义和功能而不依靠词头或词尾来显示它们的词性。动词、形容词和其他词类也是这样。这一点和印欧系语言有着明显的不同。

动词在先秦也没有任何语法特征，但是到了魏晋南北朝，开始有动词词尾"着""了"出现。最初，它们的实词性还是很强，到了中古后期的唐代就完全虚化了。它们分别表示动作的进行体和完成体。

副词词尾"地"起源于南北朝，而逐步盛行于隋唐以后。形容词词尾"底"（的）则在唐代《禅师语录》里已经常常使用。

所有这些表明，汉语的词类在东汉过渡时期至中古以后，已经渐渐有了自己的语法特征，加上词的意义和词的功能的稳固化，于是上古那种词类不分的状态，至此已发生了很大的变化。汉语词类特征的产生，主要来源于实词虚化（着），其次是方言的吸收（地），再就是古语词的转化（阿）。

此外，以声调来区别词性，也是中古时期词类分化的又一标志。本来以声调构词是汉语的一大特点，通常是指词汇意义，因此，有人否定以声调区别词性的说法。其实声调构词有两种，应该加以区别：一种是声调不同，而词形、词义都各别的（如：妈、麻、马、骂），这当然只有词汇意义；另一种却是声调不同而词形同，但是词类却是不相同的（如：平声衣，名词；去声衣，动词），这主要不是为了产生新词，而是为了区别词性。[1]

---

[1] 参见周祖谟《因词性不同而变调者》，载《汉语音韵论文集·四声别义释例》，商务印书馆1957年版，第58页。

这种现象之所以出现于东汉时期①，正是因为那个时候，词类已逐渐走向分化。例如东汉郑玄的《周礼》《礼记》《仪礼》注，高诱的《吕览》《淮南子》注，以及服虔、应劭所作的《汉书音义》，其中一字而两音的很多。这些可以认为是古人的词类观念进一步发展的表现。

下面，我们把最常见的例子归纳为三种类型，它们都是前人叫作"读破法"的。其中，有的虽然选自上古作品，但它们的"读破法"却是中古时期才普遍起来的。

（一）平声为名词，去声为动词

丧——《荀子·礼论》："天子之丧（sāng）动四海，属诸侯。"（天子的丧事，要发动天下，召集各侯国）。又："万（物）变（而）不乱，贰之则丧（sàng）也。"（万物变化却有条不紊；如果违反了它，就丧失了礼的作用）

妻——《战国策·齐策》："吾妻（qī）之美我者，私我也。"（我的老婆之所以认为我比徐公漂亮，是因为她对我有私心）《论语·公冶长》："以其子妻（qì）之。"（把他自己的女儿嫁给他）

文——《韩非子·五蠹》："儒以文（wén）乱法。"（儒家用古代经典文献来干扰今天的法制）《荀子·天论》："非以为得求也，以文（wèn）之也。"（指人君在天旱求雨，有事问卜，并不是认为能求得什么结果，而是用以文饰政事）

（二）平声为动词，去声变为名词

缝——《诗·葛屦》："可以缝（féng）裳。"《礼记·檀弓》："古者冠缩缝（féng），今也衡缝。"（古代的帽子是直缝的，现在却改为横的）

传——《荀子·不苟》："名不贵苟传（chuán）唯其当之为贵。"（名不在乎随便传出去，要传得恰当才可贵）又《性恶》："传（chuàn）曰：'不知其子视其友，不知其君视其左右。'"（古书上说过，不了解他的儿子，可以看看他的朋友是什么人；不了解那个君主，可看看他的左右臣下是什么人）

---

① 根据东汉刘熙《释名》有"传，传也""视，观也"的说法，王力认为，东汉时已有一字两读的读破法。王说甚是。

乘——屈原《涉江》："乘（chéng）鄂渚而反顾兮；欸（āi）秋冬之绪风。"（登上鄂渚而回顾祖国，哀叹秋冬的余风还在刮着）《左传·隐公元年》："命子封帅车二百乘（chèng）以伐京（邑名）。"（郑庄公下令子封带领二百辆兵车去讨伐叔段占据的京邑）

操——《左传·襄公三十一年》："犹未能操（cāo）刀而使割也。"（这好比一个人还没用过刀，却让他去切肉呢！）《汉书·张汤传》："汤客田甲，虽贾（gǔ）人，有贤操（cào，操守）。"（张汤的门客田甲，虽然是商人，却有好品德）

（三）平声或上声为形容词，去声变为动词

空——《荀子·富国》："而且有空（kōng）虚乏之实矣。"《诗·小雅·节南山》："不吊昊（hào）天，不宜空（kòng）我师。"〔不好的老天爷，不应该让（坏人）当权，使我们大众穷困！空，使穷乏〕

劳——《荀子·正名》："故穷藉而无极，甚劳（láo）而无功，贪而无名。"（所以如果无限制地使用假名虚辞，必然劳苦而无功，贪得无厌而没有好名声）《左传·宣公三年》："（周）定王使王孙满劳（lào，慰劳）楚子。"

好——《诗·缁衣》："缁衣之好兮。"好（hǎo），形容词。又《彤弓》："中心好之。"好（hào），动词。

恶——《礼记·大学》："如好（hào）好（hǎo）色，如恶（wù）恶（è）臭。"前一个"好"和"恶"，动词，去声。后一个"好"和"恶"，形容词，"好"为上声。"恶"在古代却是入声（乌各切），现代读è，去声。

又，中古时期，还有利用声母交替法来构成不同的词类的，这是读破法的第二种。如：

会——合也，匣母（ɣ），动词；会计的"会"，见母（k），名词。

长——长短的"长"，澄母（ɖ），形容词；长辈的"长"，知母（ȶ），名词。

齐——整齐，从母（dz），形容词；通"跻"：登，升，精母（ts），动词。

期——通"期"（音姬）：周年，见母（k），名词；期会，群母（g），动词。

乐——乐曲，疑母（ŋ），名词；快乐，来母（l），形容词。

以上两种区别词性的现象，直到现代汉语里还是存在的，不过，它始终没有成为普遍规律，只是一部分的词有此特点而已。

中古时期的句法跟上古有四个显著不同的特点：①疑问句和否定句的代词宾语，在上古必先置于动词，战国时已开始出现一些例外。东汉以后，例外发展为正常规则，终于和一般句子结构一样，变为先动后宾。如蔡琰（文姬）的《悲愤诗》"我曹不活汝（你）"。南北朝《小说》"自尔莫敢近之"，倘在上古，应作"不汝活""莫之敢近"了。这种变化之所以发生，可能是由于类化作用的关系，因为宾倒动前的句法在汉语里毕竟是比较特殊的东西，它容易受到先动后宾这个一般句法的类化。②被动式进一步完善。除了沿用"为……所"式以外，"被"字句，如《焦仲卿妻》："同是被逼迫。"就是本期流行起来的新形式。③处置式是在本期产生和完成的。在这以前，宾语和动词的关系及其词序比较单纯。处置式产生于三国，而盛行于唐代，如秦韬玉《贫女》诗："敢将十指夸针巧，不把双眉斗画长。"它使动宾关系打开了一个新局面。宾语，尤其是长宾语，靠着介词"把""将"可以提在动前了。④本期还产生了一个表示复数的代词和名词形尾"们"，也作"门"。如北齐王邵《齐志》："渠们底箇，江左彼此之辞。"这大概是从吴地方言里吸收进来的，是代词用法的一个新发展，为前此所无的。

此外，中古时期由于翻译佛经，还从梵文里传来了一些新的句法。《金刚经》第一句云："如是我闻。"意思是"这是我听来的"，但传统的句法没有这种句子。《百喻经》的第一句却作"闻如是"，显然是译者有意把它汉化的。又佛家的讲唱文学，体裁特殊，它对汉语的文学语言也很有影响。如变文每篇之末，常有"乃为诗曰"或"其诗曰"，这正是明清章回小说里"后人有诗叹曰"的来源。

三、近代语法的特点

自宋元明清至鸦片战争以前，是汉语史的近代时期。这是汉语文学语言日益走向完备成熟的时代。汉语的语法构造和表达形式都比前一时期有更多更大的发展。这个时期产生了不少著名作家、学者。他们运用非常丰富多彩的语言，写下了许多精彩的文学作品，其中记录下来的语言结构和多样化的语言表达手段，给近代以后的汉语打下了坚实的基础。

在这期间，动词词尾"着""了"，形容词词尾"的"，副词词尾"地"，都已经普遍使用，日趋于规范统一。由古汉语发展而来的句末语气词"么""吗""呢""哩""呀"，在近代书面语言里已广泛出现，它们通过典范的文学作品（《水浒传》《红楼梦》《儒林外史》等），推广到全民语言中去，使汉语的书面形式越来越规范了。

近代语法发展表现在句法上的是：

（1）在上古，一般宾语（代词宾语除外）没有先行于动词的，上文已经谈到。中古产生了处置式，宾语可以提到动词前面了。在近代提宾句又增加了一种，是用介词和副词联结成一个特殊的结构"连……也"的，如："连这句俗话难道也不明白？"（《红楼梦》第三十回）。

（2）从近代文学语言中还可以看出复句的特点，它比古汉语有较繁复而精密的结构。看下面的两段文字便知：

  李逵那里答应，睁圆怪眼，拔出大斧，先砍倒了杏黄旗，把"替天行道"四个字扯做粉碎。众人都吃一惊。（《水全》73回）①

  鸳鸯果命人取（杯子）来，刘姥姥一看，又惊又喜：惊的是一连十个挨次大小分下来，那大的足足的像个小盒子，极小的还有手里的杯子两个大；喜的是雕镂奇绝，一色山水树木人物，并有草字以及图印。（《红》41回）

（3）近代汉语的动补结构，在中古原有基础上，又有新的发展。在结构助词"得"的后面可以带上一连几个句子，这就使得句子的表现力更强化了，像《水浒全传》第一回就有这样的句子："洪太尉倒在树根底下，唬得三十六个牙齿捉对儿厮打；那心头一似十五个吊桶，七上八落的响；浑身都如中风麻木；两腿一似斗败公鸡；口里连声叫苦。"这里"得"后的五句都是补语。像这样繁复的补语是近代以前所未见的。

---

① 指《水浒全传》，由于本部分《汉语语法史概要》为出版过的书籍，为保持原著风貌，引文书名采用简称形式，全称可参阅结尾"附录"部分，下同，不再一一注明。

四、现代语法的新发展

五四运动以后为现代。汉语从上古发展到现代,就它本身的体系来说,无论词法、句法都已经达到相当丰富、优美的程度。世界上不同类型的语言都有不同的语法特点,汉语不同于印欧系语言,它当然不会有像它们那样复杂的形态,但它也具有它自己的相当完善的语法特点。这些特点,主要表现在三方面。

第一个特点是:新兴词尾的产生。这所谓"新"是一种相对的说法,其实有的新兴词尾本来是古汉语所有,只是到了现代才虚化完成,变为纯粹的后缀,如"者""家""式"等是。有的是借用日译的,如"型""性""化"。新兴词尾的作用是:一方面扩大了词类的灵活性,许多动词都可以接上"者"或"家",使它们名化;另一方面,许多名词、形容词都可以接上"化",使它们动化。同时,这么一来,这些词尾就有使词性明确化的作用,如"老""家""性"是名词的标志,"式""型"是形容词的标志,"化"是动词的标志,都一望而知。

第二个特点是:词尾"的""地"的结构日趋复杂化。现在连词组也可以接上"地",使它副词化,并且可以连续接上几个这样的词组了。这是从宋元词曲里继承下来而到了现代更加发展的一种结构。如:

> 茫茫→白茫茫→白茫茫的
> 冷的→冰冷的→冰冷冷的
> 慢慢地→慢吞吞地→慢条斯理地
> 糊涂→糊涂地→糊里糊涂地
> 坚持不渝→坚持不渝地
> 信心百倍→信心百倍地

第三个特点是:动宾式的动化,在它后面能带上宾语了。这是现代汉语语法的一大特点,在古代固然是绝无仅有,就在近代也还少,只是在最近50年间才发展起来的。例如:

> 动员群众　　投资实业　　关心政治　　评价作品
> 登陆关岛　　出席会议　　注意健康　　安心工作
> 致力革命

这种现象之所以产生，是因为动宾词组的迅速动词化，使原来的宾语词素化，成为双音节动词不可分离的部分，因而失去原有的功能，要求另带宾语了。

由此可见，汉语的词类特征，已经从上古不明显的状态，逐渐发展为现代较明显的状态，虽然它并未成为普遍规律，虽然不少的词仍然保持着它们的灵活性，但汉语已经具有词类特征，这是肯定的。当然，这里的特征并不就是形态，它和印欧系语的形态是有所不同的，我们绝不能以印欧系语的形态来衡量它们。而资产阶级汉学家马伯乐竟说什么汉语没有语法范畴和词品乃是绝对的，汉语的词既不是名词，也不是动词，只是一种没有分化的东西。[1] 这种违反事实并且存心污蔑的论断，除了暴露他自己对汉语史的知识贫乏外，丝毫不能说明问题。

就句法来说，现代汉语也比前期有了很大的发展。这个大发展，主要是从五四运动以后开始的。

五四运动是我国新文化由旧民主主义性质变为新民主主义性质的转折点。自此以后，经过1949年新民主主义革命的胜利，以及接踵而来的社会主义革命，自然要求作为交际工具的汉语能够适应这种变革的需要，改善它的语法组织。这是汉语自五四运动到现在获得空前大发展的重大原因。这个原因，推动了汉语内部矛盾的加速变化和发展，像废除文言，改用语体，并大量吸收外国语法成分，就是这个变化、发展的反映。下面就这个时期比较显著的新兴句法举例谈谈。

（一）同时表示复杂时的新句法

汉语表示时间（现在、过去、将来）是要副词的帮助的。这种副词本身能表示时间性，因此，一个句子的谓语通常只能接受一个这样的副词，否则谓语的时间性就会闹不清。汉语史上句子也从来没有同时使用两个时间副词的，特别是表示不同时间性（现在、过去、将来）的副词，更不容许同时出现在一个句子谓语的前面。可是从五四运动以来，却发生了新的变化，居然可以把表现过去时的副词和表现在时的副词结合起来同时使用。这的确是过去所无的新兴句法。如：

---

[1] 参见 H. Maspero. La Langue Chinoise(《论汉语》), 1933.

1. 他们在斗争中已经改造或正在改造自己，我们的文艺应该描写他们的这个改造过程。(《毛泽东选集》806 页)①

有时同时使用表示动作完成体的"了"和现在时的副词来达到这个目的，或者在副词后面再加进行体的"着"来表现复杂的时态。

2. 建立了或正在建立民进的共产党人和各抗日党派及无党无派的代表人物合作政府，亦即地方性的联合政府。(又 946 页)
3. 我们党在自己的二十四年奋斗中，克服了和正在克服着这些错误思想，使得我们的党在思想上极大地巩固了。(又 995 页)
4. 1942 年和 1943 年，两年先后开始的带着普遍性的整风运动和生产运动，曾经分别地在精神生活方面和物质生活方面起了和正在起着决定性的作用。(又 1007 页)

本来"了""着"都只表体（完成体、进行体），而不表时，但像例 2—4 那样的句子，"了"受着后面副词的影响，却具有明显的表过去时的作用。这是句法上的一种新的变化。这种句子在表达上的效果也很好，它毫不费力地把单纯谓语变为复杂谓语，把单纯的时态变为复杂的时态。同时，它还有使句子更加精密化的作用，因为它可以确切地表示某种行为在过去或现在的状态。

（二）两个助动词同时使用的新句法

助动词（"可以""应该"等）的传统用法是放在动词前面，和动词共同组成合成谓语，它本身是合成谓语的一部分。因此，助动词通常只用一个（如"可以做""应该说"）就成了，罕见有连用两个以上而超过它后面的主要动词的数目的。五四运动以后的新句法却打破了这个限制，可以在一组合成谓语中连用两个助动词。如：

5. 在民主革命阶段内，国内阶级间、党派间、政治集团间的矛盾和斗争是无法避免的，但是可以而且应该停止那些不利于团结抗日

---

① 这里《毛泽东选集》例子所注阿拉伯数字，指《毛泽东选集》1969 年横排一卷本页码。

的斗争……（又 240 页）

  6. 但是，这种矛盾，这种不同的要求，在整个新民主主义的阶段上，不会也不应该使之发展到超过共同要求之上。（又 957 页）

  例 5 原来包含两层意思："可以停止那些不利于团结抗日的斗争"，也"应该停止那些斗争"。同样，例 6 也包含"不会使之发展到超过共同要求之上"和"也不应该使之发展到那样"两层不同的意思。现在把两层意思都拼在一起，用"可以而且应该""不会也不应该"这种新句式，和谐地融合为一句，既合乎语言精练的原则，又使句法多样化和严密化了。

  （三）新兴的并列谓语句

  在上述两个助动词连用的结构中，只有一个主要动词，意思虽然复杂了，句子毕竟还是单谓句。但是它也可以变成并列谓语句，不过，不是一般的并列谓语——那种并列是两个不同谓语的并列，而是同一谓语的并列——一个带助动词，一个不带。这多半是否定句，偶然也有肯定句。如：

  7. 鲁莽的专凭热情的军事家之所以不免受敌人的欺骗……就是因为他们不知道或不愿意知道任何军事计划，是应该建立于必要的侦察和敌我情况及其相互关系的周密思索的基础之上的缘故。（又 164 页）

  8. 鲁莽家不知改变，或不愿改变，只是一味盲干，结果非碰壁不可。（又 164 页）

  9. 它取得了和可能取得数百万产业工人，数千万手工业人和雇佣农民的同意……（又 957 页）

  这种并列谓语的特点就在于同一谓语的并列，而不是不同谓语的并列，它是以单句达到复句的效果。

  （四）复杂的连动结构

  几个动词或动词性词组连用的句式，是汉语本有的句法，它在上古已经产生，而在中古和近代汉语里是普遍存在的。但是，过去这种句式，一般说来，它的连动结构还不算复杂，而且没有连用几个动词共管一个宾语的。如：

10. 吾尝跂而望矣，不如登高之博见也。（《荀·劝学》）
[我曾经踮着脚往远处看，还不如登攀高处能够博览世界嘛。]
11. 项庄拔剑起舞。（《史·项羽本纪》）
12. （苏峻）将至吴，密敕（命令）左右，令入（阊）门放火以示威。（《世说·规箴》）
13. 忽见袭人招手叫他。（《红》25回）
14. 我少不得忍着下去取来。（又53回）

到五四运动以后，连动结构渐渐复杂起来，往往一个句子一连用上三个或四个以上的动词或动词性词组，有时还让几个动词共管一个宾语。这也在《毛泽东选集》里表现得最为突出。现代文学作品里也有不少这类句子。如：

15. 这就需要我们和全国人民更大地发展抗日和民主的运动，进一步地批评、推动和督促国民党，团结国民党内主张和平、民主、抗日的分子，推动动摇犹豫的分子，排除亲日分子，才能达到目的。（《毛泽东选集》235页）
16. 中国的革命的文学家艺术家，有出息的文学家艺术家，必须到群众中去，必须长期地无条件地全心全意地到工农兵群众中去，到火热的斗争中去，到唯一的最广大最丰富的源泉中去，观察、体验、研究、分析一切人，一切阶级，一切群众，一切生动的生活形式和斗争形式，一切文学和艺术的原始材料，然后才有可能进入创作过程。（又817-818页）
17. （有翼）说着跑过去握着玉梅的腕又写了一个，果然写得好一些。（赵树理《三里湾》）
18. 如果不是二十五年前习武骑马跌伤了腿……（茅盾《子夜》）

这些句子的特点是：①一个主语发出连续性的动作，它不同于并列结构；②几个动词互相联系而且互相依存、互相制约，它们的语序一般是不能调动的；③连动式中又有连动。由这些特点构成的连动式，使汉语的句法大大地复杂和精炼起来，日趋于严密化。

（五）复杂的修饰语

所谓修饰语，包括修饰名词的定语和修饰动词的状语。这两种修饰语在上古时期是很简短的。中古时期的修饰语已经比较复杂了一些，但基本上还是以简短为主，像下面这种带有较长的名词修饰语的句子毕竟是属少数，至于长状语根本就没有。（下面句中有～～的表示修饰语，有·的是中心词）

19. 于是遂使吏尽灭春申君之家，而李园女弟初幸春申君有身而入之王所生子者遂立。（《史·春申传》）
20. 杂兵器弓矢旌旗刀剑矛楯弓服矢房甲胄之属，瓶盂簦笠筐筥锜釜饮食服用之器，壶矢博弈之具，二百五十有一，皆曲极其妙。（韩愈《画记》）
21. 况禹迹所揜扬州之近地，刺史县令之所治，出贡赋以供天地宗庙百神之祀之壤者哉！（韩愈《祭鳄鱼文》）

近代白话小说里渐渐有一些复杂的名词定语，长长的状语还是罕见的。如：

22. 敝府管下黄泥岗上一伙贼人，共是八个，把蒙汗药麻翻了北京大名府梁中书差遣送蔡太师的"生辰纲"军健一十五人。（《水》17回）
23. 莫不是人叫他三寸丁谷树皮的武大郎？（又23回）
24. 袭人也把打发宋妈妈给史湘云送东西的话告诉了宝玉。（《红》37回）
25. 彼时贾母又命将祛邪守灵丹及开窍通神散——各样上方秘制诸药，按方饮服。（又57回）

五四运动以后的现代汉语和上述各例有很大的不同。在这期间，纷繁的社会现象,复杂而多样化的新思想,都不是此前任何历史时期可以相比的,加上受到西方语言方面的积极影响,汉语也就相应地要求复杂而严密化的结构了。像下面带着那么复杂的定语或状语的长句子,是五四运动以后才盛行起来的:

> 26. 著《欧洲战役史论》,主张德国必胜,后来又主张对德宣战的政客,也只得跟着人家凑一凑热闹……(李大钊《布尔什维克的胜利》)
> 27. 在世界资本主义战线已在地球的一角(这一角占全世界六分之一的土地)崩溃,而在其余的角上又已经充分显露其腐朽性的时代,在这些尚存的资本主义部分非更加依赖殖民地半殖民地便不能过活的时代,在社会主义国家已经建立并宣布它愿意为了扶助一切殖民地半殖民地的解放运动而斗争时代,在各个资本主义国家的无产阶级一天一天从社会帝国主义的社会民主党的影响下面解放出来并宣布他们赞助殖民地半殖民地解放运动时代,在这种时代,任何殖民地半殖民地国家,如果发生了反对帝国主义,即反对国际资产阶级,国际资本主义的革命,它就不再是属于旧的世界资产阶级民主主义革命的范畴,而属于新的范畴了。(《毛泽东选集》628页)

例26的中心词是"政客",前面用3个动宾词组做定语。例27叠用4个表示时间的状语"在……时代",然后再用第五个"在这种时代"作为前面4个状语的概括。其中每一个状语都很复杂,例如第一个状语"在世界资本主义战线已在地球的一角(这一角占全世界六分之一的土地)崩溃,而在其余的角上又已充分显露其腐朽性的时代",如果把"在"和"的时代"去掉,便是一个包含有两个分句的复句。其他3个状语也包含有长句子。像这样复杂的定语、状语,在五四运动以后,特别是自从中华人民共和国成立以后,大量地出现了。这显示着汉语的句法日益向着严密化发展,现在已经达到了十分完备的阶段。

此外,五四运动以后,汉语还从外语中吸收了一些新的语法成分来丰富自己。如"主要的是因为……""有……必要""基本上"等,就都是从外语翻译吸收过来的。

上编　词类的发展

第一章　名词的发展

第一节　上古物体范畴的产生和发展

上古汉语对物体范畴的表示法，主要在于词的意义和语法功能，此外没有什么形态。现存甲骨文中有一部分词（绝大多数属于基本词汇），它们的名词性，从意义上看，是很明显而不用怀疑的。物名如"天""地""山""水""木""石"，方位名如"东""南""西""北""中"，亲属名如"祖""妣""父""母""兄""弟""女""子"，等等。这些名词的共同的语法功能是，充当句子的主语或宾语，前面并且可以接受定语的修饰（如《尚书·盘庚上》："天其永我命于兹新邑。"），这一点直到现在也没有什么例外。

还有一部分词，原来是名动不分的，但后来有了符号（字形）上的区分。在名动不分的时期，很难说哪是本义，哪是派生义，哪是什么词类。例如，《尚书·盘庚上》："王命众悉至于庭。"这里的"庭"通"廷"，是朝廷，名词。而西周的《毛公鼎》有"率怀不廷方"句，《左传·隐公十年》也有"以王命讨不庭"的说法，这里的"廷"或"庭"又是动词了，"不廷"或"不庭"就是不来朝，"不廷方"是说不来朝之国，是动词作名词的修饰语，也可以说是名词修饰名词。又如《尚书·多方》："今尔尚宅尔宅，畋尔田。"（畋，作田）这些都是名动不分的典型例子。下面再举一些例子，它们都只能从句子意义上去分别它们的词类：

名词"田""鱼""禽"：

1. 邛方侵我西鄙田。(《菁》2)①
[邛方,对当时边境少数部族的称呼,下句土方同。鄙,边境。]
2. 土方牧我田十人。(《菁》6)
3. 大田多稼。(《诗·小雅·大田》)
4. 大隻(获)鱼。(《珠》760)②
5. 南有嘉鱼。(《诗·小雅·南有嘉鱼》)
6. 田有禽。(《易·师》)

动词"田""鱼""禽":

7. 皋③往田,不来归。(《甲》3479)④
8. 曾孙田之。(《诗·小雅·信南山》)
9. 贞众有灾。九月,鱼。(《前》5)⑤
10. 智伯亲禽颜庚。(《左·哀23》)

但是就在甲骨文里,已经开始从符号(字形)上把名词与动词区别开来。例如,"打鱼"这个行为亦作"渔",以别于名词"鱼"。

11. 贞林其毕,九月渔。(《前》6)

不过,这种例子还很少,西周以后才渐渐多了。例如:

12. 以佃以渔。(《易·系辞下》)
13. 是我兵未出而劲韩以威擒。(《韩·存韩》)

可以说,在汉字初创时期,古人对于名词的概念和动词的概念已经萌芽,还属于少数的形声字,显然是作为反映行为概念而产生的。但因受着

---

① 罗振玉:《殷虚书契菁华》,1914年影印本,下简称《菁》。
② 金祖同:《殷契遗珠》,上海中法文化出版委员会1939年影印本,下简称《珠》。
③ 皋:《说文》无此字,疑为人名。
④ 董作宾:《殷虚文字甲编》,商务印书馆1948年版,下简称《甲》。
⑤ 罗振玉:《殷虚书契前编》,载《国学丛刊》1911年石印本,简称《前》。

文字结构的限制，汉语始终没有由此而产生像印欧语系那样的语法形态，而是始终以它的功能为主。

第二节　近代以前的名词前加成分

上古汉语还没有像现代汉语那样的名词前加成分——词头，但是有一些类似词头的虚词，古人管它叫"发语词"。例如：

1. 何忧乎驩兜（部落名），何迁乎有苗（部落名）。（《书·皋陶》）
2. 亮采有邦。（同上）
3. 盘庚迁于殷，民不适有居。（又《盘庚上》）
［盘庚迁移到殷地，人民不喜欢这新居。］
4. 投畀有北！有北不受，投畀有昊。（《诗·小雅·巷伯》）
［把那坏人扔到北方去，北方不要，就扔给上帝吧。］
5. 笾豆之事，则有司存。（《论·泰伯》）
［关于祭祀的事情，自有主管的官吏在。］

远在上古前期，已经有许多国名、部落名和姓氏的前头接个"有"字，如"有虞""有夏""有周""有仍""有鬲""有扈""有莘""有熊""有穷""有巢氏"，等等。"有"似乎像是名词词头。其实，还不就是现在所谓的词头，因为它并不普遍地适用于一切名词，而且在秦以后已经没有这种用法（个别仿古者不计）。那么，这个"有"到底是个什么东西呢？从上例来看，它可以接在专有名词之前，也可以接用于普遍名词（有司、有北），似乎和名词的关系最密切；但是上古的形容词前头，也可以接"有"，如：

6. 四牡有骄，朱帻（fén）镳镳。（《诗·卫风·硕人》）
7. 鲁道有荡，齐子岂弟（恺悌）。（又《齐风·载驱》）
［鲁国的大道宽又平，文姜和乐可亲。］
8. 桃之夭夭，有蕡（繁盛）其实。（又《周南·桃夭》）
［那娇艳的桃花，结的桃子多么繁盛。］

这样看来，"有"既可以接在名词前头，也可以接在形容词之前，如果只从词类上去研究它是哪一词类，是徒劳无益的。我们不妨从句法结构上去观察，便可以发现两个特点：第一，例1和例3，各有两个子句，每句均五个音节；例2、4、5、6、7、8，均四字成句。"有"在这些子句里都有足句的作用。此其一。第二，"有苗"在别处也作"三苗"（《尚书·尧典》："放驩兜于崇山，窜三苗于三危。"），"有荡"也作"荡荡"（《尚书·尧典》："荡荡怀山襄陵。"），可见"有"在这些地方又有足词的作用。无论用于足句或足词，"有"都不是必需的，而只是临时凑数的虚字，跟语言学上所谓词头不能相提并论。说它是语助词，倒是恰当的。类似这样的还有个"维"，也不是词头。试看下面的用例。

9. 维叶萋萋，黄鸟于飞。（《诗·国风·葛覃》）
[葛叶长得茂盛，黄鹂翩翩飞翔。]
10. 维鹊有巢，维鸠居之。（又《召南·鹊巢》）
[鹊儿筑好窝，斑鸠占住它。]
11. 维此王季，帝度其心。（又《大雅·皇矣》）
[这位王季，上帝使他心中有数。]
12. 维三代尚矣。（《史·自序》）
[夏商周三代的历史是很久远的了。]

此外，先秦还有国名"於越"和"句（勾）吴"，人名"勾践"（也作"句践"），其中"於""句"（或作"勾"，读gōu），均无意义，似乎有点像词头"阿"之类，但这只是方言中的个别现象，仍然不算是词头。

比较能够说是名词词头的，是见于上古而成熟于中古时期的"阿"和"老"。"阿"（a）是人名和亲属称呼的词头，最早见于汉代。《日知录》卷三十二说："《隶释·汉殷阮碑》阴云：'其间四十人皆字其名而系以阿字，如刘兴阿兴，潘京阿京之类'。"可见人名前面接"阿"，在东汉时代已经盛行。又《汉武故事》记武帝的后名"阿娇"。按《汉武故事》虽然有人疑为伪书，但查《世说新语·文学》"殷中军见佛经云"条刘孝标注已引证《汉武故事》，可见该书在南北朝以前已流行，所记汉武帝后"阿娇"事，证以顾炎武所说，是可以置信的。稍后，有曹操字阿瞒，刘禅字阿斗。东晋则有陶潜诗为证，其《责子》诗云："虽有五男儿，总不好纸笔。阿舒已二八，懒惰故无匹。阿宣行志学，而不爱文术。"南北朝时，在人名前加词头"阿"的，更为盛行。光是《世说新语》一书，就有"王文度弟阿智""孙绰女字阿恒"（《假谲篇》），"阿大（王恭）罗罗请疏""向见阿瓜，故自未易有""阿戎了了解人意"（均《赏誉篇》）。

至于"阿"接在亲属称谓前面的用法，也早已出现于汉代，如《史记·扁鹊传》："故北济王阿母，自言足热而懑。"《正义》引服虔云："乳母也。"汉乐府《焦仲卿妻》里表现得最完备，如"阿母谓阿女""阿兄得闻之""举官谓阿妹"。这诗《玉台新咏》已收录，即使非东汉人作品，然作于六朝以前却可以断言。此外，还见于晋孝武帝太元末京口谣："黄口小儿欲作贼，阿公在城下，指缚得。"可见在亲属名词前接"阿"，由来已久。

又今人常在别人的姓氏前头接"阿"（阿陈、阿黄等），这种用法始见于南北朝。如北魏杨衒之《洛阳伽蓝记》卷四："（韦）英早卒，其妻梁氏不丧而嫁，……英闻梁氏嫁，白日来归，乘马将数人至于庭前，呼曰：'阿梁，卿忘我耶？'"①

词头"老"，是由年老的"老"虚化而来的，最初用于敬称。《论语·述而》："子曰：述而不作，信而好古，窃比于我老彭。"包咸注："老彭，殷贤大夫，好述古事。"如此说可靠，那么，老彭是对彭祖的尊称。其后"老"或用于敬称，也用于自称，多见于战国至两汉的作品。如：

13. 老夫耄矣，无能为也。（《左·隐4》）
[古代八十或九十称耄。]
14. 太后曰："老妇不能。"（《赵策》）
15. 为老妾语陵。（《史·陈平世家》）
[替我告诉陵。]

无论敬称、自称，"老"都还是个半实义词。但在西汉扬雄（公元前53年—前18年）所写的《方言》里已经用作虚化的词头。《方言》八："蝙蝠，自关而东谓之服翼，或谓之飞鼠，或谓之老鼠，或谓之仙鼠。"

---

① 周祖谟校释：《洛阳伽蓝记校释》，科学出版社1958年版，第83页。

魏晋人作的《列异传》:"汝南有妖,常作太守服。……及费长房知是魅,乃呵之,即解衣冠叩头,乞自改变为老鳖,大如车轮。"① 鼠、鳖都无所谓老少,可见"老"是已经虚化的词头无疑。后来它既可以接在姓氏前面,也可以接在物名前面。清代学者钱大昕《十驾斋养新录》卷十九"老"字条云:"今世友朋相狎,呼其姓加以'老'字,亦有本。白乐天诗:'每被老元偷格律',谓微之(元稹):'试觅老刘看',谓(刘)梦得。《北史》:石曜持绢一匹,谓斛律武都曰:'此是老石机杼,聊以奉赠。'是北齐人尝以'老石'自称矣。"

汉语名词词尾的产生,也有它一段历史发展过程。这里要着重讨论的是词尾"头""子""儿"的起源。"头"在上古后期西汉以前一直是个实词。刘熙《释名·释天》:"天,豫司兖翼以舌腹言之,……青徐以舌头言之。"这里"头""腹"对举,自然"头"是个实义词,但这个"头"到底不是人头,而是指舌头,可见它开始虚化了。下面从南北朝作品里举出的例子,其中"头"的意义更为虚化,可以认为是词尾的初期形式,特点是它们多少还有方位的意义。如:

16. 暮至黑水头。(《木兰辞》)
17. 尽日栏杆头。(《乐府·西洲曲》)
18. 帝自提刀立床头。(《世说·容止》)
19. 高高山头树。(《乐府·紫骝马歌辞》)
20. 两桨桥头渡。(又《西洲曲》)

但是在同一时期,即公元5—6世纪的南北朝作品里,"头"也有完全虚化,成为不折不扣的词尾的:

21. 谚曰:"锄头三寸泽。"此谓也。(《齐民·杂说》)
22. 何当大刀头?破镜飞上天。(《玉台新咏》卷10·古绝句)
23. 设七日头或能不死,何为预哭?(《百喻经》上)
24. 伞头亦似有角,团圆下垂。(《伽蓝记》卷5)

---

① 转引自鲁迅辑《古小说钩沉》,人民文学出版社1951年版,第110页。

这 4 个例子的头都不具实义，无疑它们都是词尾。到了宋代，连抽象概念都可以接"头"了，如"一时念头差了"（《京本通俗小说·菩萨蛮》），"蔡京奏道：'献土、纳土，皆非好话头。'"（《宣和遗事·元集》）

词尾"子"产生得更早，它是由小称的"子"演变而来的，在上古时期已经有了一些，如：

25. 童子佩觿（xī）。（《诗·卫风·芄兰》）
[觿，解结子的骨针。]
26. 互乡难与言，童子见。（《论·述而》）
[互乡的人很难交谈，但有个童子却得到孔子的接见。]
27. 存乎人者莫良于眸子。（《孟·离娄上》）
[观察一个人，再好不过的是观察他的眼睛。]

汉代的人已经认为瞳子的"子"是小称，如《释名·释形体》就说："瞳子：瞳，重也，肤幕相裹重也，子，小称也。"小称正是名词词尾"子"的前身。不过，自春秋至两汉，"子"已经不限于小称，有时也接在生物或一般名词事物后面，像现代词尾"子"的用法一样。如：

28. 谚曰："狼子野心，"是乃狼也，其可畜乎？（《左·宣4》）
29. 乌弋有桃拔、师（狮）子、犀牛。（《汉·西域志》）
30. 却与小姑别，泪落连珠子。（《焦仲卿妻》）

中古以后，"子"的用途有了扩大，一般物名后面也可以接上它了。这说明"子"虚化为词尾已完全成熟。例如：

31. 走马上前阪，石子弹马蹄。（《乐府·明下童曲》）
32. 艇子打两桨，催送莫愁来。（又《莫愁乐》）
33. 长樯铁鹿子，布帆阿那起。（又《乌夜啼》）
34. 鸽子满天飞，群雀两向波（逃散）。（又《企喻歌》）
35. 牌子（盾牌）铁裲裆（背心）。（同上）
36. 黄桑柘屐蒲子履。（又《捉搦歌》）
37. 豆子山，打瓦鼓。（又《绵州巴歌》）

38. 刀子钝，可以磨之。（高僧传"杯度"条）

李唐以后，词尾"子"更加发展了。光衣服穿着类就有"花子""衫子""背子""袄子""鞋子""扇子""笠子""拂子""钗子""手帕子""冠子""帽子""巾子"等一大串名称。（分见《中华古今注》卷中和《通俗编》卷三十三）

词尾"儿"的前身也是小称。《说文》："儿，孺子也。"段玉裁注："儿孺双声，引申为凡幼小之称。"《诗·阅宫》："黄发儿齿。"儿即细小之意。但是在汉魏六朝时期，"儿"经常接在名词（或名化词）后面，已经不光是表示小称，而是有词尾性质了。例如：

A. 表小称，有实义的：

39. 上用仓浪天故，下当用此黄口儿。（《乐府·东门行》）
40. 太祖喜将彰须曰："黄发儿竟大奇也。"（《三国·魏》卷19）
［曹操高兴地将着曹彰的胡须说："黄胡子干得出色啊！"］

B. 表轻贱，词义开始虚化，但未全虚的：

41. 田舍儿强作尔馨语！（《世说·文学》）
［乡下人也硬要学别人说这样的话！］
42. 襄阳白铜蹄，郎杀荆州儿。（南朝宋童谣）

C. 不表轻小义，但词义已经半虚的：

43. 不怕弹马蹄，但惜马上儿。（《乐府·明下童曲》）
44. 愁杀行客儿。（同上）
45. 我是虏家儿，不解汉儿歌。（同上）

D. 虚化比较成熟的：

46. 偷儿在此。（《世说·假谲》）
47. 快马常苦瘦，剿儿（劳碌人）常苦贫。（《乐府·幽州马客吟》）

48. 屠苏鄣日复两耳，当见瞎儿作天子。（晋惠帝时屠苏谣）

这里值得注意的是，D 类各例都是在动词后面接"儿"因而名物化的。由此可见，"儿"在南北朝的时候部分半虚化，部分完全虚化，并且有了新的发展：开始作为动词名物化的形态了。到了唐代以后，"儿"作词尾的逐渐普遍起来。例如：

49. 牵来河里饮，踏杀鲤鱼儿。（唐中宗时民谣）
50. 打起黄莺儿，莫教枝上啼。（金昌绪《金缕曲》）
51. 一心专忆外头儿。（《敦变》696 页）
52. 三三结伴趁猧儿。（又 684 页）

在宋元明平话小说里，名词词尾"儿"用得很普遍。如"酒望儿"（《水浒传》第四回作"酒望子"）、"脸儿"（以上见《新编五代史平话》），"你两口儿""曲儿""门儿"（均见于《宣和遗事》）。值得注意的是，《水浒全传》七十四回里的儿化法，不仅有名词"带儿""扣儿""水裈儿"，还有数量词的"些儿""一块儿"。这显示出词尾"儿"化，在南宋、元、明时期，已有了新的发展。

第三节　五四运动以后新兴的名词词尾

现代流行的名词词尾有"家""者""手"三者，来源于古汉语的实词虚化。另外一个"性"却是从日译里借用的。不论来自古汉语也好，或者从外语吸收来的也好，这些新兴词尾都有区别词类的语法作用。现在分述于下：

"家"——在汉语里原有学术流派的意思，最早见于《庄子·天下篇》："其数散于天下而设于中国者，百家之学。时或称而道之。"其后《汉书·艺文志》列举儒家、道家、阴阳家、法家、名家、墨家、纵横家、农家、小说家、兵家等。由此转为指掌握某种专门学识、技能的人，因而有诗家、书家、画家、经学家、今文学家、古文学家等名称；再转为专门从事某种行业活动者，如"商家"，甚至慈善称家，收藏也称家。这说明"家"的词尾的作用在汉语史上是来源久远而且相当普遍的。五四运动以后,"家"继续走向词尾化,并且产生了一批新词,例如"作家""专家""艺术家""革命家""文学家""实业家""政治家""理论家""资本家""工业家""哲学家""科学家",等等。

"者"——在上古有指代作用,本来就是一个不能独立使用却具有结构作用的结构助词。也许可以把它看作一个词尾,因为它经常接在动词或形容词后面,使它名词化。例如"学者"(《孟子》:"北方之学者,未能或之先也。")、"仁者""知者"(《论语·里仁篇》:"仁者安人,知者利人。")、"作者"(韩愈《进撰〈平淮西碑文〉表》:"碑石所刻,动流亿年,必得作者,然后可尽能事。")。五四运动以前,已有"记者""劳动者"等出现。后来受外语影响,"者"的词尾作用更为发展,陆续产生了许多新词,如"帝国主义者""侵略者""剥削者""组织者""鼓舞者",等等。

"手"——原来在古汉语中就有某种技术的专长者的意思,如"画手"(《张彦远·名画记》:"顾景秀,宋武帝时画手也。")、"水手"(《旧唐书·食货志》:"江南百姓不习河水,皆转顾河师水手。")、"篙手"(苏轼《杭州召还乞郡状》:"梢工篙手。")等。五四运动以来,"手"有进一步虚化的趋势,陆续产生"歌手""旗手""坦克手""炮手""多面手"等新词。可见,"手"的词尾化是越来越显著了。

"性"——最初是从日译里吸收过来的名词词尾,后来"性"就完全汉化了,成为汉语里一个相当活跃的构词素,许多带词尾"性"的新词,都是汉语本身产生的。谈到性的来源,却有好些个。英语词尾—ness、—ship、—hood、—ty 等,都可以译"性",如:typicalness 典型性,partisanship 党性,falsehood 虚伪性,possibility 可能性。

第四节 名词的语法特点

上文已经指出,名词的语法功能是:充当句子的主语或宾语,前面可以接受形容词性成分的修饰。这些都是古汉语名词最基本的传统特点。

这里要补充指出的是,汉语的名词还具有这样的历史语法特点:前面一般不能接否定副词"不",但当一个否定性的动宾词组基于修辞的要求,被用作修饰语的时候,往往可以省去其中的动词,使否定副词"不"

直接与宾语结成另一词组。在这种情况下，那名词宾语多半会转化为具有形容性的词语①。这种语法起源于先秦，《论语·为政》有"君子不器"，"不器"是形容词性的谓语，如果补足它的原来结构便是："不若器然，施于一物"（不像器具那样只有一种用场）。古汉语中类似的例子还有：

不毛：其地不生毛（五谷）——不毛之地
不法：强徒不守法——不法之徒
不轨：民不循轨——不轨之民
不君：君失君之道——晋灵公不君
不臣：不守臣礼——有不臣之心
不群：不与群同——卓尔不群

现代汉语的名词前面也不能接"不"，但是有"不规范""不礼貌""不卫生""不道德""不科学"等的说法，这正是古语法之遗。

---

① 也有一部分转化为自动词的，如："毁瘠不形。"（《礼记·曲礼》）形，显露。"若师不功。"（《周礼·夏大司马》）不功，无功。

第二章　动词的发展

第一节　上古动词的特点

　　上文我们曾经谈到，上古前期的动词、名词和形容词往往是合一的。由此我们推知，在远古时期的汉语中，词类是没有什么区别的。但是，在汉字创造到了相当时期，在记录词的概念上，动词和名词，已有所区别。这在甲骨文里是可以约略看出来的。不过，汉语动词之所以为动词，并不是依赖形态来表示，而是表现在它的意义、词序和句子中的语法功能——如充当谓语，可接受副词的修饰，等等。像见于甲骨文的"射""杀""伐""行""去""往""来""食"等，它们的动词性是无可怀疑的。

　　此外，有极小一部分动词，在字形上也和名词有所不同，这就是有关表示动作偏旁（如"扌""刂"等）的形声字。自然，这个并不能同今人所说的语法形态相提并论，但也不能否认它是动词概念的反映。

　　从构词法来说，上古的动词以单音词为主，但也开始出现了一些双音复合的动词［如卜辞里的"来归"（《甲》3342）、"往来"（《通》695）[①]，《诗》《书》和其他典籍中的"陟降""出游""登假""出征""毁坏""逋逃""扑灭""经营"，等等］和双音单纯词（如"颉颃""邂逅""犹豫"，等等）。至于像现代汉语那种动宾式的动词（"动员""注意"），在中古以前却没有出现过。但是，一个单音动词而同时表示动作对象的却有一些，如：聝（guō）——把敌人杀死，并割下他的左耳朵，字亦作"馘"。《说文》："军战断耳也。"《诗·大雅·皇矣》："攸馘安安。"毛传："馘，获也，不服者杀而献其左耳曰馘。"刵（èr）——割去耳朵，刖（yuè）——断足，劓（yì）——割鼻子，髡（kūn）——去发，均是记录古代一种刑罚动作的特殊字（词）。

[①]　郭沫若：《卜辞通纂》，日本东京文求堂1933年石印本，简称《通》。

第二节 动词的词头问题

上古动词也和名词一样,还没有词头或词尾之类的附加成分;但有类似这样的东西,多出现于先秦的韵文里,散文则罕见;而且在汉代以后,已经归于消失。古人把它一律解释为"辞也"或"语助辞",其中较重要的有"言""于""曰""爰""薄""聿"等6个。例如:

言:1. 言告师氏(保姆),言告言归。(《诗·周南·葛覃》)
    2. 翘翘错薪,言刈其楚。(又《汉广》)
    3. 陟彼南山,言采其蕨。(又《召南·草虫》)
    4. 言旋言归,复(返)我邦族①。(又《小雅·黄鸟》)
    5. 既盟之后,言归于好。(《左·僖9》)

这里的"言"都接在动词之前,可不可以看作上古汉语的动词词头呢?不可以。因为动词词头必须是和动词词根连成一体的固定词缀,而"言"却不是这样,它不限于接在动词之前,还可以接在动词或名词之后。这一点很重要,它无异否定了动词词头所必须具有的特点。且看下面的例子:

    6. 星言夙驾,说(读"税",休息)于桑田。(《诗·鄘风·定之方中》)
    7. 寤(惦着)言不寐(睡),愿(想着)言则嚔。(又《邶风·终风》)
    8. 驾言出游,以写我忧。(又《泉水》)
    9. 睠(反顾)言顾之,潸焉出涕。(又《小雅·大东》)

看来,"言"和上文的"有"同样是一种颇为空灵的语助词。因此这

---

① 这里几个例子的"言",毛传郑笺均释为"我",从《诗经》里"言"的其他用法来说,毛郑说很难成立。清儒王引之和马瑞辰也都不以为然。可参阅郭绍虞《试论汉语助词和一般虚词的关系》上、中,载《复旦学报》1959年10月号、11月号。

里值得重新指出，上古汉语的这种成分，不是词的组成部分，而是句的组成部分。它不一定接在动词之前，有时它出现在句中或句末，主要作用是组成这个句子的音节。这就是从前训诂学家所谓的"语助"。《尔雅·释诂》云："言，间也。"指"言"为词与词之间相嵌的东西。我这里给它取个名字，不妨叫它为"词嵌"。不过有时它还有代替某些虚词的语法作用，如例9的"睠言"，《荀子·宥坐篇》引作"眷焉"；《后汉书》卷八十七《刘陶传》引作"睠然""潸焉"。可见，"言"可以因音近而代替"焉""然"（在上古同属元部）。例1—5的"言"又隐然有代替虚词"乃"的作用。倘在两个动词之间，"言"还隐然有代替连词"以"或"而"的作用，如例8是。又《鲁颂》的"醉言舞""醉言归"的"言"也是这样。下面的"于""曰"的语法作用都可以这样看，都不是词头。只是还有个"爰"，前人也把它和"于""曰"同样看待。这却需要重新分析了。

于：《尔雅·释诂一》："于、爰，曰也。"又："爰，于也。"

于：10. 黄鸟于飞。（《诗·国风·葛覃》）
　　11. 王于兴师，修我戈予。（又《秦风·无衣》）
　　12. 王于出征，以佐天子。（又《小雅·六月》）
　　13. 于疆于理，至于南海。（又《大雅·江汉》）
曰：14. 我送舅氏，曰至渭阳。（又《秦风·渭阳》）
　　15. 曰为改岁（过年），"曰杀羔羊"。（又《豳风·七月》）
　　16. 曰归曰归，岁亦莫（暮）止。（又《小雅·采薇》）
　　17. 我东曰归，我心西悲。（又《豳风·东山》）
　　18. 雨雪瀌瀌，见晛（日气）曰消。（又《小雅·角弓》）
爰：19. 爰有寒泉？在浚（浚，邑名）之下。（又《邶风·凯风》）
　　20. 其在高时，旧劳于外，爰暨小人。（《书·无逸》）
　　21. 乐土乐土，爰得我所。（《诗·魏风·硕鼠》）

以上"于""曰"各例的用法，都可以用词嵌解释得了。惟有"爰"字3例，都有实义，需要采用时贤最新的研究成果才行。例19的"爰"，应作疑问代词"焉"（哪里）解；例20的"爰"，应当作连词，训为"于是"；例21的"爰"，也作"于是"（在哪里）解，即应作为介宾词组的用法。①

总之,"于""曰"和"言"一样,并不是动词的词头,而是另外一种前加成分。像例11、12 的"于"就很难把它看作双音节的合成动词的组成部分,它显然是凑成四字格的词嵌之类。例18 的"曰"还有代替连词"而"或副词"则"的作用,不能设想它仍属动词"消"的一部分——词头。

还有"薄""聿""遹",都往往出现在先秦典籍里的动词前。古人训"薄"为发声词;或叫"薄,辞也",或称"语首助词"。其实,"聿""遹"在上古和上述"于"同属云母字,都是音近的无义词嵌。"聿"又通"曰"。《诗·七月》:"曰为改岁。"《汉书》引"曰"作"聿"。例如:

薄:22. 薄汙我私,薄澣我衣。(《诗·周南·葛覃》)
　　　〔汙,去污垢。私,底衣服。〕
　　23. 薄言追之,左右绥之。(又《周颂·有客》)
　　24. 采采芣苢,薄言采之。(又《周南·芣苢》)
　　25. 薄伐猃狁,至于大原。(又《小雅·六月》)
聿(遹):26. 聿修厥德。(又《大雅·文王》)
　　27. 聿来胥(看)宇(屋)。(又《绵》)
　　28. 聿怀多福。(又《大明》)
　　29. 遹求厥宁,遹观厥成。(又《文王有声》)

以上这些在上古类似动词词头的附加成分,绝大部分见于《诗》《书》,而罕用于其他先秦典籍,在中古以后的汉语里更是绝迹。其他新兴的词头也没有。因此,可以说,汉语的动词不论古代任何时候都没有所谓词头的东西。

至于上古动词的形尾(这是采用王力先生说)② 问题,还得分析一

---

① 参见杨伯峻《"爱"字上古作"焉"字用例证》,载《中国语文》1962 年 2 月号,第 67 页。
② 参见王力《关于汉语有无词类问题》,载《北京大学学报》1955 年第 2 期,第 136–142 页;又见《汉语的词类问题(论文集)》第二集,第 47–56 页。

下。上古确实有过一些颇为类似词尾的后加成分，古人管它叫语已词，或叫语末助词，这都是从句法上来说的，当然不是今天语言学上说的词尾，而实际只能说是形尾。其实这种成分在上古诗文中有几种用法，未可一律称为无义虚字，如《诗经》中凡一百二十三见的"止"字，就是一个例子。有些训诂家把它都释为语末助词（如杨树达《词诠》）；有的训"止"为"矣""之""焉"（如裴学海《古书虚字集释》）。众说纷纭，莫衷一是。近年来，古文字学家于省吾先生写了一篇《诗经中"止"字的辨析》（见《中华文史论丛》1963年第三辑），根据古文字形义，对"止""之"之别，做了众人信服的剖析，纠正了历来对它们的误解。下面简单介绍一下于先生的结论。

"止"字卜辞作 ᛁ 或 ᛁ，商代金文作 ᛁ，乃"足趾"之"趾"的象形初文。金文演化作 ᛁ，《说文》误解为"草木出有阯"。"之"字卜辞作 ᛁ 或 ᛁ，从止在一上，一为地，象足趾在地上行动，止亦声，系会意兼形声字。小篆讹作 ᛁ，《说文》误解为"象艸过屮，枝茎渐益大"。隶变作 之，为今楷所本。凡《诗经》中用作"容止"和"止息"之"止"，后世传本均讹作"止"，清代《说文》学家无不知之。作者举出28例：《陟岵》一章的"止"。《终南》一、二章的"止"。《黄鸟》一、二、三章，《墓门》二章，《四牡》四章，《采芑》一、二、三章，《庭燎》一、二、三章，《沔水》一章，《祈父》一章，《正月》三章，《雨无正》二章，《小旻》五章，《甫田》一、三章，《大田》四章，《瞻彼洛矣》一、二、三章，《青蝇》一、二、三章，《绵蛮》一、二、三章，《绵》三章"曰止曰时"、四章"迺慰迺止"；《生民》一章，《凫鹥》五章，《卷阿》七章，《桑柔》三章，《云汉》七章，《振鹭》"我客戾止"，《雝》"至止肃肃"，《访落》"访予落止"，《泮水》一、二、三章，《玄鸟》"维民所止"的"止"：以上均应训为"止息"或"留止"之"止"。

凡《诗经》中用作指示代词和语末助词之"止"，即古文"之"字，后世有的传本讹作"止"。这一点，2000年来的说诗者却无人知之。作者举出两类：①"止"即"之"字用于句首，是指示代词：《公刘》六章的"止基迺理""止旅乃密"的"止"应读作"兹"。②"止"即"之"字用于句末，是指示代词。作者举了11例：《草虫》一、二、三章，《南山》一至四章，《敝笱》一、二、三章，《采芑》一至四章，《小弁》三章，《车舝》五章，《大明》五章，《韩奕》四章，《闵予小子》《敬之》

《贲》的句末"止",应一律释作"之",均是指示代词。此外,作者还举了"止"字应释作语末助词"之"的11例:《采薇》一、二、三章,《杕杜》一、二、四章,《楚茨》五章,《宾之初筵》三、四章,《文王》四章,《民劳》一、三、四、五章,《抑》十二章,《云汉》四、八章,《召旻》四章,《闵予小子》《良耜》的"止":均应释作"之",助词。

于先生以上的分析,大有助于澄清古汉语学者误认"止"为动词词尾的问题。

类似"止"的还有一个"只"字,有时也用在动词后面;但同样,它不是动词固定的后加成分,自然不能算是词尾,只能说是语助。又有一个"思",或冠在句首,或在句中,也是语助之类的东西。

第三节 现代汉语动词语助"了""着"的来源

古代既然没有什么动词词尾,那么,现代汉语的助词却是另一回事了。不过,它们也是由古代动词逐步虚化而来的。这里只谈"了""着"两个已经虚化完成的助词。

"了"——现在经常跟在动词后面,表示动作的完成的"了",是由表示"完了"或"了结"义的动词"了"虚化而来的。《广雅·释诂四》:"了,讫也。"即"完了"的意思。其实表示"完了"的"了",产生的时代比产生在东汉时代的《广雅》要早得多。在西汉王褒《僮约》(公元前1世纪作)里就有这样一句:"晨起洒扫,食了洗涤。""了"即完毕。"了"的这种用法,当然可以肯定是当时活的语言的反映。由前证后,《广雅》所释,也就有了根据,而不是突然而来的。

到了中古时期的南北朝,"了"作为表示完成了的形尾,已经逐渐明显,它经常紧接在动词后面了。如:

1. 禾秋收了,先耕荞麦地,次耕余地。(《齐民·杂说》)
2. 自地亢(仰着)后,但所耕地,随向盖之,待一段总转了,即横盖一遍。(同上)
3. 切(近)见世人耕了,仰着土块,并待孟春。(同上)

与此同时,"了"也有仍然作动词"终了"用的。这只能说"了"

的两种用法同时存在，可不能以后者来否定前者。下面是动词"了"的发展：

4. 仪常规划分部，筹度粮谷，不稽思虑，斯须便了。(《三国·蜀·杨仪》)
5. 天下大器，未可稍了。……官事未易了也。(《晋书·傅咸传》)
6. 纯曰："且有小市井事不了，是以来后。"(又《庾纯传》)

唐代以后，在文学语言中，"了"用作动词后缀即形尾，已经很广泛；但同时也仍可作为表示"完了"义的实词用，一如南北朝时的情形，如：

A. 作动词形尾用的：

7. 且说《汉书》修制了，莫道词人唱不真。(《敦变》71页)
8. 朝臣知了泪摧摧。(又777页)
9. 夫人闻了，又自悲伤。(又774页)
10. 圣君才见了，流泪两三行。(又773页)
11. 说了夫人及大王，两情相顾又回惶。(又774页)
12. 借物莫交（教）索，用了送还他。(《敦煌掇琐·王志梵诗》)
13. 征衣裁缝了，远奇（寄）边虞（隅）。(《敦煌曲子词集》中卷，38页)

B. 作实词"完了"用的：

14. 悲歌已了，更复向前。(《敦变》15页)
15. 拜别以（已）了，唯诺即行。(又362页)

"了"的这两种用法，一直沿用到现在。

"着"——现代汉语表示动作进行体的形尾"着"，最初是一个动词，写作"著"，意思是"附著""著落"。后来它虚化为形尾，紧紧跟在动词后面。下面是"著"的本义用例：

1. 伯棼射王，汰（穿）及鼓跗，著于丁宁（钲）。(《左·宣4》)
[伯棼射楚王，箭穿过车辕，射到鼓架，而落在鼓上面。]
2. 而淮阳之比大诸侯，仅如黑子之著面。(《汉·贾谊传》)
3. 案味甘之露，下著树木；察所著之树，不能茂于所不著之木。(《论衡·是应》)

在中古时期，"著"已经开始分化，一面仍保留本义，一面虚化为形尾，不单独使用，而是紧紧接在动词后面，表示动作正在某种状态中。如：

4. 新买五尺刀，悬著梁中柱。(《瑯琊五歌》)
5. 长文尚小，载著车中。(《世说·德行》)
6. 寄君蘼芜叶，插著丛台边。(《玉台新咏》卷六)

这里的"著"还多少有"附著"的意义，相当于"在"，"载着车中"，就是"载在车中"。这跟现代汉语表示动作进行体的形尾"着"并不完全相同。但是，与此同时，南北朝作品中也有下面这种句子，其中的"著"不但表示动作的进行，而且有些"著"的后面还带着宾语。现代汉语"着"后可接宾语这种句法正是起源于此。例如：

7. 看（地）乾湿，随时尽磨著。(《齐民·杂说》)
8. 切（近来）见世人耕了，仰著土块。(同上)
9. 而诸比丘尼不奉佛教，……贪著五欲，为声香味之所惑乱。(《百喻经》上)

唐代以后，"著"已作"着"，并已经普遍使用，后面可带宾语，也可以不带，和现代汉语的用法是大致相同的。这表示"著"虚化为动词形尾已经完成。例如：

10. 有黑狗出来，捉汝袈裟，衔着作人语，即是汝阿娘也。(《敦变》743页)
11. 卿与寡人同记着。(又54页)

12. 仔细推寻着，茫然一场愁。(寒山诗)
13. 今日踏青归较晚，传声留着望春门（地名）。(王建《宫词》)
14. 物挂着则不倒地。(唐《洞山语录》)
15. 忽然逢着夜叉王。(同上)
16. 总是狱中毒气，吸着和尚化为灰尘处。(同上)
17. 闲凭着绣床，时拈金针，拟貌舞凤飞鸾。(《敦煌曲子词集·倾杯乐》)
18. 记着南唐移树时。(李义山诗)

五四运动以后，产生了一个新兴的动词词尾"化"。它来源于英语——ize 的日译，但是现在已经完全汉化，使用得很广泛，不论名词或形容词，都可以接上"化"使它动词化。如"概念化""公式化""工业化""绿化""军事化""四化"，等等，几乎触目即是。

第四节 动词重叠的起源

汉语多数动词能重叠，从而产生附加的新义，如"说说""笑笑"，有"试"或"一下"的意思，这和单词的"说""笑"，意义有明显的不同。这是汉语动词特有的一种形态，起源很早。《诗·卷耳》："采采卷耳。"毛传说"采采，事采之也"，即采了又采。又《公刘》："于时（是）处处，于时庐旅，于时言言，于时语语。"意思是：在这儿住住，在这儿待下来，在这儿谈谈，在这儿说说。同样的例子，还见于《周颂·有客篇》的"有客宿宿，有客信信"（一宿曰宿，再宿曰信）。可见动词重叠，起源于公元前 6 世纪之前，不过当时还是个别现象罢了。

中古以后，动词重叠的，渐渐多了起来。例如：

1. 还往观消息，看看似别离。(《敦煌曲子词集·长相思》)
2. 在肉团上有一无位真人，常从你等诸人面门出入，未证据者看看。(《临济语录》)

动词重叠的重要发展之一是，结构中间可以插入数词"一"。这在中古后期和近代前期的文学语言里已经常常出现，如：

3. 问问狭路相逢时如何？师便拦胸托一托。(《传灯录》12)
4. 师以脚踢空，吹一吹云："是什么义？"(《传灯录》10)

这里的第二个"托""吹"很像动量词，其实不是，因为"一"并非实义数词，而凡动量词前接之数词都必定具有实义。而且"托一托"与"托托"，"吹一吹"与"吹吹"，语义也没有什么不同，前者只是后者的色彩变化，结构是一样的。

动词的这两种重叠法都一直沿用在现代汉语里，这无须举例了。

在现代汉语里的一个新发展是：双音节动词也可以重叠，并且有的还带宾语，如：

5. 我从此以后要做点慈善事业，积积德，弥补弥补。(曹禺《日出》)
6. 我应该多观察观察这一帮东西。(同上)

第三章　形容词和副词的发展

第一节　上古形容词的词头问题

在先秦文献如《尚书》和《诗经》里，可以经常碰到形容词的前加成分"其"和"丕"，它们很像今人所谓的词头。其实不是，因为它们不但能接在形容词之前或后，也能接在动词的前面。这样灵活的成分，绝不是我们现在所谓的词头，而是和上文谈的"有"一样用于足句或调整语气的语助词。试比较下面的例子：

A. 在形容词前头的：

1. 北风其凉，雨雪其雱（fāng，雪盛貌）。（《诗·邶风·北风》）
2. 击鼓其镗（tāng，鼓声），踊跃用兵。（又《击鼓》）
3. 丕显文武。（《书·文侯之命》）
[光辉的文王、武王。]
4. 汝丕远惟商耇（gǒu，老）成人，宅心知训。（又《康诰》）
[你要深想一下殷商的遗老们，研究他们过去所想所教，从中吸取教训。]

B. 在动词前头的：

5. 蟋蟀在堂，岁聿其莫（暮）。今我不乐，日月其除（去也）。（《诗·唐风·蟋蟀》）
6. 其丕能諴（xián，和洽）于小民，今休（好）。（《书·召诰》）
[王能够和洽治理小民，现在形势很好。]

C. 在形容词后头的：

7. 坎（kǎn，鼓声）其击鼓。（《诗·邶风·击鼓》）
8. 绣（chī，细葛布）兮绤（xì，粗葛布）兮，凄其以风。（又《绿衣》）

上古汉语的构词法有这么一个特点，即叠音词的前或后一音节可以换用虚词，其作用和意义与叠音同。这里例7、8两句正是这样，"坎其"等于"坎坎"，"凄其"等于"凄凄"。可见"其"不是什么词尾，它的作用是代替一个音节的重复。例1、2的"其"在单音词之前，它的作用则是足成四个音节的句子结构。例5的"其"在动词前头，作用和例1、2一样，不同的是彼在形前，此在动前。例4、6的"丕"，似乎和音节数无关，但从整个句子看来，仍有调整语气的作用，此即前人所谓"语助"，上文所说的"词嵌"，而不是词头。

这种类似词头的成分，在春秋战国以后已罕见。

第二节　古代形容词和副词的发展

上古形容词和副词，一般具有共同的语法特点，这就是：①在构词上都有两种重叠法——单词重叠和复词重叠，并且有共同的词尾："然""如""若""尔""而""焉""乎"；②因此，形容词和副词的词形多半是共同的，区别只是在于功能上。同是一个词，用作述语和定语时为形容词，用作状语时则为副词了。例如：

一、单词重叠

单词重叠，在甲骨卜辞里未见，但已出现于《尚书》《诗经》，这是最早见的一种形式，如：

1. 荡荡怀山襄陵，浩浩滔天。（形）（《书·尧典》）
2. 关关雎鸠，在河之洲。（形）（《诗·周南·关雎》）
3. 维叶萋萋，黄鸟于飞。（形）（又《葛覃》）
4. 驱马悠悠，言至于漕（来到漕邑）。（副）（又《鄘风·载驰》）

5. 悠悠南行，召伯劳（láo）之。（副）（又《小雅·黍苗》）
6. 萧萧马鸣，悠悠旆旌（pèi jīng，旌旗）。（形）（又《车攻》）

例 4 的意思是说，"远远地赶着车儿，来到了祖国的漕邑"，可见，"悠悠"是修饰谓语"驱马"的状语，是副词。例 5 的"悠悠"也是副词，修饰"南行"。但例 6 的"悠悠"却不同，它是修饰名词"旆旌"的形容词。后来形容词的单词重叠，在战国时期发展为一个形容词单词后面再加单词重叠的结构，《楚辞》里最常见。如"愁郁郁""莽芒芒""貌蔓蔓""缥绵绵""愁悄悄"（均见《悲回风》）等是。

二、复词重叠

复词重叠，在《诗经》时代已经盛行，历代作品里都不断地涌现着这种结构的新词，有的一直沿用到现代汉语。如：

7. 嘽嘽（tān）焞焞（tūn），如霆如雷。（《诗·小雅·采芑》）
 ［嘽嘽焞焞，形容兵车多，声大。］
8. 战战兢兢，如履薄冰。（又《小宛》）

三、词根加词尾

这种词尾常见的虽有"然""如""若""尔""而""焉""乎"7 个，但从音系上看来，不外两类：一为 n 系，"然""如""若""尔""而"，古声母均为 n，意义同，用法也同，应属同源词尾。"焉"在上古往往代"然"，也该是同属元部字。这一系词尾的基本意义，可以"然"为代表，有"那样"的意思。但后来虚化为纯粹词尾。另一为 ɣ 系，只有一个"乎"。这 7 个词尾，在先秦典籍里是使用得很普遍的，但是其中仍有一些差异，如《诗经》和《庄子》较多用"然"，《孟子》也"然"多于"如"，《论语》和《周易》则"如"多于"然"。《左传》又往往用"焉"。试比较下面的句子：

然：9. 终风且霾，惠然肯来。（《诗·邶风·终风》）
　　　［既刮风，又雨土，他居然光临了。］

10. 好人提提，宛然左辟。（又《魏风·葛屦》）
[提提：形容好人的细腰；宛然：形容她扭捏作态。]
11. 皎皎白驹，贲（bì）然来思。（又《小雅·白驹》）
[骑着白马，他光临了。]
12. 人生天地之间，若白驹之过却（隙），忽然而已。（《庄·知北游》）
[白驹过隙：形容时间过得快。]

"忽然"也作"忽焉""忽而"。如："瞻之在前，忽焉在后。"（《论语·子罕》）"宋忠、贾谊忽而自失，芒乎无色，怅然噤口不能言。"（《史记·日者列传》）"然""焉""而"同源，于此可证。

焉：13. 睠言顾之，潸（shān）焉出涕。（《诗·小雅·大东》）
14. 然而厌（yān）焉（安然）有千岁之国。（《荀·王霸》）
15. 夫狡焉思启封疆以利社稷者，何国蔑有？（《左·成8》）
16. 简公喟焉太息曰：……（《吕·审势》）
17. 禹汤罪己，其兴也悖焉；桀纣罪人，其亡也忽焉。（《左·庄11》）

例13 在《荀子·宥坐篇》引作"眷焉顾之，潸然出涕"。例14 的"厌焉"，他书作"厌然"。《礼记·大学》："见君子而后厌然。"例16 的"喟焉"，《论语·子罕》作"喟然"："颜渊喟然叹曰。"

如：18. 屯如邅如，乘马班如。（《易·屯》）
[困难地艰苦地，骑着马儿盘旋不进。]
19. 色勃如也，足躩如也。（《论·乡党》）
[脸色很矜庄，脚步踏得快。]

例19 的"勃如"，也作"勃然"。《孟子·万章上》："王勃然变乎色。"

若：20. 桑之未落，其叶沃若（润泽貌）。（《诗·卫风·氓》）

21. 今有人于此，驩（欢）若爱其子。(《墨·天志中》)

例21的"驩若"，《左传·昭公五年》作"驩焉"；"君若驩焉好逆使臣，滋敝邑休息，而忘其死，亡无日矣。"《史记·淳于髡质》作"欢然"："朋友交游，久不相见，卒然相觑，欢然道故。"

尔：22. 子路率尔（轻率貌）而对。(《论·先进》)
23. 夫子莞尔（微笑貌）而笑。(又《阳货》)

"率尔"也作"率然"。《后汉书·贾复传》："复率然对曰：'臣请击郾。'""莞尔"也作"莞然"。《后汉书·蔡邕传》："莞然而笑。"

而：24. 突而弁兮。(《诗·小雅·甫田》)
[笺曰：突尔加冠为成人。]
25. 舒而脱脱兮。(又《召南·野有死麕》)
[舒而：舒然，从容不迫的意思。]
26. 俄而（一会儿）可以为其有矣。(《公·桓2》)

"突而""突尔"和"突然"是同词异形。"俄而"即"俄然"："昔者庄周梦为胡蝶，栩栩然胡蝶也，俄然觉，则蘧蘧然周也。"(《庄子·齐物论》)也作"俄尔"："石季龙有一马，尾有烧状，入中阳门，出显然门，俄尔不见。"(《晋书·五行志》)

乎："乎"字早见于卜辞，它的基本意义，可能是纯粹表示一个词的尾音，原来就没有什么实义的。例如：

27. 确乎其不可拔。(《易·乾·文言》)
28. 焕乎其有文章。(《论·泰伯》)

四、词根重叠后加词尾

这种形式，比上述三种似乎产生得较晚，但也不算得很晚，春秋时代已有不少例子，战国就更普遍了。如：

29. 夫子循循然善诱（诱导）人。(《论·子罕》)
30. 硁硁然（成见固守貌）小人哉！(又《子路》)
31. 则吾进退，岂不绰绰然有余裕哉？(《孟·公孙丑》)
32. 始舍（舍）之，圉圉（yǔ）焉，少则洋洋焉，悠然而逝。(又《万章上》)

[那鱼刚放在池里，开头还是呆头呆脑的，一会儿，便活动起来，很快就攒到深水里去了。]

33. 且年未盈五十，面谆谆焉（迟钝貌）如八九十者，弗能久矣。(《左·襄31》)
34. 孔子于乡党；恂恂如（恭顺貌）也，似不能言者。(《论·乡党》)
35. 朝，与下大夫言，侃侃如（从容不迫貌）也；与上大夫言，訚訚（yīn）如（正直不苟貌）也。(同上)
36. 丧事欲其纵纵尔，吉事欲其折折尔。(《礼·檀弓上》)

[丧事要快快儿处理，喜事要从容地办理。]

37. 故骚骚尔（太快）则野，鼎鼎尔（太慢）则小人，君子盖犹犹尔（不慌不忙）。(同上)
38. 曾子曰："堂堂乎张也，难与并为仁矣。"(《论·子张》)

[曾子说："仪表堂堂的是子张呀，别人可不容易同他一起干好事呢！"]

五、词根接叠音词尾

这种词根，它本身就是形容词，加了叠音词尾以后，就比原来的单音形容词更富于形象性。《尚书大传》所传舜将禅位于禹，作《卿云歌》："卿云（五彩祥云）烂兮，糺（纠）缦缦兮，日月光华，旦复旦兮。"其中的"糺缦缦"就是这种形容词。《卿云歌》的真实年代虽不可考，但从《论语》里已有一些这种结构的词，看来这种词产生于春秋以前是可能的。在战国时期的《楚辞》里，带叠音词尾的形容词更是大量使用。后来历代都有新的产生，而《元曲》里所收，尤为丰富。举例如下：

39. 君子坦荡荡。(《论·述而》)

40. 杳冥冥兮以东行（从东行进）。(《楚辞·九歌·东君》)
41. 惨郁郁而不通兮。(又《九章·哀郢》)
42. 彗星光芒长，参参如扫彗。(《汉·文帝纪》)
43. 昏邓邓黑海来深，白茫茫陆地来厚，碧悠悠青天来阔；……俺娘呵，将颤巍巍双头花蕊搓，香馥馥同心缕带割，长挽挽连理琼枝挫。(《西》二本三折)①

以上形容词和副词的五种构词法，都有明显的语法特点，并且绝大部分一直沿用至今，其中只有第三类是部分保留（词尾"然"）。现代汉语"快快儿""慢慢儿""长长儿"的"儿"，即第四类词尾"尔"的直接继承。"尔""儿"在上古本来就是音近字。

第三节 词尾"的""地"的产生和发展

现代汉语形容词词尾"的"和副词词尾"地"是在唐宋时代才通行起来的，它们的前身却是古汉语的"之""者"。章太炎对"的"的语源曾这样解释："今凡言'之'者，音变如丁兹切，俗或作'的'。"又说："今人言'底'言'的'，凡有三义：在语中者，'的'即'之'字；在语末者，若有所指，如云'冷的''热的'，'的'即'者'字。若为词之必然，如云'我一定要去的'，'的'即'只'字。作'底'者，亦与'只'近。"② 章氏的解释基本是对的，但是说得过于简单。"之""者"的演变过程，还得仔细考察分析。

古代形容词的后面可以接介词"之"，也可接"者"，后者略多于前者。后来"之""者"由于音变关系，起了分化，它们的一部分职能，渐渐为较能代表口语的"的"所取代。按古音"之""者"和"的"正是非常接近的。下面例句中的"之""者"都和今天接在形容词后的"的"作用完全相同：

---

① 此指王实甫《西厢记》，王季思校注本，上海新文艺出版社1954年版，第82-83页，简称《西》。
② 章炳麟：《章氏丛书·新方言》，浙江图书馆校刊1933年版。

之：1. 渐渐之石。(《诗·小雅·渐渐之石》)
  [渐渐：崃崃貌。"渐"即后来的"嶄"。]
2. 有杕之杜。(又《唐风·杕杜》)
  [杕，独特貌。有，无义助词。杜，赤棠树。]
3. 夫忿滀（郁结）之气，散而不返。(《庄·达生》)
4. 朕以眇眇之身承至尊。(《史·孝武本纪》)

者：5. 楚楚者茨。(《诗·小雅·楚茨》)
6. 蓼蓼者莪。(又《蓼莪》)
7. 菁菁者莪。(又《菁菁者莪》)
8. 翩翩者鵻。(又《南有嘉鱼》)
9. 皇皇者华。(又《皇皇者华》)
10. 彼苍者天，歼我良人。(又《秦风·黄鸟》)
11. 彼姝（美丽）者子。(又《鄘风·干旄》)
12. 彼茁（茁壮）者葭。(又《召南·驺虞》)
13. 丘何为是栖栖者兴？(《论·宪问》)
  [孔丘为什么这样忙忙碌碌的呢？]
14. 客曰："夥颐！涉之为王沈沈者！"(《史·陈涉世家》)
  ["唉呦，陈涉做了王真阔气！"]

从上列各例看来，"之""者"在这方面的用法，的确并无不同。那么，"之"与"者"是不是可以互相替换呢？照说可以，但实际这样看的人很少。今人唐钺在1934年写的《白话字音考原》①里只举了一个以"之"代"者"的例子：

15. 且有损而后益者，若瘧（疟）病之之于瘧也。(《墨·经说下》)
  [瘧病之，即疟病者。]

这里我们还可以举出上例11的"彼姝者子"，王充《论衡·率性篇》引作"者"，而同书《本性篇》作"之"。既然"彼姝者子"在东汉时代

---

① 见《国故新探》卷二。

可以说成"彼姝之子",可见"之""者"当时的音义一定是一样的。按"之""者"上古均属舌头音,是双声词,双声相转,在古代是常见的事。后来"之""者"演变为"的",也正是这个缘故。其中,"之"和"底""的"更接近,连韵母也是相近的。但是"之""者"最先是演变为"地""底",然后又作"的"的①。

"地"较"底"产生得早,在公元5世纪南朝刘宋时期的作品中,已经出现个别用例。《世说新语·方正》:"使君如馨地(那样地),宁可斗战求胜?"这是较早发现的例子,但不普遍。后来在唐人作品里就常常出现了,宋以后更普遍通行起来。大体说来,用作副词词尾的最多。这表示"地"基本上是副词的标志。

唐代的例子如:

16. 几时来翠节,特地引红妆。(杜甫《陪柏中丞观宴将士》诗)
17. 尔若自信不及,即便忙忙地徇一切境转。(《临济语录》)
18. 直是不出门,亦是草漫漫地。(《洞山语录》)

宋以后的用例如:

19. 平白地为伊肠断。(苏东坡词)
20. 好好地看了,却自生怕怖。(《传灯录》卷18)

"地"偶然也用作形容词词尾,但后来渐渐少了。下例是不常见的:

21. 自己心里黑漫漫地。(同上19)
22. 凛凛地身材七尺五。(《董西厢》1)②
23. 百媚地莺莺不胜悲哭。(同上)

"底"作形容词词尾用,也是在唐代开始的,以后就沿用下来。如:

---

① 参见吕叔湘《论"底""地"之辨及"底"字的由来》,载《汉语语法论文集》,科学出版社1955年版。
② 此据《古本董解元西厢记》1957年古典文学出版社影印本,阿拉伯数字表示卷数。下同。

24. 不错底事作么生?(《洞山语录》)
25. 秪是丑陋底人。(《曹山语录》)
26. 王介甫家,小底不如大底。(王铚《默记》)

宋以后,"的"已规范化,专用作形容词词尾,在《古本董解元西厢记》里,用得最多,和现代汉语的用法已经没有什么不同了。例如:

27. 小颗颗的朱唇,翠弯弯的眉黛。(卷1)
28. 穿对儿曲弯弯的半折来大弓鞋。(同上)

可见"的"是从元代才通行起来的。"的"和"地"属同一语源。元人多半把"地"用作副词词尾,例22、23是例外;"的"作形容词词尾。这种规范用法,现在已为现代汉语所肯定和继承。

五四运动以后,"地"的词尾作用有了扩大。按照宋、元时的习惯用法,只限于在形容词和重叠词后面加上词尾"地",现在却在形容词化的名词甚至在词组后面,都可以加上"地",而把它副词化,如"科学地""艺术地""有规律地""坚持不渝地""信心百倍地",等等。

第四节 否定副词"弗""勿"的演变

有些语法学家认为否定副词"弗"和"不","勿"和"毋"在先秦有严格的区别,"弗"="不……之","勿"="毋……之"①。这就是说,"弗"和"勿"本身包含有代词性的"之",因此它们后面的动词只能是他动词,不能再带宾语;如果带宾语,那前面只能用"不"而不能用"弗""勿"。因此,自动词前面,也只能用"不""毋",而不能用"弗""勿"。这个结论,我们认为只符合先秦的局部的一时的事实,不能概括这两个否定副词在先秦的整个历史情况。

一、先看"弗"字

古音是 pĭwət,和"不"pĭwə 的音原来很接近。难怪在甲骨文里,

---

① 丁声树:《释否定副词"弗","不"》,载《庆祝蔡元培先生六十五岁论文集》。

"弗""不"的用法大部分没有区别。如:

1. 弗受禾。(《粹》900);不受禾。(《粹》901)
[受禾,收成。]
2. 弗其受黍年?(《上》31、11)①;不其受黍年?(《上》31、12)
3. 我弗受年。(《粹》874);我不受年。(《粹》865)

在《尚书》《诗经》里,"弗"和"不"也可以交替,如:

4. 九载绩用弗成。(《书·尧典》)
[鲧治水九年,毫无成绩。]

"成"自动词,而前面用"弗"。《史记》作"九岁功用不成,可见在西汉人看来","弗""不"同义。

5. 子弗祗服厥父事,……于弟弗念天显,乃弗克恭厥兄。(《书·康诰》)
[做儿子不服侍父亲,……做弟弟的不顾天伦,不尊敬哥哥。]

这里3个"弗"后面的动词"服""念""恭"都是带宾语的他动词,可见,"弗"等于"不"而不等于"不……之"。

6. 予弗知乃(汝)所讼(争辩)。(又《盘庚上》)
["知"带宾语词组"乃所讼"。]
7. 汝曷弗告朕?(同上)
["告"带宾语"朕"。]
8. 今天降疾,殆,弗兴弗悟?(又《顾命》)
[现在天降疾苦,我已病危,起不来了。]

这里"兴""悟"均自动词,"弗"当然不能等于"不……之"。由

---

① 罗振玉:《殷虚书契后编》卷上,台北艺文印书馆1970年版,简称《上》。

此可见，在先秦较早的文献里，"弗""不"没有语法上的区别。但是，语言总是会变化的，后来春秋战国时代的作品，"弗"的确往往等于"不……之"。例如：

9. 以是为不恭，故弗却也。(《孟·万章下》)
［弗却＝不却之］
10. 辞顺而弗从，不祥。(《左·文14》)
［弗从＝不从之］
11. 治而攻之，不祥莫大焉；乱而弗讨，害民莫甚焉。(《吕二十·召类》)
［弗讨＝不讨之］

因此，《公羊传·桓公十年》何休（东汉末年人）注云："弗者，不之深也。"意谓"弗""不"有别。不过，就在春秋战国时代，"弗""不"既可以相区别，也仍有不加区别的，因为有不少句子"弗"后仍带有宾语可证。如《论语》里既有《雍也篇》的"亦可以弗畔矣夫"（畔，自动词），又有《八佾篇》的"女弗能救与？"（"弗"后隐然带宾语"之"）其他典籍中也有"弗"后带宾的用例。

12. 秦王以公孙郝为党于公而弗之听。(《韩策》)
13. 虽与之俱学，弗若之矣。(《孟·告子上》)
14. 故其好之也一，其弗好之也一。(《庄·大宗师》)

以上3例，"弗"后均带宾语代词"之"。既然"弗"后仍然可带"之"，可见"弗"本身不可能包含有"之"。因此，当时"弗""不"的区别并不是语法的规律现象。

汉以后的情况还是这样，有的"弗"和"不"有区别，"弗"后不带宾语，如：

15. 智诚知之，决弗敢行者，百事之祸也。(《史·淮阴侯传》)
16. 陛下虽得廉颇，李牧，弗能用也。(又《冯唐传》)

有的"弗""不"并没有区别,"弗"后仍带宾语"之",如:

  17. 王公由之,所以一天下臣诸侯也;弗由之,所以捐社稷也。(又《礼书》)
  18. 长安中诸公莫弗称之。(又《魏其武安侯列传》)

以《史记》一书,而同时有两种情况存在,那么,要说"弗""不"一定有语法上的区别就困难了。所以中古以后,"弗""不"又恢复到最初的用法,完全可以交替,而且,"不"渐渐取"弗"而代之,除了仿古主义的文学语言以外。

二、再看"勿"字在历史上的情况

"勿"古音 mǐwət,与"毋"(无)音 mǐwə 也很接近。"勿"是禁止词,"毋"也是禁止词。到底这两个词的用法在上古有没有区别呢?"勿"是否等于"毋……之"呢?这也和"弗"一样,在上古前期的文献中,"勿""毋"没有区别,春秋战国时代有区别,但只是局部现象①。汉魏以后仍然没有区别。例如:

  1. 勿用非谋非彝(yì)。(《书·康诰》)
  [不要采取错误的计划和不合法的措施。]
  2. 勿替敬典。(同上)
  [不要废除礼典。]
  3. 勿庸杀之。(又《酒诰》)
  4. 式勿替有殷历年。(又《召诰》)
  5. 公勿替刑。(又《洛诰》)
  6. 制彼裳衣,勿士(事)行(衡,通横)枚。(《诗·豳风·东山》)

同时也可以用"无"(毋),意义和"勿"没有明显的不同。例如:

---

① 参见吕叔湘《论毋与勿》,载《汉语语法论文集》,科学出版社 1955 年版,第 73 页。

7. 无虐茕独，而畏高明。(《书·洪范》)
[《史记》作"毋侮鳏寡"。]
8. 无我怨。(又《多士》)
9. 无此疆尔界。(《诗·周颂·思文》)
10. 无思远人，劳心忉忉。(又《小雅·甫田》)
11. 无忝尔所生。(又《小雅·小宛》)
[要无愧于你的先人。]

以上1—6各例"勿"后均有带宾语的他动词，7—11各例的"无"后的动词也带有宾语。这里"勿"和"无"的用法可以交替。这说明在上古的文献中，"勿"不等于"毋（无）……之"。这种语法形式沿用至春秋战国时代。如：

12. 百亩之田，勿夺其时。(《孟·梁惠王上》)
["勿"后带宾。]
13. 能全天之所生，而勿败之，是谓善学。(《吕四·尊师》)
["勿"后带宾。]
14. 稼欲生于尘而殖于坚者，慎其种，勿使数，亦无使疏。(又《二十六·辩土》)
[这里"勿""无"对举。]
15. 已矣，勿言之矣。(《庄·人间世》)
["勿"后带宾。]

上面例14最明显，"勿使数"与"无使疏"同时出现，可见当时"勿""无"已经混同起来，当然，这只是说明它不变的一面，同时我们也必须看到它还有变的另一面。例如下面各句的"勿"里面就含有"之"，略等于"毋……之"①。

16. 取之而燕民悦，则取之；取之而燕民不悦，则勿取。(《孟·梁惠王下》)

---

① 参见吕叔湘《论毋与勿》，载《汉语语法论文集》，科学出版社1955年版，第73页。

[不说"勿取之"。]

17. 子路问事君。子曰:"勿欺也,而犯之。"(《论·宪问》)

[不说"勿欺"。]

18. 齐侯将许之,管仲曰:"……君其勿许。"(《左·僖7》)

[不说"勿许之"。]

19. 赵取周之祭地,周君患之,告于郑朝。郑朝曰:"君勿患也。"(《东周策》)

[不说"勿患之也"。]

汉魏以后,大家公认"勿""毋"已没有什么分别。在现代汉语中,"勿"作为文言成分,仍然偶一用之;但禁止词用得较多的是"莫"。古代"莫"有几种用法,其中作禁止副词,跟"勿""毋"作为同义词的,是开始于汉代,而普遍使用于魏晋六朝。下面是从汉魏乐府中随意摘录的一些例子:

1. 莫以豪贤故,弃捐素所爱;莫用鱼肉贵,弃捐葱与薤。(《乐府·塘上行》)
2. 慎莫使稽留。(又《陇西行》)
3. 君复自爱莫为非。(又《东门行》)
4. 属累君两三孤子,莫我儿饥且寒,有过慎莫笪(挞)答。(又《病妇行》)
5. 遣去慎莫留。(《焦仲卿妻》)
6. 久久莫相忘。(同上)
7. 汝莫愁也,我教汝出。(《百喻经》下)

第四章　人称代词的发展及其变格问题

上古的人称代词，第一人称有"吾""我""卬""余""予""台""朕"等；第二人称有"女"（汝）、"尔""若""而""乃""戎"等；第三人称有"彼""其""之"等。下面分节讨论它们的演变过程及其变格问题。

第一节　第一人称代词的演变过程

"吾""我""卬"上古同属疑母（ŋ）字，是同源词。"余""予"中古音属喻母四，上古和"台"同属余母（d）字。"朕"中古属澄母（d'e），上古音当为定母（d'），和"台""余""予"同属舌头音，应该认为是同源词。这样，上古第一人称大致可归纳为两个系统：即疑母系和定母系。① 但是，两个系统为什么同时存在于上古时代？看来，这可能代表两种部族语或方言，因为同属 d 系的"余""朕"用法同那 ŋ 系的"我""吾"，从殷商的甲骨文、西周金文到春秋前后的许多典籍中都只有差异，可找不到截然不同的格的区别。

现在我们要讨论的是：这几个人称代词到底在上古的用法有没有不同，如有，是否有"变格"的关系。这是多年来还议论未定的问题。瑞典已故汉学家高本汉曾机械地用印欧系语言的现象来解释古汉语语法，断定古汉语代词是有变格的，说"吾"字只用于主格和领格，"我"字只用于宾格；又说"汝"用于主格和领格，而"尔"只用于宾格。② 胡适写过《吾我篇》和《尔汝篇》，把高氏的错误论点加以尽情发挥。③ 我国语

---

① 这是王力先生的观点和拟音（见《汉语史》中册）。我同意他的看法。但如何看待这两个系统的关系，我和王先生不完全一样。
② 参见高本汉《原始中国语为变化语说》，载《东方杂志》1929 年第 26 卷第 5 期。我曾撰文加以批判，文载《中山大学学报》1955 年第 1 期。
③ 胡适的《吾我篇》和《尔汝篇》，载于《胡适文存》第一集。

言学界部分学者对这个问题有的反对，有的含糊其词，有的还比较倾向于"变格"论，认为上古可能有"变格"，后来就没有了。这里必须弄清楚两个问题：第一，汉语不是屈折语，为什么上古一部分代词却有屈折形态（即有变格）？这是可能的吗？第二，代词用法上在某些方言里有差异（例如现今客家话里的代词就有格的现象），并不等于上古汉语的代词就有变格。上古汉语代词之所以存在差异，还需要继续分析研究，找出它的原因。

这里就从历史上的语言事实来着重谈谈第二个问题。

在卜辞中，同时出现的第一人称代词有"我""余""朕""鱼"4个。"我"，没有格和数的分别，主格、领格和宾格，众数和单数，均通用。例如：

主格：1. 甲辰卜，贞：我伐马方，帝受我又？一月。（《乙》5408）
领格：2. 贞：我史弗其□方？（又2347）
宾格：3. 己未卜，争贞：王亥杀我？（又5403）

"余"：用于主格，他格还未发现。例如：

主格：4. 余见它（蛇）在之。（《通》434）
　　　5. 乙丑卜，王，贞余伐猷。（又563）

"朕"：用于主格和领格，还未发现宾格。例如：

主格：6. 戊寅卜，朕出今夕。（《甲录》）①
领格：7. 甲戌卜，余令角帚古朕史。（《粹》1244）

"鱼"：即"吾"的最初假借字，在卜辞中还用得少，已发现的只见主格一例：

---

① 孙海波：《甲骨文录》，河南通志馆1938年版，简称《甲录》。

8. 戊寅卜贞：鱼虫纷自母辛衣。(《前》1304)

看以上例句，同一动词"伐"的主格第一人称，有时用"我伐"，有时也可用"余伐"；同是第一人称领格，或用"我史"，或用"朕史"。可知"余""我""朕"在卜辞中没有语法上的必然区别。如果我们把金文结合起来看，就更可以说明这点。

"我"在金文中，和卜辞一样，三格并用。"余"字在卜辞中只有主格，但在金文中则三格均全，而且"我""余""朕""予"之间，语法上也没有多大分别。如同是"我命令你"这句话，在《令彝》（周成王器）中作"我令女"，而在《师𫲪簋》（周厉王器）作"余令（女）"["余令女（汝）死我家"]。同是"我的命令"这个词组，在《大克鼎》中作"朕令"["克，昔余既令女（汝）出内（纳）朕令"]，而在齐器《叔夷钟》则作"辝（台）命"["女（汝）敬共（恭）辝命"]。同是说"我自己"，有时作"余朕身"[《叔夷钟》："女（汝）台（以）卹余朕身"]；有时亦作"朕余"（晋器《吉日剑》："朕余铭之"）；也可以作"予身"[徐器《义楚锜》："永保怣（予）身"]。而且同在《毛公鼎》（周宣王器）中，前文用"余一人"，后文却用"我一人"["余一人才（在）立（位）……虔夙夕惠我一人"]。也许有人说，这一定是由于主格和宾格有别的关系，主格用"余"，而宾格却改用"我"。但这并不符合事实，因金文中"余"并不是不用于宾格，例如，《宗周钟》："保余小子""降余多福"。在金文中，"朕考""余考""我考"，也完全相通。例如，《克钟》云："用作朕皇祖考伯钟。"《諫簋》云："用作朕文考惠公。"而《召伯虎簋》云："余考止公附庸土田。"同文下段又云："余或至我考我母令。"

金文见"余"不见"予"，屡见"余小子"。《尚书》则见"予"不见"余"，屡见"予小子"，间亦作"台小子"，可见，"余""予""台"实经常互相通假，可以说是一个音的三种词形，和格别并无关系。

在格位方面，"我""余"均三格通用，是没有什么分别的，这在上面已经指出过了。惟"朕"字在卜辞和金文中，只见主格和领格，还未见过宾格，有人因此断定"朕"不用于宾格。这也不然，因为如果我们不把它孤立地来观察，而能联系到《尚书》中"朕"字的用法，便知道"朕"在语法上也和"我""余""予"一样可用于宾格。例如《盘庚下》："尔谓朕曷震动万民以迁。"又上篇"汝曷弗告朕?"其中,"朕"就是宾格。

"吾"字在卜辞中只见"鱼"字主格一例,在金文中也仍不多见,但已由"鱼"变为"盧"或"䰟",也有作"虞"或"吴"的。据王国维《鬼方、昆夷、狎狁考》考释"䰟""盧""鱼"实一字:"古'鱼''吾'同音,故往往假'䰟''盧'为'吾'。"① 根据郭沫若《两周金文辞大系考释》所引宗周一百六十二器,列国一百六十四器铭文,"盧""䰟"只见于三器五次,三主格,两领格。"虞"只见一器一次,领格。兹举例如下:

9. 䰟以宴以喜,以乐佳宾。(徐器《沈儿钟》)
10. 保盧兄弟……保盧子姓。(齐器《子仲羌镈》)
11. 盧以弄壶,盧以匽(燕)饮。(燕器《朹氏壶》)
12. 台(以)乐虞家。(越器《越王钟》)

此外,晋器《栾书缶》铭云:"盧以祈眉寿。"② 把这些合计起来,金文用"吾",不过七次,其中主格四次,领格三次,无宾格。其他较早的古籍,也很少用"吾"作代词的,如《尚书》只两见,一作主格,见伪古文《尚书·秦誓》:"吾有民有命。"但日本古写本《周书》,"吾"作"鱼"。一作领格,见今文《尚书·微子》:"我其发出狂(往),吾家耄逊(遁)于荒。"③ 敦煌本隶古定《商书》作:"我其发出狂鱼家旄孙于荒。"下至战国,《诗经》则完全不见作代词用的"吾"。但据1973年马王堆出土汉墓帛书《战国纵横家书》中,多以"鱼"代"吾"。其中《苏秦自齐献书于燕王章》一篇的后半篇,就有3例。④

总起来说,ŋ系这个第一人称代词有一大特点:它们都是经过几次变化的假借字,在卜辞里最初作"鱼"、作"我"。"我"一直稳定,"鱼"则后来以音变为"盧""䰟""虞",最后才比较定形为"吾"。但就在上

---

① 王国维:《观堂集林》卷十三,中华书局1959年版,第8页。
② 容庚编:《商周彝器通考》下,台湾大通书局1973年版,图803。
③ 孙星衍:《尚书今古文注疏》,中华书局1986年版。
④ 参见马王堆汉墓帛书整理小组《战国纵横家书》,文物出版社1976年版,第11页。

古后期的典籍中，仍多假"鱼"为"吾"。总之，它出现得早，但变形多，用得少，并不普及，它可能是殷商时代 ŋ 系中的一种次方言。"吾"字正因其用得少，故各格并不完全，在金文七次用例中，未见宾格。"吾"是春秋以后才大量使用起来的。在大量使用时期，各格也就全有，没有很大区别了。现在专挑出"吾"字用于宾格的例子如下，其中不但有所谓"倒装"（宾语"吾"倒在及物动词前的），也有"顺装"（在及物动词后面直接用"吾"作宾语的）的：

13. 不吾知也。（《论·先进》）
14. 如有政，虽不吾以（用），吾其与闻之。（又《子路》）
[如果有国政大事，虽然不用我了，我也要参与的。]
15. 子曰："以吾一日长乎尔，毋吾以（用）也。"（又《先进》）
[孔子说："因为我比你们年纪大了一点，没有人会用我的了。"]
16. 何由知吾可也？（《孟·梁惠王上》）
17. 楚弱于晋，晋不吾疾（急）也。（《左·襄11》）
[楚国比晋国弱，晋国不需要急于争取我呢。]
18. 不吾叛也。（又《襄31》）
19. 不吾废也。（又《昭27》）
20. 不吾远也。（又《昭20》）
21. 何不吾谏？（又《哀11》）
22. 我胜若，若不吾胜，我果是也？而果非也邪？（《庄·齐物论》）
23. 吾问焉而不吾告。（又《达生》）
24. 汝服吾也亦甚忘。……虽忘乎故吾，吾有不忘者存。（又《田子方传》）
[服：思念。甚忘：易忘。]
25. 丘虽不吾誉，吾独不自知耶？（又《盗跖》）
26. 厚攻则厚吾，薄攻则薄吾。（《墨·公孟》）
27. 彼若不吾假道，必不吾受也。（《吕览·权勋》）
28. 昔者吾丧姑姨妹亦如斯，未吾禁也。（《礼·檀弓下》）
29. 虽失国，弗损吾异日也。（《谷·桓7》）
30. 武子曰："燮乎！女亦知吾望尔也乎？"（《语·晋语五》）

31. 待吾为子杀之。(同上)
32. 言仁义而不吾毁。(《墨·公孟》)
33. 故辟门除涂,以迎吾入。(《荀·议兵》)
34. 不吾知其亦已兮。(《离骚》)
35. 退静默而莫余知兮,进号呼又莫吾闻。(《楚辞·惜诵》)
36. 哀南夷之莫吾知兮。(又《涉江》)
37. 骄吾以其美好兮。(又《抽思》)
[骄吾,对我骄傲。]

　　从上举先秦群籍的许多例证中,可以看出,第一人称代词"吾""我""余""予""台""朕"并没有什么变格之分,是基本上可以通用的。这里应该特别指出的是"吾"作宾语的用法。像上列25个句子34个"吾"的用例(例14、15、23、24、25、26、27、28各包含2例,24包含3例)中,直接用在动词后面作宾语的就有9个,作介词宾语的有一个,倒装在动词前的有20个,另主语4个。这绝不是偶然现象,它告诉我们,"吾"并没有格位上的限制,可用作主语,也可作宾语,按理说作宾语的还是少数,是例外,但例外绝不会有如此之多。此外,如果"吾"是在兼语式的句子,它也可以充当动词的宾语。如《国语·晋语五》:"女亦知吾望尔也乎?""若俟吾避,则加迟矣"是。

　　中古时期,第一人称代词的变化如下:

　　"余""予"——除仿古作品外,已经少用,一般接近口语的作品(例如《世说新语》)都以用"吾""我"为常,而"我"尤占优势。这是因为语音的演变,"余""予"和口语的距离越来越远。也许因为在华族祖先各部族的融合过程中,原来说"余""予"(d系)的部族语或方言,已经逐渐为说"吾""我"(ŋ系)的部族语或方言所取代,所以"吾""我"系占了优势,尤其是"我",在唐《禅师语录》和宋元以后的民间文学作品里,成为最通行的第一人称。又中古以来的文言习惯,对尊辈不能自称"余""予",这一点也和上古不同。

　　"朕"——上古前期,尊卑都可以自称为"朕",秦始皇起,规定天子独专用"朕"。汉以后沿用。从此"朕"成了阶级习惯语。

　　上古后期,还盛行另一自称代词"身"。如:

1. 予遭天役，遗大解难于予身，以为孺子，不身自恤。(《汉·翟方进传》)
2. 飞据断桥，瞋目横矛曰："身是张翼德也，可来共决死！"(《三国·蜀·张飞传》)
3. 丞相自起解帐，带麈尾语殷（浩）曰："身今当与君共谈析理。"(《世说·文学》)

例1"不身自恤"来源于《尚书·大诰》："越予冲人，不卬自恤。"易"卬"为"身"，可见"身"是第一人称代词，在汉人著作里已经这样使用了。其实"身"在先秦已经用作第一人称，不过还不普遍罢了。"身"的本义是本身，转为自称之词。《尔雅·释诂》云："身，我也。"这表明"身"在先秦已被看作代词，如果不是在《尔雅》以前已经如此，那么《尔雅》的解释就变成没有根据了。先秦的用例，如：

4. 鲁人从君战，三战三北。仲尼问其故。对曰："吾有老父，身死，莫之养也。"(《韩·五蠹》)
5. 且王令三将军为臣先，曰："视卬（孟卬，人名）如身。"是重臣也。(《吕·应言》)
[视卬如身：好好看待孟卬，就好像对我一样。]

近代宋、金词曲里还出现了一个新词"咱"，大概是"自家"二字的合音，所以最初是接在"我""你"后面一起用，成为"我咱""你咱"，即"我自家""你自家"的意思。如：

6. 思量都为我咱呵，肌肤消瘦。(《董西厢》3)
7. 兀的般言语，怎敢着我咱左右。(《董西厢》2)
8. 你咱说谎，我着甚痴心没去就。(《董西厢》2)
9. 你咱实话没些个。(《刘宫调》11)

但是，同时"咱"字也已经单独使用，确指第一人称，如：

10. 咱有服制，谁人敢为做媒？(《新编五代汉史平话》)

11. 教惺惺浪儿每都伏咱。(《董西厢》1)
12. 也是咱运拙时乖。(《阳春白雪》)

不过,"咱"并不是取代了"我",而是和"我"同时并用。直到现在,还是这样。

第二节 第二人称代词的演变过程

"女"(汝)、"尔""若""而""戎"5个代词,上古音为泥母,中古属日母;"乃"则中上古都属泥母,或接近泥母。那么,这几个第二人称代词从上古音系上看,实同出一源。

所以《尚书·盘庚》的"今予将试以汝迁"的"汝","度乃口"的"乃",在《汉石经》中均作"尔"。但是,上面已提到,有人(例如高本汉、胡适等)却从这几个似异而实同的第二人称代词用法里得出结论,说什么"尔""汝""乃"等是有变格的,"汝"用于主格和领格,而"尔"只用于宾格。这是不是事实呢?完全不是。现在且看第二人称代词在卜辞和金文中的情况。最早在卜辞中同时出现的是"女(汝)"和"乃","尔"则未见。"女""乃"同时用于领格,没有分别。"女"还可用于宾格,但主格则未出现。举例如下:

领格:1. 贞:王曰:"医虎国女(汝)史(事),咎受。"(《菁》7)

领格:2. 戊戌卜,㱿贞:王曰:"医虎德,余不急,其合氏乃(汝)史(事)归。"(《菁》7)

宾格:3. 虫王不女(汝)娕?(《乙》3429)

这里"女""乃"同为领格,是没有分别的,故"女史"即"乃史"。这在金文中也得到证明,如《叔夷钟》云:"为女(汝)敌(嫡)寮(僚)。"同器下文云:"遝(及也)乃(汝)敌寮。"不但这样,上古"史""事"同字,故卜辞中的"女史""乃史"在金文中作"尔事""而事"。如齐器《洹子壶》云:"万年无疆御尔事。"《叔夷钟》云:"女(汝)夙夜宦执而(汝)政事。""女史""乃史""尔事""而事"的同时存在，有力地证明，在古代"汝""尔""乃""而"都可以充当领格，并不限于"汝"。我们再从格的分配情况来看，也是这样。在金文中，"汝"作"女"，凡八十五见，作主格的二十三次，宾格六十二次；"尔"凡六见，主格、宾格各一次，领格四次。《尚书》中，"女"凡一百六十一见，主格一〇七次，宾格六十六次，领格八次；"尔"凡一百六十二见，主格二十六次，宾格五十三次，领格八十三次。把金文和《尚书》的情况合而观之，可见"女""尔"都三格通用。金文中的"乃""而"倒是偏用于领格。但这能说在金文中如此，还不能说"乃""而"本身历来就是专为领格而设，而不用于他格的。例如，《尚书·康诰》云："朕心朕德，惟乃知。"这个"乃"就是主格。《论语·微子》云："且而与其从辟人之士也。""而"是主格。《左传·昭公十五年》："余知而无罪也。"这里"而"是宾格兼主格。可见，古代"乃""而"实一音二字，常相通假。如果我们把它们作为两个不同格的词来考察，这是错误的。因此"而"在上例中的职能，实际也是"乃"的职能。另外，殷周时代还产生了一个第二人称代词"若"，也是由"而""乃"音转的同源词。还有个"戎"，见于《诗·民劳》"戎虽小子，而式弘大"，"戎"古声母是 n，可能和今吴语"侬"字是同源词。①

把以上关于第一人称代词"吾""我""余""予""朕"和第二人称代词"汝""尔""而""乃""若"的历史演变情况综合起来看，可以得出一个基本结论：在上古时期，这些代词具有一个共同特点，它们没有形态，即没有格的分别，三格——主格、宾格、领格完全可以通用。这些代词所以同时存在而没有格的分别，主要原因是殷周时代汉字已盛行同音通假，往往一音而数字。东汉郑玄对这个现象曾有过中肯的解释："其始书之也，仓卒无其字，或以音类比方假借为之，趣于近之而已。"（《经典释文》叙引）由于同音假借，它们在经传古籍里，往往同时互见互代（只有个别的是例外，如"吾"和"乃"都少用于宾格）。应该指出的是，这些代词在使用时，情况却是不很一致的，有时某书对某一代词用得多些，有时可能用得少些，或者根本不用而换以别一代词。产生这些现象的原因，绝不是如高本汉和胡适所说的什么由于文法上的格的关系，而可以从以下三方面去说明它。

---

① 章太炎有此说，见《新方言》二。

第一，由于时代先后和地域的不同，故在使用代词时，就可能产生差异。如上文已经指出过的，"吾"字最初用得少。春秋以后就用得普遍些。"朕"字只是《尚书》用得多些，别的古书就比较少见。秦以后"朕"更变成皇帝自称的专用词。又根据郭沫若《两周金文辞大系考释》所列西周一百六十二器，列国一百六十四器，其中"女（汝）"字凡一百三十七见，"尔"只六见，而且"尔"字只限于齐器《洹子壶》和晋器《晋公䤺》（即甗字，音郑，一种瓦器），他国铜器就不用"尔"而用"女（汝）"。

第二，由于各地方言、次方言使用语言的习惯不同的关系，也会产生出差异现象。如古书上习见"我国、我王、我皇、我民"和"吾国、吾王、吾皇、吾民"，而很难发现"余国、余王、余皇、余民"或"予国、予王、予皇、予民"的说法。然而，我们决不可以因此就断定在语法上"余""予"不用于领格。反之，宾格常用"我"而少用或不用"吾"，同样不能因此便断定这是一条规律。可见，纯从统计数去研究语法现象，并不完全可靠。

第三，是由于某书作者的修辞手法的关系。比如《左传》有时很喜欢用"我"，如《成公十三年》记"吕相绝秦"一段话，连用"我"四十三次，三格都有；用"吾"只三次，用"余"只二次。同是《左传》，有时又多用"吾"而少用"我"，如《襄公三十一年》"郑人游于乡校"至"子产是以能为郑国"一段中，用"吾"十七次，三格都有，用"我"只六次。《孟子》有时完全用"予"，如《公孙丑下》"夫尹士恶知予哉？"一节只有121个字，却连用13个"予"，各格均有。《孟子》有些地方又"吾""我"互用，好像有意穿插一样。如在《梁惠王上》，上句说"不得吾心"，下句就说"于我心有戚戚焉"。有些地方又多用"吾"而不用"予"或"余"。如《梁惠王上》"齐宣王问曰"一段就是这样的，但其中比较特殊的是用为宾格的"吾"只有一例罢了。这些都只能看作作者的修辞手法，而和语法上的格位无关。

现在回过头来简单谈谈第二人称代词在中古以后的发展。

"爾"在中古时期，往往简作"尔"，例如《世说新语》唐写本残卷即如此。"尔"又作"你"。《玉篇》："你，乃里切，尔也。"《广韵》里"你"属泥母字止韵。可见"尔"由上古到中古，音义都无大变，只是词形简化为"尔""你"罢了。可以说，"你"是一个保存得比较完全的古

词。在敦煌变文里,"你"是常用的第二人称代词,例如:

4. 你是王法罪人。(《燕子赋》)
5. 你呵,你不闻道……(《茶酒论》)

唐以后的民间文学里,均用"你"为对称代词,一直沿用至今。

第三节 第三人称代词的演变过程

先秦没有专用作第三人称的代词,习惯上常用名词复说法以表达他称,如:"阳货欲见孔子,孔子不见。归(馈)孔子豚。"(《论语·阳货》)遇有需要第三人称代词的时候,则借用指示代词"彼"或"夫"。"夫"和"彼"上古同属帮母,是同音借字,但用法不完全相同。"彼"以用作主语和宾语为常,"夫"则绝大多数用作主语,宾语仅偶一用之。例如:

彼:1. 薄言往愬(告诉),逢彼之怒。(《诗·邶风·柏舟》)
2. 天作高山,大王荒之。彼作矣,文王康之。(又《周颂·天作》)
3. 彼丈夫也,我丈夫也,吾何畏彼哉!(《孟·滕文公上》)
4. 御者且羞与射者比,比而得禽兽,虽若丘陵,弗为也,如枉道而从彼,何也?(又《滕文公下》)
5. 我老矣,彼不死,则我死矣。(《谷·僖33》)
夫:6. 夫焉能相与群居而不乱乎?(《礼·三年问》)
[《荀子·礼论篇》引"夫"作"彼"。]
7. 夫既或治之,予何言哉!(《孟·公孙丑下》)
[他已经办好了,我还有什么好说!]
8. 使夫德而学焉,夫亦愈知治矣。(《左·襄30》)
9. 公曰:"夫不恶女(汝)乎?"(又《襄26》)
["他不讨厌你吗?"]

从上例看来,"彼""夫"基本上没有什么区别。只是"夫"极少用作宾语罢了。此外，上古时期还用指示代词"其"和"之"来作第三人称，汉以后沿用。"其"最初习惯上只用于领格和兼格，战国和秦以后可以用作主格，但不用于宾格。"之"多用于宾格和兼语。例如：

其：10. 爱之欲其生，恶之欲其死？既欲其生，又欲其死，是惑也。（《论·颜渊》）

11. 子谓颜渊曰："吾见其进也，未见其退也。"（又《子罕》）

12. 秦王恐其破壁，乃辞谢。（《史·廉颇蔺相如传》）

13. 父在观其志，父没观其行。（《论·学而》）

（以上兼语）

14. 上明见，人备之；其不明见，人惑之；其知见，人饰之；其不知见，人匿之；其无欲见，人司之；其有欲见，人饵之。（《韩·外储》）

15. 薛公之相魏昭侯也，左右有栾子者，曰阳胡、潘，其于王甚重，而不为薛公。（同上）

［栾子，栾生子。阳胡、潘是栾生子的名字。］

16. 扁鹊曰："其死何如时？"（《史·扁鹊传》）

［"他什么时候死的？"］

（以上主格）

有人认为，"其"在先秦只用于领格，汉魏以后，才有用于非领格的。① 从上面例14、15、16各条看来，并非如此。"其"从晚周至西汉，已经能用于主格了。

中古前期，"其"还可以用于宾格。这是过去所未见的。例如：

17. 可引军避之，与其空城。（《三国·吴·陈登传》）

18. 从子将婚，戎遗其一单衣。（《晋书·王戎传》）

这样，"其"已发展到三格都适用。"其"上古音（g'iə），中古口语作"渠"（g'lwo）。"其""渠"声同韵近，作代词用，实际是同源词。

---

① 参见吕叔湘《汉语语法论文集》"二、非领格的其"，科学出版社1955年版，第181页。

"渠"作第三人称，最早见于《三国志·吴书·赵达传》。

19. 女壻昨来，必是渠所窃。

以后一直流行在方言里。正如《史通·外篇》所说："渠门底箇，江左彼此之辞。"现在广州话仍保留着这个代词，用于第三人称，念（koey）；客家话的第三人称则念（ki）；都是"其"的音转，并且也是三格通用，和中古前后"其"的使用情况完全符合。

之：20. 有巨柳藏也者，非寡人之臣，社稷之臣也。闻之死，请往。（《礼·檀弓下》）
21. 窈窕淑女，寤寐求之。（《诗·关雎》）
22. 窈窕淑女，琴瑟友之。（同上）
23. 易王母，文侯夫人也，与苏秦私通；燕王知之，而事之（指苏秦）加厚。（《史·苏秦传》）

在先秦诸子中，常以"之"代"其"，《荀子》一书，尤其如此；但"之"用于主格的却很罕见，下面是少数例外之一：

24. 立身则从佣俗，事行则遵佣故，之所以接下之人百姓者则庸宽惠，如是者则安存。……之所以接下之人百姓者则好取侵夺，如是者危殆。（《荀·王制》）

现代汉语第三人称代词"他"，是来源很古的古音古词。甲骨卜辞里作 ⌘，象蛇形，原是名词。金文作 ⌘（郑伯匜）。上古穴居野处，人民患它（蛇），故相见常问"亡（无）它"。"亡它"即《战国策·齐策四》："民亦无恙耶？王亦无恙耶？"的"无恙"。后来，它又通佗、他，已由名词变为无定代词，可以代事代物，用例最常见。如，《尚书·秦誓》"断断猗，无他（一作它）技"；他，别的。《诗·鄘风·柏舟》："之死矢靡它。"它，他心。还可以指人。如《诗·郑风·褰裳》："子不思我，岂无他人？"又《诗·小雅·巧言》："他人有心，予忖度之。"又《小雅·頍弁》："岂伊异人？兄弟匪他。"这里所举的"他"，都是"别人"

"别的人"之意。当然还不是像今语"他"那样确指第三人称的代词。

但《左传·昭公五年》有这么两句值得注意："公室四分,民食于他。"杜注："他,谓三家也。"那么,这个"他"是指"他们"了。这可说是"他"用作第三人称代词的最早的可信的例子吧。

战国时代既然可以用"他"来指称第三人称"他们",那么,同理可以证实《后汉书·方术传》所载:"(费)长房曾与人共行,见一书生,黄巾被裘,无鞍骑马,下而叩头。长房曰:'还他马,赦汝罪。'人问其故。长房曰:'此狸也,盗社公马耳。'"这里"赦汝罪"前,显然省去一个主语"我"。整句话就是我、汝、他三方对举,"他"指拟人化的社公,明甚,不能解作"别人"。

三国时代,也可以找到同样的或者说更典型的用例。三国魏人邯郸淳所撰《笑林》:"甲与乙斗争,甲齧下乙鼻。官吏欲断之?甲称乙自啮落。吏曰:'夫人鼻高耳口低,岂能就自齧之乎?'甲曰:'他踏床子就齧之。'"①

后来在晋代小说民歌里渐渐用"他"作第三人称代词了,如:

25. 适来饮他(指颜景)酒脯,宁无情乎?(《搜神记》卷3)
26. 士为将军何可羞,六月重袍披豹裘,不识寒暑断他头。(《乐府·并州歌》)
27. 仙人在郎傍,玉女在郎侧;酒无砂糖味,为他通颜色。(又《圣郎曲》)

南北朝以后的作品,"他"用得更普遍了,如:

28. 雄鸽见已,方生悔恨:"彼实不偷,我妄杀他!"即悲鸣命唤雌鸽:"你何处去?"(《百喻经》下)
29. 有二估客,共行商贾,一卖真金,其第二者卖兜罗绵。有他(他人)买真金者,烧而试之,第二估客即便偷他(指买真金者)被烧之金,用兜罗绵裹。(《百喻经》上)
30. 他自姓刁,那得韩卢后邪?(《晋书·张天锡传》)

---

① 转引自鲁迅辑《古小说钩沉》,人民文学出版社1951年版,第59页。

"他",中上古音都属透母歌韵,读(t'ɑ),跟现在读音没有什么不同。这也是古音古词保存在口语里较完整的一个,只是已由旁指代词变为第三人称代词,同时还保留专指事物的"它"。五四运动以后,受外语有性别的影响,产生了一个代表女性的"她",可是读音不变。

第四节 人称代词复数表示法的发展

上古代词没有单复数的区别,"吾""我""尔""汝""彼"等既可用于单数,也可用于复数。单数不必举例,复数例如:

1. "格汝众。""汝万民乃不生生。"(《书·盘庚》上、中)
[格:来。自营其生为生生。]
2. 帝曰:"咨汝二十有二人。"(又《尧典》)
3. 今王鼓乐于此,百姓闻王钟鼓之声,管龠之音,举疾首蹙额而相告曰:"吾王之好鼓乐,夫何使我至于此极也?"(《孟·梁惠王下》)
4. 先轸曰:"秦不哀吾丧,而伐吾同姓。"(《左·僖33》)
5. 文嬴请三帅,曰:"彼实构(图谋,摆布)吾二君。"(同上)
[请三帅:要求释放被俘去的三个将军。]
6. 以吾一日长乎尔(你们),无吾以也。(《论·先进》)

胡适在《吾我篇》和《尔汝篇》里说上古代词有数的分别,"我""尔"用于复数,而"吾""汝"则是表单数的。我们看了上举各例,可知他又是错了。

自战国以后,表示复数的词如"侪""辈""等""属""曹"等才陆续产生。作用很像词尾,因为它们都不能独用,而必须接在人称代词的后面才有意义。如:

7. 吾侪小人,皆有阖庐,以辟燥湿寒暑。(《左·襄17》)
8. 吾侪小人食而听事。(又《襄30》)
9. 公等碌碌,所谓因人成事者也。(《史·平原君传》)
10. 雍齿尚为侯,我属无患矣。(又《留侯世家》)

11. 我曹言，愿自杀。(《汉·外戚传》)

不过这些表示复数的词都还具实义，都有一批、一辈、一班等意思，"吾辈"即我们这一辈人，"公等"即你们这几位。这和现代汉语表复数的词尾"们"作用相似，但来源和意义是各不相同的。

"们"是中古时期才产生的。它大约是南北朝时吴地流行的方言，上文已经指出过唐人刘知几《史通》卷十六《杂说上》"北齐诸史"条，记述王邵《齐志》的用语云："渠们底箇，江左彼此之词；乃若君卿，中朝汝我（尔?）之义。"在这之前，"们"字没有出现过。但出现之后，并未普遍使用起来。唐人作品里有和"们"语音相当的"弭"或"伟"字①。如：

12. 我弭当家没处得卢皮遐来。(《因话录》卷4)
13. 儿郎伟，重重祝愿，一一夸张 (《司空表圣文集·障车文》)

例13的"伟"是接在名词后面的，可见这个词尾一开始就是代词和名词都适用的。到了宋代，有"懑"（满）、"瞒"（懑）、"门"（们）等各种写法，同时也可以接在名词后面。如：

14. 孙儿懑切记之，是年且莫教我吃冷汤水。(王铚《默记》)
15. 朝廷又不曾有文字交我管他懑。(《挥麈录余话》卷2)
16. 失笑他懑怎撩乱。(《克斋词》)
17. 不因你瞒番人在此，如何我瞒四千里路来？(《齐东野语》)
18. 看他门得人怜，秦吉了。(辛稼轩词《千年调》)
19. 本朝大人门煞怒。(王绘《绍兴甲寅通和录》，《三朝北盟会编》引)

---

① 参见吕叔湘《说们》一文。本节部分例子，采自吕文。

宋元语本有作"每"的。如：

20. 黄巢思量："咱每今番下了第，是咱的学问短浅。"(《五代梁史平话》上)
21. 秀才，你每下第不归故乡？(同上)
22. 教普天下颠不剌的浪儿每许。(《董西厢》7)

在明人小说里，"们"渐渐规范了，用法也很明确，既可以接在代词后面，也可以接在名词后面，表示复数。如：

23. 我这酒，挑上去只卖与寺内火工、道人、直厅、轿夫、老郎们做生活的喫。本寺长老已有法旨，但卖与和尚们喫了，我们都被长老责罚。(《水》3回)

在这里要指出的是，现代北京话第一人称的复数"我们"和"咱们"是有区别的，排除式用"我们"，包括式用"咱们"，也可以用"我们"。但在宋元时代还没有这种区别，复数词尾"们"的用法也还不规范，有时单数也用"每"(们)，像上面的例20、21就是如此。再看看下面的例子：

24. 黄巢道："……咱每寒酸贫儒，纵有行如颜、冉，文如班、马，也不中选。看来只好学取长枪大剑，乘时作乱，较是活计。咱每贫儒，处这乱世，饥来有字不堪餐……"(《五代梁史平话》上)
25. 黄巢大怒曰："当初咱每与明公共立大誓，横行天下。"(同上)

例24是黄巢对朱五经说的话。朱五经是开设学馆的老儒生，黄巢所谓"咱每寒酸贫儒"，当然可以包括对方(朱五经)。但是例25可不同，这个句子里的"咱每"与称呼对方的"明公"并用，显然"咱每"只是黄巢一伙人的自称，照现代的习惯该说"我们"。可见宋元时期，"咱们"和"我们"同义，并无所谓包括式和排除式的区别。而在18世纪的著名小说《红楼梦》里，这种区别却很清楚。"咱们"必定包括对话者在内，

"我们"却是排除对方在外的。试一看下面的例子，就可以找出它们的这种区别。

  26. 香菱道："本姓夏，非常的富贵。……如今大爷也没了，只有老奶奶带着一个亲生的姑娘过活，也并没有哥儿弟兄。可惜他竟一门尽绝了后。"宝玉忙道："咱们也别管他绝后不绝后，只是这姑娘可好？你们大爷怎么就中意了？"香菱笑道："……你哥哥一进门就咕咕唧唧求我们太太去求亲。……只是娶的日子太急，所以我们忙乱得很。……"……宝玉笑道："只怕再有个人来，薛大哥就不肯疼你了。"香菱听了，不觉红了脸，正色道："这是怎么话。素日咱们都是厮抬厮敬，今日忽然提起这些事来，怪不得人人都说你是个亲近不得的人！"（《红》79 回）

  由此可见，"咱们"和"我们"区别为包括式与不包括式，实起源于 18 世纪，《红楼梦》里的用法就是证明。

第五章　指示代词、疑问代词的发展

第一节　指示代词的发展

古汉语的指示代词同现代汉语一样，有近指和远指两种，在古今之间有着一定的承传关系。"此""斯""兹""是""寔""时""之"是古代常见的近指代词，"彼""夫""匪""其""若""尔"是远指代词。这些指示代词都可以用作定语。下面分别谈谈。

一、近指代词的来源

近指代词的来源：古汉语的近指代词虽然有好几个，但论起语源却是互有关联的。如：

此——《广韵》：此，雌氏切，精母。《论语》里用"斯"而不用"此"，其他古籍却常见，或作主语，或作定语。如：

1. 燕婉之求，得此戚施。（《诗·邶风·新台》）
   ［燕婉：好人。戚施：指患恶病的人。］
2. 今夕何夕，见此良人。（又《唐风·绸缪》）
3. 此谓修身在正其心。（《礼·大学》）
4. 此则寡人之罪也。（《孟·公孙丑下》）

斯——《广韵》：斯，息移切，心母。《论语》里用得比较多。如：

5. 有美玉于斯。（《论·子罕》）
6. 先王之道，斯为美。（又《学而》）
7. 子曰："攻乎异端，斯害也已。"（又《为政》）
   ["专力于异端邪说，这是有害的呀！"]
8. 曾子以斯言告于子游。（《礼·檀弓上》）

兹——《广韵》：兹，子之切，精母。《尚书》里用得最多，他书也有。如：

9. 告于兹大邑商。(《甲》2416)
10. 兹不忘大功。(《书·大诰》)
11. 文王即没，文不在兹乎？(《论·子罕》)
[周文王已经死了，中国的文化不是在我身上么？]
12. 失兹三者。(《左·成17》)

是——《广韵》：是，承纸切，禅母。各书均见，如：

13. 反是不思，亦已焉哉！(《诗·卫风·氓》)
14. 是可忍也，孰不可忍也？(《论·八佾》)
15. 今之孝者，是谓能养。(又《为政》)

寔——"是"的音转，《广韵》：常职切。在先秦经籍中用例不多。如：

16. 桓五年冬，洲公如曹；六年春正月，寔来。(《春秋·桓5》)
[《公羊传》解释云："'寔来'者何？犹曰是人来也。"《谷梁传》解释云："'寔来'者，是来也。"]

时——《广韵》：时，市之切，禅母。和"是"音义并同，见于《诗》《书》为多。如：

17. 奉时辰牡，辰牡孔硕。(《诗·秦风·驷驖》)
[毛传：时，是也。意思是：供奉这个时令野味，时令野味，已经长得很肥。]
18. 于时处处，于时庐旅，于时言言，于时语语。(又《大雅·公刘》)
[在这儿住住，在这儿寄托寄托，在这儿谈谈，在这儿说说。]

上面这几个近指代词，先从文字方面观察："此"从止得声，止在上古属端母字。上古说"此箇"，等于中古说"底箇"。又从"是"得声的字如"提""题""堤"等，从"寺"得声的字如"特""等""待"等，都属舌头音。由此可见，"是"和从寺得声的"时"，也必然是舌头音。上古"是""时"通假，即其证明。再从它们的反切上字来看，在中古时期，"此""斯""兹"均精系三等字，属齿头音；"是""寔""时"均照系三等字，属正齿音。这两系的声母，在上古很接近①，而且词义又是相通的。《尔雅·释诂》："兹、斯，此也。"又："时、寔，是也。"《广雅》："是，此也。"由此推知，这些近指代词在上古显然有同源关系。章太炎在《新方言·释词第一》里有一段话值得我们参考。他说："《尔雅》：'时、寔，是也。'《广雅》：'是，此也'。淮西蕲州谓此曰时箇，音如特。淮南扬州指物示人则呼曰时，音如待。江南松江、太仓谓此曰是箇，音如递；或曰寔箇，音如敌。古无舌上音，齿音亦多作舌头。时读如待，是读如提，寔读如敌，今仅存矣。"可见这里面的个别指代词现在仍然保留在方言里，连读音也还是上古音。

二、由"之"到"这"

"之"也是古常见的近指代词，中古属照系三等字，上古则接近端母。上文说从"寺"得声的字，均舌头音；其实进一步说，"寺"又是从"之"得声，这也可以反证"之"的音义与"时""是"等几个词正相近似。这个词很早就用作定语。甲骨文里已有"之日"（这日）、"之夕"（这晚）等说法。下面是从其他先秦经籍中摘出的例子：

19. 江有汜，之子归。（《诗·召南·江有汜》）
 [汜念 si，水去复还。之子：这女子。归：出嫁。]
20. 乃如之人兮，逝不相好！（又《邶风·日月》）
 [像这样的人啊，我发誓不和他相好！]
21. 之二虫又何知！（《庄·逍遥游》）
22. 虽然，之二者有患（毛病）。（又《人间世》）

---

① 章炳麟分上古声母为二十一组，以精、清、从、心、邪并入照、穿、床、审、禅，虽略嫌粗疏，然亦不无根据。

在中古时期的唐代,"之"已变作"者",也作"这",宋人作"遮"。现代汉语的"这"即来源于此。例句:

23. 我是曲江临池柳,者人折去那人攀。(《敦煌曲子集·望江南》)
24. 冰窟千年,到者身心颤。(《匡语录》)
25. 虽然如此,也须实到者箇田地始得。(同上)

例25在宋人《景德传灯录》里作"遮箇"。"之"为什么变为"者"?这是因为两个词在汉代已经是同音通假。这可以再拿上文第三章第三节已经指出的王充《论衡》里的例子来说明。《鄘风·干旄》的"彼姝者子",《论衡·率性篇》引作"者子",而在《本性篇》却作"之子"。可见"之""者"音近可以通假,由来已久。至于为什么又作"这",过去还没有人弄清楚。近人对这个字的研究,很有发展。1964年《中国语文》第6期载有一篇题为《近指指示词"这"的来源》的论文,据认为"这"是"适"的草体字,因形近而讹变的,作者历举汉晋简版墨迹为证。这是一个可信和可贵的发现。但是本来读鱼变切的"这"(音唁),为什么竟然可以代替当时已经用开的"者""遮"呢?该文作者的分析,可不很充分。即谈"这"的形变可信,谈音义的演变还得再商榷。依我看,由于"适"经常被写作"这",于是"这"便读成"适"字之石切(照母昔韵)的音,或接近这个音的其他汉字。因此,唐宋通俗文学里,近指指示词有时用"者"(《广韵》章也切,照母马韵),"遮"(正奢切,照母麻韵)。偶然也作"柘"(之夜切,照母祃韵)。该文所举《李陵变文》里"拓回放后庭(定)还来"一句,"拓"是"柘"的形误。"拓回"即"遮回""这回"。但是当时变文里用"这"似乎逐渐占了优势,变成今义的近指指示词了。如:

26. 季布乃言:"今有计,弟但看仆出这身……"(《敦变》60页)
27. 牟尼这日发慈言。(又593页)
28. 岂合将书嘱这箇事来!(又210页)

"这么",唐人多作"秖么""与么",宋人作"只么",也作"与

么"。这是因为"柢""与"音相近。总之,"这"只是代表一个音,用什么汉字代表它,当时还没有定形化。如:

29. 尔柢么幻化上头作模作样。(《慧语录》)
30. 若与么来,恰似失却,不与么来,无绳自缚。(同上)
31. 与么无礼,合喫山僧手里棒。(宋《五灯会元》七)

三、远指代词的来源

远指代词的来源:远指代词在文言和口语里各有一套。如:

彼——原来是远指的指示代词,后来也用作第三人称代词。用作远指代词或定语的例子,在先秦古籍中很多。如:

32. 采采卷耳,不盈顷筐;嗟我怀人,寘(置)彼(指顷筐)周行(大路)。(《诗·周南·卷耳》)
33. 彼(指事情)一时也,此一时也。(《孟·公孙丑下》)
34. 召彼故老,讯之占梦。(《诗·小雅·正月》)
35. 彼人之心,于何其臻?(又《菀柳》)
["于何其臻"是"臻于何"的倒说。臻,到。]

夫——上章已谈到古音"夫"读如"彼",所以"夫""彼"其实是同音异形词,但到中古时期,"夫"就罕见了。先秦用例,"夫"也以作定语为常,罕见用于指代事物的。例如:

36. 夫祛犹在。(《左·僖24》)
[那袖子还在。]
37. 不以夫一害此一,谓之壹。(《荀·解蔽》)
[不因为那一个来妨碍这一个,这叫作专壹。]
38. 请东人之能与夫二三有司言者,吾与之先。(《左·文13》)

匪——"匪",其实在上古也是和"彼""夫"的同音异形词。

39. 匪直也人，秉心塞渊。(《诗·鄘风·定之方中》)
   [那个正直的人，存心诚实而深远。]
40. 匪风发兮，匪车偈兮。(又《桧风·匪风》)
   [那风儿发发吹，那车儿偈偈飞。]

以上"彼""夫""匪"三个远指的指示代词，在上古属于同一音系(p)，惟后来的演变各不相同，现在口语里，除"彼"作为文言成分还保留一些用处外，其他"夫""匪"两个，其古音义都早已在活语言中隐退。它们和现代汉语指示代词"那"一点也没有语源关系。

其——"其"在古书中是一个用得比较广泛的词，它的原始意义是竹箕，假借为远指的指示代词。第四章讲的第三人称代词"其"（他的），就是从这个指示代词借用的。下面是"其"用作定语的例子：

41. 尔爱其羊，我爱其礼。(《论·八佾》)
   [你可惜那只羊，我却重视那种礼。]
42. 其人美且仁。(《诗·齐风·卢令》)
   [那人很美而且仁慈。]

汉以后的用法，并没有什么不同。如：

43. 其岁，新垣平事觉。(《史·文帝本纪》)
   [那年，赵人新垣平的事件被发觉了。]
44. 其日，乘舆先到辟雍礼殿。(《后·礼仪志上》)
   [那天，（皇帝的）座车先到大学礼殿。]

若——"若"的中古音属日母，上古近泥母（n），和"那"音很接近。章太炎说"那"与"若"一音之转。吕叔湘先生也有同样的意见，认为"若变成那是很有可能的"。① "若"在上古时期已经用作指示代词或定语，惟远指、近指，界线不很清楚；但就语音系统来说，把它归入远指，似较合理。如：

---

① 参见吕叔湘《汉语语法论文集》，科学出版社1955年版，第180页。

45. 尔知宁王（指文王）若（那样）勤哉！（《书·大诰》）
46. 出若入若，天下莫不平均，莫不治办，是百王之所同也。（《荀·王霸》）
   [出若入若：出那样，入也那样。意思是内外都那样。]
47. 君子哉，若人（那个人）！（《论·宪问》）
48. 公曷为出若言？（《晏·内篇》）
   [曷为：何为，为什么。若言：那样的话。]

尔——"尔"在上古和"若""乃"同属泥母或接近泥母字，所以先秦典籍，除了用"若"充当远指代词外，有时也用"乃"，等于今语"那""那样"。如：

49. 子无乃称。（《庄·德充符》）
   [你别那样说。]
50. 公曰："吾闻之，'五子不满隅，一子可满朝'，非迺（乃）子邪？"（《晏·外篇七》）
   [乃子：那子，那个儿子。]

在中古时期的《世说新语》里则较多用"尔"来表示远指，等于今语"那"。有时和"乃"联结为双音词"乃尔"，意思都和现在口语的"那样"或"这样"完全相同。例句：

51. 乐广哭曰："名教中自有乐地，何为乃尔也。"（《德行》）
52. 安丰曰："妇人卿婿，于礼为不敬，后勿复尔。"（《惑溺》）
   [妇人卿婿，为妻的叫丈夫为卿。]
53. 既尔相关，不得不与人语。（《假谲》）
   [既然这样关心，就不应该不跟人说话。]
54. 刘（遵祖）尔日殊不称。（《排调》）
   [尔日，那天。]
55. 谢仁祖年八岁，谢豫章将送客，尔时语已神悟。（《言语》）
56. 许掾尝诣简文，尔夜风恬月朗。（《赏誉》）
57. 卫玠体素羸，恒为母所禁，尔夕忽极，于此病笃，遂不起。（《文学》）

四、由"若""乃""尔"到"那"

从以上各例看来，现代汉语的"那"（nà），来源于上古的"若""乃""尔"，是可以肯定的。不过，"那"在先秦时代已产生，直到南北朝时都只作疑问代词（下面还会谈到），偶然也用作远指代词"那个""那边""那样"的"那"。（如《幽明录》："那汉何处来？"）到了唐代，"那"才完全取代了"乃""尔"，而有"那人""那边"的说法。例如：

58. 我见那汉死，肚里热如火，不是惜那汉，恐畏还到我。（敦煌写本《王梵志诗》）
59. 者边走，那边走，只是寻花柳。（五代蜀主王衍《醉庄词》）

第二节 疑问代词的发展

古汉语的疑问代词可以区分为指人、指事物兼指处所和专指处所三种。按照它们的音系是：①指人，"谁""孰"均属禅母（ʑ）字。②指事物（或处所），"何""曷""奚""胡"均属匣母 ɣ 字。③指处所，"恶"（乌）、"安""焉"（或作"爰"）均属影母字。下面就分三组谈谈。

一、"谁"和"孰"

"谁"和"孰"——上古声母同，意义也大致相同，实际是同一语音的词，只是有一点不同，"谁"限于指人，"孰"则兼指事物。例如：

1. 夫执舆者为谁？（《论·微子》）
   [那位驾车子的是谁？]
2. 吾谁欺？欺天乎！（又《子罕》）
3. 心之忧矣，其谁知之！（《诗·魏风·园有桃》）
4. 谁其尸之？有齐季女。（又《召南·采苹》）
   [尸，主持祭祖者。]
5. 天下其孰能宗予？（《礼·檀弓上》）

6. 哀公问："弟子孰为好学？"（《论·雍也》）
7. 王自以为与周公孰仁且智？（《孟·公孙丑下》）
（以上7例指人）
8. 礼与食孰重？（又《告子下》）
9. 事孰为大？事亲为大。（又《梁惠王上》）
10. 万物一齐，孰短孰长。（《庄·秋水》）
（以上3例指事物）

现代汉语的"谁"是古汉语"谁"的沿用，这一点没有疑问。"孰"是"谁"的音转字，惟和"谁"有一点不同，"孰"兼用于对事物的疑问。这个职能表示"孰"已有新的发展。

二、"何""曷""奚""胡"

"何""曷""奚""胡"均属匣母 x 字，上古也是同一语源的疑问代词。在用法上，除"何"可以兼指人外，其余都指事物和处所。那么，意义上也是相同的了。声同义同，只是词形不同，这是由于汉字的特殊形式所产生的一个特点。在分析古汉语词法的时候，必须充分注意，才能一以贯之。兹举例如下：

（1）指事物，等于现代汉语"什么"的意思。也可以作定语用。如：

何：11. 内省不疚，夫何忧何惧？（《论·颜渊》）
［自己反省没有什么惭愧的话，那还有什么好担忧和恐惧？］
12. 何器也？曰："瑚琏也。"（又《公冶长》）
［瑚琏，古代宗庙里的祭器，比喻大才。］
13. 诸将云何？（《汉·陈平传》）
［将领们怎么说的？］
14. 害澣害否？归宁父母。（《诗·周南·葛覃》）
［哪件衣服要洗，哪件不洗，一一处理好了，好回娘家去。］

中古时期，诗词中常用"底"代"何"。"底"的语源是方言词。上文举过的《史通》所谓"渠们底箇"，"底"即"此"，是近指代词，和疑问代词的"底"，不是同一来源。不过，"底"作疑问代词，也可以作定语用。现在方言（潮州话）里，还保留着这种用法，"哪里？"叫"底块？"（ti-kou）下面是南北朝流行的用例：

底：15. 日冥当户倚，惆怅底不忆？（《乐府·子夜歌》）
　　［日冥：日暮。底不忆：什么不想到？］
　　16. 寒衣尚未了，郎唤侬底为？（又《秋歌》）
曷：17. 怀哉，怀哉！曷月予还归哉？（《诗·王风·扬之水》）
　　［想啊，想啊！哪个月我才能回去呢？］
　　18. 时（时：是，此）日曷丧？予及汝皆亡！（《书·汤誓》）
　　［这太阳什么时候灭亡？我和你一块死去吧。］
奚：19. 卫君待子而为政，子将奚先？（《论·子路》）
　　［奚先：先办何事？］
　　20. 问臧（奴仆）奚事？则挟策读书；问谷（童子）奚事？则博塞以游。（《庄·骈拇》）
　　［问问那个仆人干啥？原来他读书去了；问问那个童子又干啥？原来他玩牌去了。］
胡：21. 人之为言，胡得焉？（《诗·唐风·采苓》）
　　［人家说闲话，还有什么好处？］
　　22. 微君之躬，胡为乎泥中？（又《邶风·式微》）
　　［不是为着你，我为什么会坐在泥坑里？］

（2）指处所，等于现代汉语"哪里"的意思。

何：23. 有是三者，何向而不济？（《左·昭4》）
　　［有了这三件，还怕到哪里会不成功吗？］
　　24. 轸不之楚，何归乎？（《史·陈轸传》）
奚：25. 子路宿于石门。晨门曰："奚自？"（《论·宪问》）
　　［子路在石门住宿。看门的问他："从哪里来的？"］
　　26. 水奚自至？（《吕·贵直论》）
　　［水从哪里来？］

"曷"和"胡"习惯上都不用于处所。"何"有时可以兼指人，如：

27. 段者何？郑伯之弟也。(《公·隐元》)
   [段是谁？是郑伯的弟弟。]

　　此外，还有"盍"，也是和"何""曷"等同一语源的。惟"盍"有"何"和"何不"二义，而且只限于作反诘副词用，而不用于指代事物或处所，这一点和"何""曷"都有所不同。
　　以上这些疑问代词，在中古以后的文言作品里绝大部分是沿用的；但在口语里，除"谁""何"外，已经绝迹。口语的疑问代词"什么"，是在唐代产生的新词，指人、指事物、指处所，都成。"什么"有时也作"甚"。唐人作品已如此①，有人认为先有"甚"而后有"什么"，非是。"甚"可能是"什么"的合音；但唐人也有作"甚么"或"甚没"的，又似乎不是合音。又有作"是勿"的，可能是"什么"的一种方言读法，来源于魏晋南北朝人的"何物"。东晋干宝《搜神记》卷十九："尔作何物也，令我一杯大醉……"它的演变过程是：

　　何物→是物→什么（甚么）

这个词可以指代事物，也可以作定语用。例如：

28. 沈令起彷徨，问："牛屋下是何物人？"(《世说·雅量》)
29. 玄宗问黄幡绰："是勿儿得人怜？"(《因话录》卷2)
30. 也不饥，喫甚么饭？(《洞山语录》)
31. 单于问："是甚没人？"(《敦变》88页)
32. 早个缘甚不应？(又733页)
33. 韩愈问牛僧孺："且道拍板为什么？"(王定保《唐摭言》)

三、"恶"（乌）、"安""焉"（爰）

　　这几个疑问代词都属影母（0声母）字，"恶"和"乌"是一音而异形，没有什么分别。在意义方面，"恶""乌""安""焉"都是指处所，

---
① 唐钺《国故新探》卷二说："甚"作"什么"解，宋以后才流行。非是。

但是虚指，而不是实指，和"何"义非常接近，口语是"哪里"的意思。如：

34. 恶得贤？（《孟·滕文公上》）
35. 君子去仁，恶乎成名？（《论·里仁》）
〔君子离开了仁，哪里能够成名？〕
36. 恶在其为民父母也？（《孟·滕文公上》）
37. 吾恶能知其辩？（《庄·齐物论》）
38. 齐楚之事，乌足道乎！（《汉·司马相如传》）
39. 暴而不戢，安能保大？犹有晋在，焉得定功？（《左·宣12》）
40. 子非鱼，安知鱼之乐？（《庄·秋水》）
41. 焉有仁人在位，网（綱）民而可为也？（《孟·滕文公上》）
〔网民：使人民陷入罗网。〕
42. 听其言也，观其眸子，人焉廋哉？（又《离娄上》）
〔听听他的话，看看他的眼珠子，哪里能够骗人？〕
43. 焉得人人而济之？（又《离娄下》）

"焉"也作"爰"，同是哪里的意思。按"焉""爰"古韵同属元部，是叠韵字。《诗经》往往以"爰"表"焉"，是因为两字音近义同之故。例如：

44. 乱离瘼矣，爰其适归？（《诗·小雅·四月》）
〔爰：焉也，安也。全句意思是：乱离如此痛苦，哪里可以归宿啊？〕
45. 爰有寒泉？在浚之下。（又《邶风·凯风》）
〔哪里有寒泉？在浚邑的下边有呢。〕
46. 爰采唐矣？沫之乡矣。（又《鄘风·桑中》）
〔哪里采摘唐菜？在沫邑的乡下呢。〕

以上这几个指处所的疑问代间，在南北朝以后的口头文学或接近口语的作品里，是不用的，因为当时活人的语言里，另有一套疑问代词。

四、现代汉语疑问代词"哪""怎"的起源

"哪",先秦作"那"。《左传·宣公二年》:"弃甲则那?"晋杜预注:"那犹何也。"原句意思是,丢了盔甲又如何?"那"在先秦的这种用法,还极少见,当是"如何"的合音①。在南北朝作品中,"那"用得很多,等于今语"哪"。如:

47. 桓曰:"我若不为此,卿辈亦那得坐谈?"(《世说·排调》)
48. (郝)隆曰:"千里投公,始得蛮府参军,那得不作蛮语也?"(同上)
49. 双眉画未成,那能就郎抱?(《乐府·读曲歌》)
50. 败桥语方相,欺侬那得度?(同上)
51. 为欢颜颔尽,那得好颜容?(又《冬歌》)

"怎"是由古代方言发展为普通话的。在扬雄《方言》卷十里有"曾、訾",即今语"怎"。《方言》解释说:"湘潭之原,荆之南鄙,谓何为曾,或谓之訾,若中夏言何为也。"在唐人作品里,多写作"争",用得很普遍。可见这个词已进入当时的普通话了。宋人作"怎",后来就沿用"怎"。如:

52. 苏武争禁十九年。(杜牧《边上闻笳》诗)
53. 如今争识文与书?(《敦煌零拾》)
54. 莺啼燕语撩乱,争忍不思家?(《敦煌曲子词集·临江仙》)
55. 长枪短剑如麻乱,争奈失计无投窜。(又《酒泉子》)
56. 潇洒襟怀怎许(怎样)传?(杨无咎《鹧鸪天》词)
57. 仗何人细与,叮咛问呵,我如今怎向(怎样)?(秦观《鼓笛慢》词)

现代汉语的"怎么",唐宋人作"作么""作么生""则么"。"生"

---

① 顾炎武:《日知录》卷三十二:"直言之曰那,长言之曰奈何,一也。""奈何"即"如何",为"那""哪"的语源。

是词尾，无义。如：

58. 汝等诸人作么生会？（《临济语录》）
59. 皎然易解事，作么无精神？（《寒山诗》）
60. 醉到天晓待则么？（刘过《红酒歌》）

元曲里或作"则么"，或作"怎么"，没有定规。如：

61. 烦恼则么耶，唐三藏！（《西》一之二）
［言唐三藏是怎么烦恼呀！］
62. 则么诸葛孔明，博望烧屯？（又二之一）
63. 我只道他喜孜孜开笑容，怎么的颤钦钦添怕恐？（《张天师断风花雪月杂剧》）

直到明清小说里，"怎么"才流行起来，不再说"作么""则么"了。后来便成为现代汉语规范化的说法。如：

64. 他搬了，怎么就不叫我们一声？（《西游记》21回）
65. 八戒道："哥哥莫扯架子。他怎么伏你点札？"（同上）
66. 既遭荒歉，怎么就躲离城郭？（又37回）
67. 鸳鸯看见，忙拉了他嫂子，到贾母跟前跪下，一面哭一面说，把邢夫人怎么来说，园子里他嫂子怎么说，今儿他哥哥又怎么说……（《红》54回）
68. 你说你的。底下怎么样？（同上）

第六章　数词和量词的发展

第一节　数词的产生和发展

一、上古的记数法

我国数学科学产生得很早，有关数词的概念名称，在殷周时代已经不少，而在公元初的《九章算术》里更为完备。这是从当时人们生产上的实际需要产生和发展起来的。但是，上古、中古时代的记数法，却和近代、现代汉语不尽相同，后者是前者的历史发展结果。大致说来，上古的记数法有两种：一种是在整数（十、百、千、万）和零数之间加连词"又"（有）的，在甲骨文时代即如此。如：

1. 允禽三百又廿廿八。（《下》41.12）①
2. 七十㞢（有）五。（《菁》1）
3. 十年㞢五（《续》144.5）②

春秋以前时期，基本上沿用这种记数法。如：

4. 六百又五十又九夫。（《大盂鼎》）
5. 朞三百有六旬有六日。（《书·尧典》）
6. 肆高宗之享国五十有九年。（又《无逸》）
7. 吾十有五而志于学。（《论·为政》）

---

① 罗振玉：《殷虚书契后编》卷下，台北艺文印书馆1970年版，简称《下》。
② 罗振玉：《殷虚书契续编》1933年影印本，简称《续》。

又一种记数法,是不用连词"又"(有)的,这也早见于甲骨文和金文。如:

8. 允戈伐二千六百五十六人。(《下》43.9)
9. 鹿七十一,豕卌一,罡(獐)一白(百)。(《佚》43)①
10. 隻(获)鹿一百六十二……(《下》14)
11. 孚(俘)人万三千八十一人。(《小盂鼎》)

《春秋》沿用前一种记数法,但《左传》改用后一种记数法。大约战国时期已不用"有"或"又"为整零数之间的连词,李斯所撰秦刻石铭词即如此。这种记数法后来就在汉语里稳固下来,一直沿用至今。

卜辞的数词以三万为最大。"万"本为虫名,是假借字。万以上的数词"亿"②,书面语始见于《逸周书》卷四,又见于《诗·伐檀》:"不稼不穑,胡取禾三百亿兮?"毛亨传说:"万万曰亿。"但郑玄笺却说:"十万曰亿。"北周甄鸾撰的《五经算术》解释说,毛亨的记数法是以万万为单位,"万万曰亿,万万亿曰兆,万万兆曰京";郑玄的是十进法,"十万曰亿,十亿曰兆,十兆曰京"。按秦汉时作品《山海经·海外东经》里有"五亿十万九千八百步"的话,这可能就是毛亨说的万万为亿的记数法,它通行于秦汉,上溯至《诗经》时代,是完全一贯的。这正是现在记数法的来源。

二、古代数词"三""九"的特点

"三""九"这两个词的意义在古汉语中并不一定是实在的,它们往往只是各自表示一个虚数。"三"表示多,"九"表示很多。这种虚义的来源很古,清朝的汪中曾撰《释三九》一文,说得很详细。他举出许多例子,如《论语》的"季文子三思而后行""雌雉三嗅而作",《孟子》说陈仲子食李三咽:这些都不可能知道是"三"。《论语》的"子文三仕

---

① 商承祚编:《殷契佚存》,南京金陵大学中国文化研究所1933年版,简称《佚》。
② 陈梦家认为卜辞所见数字最高者为三万(见《殷虚卜辞综述》第109页)。徐中舒所编《汉语古文字字形表》卷八金文栏收有"亿"字,而同时出版的高明编《古文字类编》(中华版),则无之。按《逸周书·世俘解》第四十有"俘人三亿万,有二百三十"语,那么,至少周初有"亿"字。

三已",《史记》记管仲"三仕,三见逐于君,三战三走",田忌"三战三胜",范蠡"三致千金",这些都不一定真的是"三"。所以"三"是虚数。《楚辞》的"虽九死其犹未悔",《史记》的"肠一日而九回""若九牛之亡一毛",等等,这些数词都不能拘泥解说。从汪氏的举例,可见这种数词虚义,起源于上古时期的修辞法。现代汉语里还保存着这种说法,如说"三心二意""三言两语""九牛二虎""千方百计"时,这里的数词也是只能当作一种表示修辞手段的虚数。

三、数词"两"和"二"的演变

上古一般说"二",不说"两",只有在两事物相对称的场合才用"两",因为"两"的原始意义是指特定双数、偶数的东西。比方说,有原告必然有被告,这叫"两造"。《尚书·吕刑》:"两造具备。"天与地相对称,所以古人管天地叫"两仪"。《周易·系辞上》:"易有太极,是生两仪。"车有两轮,所以古人计算车数以"两"作量词。《诗·鹊巢》:"之子于归,百两将之。"伪古文《尚书·牧野》:"戎车三百两。"后人把"两"加个车旁为"辆"。草鞋总是成对的,所以也用"两"作量词。《诗·齐风》:"葛屦五两。"至于一、二、三、四,就不说一、两、三、四,二百不说两百。但在汉代已经开始变化了。现在我们说"两三""一两",在西汉和东汉作品里已经相当普遍。例如:

12. 日暮欲归,当送干薪两三束。(王褒《僮约》)
13. 得来还,千人一两人耳。(《史·匈奴传》)
14. 兄弟两三人,中子为侍郎。(《乐府·相逢行》)
15. 属累君两三孤子。(又《病妇行》)
16. 兄弟两三人,流宕(荡)在他县。(又《艳歌行》)

中古前期还有"三三两两"的说法。南朝乐府民歌《娇女诗》:"行不独自去,三三两两俱。"这种叠词法,成为汉语语法的一条规律,我们至今不说"三三二二"。可见"两"和"二"的区别用法,古今大体相同,也有所区别。

四、序数的发展

现代汉语"第一""第二"的说法,来源很古,如《论语》的编排"学而第一""为政第二""八佾第三""里仁第四"等。《吕氏春秋》也列有"孟春纪第一""仲春纪第二",等等。但这是名词在前,序数在后的。序数后面直接接上名词,如"第一人""第二名"之类的用法,却起源于中古汉魏六朝时期,以后就通行了。下面是较早的用例:

17. 云有第三郎,窈窕世无双。(《焦仲卿妻》)
18. 晋哀帝王皇后有一紫磨金指环,至小,可第五指带。(六朝《俗说》)
19. 邵一见便云:"汝南第三士也。"(六朝《小说》)
20. 有妇人,澣于江渚,曰:"第四车中人解。"(同上)
21. 羊去,卞(范之)语曰:"我以第一理期卿,卿莫负我。"(《世说·宠礼》)

序数的这种用法,从此趋于规范,一直沿用到现在。

第二节 量词的起源和发展

一、量词的起源

量词的起源同社会经济生产的发展有着密切关系。在氏族公社时代,我们的祖先共同劳动着,共同消费那些由共同劳动所得的果实。这些果实,仅仅可以维持他们的生存,没有剩余,当然没有交换,因此也就用不着度量衡一类的量词(斤、两、斗、升等)。后来生产力向前发展,由于家畜的驯养,导致从原始公社的其他部落中分化出了专门从事畜牧的部落。这样就产生了第一次的社会劳动分工。这个时期,各部落的畜牧生产品已逐渐有了剩余,于是部落与部落之间就产生了交换的基础。交换方式是粗略的计件。与此相适应,语言中产生了计算牲畜的自然量词(只、匹等)。我国商代基本上代表了这个时期。随着生产进一步的发展,社会发生了第二次分工,手工业从农业中分离开来,因而交换的基础也大大扩展了。当时阶级早已出现，私有财产已经产生，交换不但在部落与部落之间进行，而且也在人与人之间进行了。在这个时间，人们已不满意于粗略计件方法，他们开始斤斤计较于交换物品的数量与质量的比值。于是度量衡量词也就应时产生了。伪古文《尚书·舜典》有"同律度量衡"句，说明这篇书并不可靠。看来商代后期至西周，基本上属于这个时期。所以，上古前期的量词是不很发达的。在甲骨文里有三种情况同时存在：或者不用量词，直接以数词接在名词前面或后面，这可能是远古时期汉语语法形式的残留；或者以名词复用代替量词。公式是：名词+数词+名词。这表示初期量词的代用法。还有一种是用量词的，它表示专用量词已经产生，公式是：名词+数词+量词。下面A、B、C各例，代表这三种用法。

A. 不用量词的，数在名前或名后都可以：

 1. 鹿七十一，豕廿廿一，罷（獐）一白（百）。（《佚》43）
 2. 十五犬，十五羊，十五豚。（《前》2.23.6）
 3. 十犬又五犬。（《佚》194）

B. 以名词复用代替量词的，数在名中：

 4. 羌百羌。（《粹》190）
 5. 人十虫（又）六人。（《菁》6）

C. 用量词的，名词先行于数词和量词：

 6. 马五十丙。（《续》1027.4）
 7. 鬯（祭祀的酒）二升一卣（酉，中樽）。（同上）

从例6、7可见甲骨文时代已有自然量词"丙"。还有个别的度量衡量词"升"。后来西周金文中，A式已被淘汰不用，B、C两式则同时沿用。如：

B. 8. 玉十玉。（《乙亥簋》）

9. 田十田。(《不其簋》)

C. 10. 孚(俘)马口匹,孚车卅两(辆),孚牛三百五十五牛,羊卅八羊。(《小盂鼎》)

《小盂鼎》的用法很富于启发性,它表示"匹""两"这一类名量词还很少,所以计算牛羊还不得不沿用名词复用的老方法。西周以后名量词逐渐发达,B式又被淘汰,而保留了C式的前半段,并且发展了。

从汉语量词的使用情况来看,自然量词的一部分和度量衡量词的全部是和名词配合的,因而叫名量词。自然量词的另一部分却是和动词配合的,这叫动量词。名量词和动量词包括了量词的全部。这里先从名量词讲起。

二、名量词的发展

汉语的量词有个很大的特点,就是自然单位的名量词最初都是为了某类事物专用而创造的,它是一种特殊化的词,对于不同范畴的事物是不适用的。其所以如此,是因为这种量词本身就是某类事物的单位,如:"匹"是马的单位,对于牛、羊都不适用。直到现在还是这样。车的单位是两轮的"两",对于马、牛、羊也不适用。后来量词发展的总趋势是:由特殊走向一般,如"两",在《诗经》时代已经可以用来计算鞋子。(《齐风》:"葛屦五两。")当然,所谓一般只是相对的说法。它的范围还是不广的。比方,我们现在只能说"一条幌子",可不能说"一条桌子";只能说"一张纸",可不能说"一个纸"。不过,无论如何,量词使用的范围,毕竟是相对地扩张了。下面一些主要量词的发生、发展的情况,可以充分说明这个规律。

个(箇)——竹一枚叫"个",本作"箇",又作"個"。《说文》:"箇,竹枚也。"《史记·货殖传》:"竹竿万个。"可见"个"最初是竹的单位。但是就在先秦时代,"个"的用法也开始扩大了,如箭也可以"箇"计算。《荀子·议兵篇》:"负矢五十箇"。称一人为一个,已见于《左传·昭公三年》:"又弱一个焉。"又《昭公二十六年》:"君亦不使一个辱在寡人。"杜注:"一个,单使。""个"上古通作"介",例如《尚书·秦誓》:"如有一介臣。"《大学》引作"若有一介臣"。现代客家话还保留着这个古词,称一个为一介(介读 kɛy)。

条——《说文》："条，小枝也。"这是"条"的原始意义。引申为分条。《汉书·元帝纪》："条奏毋有所讳。"到了南北朝时期，"条"的用法有进一步的发展，衣服和植物也以条计算了。如《洛阳伽蓝记》卷五："有佛袈裟十三条。"近代汉语沿袭这种用法，对细长动物多称为条。如《景德传灯录》七："有座主来参，值师锄草，忽然见一条蛇。"自此以后，凡是细条的东西都可以条计算了，如说"一条凳""一条路"，等等。

枚——《说文》："枚，枝干也。"可见它原是个名词，后来变为计算木类的量词。《史记·货殖列传》："竹竿万个。"《索隐》和《正义》均引《释名》云："竹曰个，木曰枚。"这是指枚的本义。南北朝以来，"枚"不单用于木类，也适用于其他事物，连纸张和煎饼也以枚计，"枚"成了一个比较广泛的量词。如：

1. 隻，鸟一枚也。(《说文》)
2. 木器髹（漆也）者千枚。(《史·货殖列传》)
3. 庐江郡常岁时生龟，长尺二寸者二十枚。(又《龟策列传》)
4. 乃命左右悉取珊瑚树，有三尺四尺、条干绝世、光彩溢目者六七枚。(《世说·汰侈》)
5. 譬如有人，因其饥食，食七枚煎饼。(《百喻经》上)
6. 王右军为会稽令，谢公就乞笺纸；检校库中，有九万枚，悉以付之。(《裴子·语林》)

隻，雙——"隻"，本义指持一隹（短尾鸟），会意字。若持二隹叫雙（见《说文》）。《仪礼·聘礼》："凡献，执一雙。"可见，"隻"和"雙"最初都是专用于飞禽的量词，后来扩大为一般量词，如：

7. 匹马隻轮无反（返）者。(《公·僖36》)
8. 于是载玉万隻。(《穆天子传》)
9. 冠缕（帽缨）双止。(《诗·齐风·南山》)
10. 我持白璧一双，欲献项王。(《史·项羽本纪》)

后来甚至连人身、人影也可以用"隻"，如说"隻身万里""形单影隻"等，在古汉语里是常见的，但现代口语没有这种用法，书写起来都作"只""双"。

头——这是借动物形体的一部分来作量词，限用于牲畜。最早见于唐人注释所引先秦《司马法》。《左传·襄公二年》："莱人使正舆子赂夙沙卫以索牛马，皆百匹。"《正义》引《司马法》云："'丘，出马一匹，牛三头。'则牛当称头，而亦云匹者，因马而名牛曰匹，并言之耳。"按《司马法》原书已亡，孔颖达引的这二句，为今本所无，引者想必亲自见诸原书。那么，"头"作为量词，就起源于先秦了。到了上古后期的汉代，"头"作量词就很稳定了。如《史记·货殖列传》的"马千匹，牛倍之，羊万头"，《汉书·西域传》的"马、牛、羊、驴、橐驼七十余万头"。同书《王莽传》"责单于马万匹，牛三万头，羊十万头"。南北朝时，量词"头"更为盛行。《南齐书·志十》里，凡象、龟、雀、鸟、鼠、兔等禽兽类，均以"头"计。如"白象九头""玄龟一头""金色鱼一头""白雀一头""白鸟一头""白鼠一头"，等等。又北魏《洛阳伽蓝记》卷五称"狮子儿两头"。

颗——"颗"的原始意义是小头，后来用作量词。南唐徐锴《说文解字系传》："今言物一颗，犹一头也。"可见"颗""头"这两个量词是同义词。《颜氏家训·书证》："北土通呼物一凷（块），改为一颗。"可见在南北朝时，"颗""块"同时通行。

粒——"粒"字本义指谷食，动词。《尚书·皋陶谟》："烝民乃粒。"后来转为名词。《孟子·滕文公上》："粒米狼戾（狼藉）"，指谷米之粒。再转为量词（一粒的粒），是在南北朝时。《洛阳伽蓝记》卷五云："其中粳米燋然（烧焦），至今犹在，若服一粒，永无疟患。"

张——本义是指"施弓弦"（《说文》），即把弓弦张开。后来由张弓弦的"张"，转为张帷幕的"张"，所以古人计算帷幕用"张"作量词。《左传·昭公十三年》："子产以帷幕九张行。"然后再扩大为纸、刀等物的量词。《北史·隋宗室诸王庶人谅传》："一张纸，两张纸，客量小儿作天子。"《宋书·陶潜传》："潜不解音声，而畜素琴一张，无弦。"这是以"张"来计琴数了。

件——"件"用于计算事物，已见于唐人变文。《维摩诘经菩萨品变文》："有数件因依不敢去。"又："此处说毬场，有相道场，有十件利益，有十件不利益。"

五四运动以后，新兴的量词也不少，如：门（一门炮、一门课程）、挺（一挺机关枪）、架（一架飞机）、部（一部车、一部机器）、台（一台机），等等。

上述量词都属于自然名量词，是汉语所独有的。此外，还有关于度量衡方面的名量词，这是一般语言都有的。这种量词，除"尊""升""斗""分""斤"已见于甲骨文外，其他如"丈""尺""寸""分""石"等，都是先秦时期就已经在汉语中普遍通行，但都经过了一段的发展过程的。

上文已提到，度量衡是社会历史发展的产物。在远古时代，人们的生产只是简单自给，没有剩余生产品，当然没有交换行为，因此谈不到度量衡的使用。上古最初的交换方式是使用生产工具或武器作为流通手段和支付手段，或者直接以物易物。《诗·氓》所谓"抱布贸丝"，说的正是这种情形，在那个时期，人们计算生产品的方法还不是很精细的。他们通常采取粗略地计件、计堆的交换方式，所以精密的度量衡还不可能产生。后来生产和交换进一步发展，度量衡才成为人们经济生活中必需之物，有关度量衡的名称才在语言中出现了。

汉语度量衡的起源，可以用"近取诸身，远取诸物"两句话把它概括。"近取诸身"就是以人体作标准，"远取诸物"就是以生产物或用器作标准。《说文》解释上古长度的量词起源说："十发为程，十程为分，十分为寸。""寸，十分也，人手却一寸动脉谓之小口。"又说："十寸为尺。周制尺、咫、寻、常诸度量，皆以人之体为法。""中妇人手长八寸，谓之咫。""度人之两臂为寻，八尺也。"《小尔雅》也说："跬（kuǐ），一举足（半步）也。倍跬，谓之步。四尺谓之仞。倍仞谓之寻。寻，舒两肱（gōng）也。倍寻谓之常。"可见关于长度的量词，都是"近取诸身"的。但是，人体有大小，毕竟不是理想的标准物，所以汉代是用黍米来作度的最小单位，并改用五度制。《汉书·律历志》说："度者，分、寸、尺、丈、引也，所以度长短也，本起黄钟（乐器）之长。以子谷（即谷子）秬黍中者，一黍之广度之，九十分黄钟之长，一为一分，十分为寸，十寸为尺，十尺为丈，十丈为引，而五度审矣。"

量的名称的产生，则是从人体到器物，它的基础还是"近取诸身"。《小尔雅·广量》解释周代量制说："一手之盛（满一手）谓之溢，两手谓之匊，两匊谓之升，升四（四升）谓之豆（斗），豆四（四斗）谓之区（瓯，小盆），区四（四盆）谓之釜，釜二有（又）半（即二釜半）谓之籔，籔二有半（即二籔半）谓之缶，缶二（二缶）谓之钟，钟二（二钟）谓之秉。秉，十六斛（每斛十斗）。"比这更精细一点的是汉制，其法用黍米装在黄钟的管子里，能容1200粒为一勺，十勺为合，十合为升，十升为斗，十斗为斛。（见《汉书·律历志》）刘向《说苑·辨物》则说十斗为石。宋以后称五斗为一斛。

衡的量词起源，据《说文》的解释："十黍（高粱粟米）为累，十累为铢，八铢为锱，二十四铢为两，二十四两为镒。"这说的是周制，可见也是用黍米为衡的最小单位。汉制名称略有不同。《说苑》云："十粟（小米）重一圭，十圭（100小米）重一铢，二十四铢（2400小米）重一两，十六两重一斤，三十斤重一钧，四钧重一石。"宋代把累黍法改为厘毫法：一称为15斤，合240两（每斤16两）即2400钱，1钱10分，1分10厘，1厘10毫。毫以下还有丝、忽，但实际上很少用。这种权衡制，宋以后基本上沿用。

从名称上看，古今度量衡的量词，似乎变化不大，因为其中不少是一直沿用到今的。但这些量词所代表的概念内容，却是古今不同的。由于古今制度不同，古人所谓尺、斗、斤等概念，已经代有变迁。总的说来，古代的度量衡单位要比后代为小。例如，周代的尺，约合今市尺六寸弱；秦汉的尺，约合今市尺八寸三弱；东汉魏晋的尺，约合今市尺七寸；唐、宋、元、明的尺，约合今市尺九寸三或九寸二不等；清尺为今市九寸六。据《梦溪笔谈》卷三考证：秦汉以前每六斗合宋制一斗七升九合，即每斗约合宋制三升；汉代一石等于宋制三斗；秦汉时的一斤约合宋制四两三钱三。元以后的量制又比前代为大，宋时一石（斛）仅为元代的七斗（据《元史·食货志》）。度量衡单位之所以今大于古，同封建统治阶级对劳动人民的剥削日益加重有关。他们利用度量衡器的不断扩大，来增加自己的收入，而在表面上又可以用旧制不变的假象来欺骗人民。清赵翼在《陔余丛考》卷三十里说，后世斗秤，大约四倍于古。原因就在这里。

名量词词序的演变，也值得一谈。

上文已提到，在甲骨文里如果使用量词的话，是名词在前，数词和量词在后的。这种词序在战国时期已经开始变化，数量词已经可以移到名词前面了。但名词与量词结合还不很密切。中间常插入一个连词"之"。

例如:

11. 虽使五尺之童适市，莫之或欺。(《孟·滕文公上》)
    [适：往。莫：没有谁。]
12. 百亩之田，勿夺其时。(又《梁惠王上》)
13. 五年而秦不益一尺之地。(《韩·定法》)
14. 筑十版之墙；凿八尺之牖。(又《外储上》)

与此同时，数量词后面紧紧跟着名词的用法，也开始出现于先秦作品。例如:

15. 食一豆肉，饮一豆酒，中人之食也。(《考工记·梓人》)
16. 今之为仁者，犹以一杯水救一车薪之火也。(《孟·告子上》)
17. 上与病者粟，则受三钟，与十束薪。(《庄·人间世》)

在汉代的文学语言里，已经把这种语法形式巩固下来。无论自然单位的量词也好，度量衡的量词也好，都已经直接接在名词前面了。例如:

18. 乌孙以千匹马聘汉女。(《史·大宛传》)
19. 其富人至有四五千匹马。(同上)
20. 一尺布，尚可缝；一斗粟，尚可舂，兄弟二人不相容。(《汉·淮南厉王长传》)
21. 母见其上若一匹练状。(《论衡·古验》)

六朝以后，数量词直接接在名词前面的用法，更为普遍，如:

22. 刘道真尝为徒（徒，罪役作者），扶风王骏以五百匹布赎之。(《世说·德行》)
23. 昔有一人，有二百五十条牛。(《百喻经》上)
24. 上有二层楼，有三层塔一所。(《伽蓝记》卷2)

这种语法结构上的改进,表示汉语文学语言跟口语进一步的结合。

名量词的另一发展是词尾化,结构是在名词后面接量词,但这样的量词,已带有后缀性质,同量词的其他用法不同。像这种名加量的构词法,个别例子,早见于先秦著作,《周易》卷六《中孚》即有"马匹亡"的说法,到了汉代就渐渐多了,如"车辆""户口""人口""牲口"等,均见于汉人著作①。举例如下:

25. 史燮贾石四百车辆折轵一。(《居延汉简考释》427页)
26. 有黄支国,民俗略与珠厓相类;其州广大,户口多,多异物。(《汉·地理志下》)
27. 羌豪良愿等种人口可万二千人,愿为内臣。(又《王莽传》)
28. 又令匈奴却塞于漠北,责单于马万匹,牛三万头,羊十万头,及稍所略边民生(牲)口在者皆还之。(同上)

南北朝以后,用法有所扩展,如:

29. 江南书本:"穴"皆误作"六"。(《颜氏家训·书证》)
30. 北土通呼物一凵(块),改为一颗。"蒜颗"是俗间常语耳。(同上)
31. (虾)又与人共买生(牲)口,各雇八匹;后生口家来赎,时价值六十匹。(《三国志·魏书·王昶传》裴松文注引《任虾别传》)

可见量词的词尾化是起源于汉代,而盛行于南北朝以后。

三、动量词的发展

在周秦时代,关于动作次数,是用数词直接加在动词前面来表示的,如"三数(举说其罪)叔鱼之恶,不为末减。"(《左传·昭公十四年》)

---

① 近人关于量词词尾化的起源问题,有的说在宋元时代(见王力《汉语史稿》中册,科学出版社1958年版,第244页),有的说是始于南北朝(见刘世儒《论魏晋南北朝的量词》,载《中国语文》1959年11月,第532页),均非。看来它已出现于汉代。

"弩八，八发而止。"（《墨子·迎敌祠》）"七战皆获。"（《左传·哀公二年》）"三呼，皆迭对。"（《左传·襄公十七年》）"八年之中，九合诸侯。"（《左传·襄公十一年》）至于专用以表示动作单位的量词，是起源于汉代，但大量出现，仍在魏晋以后。这里只择要谈谈。

遍——"遍"同"徧"。《说文》："帀（zā）也"，即环绕一遍之意。"遍"作为动量词用，最早见于汉人托古著作《黄帝内经上》[①]："肾有久病者，可以寅时面问南，净神不乱思，闭气不息七遍，以引颈咽气顺之，如咽甚硬物。如此七遍后，饵舌下津无数。"魏晋时亦常用"遍"为动量词，惟作"徧"。《三国志·魏书·董遇传》注引《魏略》云："人有从（遇）学者，遇不肯教，而云'必当先读百徧'，言读书百徧，而义自见。"王羲之《笔势论》云："初学字时，不可尽其形势，先想事成，意在笔前，一徧正其手脚，二徧须学形势；三徧须全似本，四徧加其遒润，五徧每加抽拔；使不生涩……"南北朝时期，已经用得很普遍。《齐民要术·杂说》："凡种小麦地，以五月内耕一遍，看干湿转之，耕三遍为度。"《小说》："见一男子持刀将欲入，闻书生声急，谓为已故，遂缩走去，客星应时而退。如是者数遍。"[②]

下——上古对于鞭打动作，不用量词，如《左传·襄公十四年》："鞭师曹三百。"《史记·伍子胥传》："吴兵入郢，伍子胥求昭王既不得，乃掘楚平王墓，出其尸，鞭之三百然后已。"动量词"下"，最早见于魏晋南北朝，后来就一直沿用。如《百喻经》下："即鞭十下。如是五人各打十下。"《高僧传》初集卷一："遂便鞭之五下，奄然命终。"《三国志·魏书·北海王传》："母乃杖祥背及两脚百余下。"

顿——"顿"本义为顿首（以头叩地），引申为停顿义，汉代已有此用法。《汉书·李唐传》："就水草顿舍。"由此再引申为名量词，是南北朝时开始的。那时的《俗说》："比得一顿食，殆无复气力可语。"《宋书·徐湛之传》："今日有一顿饱食，便欲残杀我儿子。""顿"由名量词发展为动量词，见于唐人著作。《旧唐书·章怀太子传》："子守礼幽闭宫中，每岁被敕杖数顿，瘢痕甚厚。"张鷟《朝野佥载》："娄师德责驿长

---

① 《黄帝内经》早见于《汉书·艺文志》，姚际恒《古今伪书考》以为是秦人作。近人周祖谟根据西汉韵文鱼侯合部情况，断定《内经》是汉人所作。这里采用后说。

② 鲁迅：《古小说钩沉》，人民文学出版社1951年版，第74页。

曰：'我欲打汝一顿。'"吃和打的行为都以"顿"计算，可见"顿"已经是纯粹动量词了。

通——"通"的本义为通达，由此到彼中无阻碍的意思。《周易·系辞》："往来不穷谓之通。"引申为全部之意。《孟子·离娄下》："匡章，通国皆称不孝焉。"由此派生的意义是自首至尾叫作"通"。《后汉书》卷八十二《崔骃传》云："凡为人主，宜写一通，置之坐侧。"据清人编的《康熙字典》解释："凡首末全曰通。"其实"通"作量词不限于书件，如《后汉书》卷一《光武帝纪第一上》："传史疑为伪，乃椎鼓数十通。"可见，"通"统指动作次数，在东汉时期已经是典型的动量词了。

回——《说文》："回，转也，从口，中象回转之形。"可见"回转"原是动词。司马迁《报任少卿书》："是以肠一日而九回。"这是说肠不断地在回转。由此引申，回转一次，叫一回；再扩大为凡动作一番叫一回，就成为动量词了。这大约是汉魏时代的事。《古八变歌》有这么两句："故乡不可见，长望始此回。""此回"即此番，即口语"这一次"。这大概是最早的动量词"回"了。稍后，晋《西曲歌·江陵乐》云："不复出场戏，蹉场生青草，试作两三回，蹉场方就好。"南北朝以后，动量词"回"的用例就更多了。

此外，还有"次""场""趟""阵"等都是动量词，这里不一一细述。

新兴动量词还很少。我们现在说"开炮一百发"的"发"可以说是新兴动量词，因为它是表示动作量的。但是认真分析一下，这个"发"仍然是上文所举《墨子》"弩八，八发而止"的"发"，还是旧词的翻新吧。

第七章　介词的发展

汉语的介词，在甲骨文时代已有一部分（如"于""在""从""自"等）被经常使用着。它们在语法上的基本功能向来是联系一些句子成分，大多数是介入词或词组，使它跟动词发生修饰关系。这跟后来的情况大致相同。殷周及秦汉时期，最常用的介词有"于"（於）、"乎""在""之""以""为""与""同""和"等。下面分述其发展过程。

第一节　"于"（於）、"乎""在"的演变

甲骨文里有"于""从""在"，也有"於"字，但还未能确定它是否介词。可以肯定的是，"于"是较早产生并且用得多的，如"翌日壬，王其游于向，亡𢦏？从凡，亡𢦏？从棥亡𢦏？"（《粹》1017）"戊午卜，在潢贞：……"（《通》730）《尚书》和《诗经》用"于"最多，"於"却偶一用之。比这晚出的作品，如《论语》《孟子》《荀子》和《庄子》等却恰恰相反，"於"比"于"占压倒优势。可见，"於"的产生略晚于"于"。"于""於"古今字。

就词义说，"于"和"於"是相同的。《说文》："于，於也。"《广雅·释言》："於，于。""於"本为动词，和"在"同义。《论语·里仁》："造次必於是，颠沛必於是。""於"就是"在"。但后来"於"多作介词，它原来的动词的职能，渐为"在"所取代。又"乎"已见卜辞"贞：其乍丰乎伊尹。"（《粹》540）其用法和"于"基本上相同。《吕氏春秋·贵信篇》高诱注："乎，於也。"惟"乎"在金文中有置于主语后的（王乎虢乍册命颂——颂鼎），可能是动词"呼"的初文，以后才转化为句末语气词。

"于"（於）的主要功能是：①介入地位词、时间词、人物词等以修饰动词；②比较；③表被动句的施动者。①③两项用"于"或"於"都成，大部分也可以用"乎"。②项习惯上用"於"，间亦用"乎"。各举

例如下：

（1）介入地位词、时间词、人物词的：

    1. 盘庚迁于殷。……爰既宅于兹。……恐沈于众。……（《书·盘庚上》）

    2. 有杕（dì，孤立貌）之杜（棠梨），生于道左。（《诗·唐风·有杕之杜》）

    3. 驱马悠悠，言至于漕（邑名）。（又《鄘风·载驰》）

    4. 薄伐狎狁（古部落名），至于大原。（又《小雅·六月》）

    5. 俟我乎巷兮。（又《郑风·丰》）

    6. 俟我於城隅。（又《邶风·静女》）

例5用"乎"，例6却用"於"，句法完全一样。类比"于"（於）、"乎"互用的例子，在其他先秦古籍里还有的是。如《孟子·梁惠王下》"老弱转乎沟壑"，同书《公孙丑下》作"老羸转於沟壑"；又《梁惠王上》"及陷於罪"，在《滕文公》作"及陷乎罪"，可见在许多地方，"於""乎"是没有分别的。

    7. 子於是日哭，则不歌。（《论·述而》）

    8. 於威（齐威王）、宣（齐宣王）之际，孟子、荀卿之列，咸尊夫子之业而润色之。（《史·儒林传》）

    9. 奋乎百世之上，百世之下闻者，莫不兴起也。（《孟·尽心下》）

    10. 鸡鸣狗吠相闻，而达乎四境。（《孟·公孙丑上》）

    11. 不愧於人，不畏於天。（《诗·小雅·何人斯》）

    12. 吾甚惭於孟子。（《孟·公孙丑下》）

    13. 我於辞命则不能也。（同上）

介词"于"（於）的前头，要不是紧接着动词，换句话说，要是动在介后，那么"乎"就不能代替"于"（於）了，如例8、13都只能用"於"。可见"于"（於）、"乎"毕竟有不同处。

14. 禹拜稽首，让（位）于稷契暨皋陶。(《书·尧典下》)
15. 汤武革命，应乎天而顺乎人。(《易·革卦》)

"于"后面所支配的宾语并不限于单词，也可以是词组。在这一点上可以看出，"于""於"也是相同的。如：

16. 以五彩彰施于五色作服。(《书·皋陶谟》)
17. 予曷其不于前宁人图功攸终？（又《大诰》)

总之，后世所谓"于"和"於"有区别，是不全面的，只有少数是例外。至于后来的演变有几种情况：上例2、3的"于"或"於"，例9、10的"乎"，今语已没有这种用法，例4—8的"于"（於)、"乎"，现在通行的说法是用"在"来代替它们，例11—13的"於"，今语用"对"。

五四运动以后，受日语翻译的影响，还从"於"产生出新兴介词"对于""关于""由于"等，这是一种摹借语，用以吸收日语成分"ニ对シテ""ニ关スル""ニ由ツテ"的。

这里要补充说一说的是，上述用法的"於"，在古代书面语里往往省略不说。也许按照上古的语法，这些介词，本来就是不用的，并无所谓"省略"。这在先秦已经如此，汉以后就更为普遍了。如［下列（ ）表示省去的"於"字］：

18. 秦伯素服（   ）郊次。(《左·僖33》)
19. 晋军（   ）函陵，秦军（   ）汜南。（又《僖22》)
  ["军"作动词用，驻防。]
20. 门启而入，枕尸（   ）股而哭。（又《襄25》)
  [以齐庄公之尸枕于己股而哭。]
21. 坎坎伐檀兮，置之（   ）河之干兮。(《诗·魏风·伐檀》)
22. 汉王败楚（   ）彭城。(《史·黥布传》)
23. 臣数言（   ）康王，康王又不用臣。（又《武帝本纪》)
24. 巫臣乃请使（   ）吴。（又《晋世家》)

（2）用于比较的，绝大多数用"於"，偶亦有用"于"或"乎"的。如：

25. 苛政猛於虎也。（《礼·檀弓下》）
26. 金重於羽者，岂谓一钩金、一舆羽之谓哉？（《孟·告子下》）
27. 此所谓枝大於本，胫大於股，不折，必披。（《史·武安侯传》）
28. 曾子曰："胁肩谄笑，病于夏畦。"（《孟·滕文公下》）
［曾子说："要我竦起两肩，装着讨好的笑脸，这比热天在菜地里灌水还要难受。"］
29. 故人莫贵乎生，莫乐乎安，所以养生安乐者，莫大乎礼义。（《荀·强国》）

上5例的"於"或"于""乎"，在现代口语里是用"比"，词序也不同。"猛於虎"，就是"比虎凶"；"枝大於本"，就是"枝比根还大"。例28的"于"和例29的"乎"都是例外，通常形容词后面是用"於"，不用"于"或"乎"。

至于现代口语的介词"在"，并不是直接由"於"变来，而是和"於"同时存在的。在先秦文献里，"在"经常是个动词，但是也早在卜辞里（见上文）已经用作介词了。不过，因为它是由动词分化出来的，所以动词性还很强。如：

30. 子在齐闻韶。（《论·述而》）
［孔子在齐国听了韶乐。］
31. 在陈绝粮。（又《卫灵公》）
［孔子在陈国断绝了粮食。］

这两例的"在"可以说已经介词化，但还不完全是，说它们是动词似乎也可以。但像下面的用例，却无疑是介词了，因为它们的独立性已经消失，离开了动词，它们的意义就不能成立，至少也不完全。

32. 蛰虫咸俯在穴。(《吕·季秋纪》)
33. 在他人则诛之，在弟则封之。(《孟·万章上》)

可见，"在"分化为介词，可能在晚周时候。既然是分化，那么，它的本义当然照旧存在。这情况直到现在还是如此。"在"既是介词，同时也是动词。汉魏以后，作为介词"在"的用法，同今语已没有什么两样。这在比较接近口语的乐府民歌里可以看出，如《艳歌行》："兄弟两三人，流宕在他县。"梁武帝《古意》诗："云是忘忧物，生在北堂垂。"

（3）表被动句的施动者。这用"于"或"於"都成，但不能用"乎"。如：

34. 忧心悄悄，愠于群小。(《诗·邶风·柏舟》)
35. 御人以口给（口才），屡憎于人。(《论·公冶长》)

第二节 "之"的演变

介词"之"（现在语法书多叫作结构助词）和作为代词的"之"，在上古汉语里，是同时存在的，语音也一样，甲骨文作"㞢"，从止在一上。止者足趾；一者地也，象足趾在地上的行动，本义是往。介词"之"和代词"之"，都是同音假借字。介词"之"主要有三种功能：①表名词的领属关系；②表名词或形容词定语的修饰关系；③作主语与谓语之间的介词（或称"助词"，或称"结构助词"），使句子词组化。关于表形容词定语的介词"之"，上文讨论形容词词尾时已讲过，这里从略。

（1）"之"表名词的领属关系，这是"之"很早就具有的职能。同时它还可以表礼貌代词的领属关系，但一般代词后面却很少用"之"①，例如：

---

① 《左传·襄公十四年》云："是而（你的）子杀余之弟也。"又《谷梁传·成公二年》云："曹无大夫，其曰公子，何也？以吾之四大夫在焉，举其贵者也。"像这里两个"之"的用法是极少见的。

1. 齐侯之子，卫侯之妻，东宫之妹，邢侯之姨；谭公维私（《诗·卫风·硕人》）
2. 适子之馆兮。（又《郑风·缁衣》）
3. 此则寡人之罪也。（《孟·公孙丑下》）
4. 吾愿去君之累，除君之尤，而独与道游于大莫（漠）之国。（《庄·山木》）
5. 西人之子，粲粲衣服；舟人之子，熊罴是裘。（《诗·小雅·大东》）

（2）"之"表名词定语的修饰关系，也产生得很早，而且很普遍。如：

6. 关关雎鸠，在河之洲。（《诗·国风·关雎》）
7. 凡今之人，莫如兄弟。（又《小雅·常棣》）
8. 椒聊之实，蕃衍盈升。（又《唐风·椒聊》）

这种表示名词定语的介词"之"，在古汉语里有时省去①。现代汉语正是继承了这种语法，名词定语是往往省去介词"的"的。

9. 七年，春王正月，鼷鼠食郊牛角。（《春秋·成7》）
10. 为社稷计，在两君掌握耳。（《史·陆贾传》）
11. 臣请言大王功略。（又《淮阴侯传》）
12. 夫驽马、女子筋力、骨劲，非贤于骐骥、孟贲也。（《齐策》）
13. 王子官室、车马、衣服，多与人同。（《孟·尽心上》）

（3）"之"作主谓之间的介词，使句子结构变为名词性词组，充当各种成分。这种语法形式，也起源于先秦。例如：

---

① 参见《马氏文通》中华书局1954年校注本，第110－117页，黎锦熙《比较文法》第六章。

14. 心之忧矣，如匪澣衣。(《诗·邶风·柏舟》)
15. 人之无良，我以为兄。(又《鄘风·鹑之奔奔》)
16. 古者言之不出，耻躬之不逮也。(《论·里仁》)
17. 夫子之言性与天道，不可得而闻也。(又《公冶长》)
18. 欲勿予，即患秦兵之来。(《史·廉颇传》)
19. 晋太史屠黍见晋之乱也，见晋君之骄而无德义也，以其图法归周。(《吕·先识览》)
20. 秦之围邯郸，赵使平原君求救合从于楚。(《史·平原君传》)

"之"也可以插在主语和介宾词组之间。如：

21. 孟子曰："人之于身也，兼所爱。"(《孟·告子上》)
22. 口之于味也，有同耆（嗜）焉；耳之于声也，有同听焉；有目之于色也，有同美焉。(同上)

"之"还可以在后头接上连词"所以"，以表示道理、根据和原因等意思，如：

23. 此下之所以事上，非上之所以畜下也。(《庄·天道》)
24. 民之所以生活，衣与食也。(《文中子·微明》)
25. 此人之所以贵也。(《汉·董仲舒传》)

以上"之"的三种用法，中古以后的作品是全部沿用的，但在口语或接近口语的文学语言里却有很大的变化。（1）项表领属关系和（2）项表修饰关系的"之"，在宋元时代，同用于形容词定语后的"之"一样，已经演变为"的"。"之"和"的"古音非常接近，这种演变是可以理解的。这在上文已经谈过，这里不再举例。关于（3）项用于主谓之间的介词"之"，唐宋以来的变文、弹词、平话、小说等都很少这种用法。但是，另一方面，在五四运动前夕的文言里，却仍然保留着这个古老的语法传统形式。例如，在1915年出版的《新青年》里，就有下面的句子：

26. 青年之于社会，犹新鲜活泼之细胞在人身。(1卷1期1页)①

27. 新旧之不能相容，更甚于水火冰炭之不能相入也。(又1期《新旧问题》)

28. 乃惧他人之察觉，必惧良心之察觉也。(又2期《共和国家与青年之自觉》)

29. 然则国家之立也，立于人，国体之变也，变于人。(又3期续上文)

如果把例27—29的"之"换为"的"，就基本上是现代汉语的结构了。可见现在主谓之间插入介词"的"，使句子结构词组化这一语法形式，与其说是受外语的影响，不如说是旧传统的翻新，也许更适当些吧②。

第三节 "以""为"的演变

"以"本来是个动词，和"用"同义，作为介词的"以"即由此义转来的。它的基本意义还是"用"，它的最大特点是后面接以体言（名词或名词性的词）。"以"在先秦的用法主要有三种，其演变过程是各不相同的。

（一）表示动作的方式，今语"拿""用"的意思

1. 以乱易整，不武。(《左·僖30》)
2. 以戈击王。(又《哀4》)
3. 以友辅仁。(《论·颜渊》)
4. 杀人以梃与刀，有以异乎？(《孟·梁惠王上》)
5. 以千金为鲁连寿。(《赵策三》)
6. 许子以釜甑爨，以铁耕乎？(《孟·滕文公上》)

---

① 原文出自陈独秀《敬告青年》。
② 参见王力《汉语史稿》中册，科学出版社1958年版，第397-398页。王先生认为这是汉语受西洋语法的影响。

与这同时，先秦作品也有用"用"的，"以""用"同义，句法功能亦同。如：

7. 用贫求富，用饥求饱。(《荀·议兵》)
8. 吾闻用夏变夷者，未闻变于夷者也。(《孟·滕文公上》)
9. 齐氏用戈击公孟。(《左·昭20》)

以上表示方式的"以"是经常省略的，但是如果"以"所带的宾语是代词"之"时，则又往往省略"之"而不省略"以"。自上古至中古以后的文言书面语，大都如此。例如：

10. 公语之故，且教之（以）悔。(《左·隐元》)
11. 死马且买之（以）五百金，况生马乎？(《燕策》)
12. 使人遣赵王（以）书。(《史·廉颇蔺相如传》)
13. 秦亦不以城予赵，赵亦终不予秦（以）璧。(同上)
14. 群臣后应者，臣请（以）剑斩之。(《汉·霍光传》)
15. 宋公及楚人战于泓。宋人既成列，楚人未既济（渡河）。司马曰："彼众我寡，及其未既济也，请击之。"公曰："不可。"既济，而未成列，又以（之）告。(《左·僖22》)
16. 况贪天之功，以（之）为己力乎？(又《僖24》)
17. 子路行，以（之）告。(《论·微子》)
["之"指上文遇见长沮、桀溺的情况，"告"的宾语孔子，承上省。]

在后来口语里，表示方式的"以"，为"将""拿""把"所取代，句子变为处置式。但是"以"仍以文言成分保留在部分句子里，如"以理论指导实践""以身作则"的"以"即是。

(二) 表动作的原因

18. 君子不以言举人，不以人废言。(《论·卫灵公》)
[君子不会因为一句好话便提拔那个人，也不会因为那个人不

好，便连他说得对的话也给否定了。]

19. 且吾不以一眚（shěng，过失）掩大德。(《左·僖33》)
20. 此木以不材终其天年。(《庄·山木》)
21. 乃孔子则欲以微罪行，不欲为苟去。(《孟·告子下》)

中古时期，"以"往往和"故"相呼应，形成"以……故"的固定格式，等于口语"因为……的缘故"。这比单用"以"的更完善了。如：

22. 乃欲以一笑之故杀吾美人，不亦傎（diǎn，颠倒错乱）乎？(《史·平原君传》)
23. 士固为知己者死，今乃以妾尚在之故，重自刑以绝从，妾其奈何畏殁身之诛，终灭贤弟之名？(又《刺客传》)

(三) 表领率，实际是由"（一）"的方式、凭借这个基本意义派生出来的

如：

24. 齐侯以诸侯之师侵蔡。(《左·僖4》)
25. 宫之奇以其族行。(又《僖5》)
26. 里克邳郑欲内（纳）重耳，以三公子之徒作乱。(《史·晋世家》)
27. 二十四年楚惠王复国，以兵北伐，杀陈湣公。(又《陈杞世家》)

"以"的这种用法，在后来的口语里没有保留。
介词"以"，在古代也常用以连系用言性（指动词或形容词）的词、词组或句子。这和上述经常后带体言的那种介词"以"很不相同。在这种情况下，"以"可以认为是带连词性的介词。例如：

28. 将军之事：静以幽，正以治。(《孙·九地》)
[将军的处事是：沉静而善深思，严肃而有条理。]

29. 晋侯复假道于虞，以伐虢。(《左·僖5》)
[晋侯又向虞国借路来伐虢国。]
30. 夫子而弃常法以从其私欲，用功变以崇天灾，勤百姓以为己名，其殃大矣。(《语·周语下》)
31. 以无忌从之游，尚恐其不我欲也，今平原君乃以为羞，其不足从游！(《史·魏公子传》)

例 28 的"以"是连系两个形容词。例 29、30 的"以"所连系的都是两三个词组。例 31 的"以"则连系前两个句子，来突出后两句，所以这些"以"都带有连词功能。

"为"原来是个用得很多的动词，表示行为，又念去声，则有帮助义。《诗·大雅·凫鹥》："福禄来为。"郑玄笺："为，犹助也。"又《论语·述而》："冉有曰：'夫子为卫君乎？'"郑玄注："为，犹助也。"所以"为"在先秦分化为介词，首先即具有由原来动词的"助"义转化而来的"替"的意思。例如：

1. 曾子曰："吾日三省吾身：为人谋而不忠乎？与朋友交而不信乎？传（老师的传授）不习乎？"(《论·学而》)
2. 分人以财谓之惠，教人以善谓之忠，为天下得人者谓之仁。是故以天下与人易，为天下得人难。(《孟·滕文公上》)
3. 季氏使闵子骞为费（bì，地名）宰（一邑的长官）。闵子曰："善为我辞焉。"(《论·述而》)
4. 为天下兴利除害。(《史·陆贾传》)

这种表"替"义的介词"为"，后来一直沿用至今。比方，我们常说"为人民服务"，其中"为"就是古语之遗。

"为"还有第二种用法，表示原因或目的。这也产生于先秦，沿用于汉魏以后，如：

5. 仕非为贫也，而有时乎为贫。(《孟·万章下》)
6. 然则一羽之不举，为不用力焉。(又《梁惠王上》)
7. 天下熙熙，皆为利来；天下攘攘，皆为利往。(《史·货殖列传》)

8. 天地不为乱岁去春，人君不以衰世屏德。(《论衡·非韩》)

这一类的"为"，如果在因果句里，它往往充当连词，表原因。在这种情况下，介词所介入的是句子，而不是词。如：

9. 仲尼曰："始作俑（古代陪葬用的偶人）者，其无后乎！"为其象人而用之也。(《孟·梁惠王上》)
10. 子曰："射不主皮，为力不同科，古之道也。"(《论·八佾》)
[孔子说："射箭不一定以射中靶子为主，因为各人的力气大小不同，这是古代的规矩。"]

也有与"故"相呼应来表示原因，成为和上述"以……故"相同的固定形式——"为……故"的。如：

11. 为毛召之难故，王室复乱。(《左·宣16》)
[此指宣公5年，王子札杀了毛伯和召伯。]
12. 卫侯固请见之，不获命，以其良马见，为未致使故也。(又《昭20》)
[卫侯一定要见齐国使臣公孙青，公孙青推辞不了，就送他一匹良马做见面礼，这是他来卫国还没有行聘礼的缘故。]

以上"为"的第二种用法，在后来的口语里，改用双音词"因为"，在句法功能上是古今一脉相承的。

"为"的第三种用法是表示被动，如"为戮"——被杀，"为辱"——被侮辱。这个留在下文讨论，这里从略。

第四节 "与""同""和"的演变

今语介词用"和""跟""同"的，在上古只说"与"，偶然也用"同"。"与"也是由动词转化来的。"与"有随从、亲附义，由此虚化，便成为介词"跟""同"的意思。这个用法，起源于先秦，中古以后沿用。如：

1. 虫飞薨薨，甘与子同梦。(《诗·郑风·鸡鸣》)
2. 彼狡童兮，不与我言兮。(又《狡童》)
3. 来，吾与尔言。(《论·阳货》)
4. (晏子)遂解左骖以赎之(越石父)，因载而与之俱归。(《晏·内篇杂上》)
5. 管仲尝叹曰："吾少穷困时，尝与鲍叔贾(gǔ，经商)，分财多自与；鲍叔不以我为贪，知我贫也。"(《列子·力命》)
6. 夫无道之人，与狂无异。(《论衡·书虚》)

这里要注意的是，现在的介词"同""跟""和"都必须说出宾语；而古代"与"却不一定，它后面的宾语可以省去，如：

7. 子曰："可与（　）共学，未可与（　）适道；可与（　）适道，不可与（　）立，可与（　）立，未可与（　）权。"(《论·子罕》)
[孔子说："可以同他一起做学问的人，未必可以同他一起达到某种道德境界；可以一起达到某种道德境界的，未必可以同他一起有所建树；可以同他一起有所建树，又未必可以做到彼此都能通权达变。"]
8. 可与（　）言，而不与之言，失人。(又《卫灵公》)
9. 旦日，客从外来，与（　）坐谈。(《齐策》)
10. 清河王经去官还家，辂与（　）相见。(《三国·魏·管辂传》)

细玩这些句子里省去的词语，是属于代词"之"的成分。这一点同上文讲的"以"的用法正是一样。

"与"在句子中的功能，如果是连系性质而不是修饰性质的话，那么，它便以介词性充当连词，或者说，它成为连词性的介词。它能连系的对象是：词与词、词与词组、词组与词组。因此它是并列连词的一种。这个，也是起源于先秦，如：

11. 溱与洧，方涣涣兮；士与女，方秉蕑（jiān）兮。(《诗·郑风·溱洧》)

［溱、洧均水名。涣涣：水盛貌；秉：执持。蕑：兰草。］

12. 富与贵，是人之所欲也，不以其道得之，不处也。(《论·里仁》)

13. 子见齐衰（cī cuī）者、冕（miǎn）衣裳与瞽者，见之，虽少，必作；过之，必趋。(又《子罕》)

［孔子遇见穿丧服的人，穿戴着礼帽礼服的人和瞎子，即使他年轻，孔子也必定站起来；走过这些人面前的时候，必定把脚步放快一些；以示敬意。］

14. 然则我与若与人，俱不能相知也，而彼也邪？(《庄·齐物论》)

［那么，我、你同别人，都不能互相了解，更待谁呢？彼：谁。］

15. （秦）穆公归，至于王城，合大夫而谋曰：“杀晋君与逐出之与以归之与复之，孰利？”(《语·晋语三》)

例13和例14、15代表上古同时存在的两种用法：对于两个以上的词语连系，可以在最后一对连系之间使用连词，如例13；也可以在每一对连系之间都插用连词，如例14、15（《论语》"子罕言利与命与仁"的句法与此同）。汉语书面语，长期以来都沿袭这两种用法，直到现在，才把前一种确定下来，作为规范的用法。有人以为这是从外语学来的。我看不是，还是传统的演变吧。

在上古，同"与"作用一样的介词，还有一个"同"。"同"原来是动词，如"君子和而不同"(《论语·子路》)的"同"是；也作副词用，如"今王与百姓同乐，则王矣"(《孟子·梁惠王下》)的"同"。但就在先秦，"同"已开始分化，向介词过渡，虽然这样的例子还不多。如：

16. 同我妇子，馌（yè，送饭）彼南亩。(《诗·豳风·十月》)

17. 帝谓文王："询尔仇（匹也）方，同尔弟兄，以尔钩援，与尔临冲，以伐崇墉。"(又《大雅·皇矣》)

［上帝告诉文王："和你的与国商量，协同你的同姓国家，用你的爬城器具和临车冲车，去攻打崇国的城墙。"］

这里所举两例的"同",自然还是动词,但已经十分接近介词。可以说,我们现在说"我同老婆孩子到南亩去送饭"的"同",就是这样逐渐分化过来的。它在中古时期,以音近义同关系,又往往作"共"。《说文》:"共,同也。"用例如下:

18. 昔有大长者子,共诸商人入海采宝。(《百喻经》下)
19. 昔有一人,夜语儿言:"明(日)当共汝至聚落(村落),有所取索。"(同上)
20. 谁有勇健,能共我试,请于平原校(较量)其技能。(同上)

"共汝"即"同你","共我试"即"同我试试。"像这样的用法,直至中古后期的唐代变文,还很盛行,可见它在口语里是使用得很普遍的。如:

21. 舜子抄手启阿耶(爷):"阿耶若取(娶)得计(继)娘来,也共亲阿娘无二。"(《敦变》129页)
22. (道安)乃唤善庆近前:"上来(刚才)言语,总是共汝作剧,汝也莫生颇我之心,吾也不见汝过。"(又187页)

近代白话小说已不用"共"而用"同",如:

23. 两公子同蘧公孙都走出厅上。(《儒》11回)
24. 今我同你去会一个人。(又18回)

现代汉语的"和"原是个动词,在中古时期产生了一个新义,有连同的意思。见于唐人诗歌的,如"醉和金甲舞"(卢纶《塞下曲》其四),"时挑野菜和根煮"(杜荀鹤《山中寡妇》),"和雪翻营一夜行"(王仲初句,转引自《助字辨略》卷二"和"字条)的"和"即连带之意,在宋元时代的作品里,"和"开始用作介词,同时也作连词用。以《京本通俗小说》为例:

25. 妇女和锦儿说了自去。（介）（卷12）
26. 小夫人道："和你同去问婆婆。"（介）（卷13）
27. 吴教授和王七三官人见了，背膝展展，两股不摇而自颤。（介）（卷12）
28. 却见小娘子和那一个后生同走，苦死不肯回来。（连）（卷15）

又岳飞《满江红》词："八千里路云和月"，"和"也是连词。宋元以后的用例，人所共知，不必列举。现在"与"在口语里已归于隐退，但在书面语言里却还把它作为文言成分偶然一用。

"同""和"一向都有两种用法——介词和连词，最近已趋于规范化，"同"为专用介词，"和"则作连词用。

第八章　连词及其与句子关系的发展

第一节　上古连词的基本概况

古汉语的连词，有并列连词和主从连词两大类，为数很不少，用法也很复杂；但不是从来就是那样的，它们曾经过不同的发展过程。这里从上古谈起，把上古连词基本情况的特点弄清楚，对以后的发展就容易了解了。

第一个特点是：在上古时期的书面语言里，句和句之间的联系，主要是采取意合法，而很少使用连词，特别是主从连词很罕见。甲骨文里的并列连词只有"及""又"等几个，主从连词只有"乍""则""乃"等几个。《尚书》里的连词，同样是残缺不全。试看下面的句子便可知道。例句中的（　）表示当时用意合法而后世用连词的地方：

1. 若乘舟，（　）汝弗济，（　）臭厥载；（　）尔忱不属，（　）惟胥以沈。（《书·盘庚中》）

[譬如趁船（按：或应为"乘船"），你们上去了只是不解缆渡过去，岂不是坐待你们坐的船朽败吗？若是这样，不但你们自己要沉溺，连我们也要随着沉溺了。]①

2. 汝（　）有戕则在乃心，（　）我先后绥乃（你）祖乃父。乃祖乃父，乃断弃汝，不救乃死。（同上）

[倘使你们心中有了毒害的念头，我们的先王一定会知道，他便要撤除你们的先祖先父在上天侍奉先王的职役，你们的先祖先父受了你们的牵累，就要弃绝你们，不救你们的死罪了。]②

3. 昧昧我思之，如有一介臣，断断猗（兮）无他技。其心休休

---

①② 大致据顾颉刚等译文，见《历史学》1979年第2期。

焉，其如有容。人之有技，若已（按：应为"己"）有之；人之彦圣，其心好之，不啻若自其口出。（　）是能容之，以保我子孙（　）黎民，亦职有利哉。（　）人之有技，冒疾以恶之，人之彦圣，而违之俾不达。（　）是不能容，以不能保我子孙（　）黎民，亦曰殆哉。（《书·秦誓》）

［我暗暗地思量，如果有这样一位忠臣，忠实诚恳而没有别的本领，但胸怀宽广能容人，看见别人有本事，就像自己有本事一样，别人品德好，心里就喜欢他，称赞不绝口。那么，像这种好臣子，我当然能够容纳他，因为他是能保住我的子孙和臣民都有利益的。假如看见别人有才能，就妒忌他，中伤他，别人有好品德，就压制他，不让上头知道。像这样的人我就不能容纳的，因为他不能保住我的子孙和臣民，并且是有危害性的。］

以上都是上古先秦时期的例子，到了春秋战国时代，连词的使用就渐渐多了，因而语言也就比较流畅了。例如（连词以·表示）：

4. 夫金鼓旌旗者，所以一（统一集中）人之耳目也；人既专一，则勇者不得独进，怯者不得独退，此用众之法也。（《孙·军争》）

5. 故君为社稷死，则死之；为社稷亡，则亡之；若（如果）为己而（犹"与"）为己亡，非其私暱（指所亲幸、宠爱的人），谁敢任之？（《左·襄25》）

6. （孟子）曰："无恒产（一定的产业）而有恒心（经常保持的道德观念）者，惟士为能。若（至于）民则（假如）无恒产，因无恒心。苟无恒心，放辟邪移，无不为己。及陷于罪，然后从而刑之，是罔（同'网'，陷害）民也。焉有仁人在位罔民而可为也？是故明君制民之产，必使仰足以事父母，俯足以畜妻子，乐岁终身饱，凶年免于死亡；然后驱而之善，故民之从之也轻（容易）。"（《孟·梁惠王上》）

第二个特点是：上古的连词灵活性很大，往往一词而兼有几种连系作用。它在具体句子中连系什么，完全取决于上下文，最典型的例子就是"乃"和"而"。关于"而"的用法，下文会详细讨论，这里且举"乃"

的用例谈谈。

"乃"最常见的用法是充当顺接连词,等于"于是",如:

7. 盘庚作,惟涉河以民迁;乃话民之弗率,诞告用亶(诚)。(《书·盘庚中》)
[盘庚决定渡过黄河,把人民迁徙过去。于是他就召集了许多反对迁移的人民,准备认真地对他们讲一次话。]

但是就在同一篇文章的下一段,"乃"又表反接,等于今语"却",如:

8. 汝不忧朕心之攸困,乃咸大不宣(明)乃心,钦(动貌)念以忱(诚),动予一人,尔惟自鞠(穷)自苦。(同上)
[你们不体会我的苦处,反而大大糊涂起来,竟发生无谓的惊慌,想来改变我的主意;这真是你们自讨没趣,自寻烦恼!]

不但如此,"乃"还可以表示假设条件,等于"假如",如下例第一个"乃"是:

9. 乃不吉(善)不迪(长),颠越不恭,暂(诈)遇(偶,邪)奸宄,我乃劓(yì,割除)殄灭之,无遗育……(同上)
[假如你们行为不善,不按正道办事,故作妄为搞奸诈,我就把你们杀死,并消灭你们的后代,不留一个……]

第三个特点是:上古专用的连词还不多,书面语常见的连词,多半是由别的词类兼充的,例如"乃""然""既"等,本来是副词,却往往用作连词;"与""于""因""及"等,本来是介词,但同时兼充连词。

第二节 几个常用连词的发展

这里着重讨论并列连词。上古并列连词有两种功能:一是连接两个词(名词、动词、形容词和副词)或两个词组;二是连接两个分句。这种连词比较常用的有"与""而""以""且""则""然而""顾""但""但是"等。"与"在上章已经谈到，其他连词的错综复杂的关系及其发展，简述如下。

"而""以""且"在先秦都可以用来连接两个词或词组，也可以连接两个分句，但作用并不完全相同。比如，"而""以"都可以连接名词、动词和形容词，"且"只能连接动词和形容词，可是不能连接名词。在连接两个分句时，"而""且"都表示并列关系。至于"于是"，只能用以表示句子和句子之间的并列关系。这些连词同是表示并列关系，也还有以下三点不同：

（1）"而""以"表示等立的并列关系，所连接的两个词的词序不大能够移动。如：

1. 弟子入则孝，出则弟，谨而信，汎爱众而亲仁。（《论·学而》）

[青年人应该在家就孝顺父母，出外就敬爱兄长，做事谨慎，并且说话算事，博爱群众，而又亲近有仁德的人。]

2. 学，譬之犹砺（磨刀）也。夫昆吾之金而（与）铢父之锡，使于越之工铸之以为剑而弗加砥砺，则以（拿来）刺，不入；以击，不断。（《尸子·劝学》）

3. 闻善而（与）不善，皆以告其上。（《墨·尚同》）

4. 以管子之圣而隰朋之智，至其所不知，不难师于老马与蚁。（《韩·说林》）

[像管仲那样的圣德和隰朋那样的智慧，他们碰到自己不懂的问题，却毫不迟疑地要求教于老马和蚂蚁。]

5. 自王叔之相也，政以贿成，而刑放于宠。（《左·襄10》）

[自从王叔为相，政治决定于财物，刑罚依照恩怨而行。]

6. 如此则明塞于上，而治壅于下，正道捐齐，而邪事日长。（《管·立政》）

这里例1—4的"而"，用法同"与"差不多。5、6两例的"而"，意义最虚，不作"与"讲，但它所连接的两个分句都是完全等立，没有偏正之分的。另外一个连词"以"在连接词与词这个功能上，同"与"

没有什么不同,也是表示等立的并列关系。如:

7. 天大雷电以风。(《书·金縢》)
 [天空中打响雷,闪电光和刮大风。]
8. 赋《常棣》之七章以卒。(《左·襄20》)
 [朗诵了《诗经·常棣篇》的第七章和末章。]
9. 季康子问:"使民敬忠以劝,如之何?"(《论·为政》)
 [季康子问孔子道:"要使人民严肃、忠实和互相勉励,应当怎么办?"]

中古以后,连词的发展走向分工,表示词与词的等立的并列关系就经常用"与"而罕见"而"和"以",但连接并列分句,仍沿用"而"。

(2)"而""以"和另一个"且"还可以表示词与词的层进的并列关系。在表示这种关系时,这三个连词的功能和意义基本上是相同的,即既可以连接两个形容词,也可以连接两个动词或动词性的词组,但不能连接名词,它们的意义,同样等于"而且"。其中"且"还能表示句与句间的进层关系。例如:

10. 公子鲍美而艳。(《左·文10》)
11. 其声大而宏。(《考工记·梓人》)
12. 其器高而粗。(《礼·月令》)
13. 河水清且涟猗(兮)。(《诗·魏风·伐檀》)
14. 邦有道,贫且贱焉,耻也。(《论·泰伯》)
15. 由也为之,比及三年,可使有勇,且知方也。(又《先进》)
 [我来办这事,只要三年,就可以使得人人勇敢,而且还懂道理呢。]
16. 公语之故,且告之悔。(《左·隐元》)
 [郑庄公把缘故告诉他(颍考叔),并且对他说,自己已经后悔。]

"且"在表示进层的并列关系时,往往和副词连用,成为"既……且"的关联语。如,"既辱且危"(《周易·系辞下》),"四牡既佶(壮健),既佶且闲"(《诗·小雅·六月》)。对于句子与句子间的进层关系,除用"且"表示外,还有"既……又"式也是常用的。如"既破我斧,又缺我锜"(《诗·邠风·破斧》),"既欲其生,又欲其死,是惑也"(《论语·颜渊》)。

中古以后,"而"和"且"的这些用法继续沿用,一直至现代汉语还是基本上不变,只是"而且"已经结合成为一个关系词,使用得更多些。至于"以",在接近口语的文学语言中,已经没有像上述那样的用法。举例如下:

17. 他是一个高而瘦的老人。(鲁迅《从百草园到三味书屋》)
18. 他沉默而倔强地工作着。(李林《这样的战士》)
19. 我说一定是刀砍的,而且是菜刀。(周立波《山乡巨变》)
20. 毛牛肉眨眼而且努嘴。(沙汀《在其香居茶馆里》)
21. 他脸上黑而且瘦。(鲁迅《孔乙己》)

(3)"而""以"又可以用来表示前后两个词语相承的并列关系。虽说是并列,但两个词语有先后关系,一般不能调动,如:

22. 鹏之背,不知其几千里也;怒而飞,其翼若垂天之云。(《庄·逍遥游》)
23. 骥子是俛而喷,伸而鸣,声达于天,若出金石声者,何也?(《楚策》)
24. 予既烹而食之。(《孟·万章上》)
25. 曹共公闻其骈胁,薄而观之。(《左·僖23》)
〔骈胁,两块肋骨并拢在一起,是生理上的一种畸形。薄:迫近。〕
26. 亲以无灾,又何患焉。(又《闵2》)
〔人民对我们亲近而没有祸害,那还怕什么呢?〕
27. 狐偃其舅也,而惠以有谋;赵盾其先君之戎御,赵夙之弟也,而文以忠贞;贾佗公族也,而多识以恭敬。(《语·晋语四》)

例26、27的"以"等于"而",表示词与词的承接,和例22—25的

"而"一样是一种顺接。例27用"以"又用"而",作用各不相同,"以"是表词与词组的承接关系,而"而"却是表示分句与分句间的承接关系,都是顺接的。下面再举两个"而"表示句子与句子间顺接的相承关系的例子:

28. 人人亲其亲,长其长,而天下平。(《孟·离娄上》)
29. 昔者禹抑(阻遏)洪水,而天下平。(又《滕文公下》)

词语与词语,或者句子与句子的相承相接的关系,也往往用另一个连词"则"来表示,略等于介词"就",或"那就"。如:

30. 仁则荣,不仁则辱。(《孟·公孙丑上》)
31. 思则得之,不思则不得也。(又《告子上》)
32. 是故财聚则民散,财散则民聚。(《礼·大学》)
33. 车马非异也,或至乎千里,或为人笑,则巧拙相去远矣。(《韩·难势》)
34. 宗邑无主,则民不威;疆埸(yì)无主,则启戎心。(《左·庄28》)

以上表顺接关系的几个连词,其中"以"在后世已没有这种用法,其余"而"和"则"在现代书面语里却还继承了古代的一些用法。"而"可以联结相承接但又不是连动的动词,如"氢气和氧气化合而成水"。也可以联结前后意思相承的两个句子,如:"我看不见读经之徒的良心怎样,但我觉得他们大抵是聪明人,而这聪明就是从读经和古文得来的。"(鲁迅《十四年的读经》)"则"在典范白话文里也往往作顺接连词使用,还是"那就"的意思,如:"惟独对于友邦,竟敢用'侵夺'字样,则确也未免'激烈'一点,因为忘了他们正在替我们'保存国粹'之恩故也。"(鲁迅《谈"激烈"》)

"而"还有一种和这类似的作用,就是联结一个介宾结构与动词的关系,如:"乡(向)为身死而不受,今为宫室之美为之;乡为身死而不受,今为妻妾之奉为之;乡为身死而不受,今为所识穷乏者得我而为之"(《孟子·告子上》)这种"为……而……"的语法形式,在现代汉语里得到很大的发展，如说"为实现共产主义而奋斗""为超额完成1982年的国家经济计划而奋斗"，等等。

古代"而"的用法最灵活，即可以表顺接，如上例，同时还可以表反接。所谓反接，即两个词语意思相反的，用连词"而"连在一块，意思略等于今语"却"或"可是"。如：

35. 人谁无过，过而能改，善莫大焉。（《左·宣2》）
36. 子曰："暴虎冯河，死而无悔者，吾不与也。"（同上）
37. 劳而不伐（自夸）。（《易·系辞上》）
38. 君子引而不发，跃如也。（《孟·尽心上》）
〔君子是开弓却不一定射出去，只作出跃跃欲试的样子。〕

偶然也有用"以"表示反接的，它和"而"意思一样，如："生以辱，不如死以荣。"（《大戴礼·曾子制言》）等于"生而辱，不如死而荣"。

句子与句子间的反接的相承关系，也往往用"而"或"然"或"然而"连用。这样的句子就是转折句，其中用"然"和"然而"的转折语气较重。例如：

39. 吾以众足行，而不及子之无足，何也？（《庄·秋水》）
〔我用我的好多脚走路，可是倒赶不上你没有脚的，这是什么缘故？〕
40. 贵，人之所欲，（舜）贵为天子，而不足以解忧。（《孟·万章上》）
41. 其妻问所与饮食者，则尽富贵也，而未尝有显者来。（又《离娄下》）
42. 今王室实蠢蠢焉（动荡貌），吾小国（指郑国）惧矣，然大国（指晋国）之忧也。（《左·昭24》）
43. 吾不能早用子，今急而求子，是寡人之过也；然郑亡，子亦有不利焉。（又《僖30》）
44. 子游曰："吾友张也为难能也，然而未仁。"（《论·子张》）
45. 足可以遍行天下，然而未尝有能遍行于天下者也。（《荀·性恶》）

反接语气较轻的，多用"顾""但"，但这只是中古以后才流行起来的用法，先秦却只是偶一见之。"顾"等于"但"，本为连词。《燕策》："吾每念，常痛于骨髓，顾计不知所出耳。"《史记·越世家》："彼非不爱其弟，顾有所不能忍者也。"在后世接近口语的文学语言里，都不用"顾"而用"但"。"但"来源于先秦的副词"特"或"直"。《吕氏春秋·忠廉》："要离曰……夫捽（揪）而浮乎江，三入三出，特王子庆忌为之赐而不杀耳，臣已为辱矣。"高诱注："特犹直也。"《孟子·梁惠王》："孟子对曰：'王好战，请以战喻。填然鼓之，兵刃既接，弃甲曳兵而走，或百步而后止，或五十步而后止。以五十步笑百步，则何如？'（王）曰：'不可，直不百步耳，是亦走也。'"《战国策·齐策》："（犀首）谓卫君曰：'衍非有怨于（张）仪，直所以为国者不同耳。'"王引之《经传释词》："直，犹特也；但也。"按"直""特""但"古声母同，上述3例的"特""直"均作副词用，有"只是""不过"的意思。中古以后，"直""特"演变为"但"，并由副词变为转折连词。如：

46. 安与任隗（wěi）举奏诸两千石（官名），又它所连及贬秩免官者四十余人，窦氏（指外戚窦宪等）大恨；但安、素行高，亦未有以害之。(《后·袁安传》)

47. 初不中风，但失爱于叔父，故见罔（诬）耳。(《三国·魏·武帝纪》)

48. 公干有逸气，但未遒（劲）耳。(又《吴质传》)

现代汉语表示反接的连词"然而"，是古代用法的直接继承，在议论文体里用得尤多。"但"却有一点和古代不同，它已进一步发展为"但是"，不过在现代典范白话文中"但"或"但是"仍然可以随意选用。有人以为旧时只用"但"，现在应用"但是"，这是一种误会。例如：

49. 筵席上的中国菜诚然大抵浓厚，然而并非国民的常食。(鲁迅《马上支日记》)

50. 头上戴着拖花翎的红缨帽，一条辫子在空中飞扬，朝靴的粉底非常之厚，但这些都是满洲人连累我们的，独有两眼歪斜，张嘴露齿，却是我们本来的相貌，……但此后对于中国一部分人的相貌，我也逐渐感到不满。……但在成人，只要牙齿好，那咬筋一收缩，便能咬碎一个核桃。有着这么大的力量的筋，有时竟不能收住并不沉重的自己的下巴，虽然正在看得出神的时候，倒也情有可原，但我总以为究竟不是十分体面的事。（鲁迅《略论中国人的脸》）

下编　句法的发展

第九章　汉语词序的发展

第一节　词序固定是汉语的一大特点

在古汉语里，"主语—谓语"和"主—动—宾"的词序，一般来说是固定的，而且具有很久远的历史传统性。自殷周秦汉一直到现代，基本上都是这样。因此，词序便构成汉语语法的一大特点。例如（主语及其附属语用～～表示，谓语及其附属语用＿＿表示，宾语用＿＿表示）：

A 组：1. 盘庚迁于殷。（《书·盘庚》）
　　　2. 我王来。（同上）
　　　3. 鸟鸣嘤嘤。（《诗·小雅·伐木》）
　　　4. 我心忧伤。（又《正月》）
B 组：5. 朕不食言。（《书·汤誓》）
　　　6. 汝有积德。（又《盘庚》）
　　　7. 尔不许我，我乃屏（藏）璧与珪。（又《金縢》）
　　　8. 我有嘉宾。（《诗·小雅·鹿鸣》）
　　　9. 我思肥泉。（又《邶风·泉水》）

以上这些句子的词序，都不能移动，否则就不成话，或者意义变得完全相反了。不过，我们不能因此得出错误的结论，认为词序是汉语唯一的规则，此外就没有什么语法了。像西方有些汉学家如瑞典的高本汉就是由此出发，认为汉语是"列位语"，说什么汉语的语法非常贫乏（指没有形态变化——引者），基本上只是一些关于词在句子里的排列的规则和少数辅助词的作用。① 另一法国汉学家马伯乐，也有同样的言论。② 对于这些论点，过去国内有人赞同过。也有人加以批判，但批判者当时多半偏重说理，没有同时提出符合汉语史实的论证文章，这是一个缺憾。③

笔者认为"列位语"的说法是十分错误的，因为它有片面性，与汉语史的事实不符。汉语的词序诚然是汉语语法的一大特点，应该重视研究，但并非唯一特点。而且词序本身也不是一成不变，而是随着汉语的变化、发展而有不同程度的变化、发展的。就拿上述例子来说，也只表明主语与谓语的词序基本上不变罢了。如果从谓语本身来看，却不是完全不变的。如例3的"鸟鸣嘤嘤"，状词"嘤嘤"后置于动词（有人说是补语）；但同诗的下文，又有"嘤其鸣矣"一句，显然，"嘤"也可以前置于动词"鸣"了。自近代乃至现代，类似这样的状语，就以前置于动词为常了。古代说"鸟鸣嘤嘤"，近代就变为"鸟儿嘤嘤地叫着"了。又如例7"尔不许我"，这是代词作宾语的否定句，按照先秦语法，应该宾置动前，即"尔不我许"才对，但这里却不是这样。由此可见，汉语的词序虽然比较固定，但在一定条件下，也具有相对的灵活性、可变性。下面就来讨论这个问题。

第二节 上古汉语语序变化的几种情况

上古汉语在一定条件下，语序就会发生变化。所谓一定条件，大约有以下五种情况，这些情况，有的在殷商卜辞时期已经如此。

第一，在感叹句或疑问句里，主语—谓语的词序，往往因强调而倒置，变为谓语—主语。如：

1. 子曰：<u>君子哉，若人</u>！<u>尚德哉，若人</u>！（《论·宪问》）
2. <u>死矣</u>！<u>盆成括</u>！（《孟·尽心下》）

---

① 参见高本汉《中国的语言》，1949年纽约版，第68页。这里转引自［苏联］龙果夫《现代汉语法研究》（中译本），中国科学出版社1958年版，第11页。
② 参见马伯乐《中国的语言》（载巴黎大学语言学院演讲录），第51页。这里转引自高名凯《汉语语法论》，开明书店1948年版，第28页。
③ 1959年上海教育出版社出版过一本《资产阶级语言学思想批判》，其中有许多文章都对"列位语说"持反对论调，但都未对词序问题提出正面论据。

3. 谁与，哭者？（《礼·檀弓上》）
4. 少顷，东郭牙至。管仲曰："子耶，言伐莒者？"（《吕·重言》）
5. 何哉，尔所谓达者？（《论·颜渊》）
6. 亦太甚矣，先生之言也！（《赵策二》）

这种先谓语后主语的结构，现代汉语里也还保留着。例如在《鲁迅小说集》里就不少这样的句子。

7. 阿阿是你？我也万想不到……（《在酒楼上》）
8. 莫哭了啊，好孩子。（《幸福的家庭》）
9. 是的是的，花儿。（同上）
10. 不要多心，薇翁。（《肥皂》）

此外，在先秦，表现强烈感情近似感叹句的韵文，也有把谓语倒置在动词前面的。现代汉语里却没有这种句法。如：

11. 有酒湑（醑）我，无酒酤我；坎坎鼓我，蹲蹲舞我。（《诗·小雅·伐木》）

第二，指示代词复指宾语时，动宾倒置。先秦有这么一种语法结构：在宾语后面带着指示代词以复指宾语，而把动词倒置在宾语之后，形成一个这样的公式：

宾语—复指宾语的指示代词—动词

充当这样指示代词的，以"是""之""斯"等最为常见，如：

12. 靖恭尔位，正直是与。（《诗·小雅·小明》）
13. 戎狄是膺，荆舒是惩。（又《鲁冈宫颂》）
14. 日居月诸，下土是冒。（又《邶风·日月》）
15. 将虢是灭，何爱于虞！（《左·僖4》）
16. 非子之求，而蒲之爱。（又《宣12》）
17. 十月涤场，朋酒斯飨。（《诗·豳风·七月》）

这种结构,又往往句首加上一个没有实义而类似词头的"唯",成为"'唯'—宾语—复指代词—动词"这么一种固定词组的公式。如:

18. 余唯利是视。(《左·成 13》)
19. 唯余马首是瞻。(又《襄 14》)
20. 除君之恶,唯力是视。(又《僖 23》)
21. 去我三十里,唯命是听。(又《宣 15》)
22. 今周与四国服事君王,将唯命是从。(又《昭 12》)

这种结构,后来没有发展,但有一部分成为固定词组保留在现代汉语里。例如说"资产阶级唯利是图""一切唯你是问""不要对他唯命是从",就是这种结构的残存。

第三,代词作宾语的句子,动词也倒置。上古语法还有这么一个规律:句子的宾语如果是个代词的话,最初不论是肯定句或否定句,那动词都后置于宾语;后来限于否定句。成为这样的公式:

代词宾语—动词。如:

23. 民献有十夫予翼。(《书·大诰》)
24. 赫赫师尹,民具尔瞻。(《诗·小雅·节南山》)
25. 无我怨。(《书·多士》)
26. 今予唯尔杀。(同上)
27. 之子归,不我与(偕同)。(《诗·召南·江有汜》)
28. 谓他人父,亦莫我顾。(又《王风·葛藟》)
29. 无(毋)我恶兮。(又《郑风·遵大路》)
30. 国无人莫我知兮。(《离骚》)
31. 祸福之至,不是过也。(《左·哀 6》)
32. 夫兵久而国利者,未之有也。(《孙·作战》)
33. 桀死于鬲山,纣县于赤斾,身不先知,人莫之谏,此蔽塞之祸也。(《荀·解蔽》)

第四,疑问句(包括反诘句)以代词作宾语时,那个他动词也必然后置于宾语。如:

34. 争贞：王亥杀我？贞：王亥不我杀？（《乙》5403）
35. 今尔何监？（《书·吕刑》）
36. 予岂汝威？（《盘庚中》）
37. 人而无止，不死何俟？（《诗·鄘风·相鼠》）
38. 岂不尔思？子不我即。（又《郑风·东门之墠》）
39. 安战也？战卫。（《谷·庄28》）
40. 朕非属赵君，当谁任哉？（《史·李斯传》）
41. 大王来何操？（又《项羽本纪》）

第五，说话时因语气急促，也往往会影响词序。结果，应该先说的子句，反而后置了。这是一种在特殊情况下产生的倒装句。如：

42. 为吴太伯不亦可乎？犹有令名，与其及也。（《左·闵元》）
　　[该说：与其及也，犹有令名。]
43. （晋）将虢是灭，何爱于虞？且虞能亲于桓、庄乎，其爱之也？（又《僖5》）
　　[该说：晋之爱虞也，能亲于桓、庄之族乎？]
44. 盖殡也，问于邹曼之父母。（《礼·檀弓上》）
　　[该说：问于邹曼之父母，盖殡也。]

以上第三、第四两种倒装句①，是先秦时期比较普遍的形式。但是，同样内容而结构却是先动后宾的，也已经逐渐发展了。个别的例子已见于《书》《诗》时代。如前举的"尔不许我"，不作"尔不我许"；《诗·黍离》的"不知我者，谓我何求"，不作"不我知者"；《烝民》的"爱莫助之"，不作"爱莫之助"。春秋以后续有出现，在《论语》里，就有几个例子，如《乡党》的"不食之矣"，不作"不之食矣"；《泰伯》的"吾不知之矣"，不作"吾不之知矣"；《宪问》的"何为其莫知子也？"不作"莫子知"。到了中古前期的汉代，这种语法结构有了显著的发展，它已经被认为是正常的语法形式而巩固下来。同样的句子，在先秦典籍里为先宾后动的，汉代以后的作品往往改为先动后宾。如《论语·宪问》：

---

① 我们所以说它为倒装句，是因为先秦确有顺装句存在。

"莫我知也夫"，《史记·孔子世家》作"莫知我夫"；《国语·周语》："及殷周莫之发（打开）也"，《史记·周本纪》作"比三代莫敢发之"；《论语·阳货》："天何言哉？"《汉书·酷吏传》有类似的句子："武帝问：'言何？'"不作"何言"。《诗·邶风·击鼓》说"不我活兮"，蔡琰《悲愤诗》却说"我曹不活女（你）"，而不说"不女活"；《孟子·告子》说："先生将安之？"同书《梁惠王上》："牛何之？"《列子·力命》却说："寡人将去此而之何？"而不说"何之"。过去杨伯峻同志曾从汉语史的角度来断定《列子》一书是魏晋人的伪作①，这个"之何"的用法，可给杨说提供一个佐证。南北朝时期继续巩固了这种"顺装"的语法结构，如：《庄子·齐物论》说"若（你）不吾胜"；《世说新语·品藻》却说"韶音令辞不如我"，而不作"不我若"；《诗·蟋蟀》说："莫之敢指"，南北朝人《小说》却说："自尔莫敢近之"，而不说"莫之敢近"。

由此可见，以代词作宾语的否定句和疑问句的结构，中古和先秦有显著的不同，它已经由"宾—动"的词序变为"动—宾"的词序，和后来汉语的语法结构大大接近了一步。

第三节 介宾结构的词序

一、介词"于"及其宾语的词序

表示处所的介词"于"及其宾语这一介宾结构的词序，在商周时代同时存在着两种情况，或在动词前，或在动词后都可以，如卜辞的"贞：告于唐"（《甲》3518）和"贞：于唐告"（《前》547.5），《尚书·康诰》的"于弟弗念天显"和"大不友于弟"。后来的变化，要看句子的性质来决定。动前的，今称为状语；动后的，称为补语。大概说来是：表示动作的着落或时间的介宾结构，总是后置于动词；表示主体活动的位置的介宾结构，前置或后置都可以。例如（A 表示前一种，B 表示后一种）：

---

① 参见《列子集释》附录三《辨伪文字辑略》二十一，龙门联合书局 1958 年版。

A. 表示动作的着落的，介宾必后置于动词，成为补语：

1. 流共工于幽州，放驩兜于崇山，窜三苗于三危，殛鲧于羽山。(《书·尧典》)
2. 百岁之后，归于其室。(《诗·唐风·葛生》)
3. 越已胜吴，又索卒于荆而败晋。(《韩·说林下》)
4. 寄治乱于法术，托是非于赏罚，属轻重于权衡。（又《大体》)
5. 繁启、蕃长于春夏，畜积收藏于秋冬，是又禹、桀之所同也。(《荀·天论》)
6. 仲尼适楚，出于林中。(《庄·达生》)
7. 货恶其弃于地也，不必藏于己；力恶其不出于身也，不必为己。(《礼·礼运》)
8. 是鸟也，海运则徙于南冥。(《庄·逍遥游》)

B. 表示主体活动的位置的，介宾结构可在动前，作为状语；也可在动后，作为补语。如：

9. 俟我于城隅。(《诗·邶风·静女》)
10. 五民者不生于境内，则草必垦矣。(《商·垦令》)
11. 子击磬于卫。(《论·宪问》)
12. 入其国，观其士大夫，出于其门，入于公门，出于公门，归于其家，无有私事也。(《荀·强国》)

（以上介宾后置于动词，是补词）

13. 人无语水监（鉴），当于民监。(《书·酒诰》)
14. 于此有人焉。(《孟·滕文公下》)
15. 于心终不忘。(又《滕文公上》)
16. 子于是日哭，则不歌。(《论·述而》)
17. 褒于道病死，上悯惜之。(《汉·王褒传》)

（以上介宾前置于动词，是状语）

中古以后的发展是这样：第一类表示动词的着落的介宾结构，基本上不变，即仍然后置于动词。比方，我们现在还是说："光荣归于党""敌人完全陷于被动的地位"。现代口语的"掉在水里""扔在地下"，也只是"于"给"在"换了位，实际仍然是古代的语法结构。"于"在什么时候给"在"取而代之呢？大概是在中古时期的南北朝了。下面的例子，说明当时"于"已经给"在"所取代，并且具有凝固性，只能后置于动词。

  18. 张骏有疾，梦出游观，……忽然而觉，自书记之，封在筒中。(《述异记》)①
  19. 杖浮在水上。(同上)
  20. 唯有一剑，悬在空中。(同上)

  第二类表示主体活动的位置的介宾，以前可以先置于动词，也可以后置。中古时期，由于口语"在"代替了"于"，介宾结构渐渐固定在动词之前，这和现代汉语的习惯已经很接近了。下面是从《世说新语》里举出的一些例子。

  21. （郑）玄亦疑有追，乃坐桥下，在水上据屐。(《文学》)
  22. 服（虔）在外车上与人说已注传（左传）意。(同上)
  23. 诸人在下坐听，皆云可通。(同上)
  24. 时诸人士及林法师并在会稽西寺讲。(同上)
  25. 母王夫人在壁后听之。(同上)
  26. 夏侯秦初与广陵陈本善，本与玄在本母前宴饮。(《方正》)

  这种"介—宾—动"的词序也是比较固定的，直到现在还是这样，我们很难把它变动。如把"在会稽西寺讲"，说成"讲学在会稽西寺"，"在壁后听之"说成"听之在壁后"，"在本母前宴饮"说成"喝酒在陈本母亲面前"，句子就感到别扭，不合汉语习惯。

二、介词"以"和"自"及其宾语的语序

  "以"的用法有好几种，这里也只谈"以"及其宾语用作工具语时的

---

① 按《述异记》和《小说》均为南北朝人作品。这里所引，采自鲁迅辑《古小说钩沉》，人民出版社1951年版。

词序。"以"的介宾结构在先秦语法习惯上,前置或后置于动词都成,但作用不完全相同。

在动词前作状语的,大抵着重点在于动词所表示的行为。如:

27. 以义制事,以礼制心。(《书·汤誓》)
28. 反以我为仇。(《诗·邶风·谷风》)
29. 丧礼者,以生者饰死者也。(《荀·礼论》)
30. 以桀作尧,譬之若以卵投石,以指挠沸。(又《议兵》)
31. 以隋侯之珠,弹千仞之雀,世必笑之;是何也?则其所用者重,而所要者轻也。(《庄·让王》)
32. 以戈逐子犯。(《左·僖23》)

在动词后作补语的,着重表述动作的方式或手段。如:

33. 投我以木桃,报之以琼瑶。(《诗·卫风·木瓜》)
34. 故迂其途,而诱之以利。(《孙·军争》)
35. 故令之以文,齐之以武,是谓必取。(又《行军》)
36. 言会众端,必揆之以地,谋之以天,参之以人。(《韩·八经》)
37. 秦割齐以啖晋、楚,晋、楚按之以兵,秦反受敌。(《史·穰侯传》)

像例30那样的抽象宾语,也可以倒在介词之先,如《礼记·丧服四制》:"礼以治之,义以正之。"准此,例35可以改为"文以令之,武以齐之",也完全符合当时的语法。又时间宾语,也可以这样,如"夜以继日"(《孟子·离娄下》),即"以夜继日"的意思。至于其他性质的宾语,却罕见倒置在介词之前的。

后来的演变,情况不一。书面语多沿用"以",如说"以理论指导实践""以身作则""以劳动为光荣",等等,正是古语法的遗留。有的改用同义的介词"用"。"用"本来可以和"以"互训,而且来源甚古(许慎《说文》:"以,用也。"《尚书·尧典》:"以亲九族。"《孟子·滕文公上》:"吾闻用夏变夷者,未闻变于夷者也。"用,以也)。现在我们说

"用实践来检验真理",就是以"用"代"以"的一例。

介词"自"用于介绍方所时,从先秦时,就有两种用法同时并行,即"自"及其宾语既可以后附于动词,也可以前置。例如,同在《诗经》书,既有"我来自东"(《东山》),也有"自西徂东""自郊徂宫"(均《大雅》)。《春秋》里有"公至自齐"(《昭公二十六年》)、"归父还自晋"(《宣公二十八年》),《周易·益》却有"自外来也",《论语·学而》有"有朋自远方来"的用法。两种语法演变的结果是,前置的一种巩固下来了,从宋元白话直至现代,大都沿用。当然,现在还有"来自群众""来自民间"的句法,但这只是文言之遗。至于在口语里,总是说"从群众中来"为常。

综上所述,可以清楚地知道,汉语的词序虽然比较固定,构成汉语语法的一大特点;但绝不是像过去的汉学家所说那么简单、死板的唯一语法标志。汉语词序本身也是汉语发展的历史产物,应当用历史唯物主义的观点去研究它,以便揭示汉语史的真实面貌。

第十章　句子语气词的发展

第一节　上古句子语气词的特点

（1）语气词旧称"助字"或"助词"，它在句子中的作用是："能够添显组织中需要加强阐明的部分，强调它，渲染它，使助词既加之后，其强弱明暗与未加的时候不同，而这不同又正是说者所要显示的。"（陈望道说）根据这个作用，所以我们称它为语气词。语气词约分三类：陈述句语气词；疑问句语气词；感叹句语气词。在上古前期的文献中，陈述句根本不用语气词，而感叹和疑问语气词则较常见。甲骨文里，只一见语气词"乎"（丁未卜扶，出咸戊，㽿戊乎——《粹》425）[①]，其余的"乎"还有几个，可能是"呼召"之"呼"假借字。但是今天谈上古前期汉语的学者，是不能只举甲骨金文而无视今文《尚书》28篇和西周初期的《诗经》《易经》的文字的。因为甲骨文是一种记录占卜的记言，限于文体，不多用语气词是可以理解的；但在今文《尚书》中就不同了，因为今文《尚书》包括《虞书》2篇、《夏书》3篇、《商书》5篇、《周书》19篇，内容远比卜辞复杂和丰富，过去也较少人怀疑其真实性。近代有个别学者对《虞书》《夏书》的4篇有怀疑，那也还是个大醇小疵的问题，仍无害于今文《尚书》的历史价值。现在我们研究上古汉语语言文字的人，利用出土材料来审正古代书面语言，自然很对；但是，如果只相信出土文字，而无视已经相传2000多年的信史，则需要再商量了。例如有的研究家赞成西周以前汉语可能没有语气词的观点，这就未必符合事实了。按《尧典》里有"吁！嚚（yín）讼（愚顽），可乎？"一句，还有"咨""都""俞""于"（ū，乌）等，这些都是语气词吧？《尧典》即使不可靠，但下面的例子却是不用怀疑的。

[①] 参见陈梦家《殷虚卜辞综述》，科学出版社1956年版，第128页。

1. 王曰："嗟！六事之人，予誓告汝……"（《甘誓》，郭沫若谓应入《商书》）
2. 呜呼！古我前后……（《盘庚中》）
3. 呜呼！今予告汝不易……往哉，生生！（同上）
4. 呜呼！邦伯！师长！百执事之人，尚皆隐（度，考虑）哉！（《盘庚下》）
5. 逖矣，西土之人！（《牧誓》）
6. 今日之事，不衍于六步、七步，乃止齐焉。父子勖哉！（同上）

可见上古前期，并不是汉语还没有产生语气词——这是不可能的，只是用的不普遍罢了。到了周初至春秋战国时期，语气词有较大的发展，不仅数量渐多，而且使用也比较普遍了。

（2）语气词所表达的是整个句子的语气，大多数置于句末，有时也在句首或句中，都要从整个句子去理解它的语法意义，否则将不得其解。感叹词多数放在句首，虽然具有相对的独立性，也仍须联系后面的话去理解。例如例 1 的"嗟"和"呜呼"，以及几个"哉"，所表示的语气就不一样。又如上文例 2、3、4 的三个"呜呼"，还有《尚书·无逸》一篇七用"呜呼"，都不表示哀痛的叹息；而伪古文《尚书·五子之歌》的"呜呼！曷归？予怀之悲！"却是表哀痛的。这就给我们说明一个问题：汉语语气词是一种只表音的纯虚词，它表达什么类型的语气，并不是完全固定的，它的使用比较灵活，既可以表示这种语气，也可以表示另一种不同类的语气，这要依句子的语气为转移。例如"也"多数用以表陈述句的语气，但有时疑问句或感叹句也用到它，"哉"既用于反诘句，也用于感叹句。

（3）语气词都是单音节的，但可以把几个语气词连在一块使用，来表达比较复杂的语气。这在上古前期还少发现，春秋战国以后就流行了，甚至可以联结两三个语气词来使用。如"焉哉""已焉哉""也哉""也乎""也夫""也乎哉""也与""也矣""矣哉""矣乎""焉耳矣""诸"（"之乎"的合音）、"耳"或"尔"（"而已"的合音），等等，成为文学语言里常用的连用语气词。但连用的语气词，其重点还是落在最后的那个。

第二节 陈述句语气词的发展

古代陈述句的语气词,有"也"(殹)、"矣""焉""耳"等。它们共同的特点是:都表陈述语气;分开说,又各有不同的用法。概括起来略如下表。

词别	主要职能				
也(殹)	肯定	解释	列举	提顿	完句
矣(已)	已然	将然	○	提顿	○
焉	肯定	指代性的肯定	列举	提顿	完句
耳(而已)	限制性肯定	○	○	○	○

下面简述一下这四个语气词的发生、发展及其作用。

在甲骨文、殷周金文里有"它"无"也",《尚书》亦未见"也"字,惟《诗经》凡七十七见,其纯为句末语气词的即有32个。由此可以断定,"也"字是西周以后才出现的字,用作语气词,看来很早就是个假借字。有的地方(如秦)作"殹",有的作者(非秦人)也有以"殹"为"也"的。例如托名周宣王(公元前827—前772年在位)所刻、已经郭沫若考定为秦襄公八年(公元前770年)秦人刻的石鼓文两见"殹"字:一为"汧殹沔沔",一为"马○汧殹"。宋人辑注的《古文苑》卷一,两处均释为"殹即也字"。清人段玉裁在《说文解字》"殹"下注云:"秦人借为语词。《诅楚文》'礼使介老将之,以自救殹。'薛尚功(宋人,曾著《历代钟鼎款识》——允中注)所见秦《权铭》'其于久远殹',《石鼓文》'汧殹沔沔',《权铭》殹字,《琅琊台刻石》及他秦权秦斤,皆作殹。然则周秦人以殹为也,可信。"段又云:"《诗》之'兮',称《诗》者或用'也'为之,三字(指殹、也、兮)通用也。"这就只说对了一半。1973年长沙马王堆出土帛书《经法》里,正是以"殹"作"也",可证。又同一出土帛书《老子》古抄本,其中"兮"字都作"呵"。《老子》原作,当和秦无关,但也用"殹"为"也",这值得研究。然则郭沫若的《石鼓文研究》释"殹"为"猗",似亦非是。

早期"也"的用法,一表解释,一表肯定。"也"还用于列举、提顿和充当完句的纯语气词。"矣"除表将然外,还表已然和提顿语气。

"也"的第一种用法,常用以表肯定、决断或当然的意思。但肯定句并不一定就是判断句,它的特点是对某种事物或情况做出肯定不疑的语气,它可以是判断句,也可以不是。如果加上否定副词,那就是从反面断定某事不是这样,语气较肯定句为强,这里仍把它看作肯定句之一种。各举例如下:

1. 墙有茨(蒺藜),不可扫也。中冓(内室)之言,不可道也;所可道也,言之丑也!(《诗·鄘风·柏舟》)
2. 我心匪石,不可转也;我心匪席,不可卷也。威仪棣棣,不可选也。(又《邶风·柏舟》)
3. 是故百战百胜,非善之善者也;不战而屈人之兵,善之善者也。(《孙·谋功》)

[所以,百战百胜的,还不算是会带兵者当中最会的将军;不战而使敌人屈服,才算是会带兵者当中最会的呀。]

4. 曩(nǎng)者霸上、棘门军,若儿戏耳!其将固而可袭而虏也。(《史·周勃世家》)

[上次到霸上和棘门营地,那里简直是儿戏呢!他们的主将,完全可以把他突然袭击俘虏过来啊。]

5. 今大王举而东,三秦可传檄而定也。(又《淮阴侯传》)

[现在大王就出兵往东推进,那三秦地方,只要贴张布告,就可以拿下来了。]

像"也"的这种用法,另一语气词"焉"也有相同的地方,因为"焉"的功能之一也是表句子的肯定语气。下面句子里的"焉"和"也"的用法大致相同:

6. 安国为人多大略,智足以当世取舍,而出于忠厚焉。(《史·韩长孺传》)

[韩安国为人,较多远大的考虑,他的智谋能够符合世情,可行则行,可止则止,一切出于忠厚的本意。]

7. 不矜其能,羞伐其德,盖亦有足多者焉。(又《游侠传》)

[（侠客）不夸张自己的本事，以称功道劳为可耻，他们也有值得赞美的地方呀。]

但是，"焉"的特点是本身含有指代性质，它在表达肯定语气时，往往同时带有"于是""于之"或"之"的意思（如本节开头例6的"止齐焉"的"焉"）。这是和"也"完全不同的地方。再看下例：

8. 树成荫而众鸟息焉。（《荀·劝学》）
[树木茂盛成了林荫，就自然有群鸟飞来那里休息。]
9. 渊深而鱼生之，山深而兽往之，人富而仁义附焉。（《史·货殖列传》）
[水潭深而鱼就会繁殖在那里，山谷深而兽类就会往那里藏，人发了财而仁义也就会归附于他。]

如果肯定而带有程度上的限止之意，表示情况不过如此而已，或无非这样罢了，那就用"耳"来表达这种语气。"也""耳"之别在此。如例4的"耳"就是。下面再举几个例子：

10. 小人之学也，入乎耳，出乎口，口耳之间，则四寸耳。（《荀·劝学》）
[俗人的学习，（没有深入体会）耳朵才听进来，嘴里就讲出去了。口耳之间，相距不过四寸罢了。]
11. 冯先生甚贫，犹有一剑耳。（《史·孟尝君传》）
[冯先生很穷，只还有一把剑罢了。]

"耳"也作"尔"，是"而已"的合音字。从音义上说，它相当于今语"呢"。下面还要谈到。

从上文可见，"也"的作用只是肯定某事物或某种情况当然如此，而不管其时间性。"矣"在这一点上，同"也"不大相同。"矣"所表达的是已然（已经如此）或将然（将要如此）的语气。所以《淮南子·说林训》里曾说："'也'之与'矣'，相去千里。"例如：

12. 晋侯在外十九年矣,而果得晋国,险阻艰难,备尝之矣,民之情伪,尽知之矣。(《左·僖28》)

13. 吾闻其语矣,未见其人也。(《论·季氏》。此例"也""矣"之别最明显)

14. 冯谖曰:"狡兔有三窟,仅得免其死耳;今君有一窟,未得高枕而卧也。"……(冯谖)还报孟尝君曰:"三窟已就,君姑高枕为乐矣。"(《齐策》)

[冯谖说:"狡猾的兔子有三个洞,才能避免死亡;现在你只有一个洞,还不能高枕无忧呀"。……(冯谖)回来报告孟尝君说:"三个洞都完成了,你可以垫高枕头睡觉了。"]

15. (颜回)曰:"回忘礼义矣。"(仲尼)曰:"可矣,犹未也。"(《庄·大宗师》)

这里的"矣",在意义和用法上都相当于今语"了"。它们绝不能换以"也",正如上文的"也"不能改为"矣"一样。例14有"也"又有"矣",前者表当然语气,后者则表已然语气,它们的区别,是十分明显的。

"矣"也作"已",这是同音异形字,不必细述。值得指出的是,"也""矣"本来作用各不相同,但有时却"也矣"连用,甚至"也已矣"连用(《论语·颜渊篇》:"可谓明也已矣。"),在这种情况下,重点在最后的语气词"矣",连用是为了加强语气。

语气词连用,中古以后文言里还常见,而在口语里却又是另一回事。

"也"的第二个作用是表解释语气(如:"仁者,人也;义者,宜也"),尤其是在因果句里。"也"更经常充当解释原因或结果的语气词,而"矣"则没有这个职能。因果句有释因的子句,也有释果的子句。"也"或者用在释因句末,或者用在释果句末,要看句子语气的着重点是在哪里而定。如果着重解释原因,则"也"必殿在释因句之末;如果着重说明结果,则"也"必殿在果句之末。前者如:

16. (北山愚公)惩山北之塞、出入之迂也,聚室而谋曰:……(《列子·汤问》)

[北山愚公鉴于山北阻塞不通出入要绕远路,因此召集家人商量

说：……]

　　17. 赵王、成安君陈余，闻汉且袭之也，聚兵井陉口，号称二十万。(《史·淮阴侯传》)
　　[赵王张耳和成安君陈余，听说汉兵即将袭击他们，于是集中部队在井陉口，号称二十万大军。]

　　上举之例都是先释原因，后说结果，"也"放在第一分句末尾。如果先说结果，后释原因，而着重点是放在因句的，那"也"仍然是跟着这个因句即第二分句之末。如：

　　18. 人臣之情，非必能爱其君也，为重利之故也。(《韩·二柄》)
　　19. 秦所以尤追燕急者，以太子丹故也。(《史·刺客传》)
　　[秦国之所以特别急于进攻燕国，是太子丹的缘故。]

　　至于后者着重说明结果的完句"也"字，也是常见的，如：

　　20. 学士不因，则养禄薄，礼卑，故学士为之谈也。(《韩·孤愤》)
　　21. 今吾欲变法以治，更礼以教百姓，恐天下之议我也。(《商·更法》)

　　"也"的第三个作用是：古代在一个句子中，要接连举出几件事情，往往用"也"来表达这种列举语气，《韩非子·亡征篇》从头到尾列举47项可以灭亡的征象，每举一项，都用"可亡也"煞尾，这是最典型的例子。因文长，不录，且举《庄子》为例：

　　22. 野马也，尘埃也，生物之以息相吹也。(《庄·逍遥游》)
　　[水蒸气呀，灰尘呀，都应看作生物以气息相互吹动嘛。]

　　这种用于列举的"也"，实际和今语的"呀"是一样的。比如"枪呀，刀呀，棍子呀，锄头呀，全都成了农民的武器"的"呀"，正是用于列举。

"焉"也可以用于列举，但和"也"不同。"也"在列举时是纯语气的，而"焉"则兼有指代作用。换言之，"焉"既是语气词，又是指代词，是一种半虚词。"焉"在列举句所指代的是多属于方所或时间。如《论语·子路篇》"有民人焉，有社稷焉，何必读书，然后为学？"便是。

表提顿，是"也"的第四个作用，同时"矣""焉"也可以充当提顿的语气词。所谓提顿是包括提示和顿宕，用以引起下文，并使文势因停顿而跌宕生姿。古代的提顿语气，"者"用得不少，这里不加讨论了。"也""矣""焉"的用例如下：

23. 士也罔极，二三其德。(《诗·卫风·氓》)
[那男的呀，没有准儿，三心二意的。]

24. 善为国者，其教民也，皆作壹而得官爵，是故不官无爵。(《商·农战》)
[关于治国的人，他教育人民呀，都要专一于农战因而得到官爵，所以对没有军功的人就不给官做。]

25. 子产之从政也，择能而使之。(《左·襄31》)
[子产管理政治呀，是挑选有才能的就任用他。]

26. 天不为人之恶寒也辍冬，地不为人之恶辽远也辍广，君子不为小人之匈匈也辍行。(《荀·天论》)
[天不会因为人们怕冷呀，就停止冬天；地不会因为人们讨厌辽远呀，就停止广阔；君子不会因为小人的来势汹汹呀，就停止不干。]

27. 汉之广矣，不可泳思；江之永矣，不可方思。(《诗·卫风·汉广》)
[汉水那么宽广呀，没法游过去；长江那么长呀，无法撑木排过去。思：助词，无义。]

28. 于其归焉，用事乎河。(《公·定4》)
[蔡昭公在他被释放回国的时候，祭告于黄河。]

29. 齐侯怒，与之饮酒，于其出焉，使公子彭生送之；于其乘焉，搚干（躯干）而杀之。(又《庄元》)
[齐侯听了大怒，就约鲁桓公去喝酒，在喝完回去的时候，使公

子彭生送他；在上车的时候，挟着桓公的上身给压死了。]

"也"也可以和"者"并用，这样所表示提示的语气是比较重的，如：

30. 撄（烦扰）宁（沉静）也者，撄而后成（立）者也。（《庄·大宗师》）

[置身纷扰，而能宁静，这是先经过烦扰然后成功的。]

"也"的第五个作用是作为完句的纯语气词，不表任何意义，如果一定要说它表示某种作用，那就表示句子的终结。"焉"也有同样用法，即不兼代词而是纯表完句。至于"矣"却没有这种用法。举例如下：

31. 赵孝成王召虞卿谋，过平原君。平原君曰："愿卿之论从（合纵）也。"（《史·平原君虞卿列传》）

[赵孝成王召唤虞卿来议事，虞卿经过平原君那里。平原君对虞卿说："希望你见到赵王时谈谈合从抗秦的问题呀。"]

32. 有鸟焉，其名为鹏。背若泰山，翼若垂天之云，抟扶摇羊角而上者九万里，绝云气，负青天，然后图南，且适南冥也。（《庄·逍遥游》）

[有一种大鸟，它的名字叫作鹏，它的背脊像泰山一样大，翅膀像天边挂着的一片大云，搅动着旋风而直上九万里高空，横渡云霄，背负青天，盘旋一番，然后准备往南进发，到南海去啊。]

33. 吾闻庖丁之言，得养生焉。（又《养生主》）

[我听了庖丁的话，懂得了（其中有）养生之道嘛。]

34. 凡天下战国七，燕处弱焉。（《史·苏秦传》）

[当时天下的战国有七个，燕处在其中较弱的地位嘛。]

这些纯表完句的语气词，不一定能翻成相当的今语。一般说来，上例的"也""焉"，和今语"呢""哩""呀""嘛"之类的用法差不多，但是不能拘泥地去找对应，因为古今语气词之间，并不一定存在着历史关系。

中古以后,作陈述句语气词的"也""矣""焉""耳"用法和先秦并没有什么不同,不必再举例。这里要指出的是,文学语言中由"矣"到"了"的演变。"矣"在书面语中的职能,一般地,后来在说口语里为"了"所取而代之。但"了"和"矣"之间并没有直接的继承关系。作句末语气词的"了",是由表示"完了"或"了结"的动词"了"虚化而来的。这个在上文第二章第三节已有述及。

第三节　疑问句语气词的发展

一、疑问句语气词的起源

古汉语的疑问句语气词,包括疑问和反诘两类。这两类语气词是在什么时候产生的呢?一般说来,在上古前期的文献里,疑问句是很少用句末疑问语气词的。如:

1. 丙子卜,今日雨不?(《乙》435)
2. 癸酉卜,乙亥不风?乙亥其风?(《甲》2999)
3. 我生不有命在天?(《书·西伯戡黎》)
　[《史记·殷本纪》此句末有"乎"。这是后人加的。]
4. 我有嘉客,亦不夷怿?(《诗·商颂·那》)
　[我家来了好客人,岂不感到高兴?]
5. 徒御不警?大庖不盈?(又《小雅·车攻》)
　[步卒和驾马的岂不警卫森严?大厨房岂不充满着野味?]

上例都表疑问或反诘,但都不用疑问语气词。那么,能不能由此断言上古本来没有句末疑问语气词,这种语气词是春秋时代才产生的呢?① 不能,春秋以前,疑问语气词虽然用得不多,但的确已经产生。例如上文所举卜辞"丁未卜扶,由咸戊,粤戊乎?"(《粹》425),"乎"即疑问语气词。《尚书·大诰》:"尔知宁王若勤哉?"(你难道不知道文王这样勤劳

---

① 参见郑权中《汉语句尾疑问助词和被动语态演变的研究》,载《复旦学报》1955年第2期。

吗?）这里"哉"表反诘。可见疑问和反诘两类疑问语气词都出现得很早。再看《诗经》，其中不少疑问句，除了不借助于语气词的（如：岂无他人？岂不汝思？）以外，用语气词的还有下面五种方式：

A. 用"也"也表疑问，但往往和句首"何"字相配合：

  6. 叔兮伯兮，何多日也？何其处（安处）也？必有与（偕在一起）也。何其久也？必有以（原因）也。（《诗·邶风·旄丘》）

但在《论语》里，却有单用"也"（不和"何"配合）来表疑问语气的。如："子张问：'十世可知也？'"（《为政》）"仁者虽告之曰：'井有人焉。'其从之也？"（《雍也》）可见"也"本身能表达句末疑问语气是肯定的。

B. 用"哉"表疑问的：

  7. 怀哉，怀哉，曷月（哪月）予还归哉？（《诗·扬之水》）
  8. 天实为之，谓之何哉？（又《北门》）

C. 用"矣"表疑问的：

  9. 何彼秾矣，唐棣之华。（又《唐棣》）
  [那么盛开的是什么啊？白杨花咧。]
  10. 侯谁在矣？张仲孝友。（又《小雅·六月》）
  [有谁在会上的啊？是孝友的张仲。]

D. 用"焉"表疑问的：

  11. 嗟行之人，胡不比（辅助）焉？人无兄弟，胡不佽（资助）焉？（又《扬之水》）

E. 用"乎"表疑问，上文提过，卜辞只见一例。惟《诗经》有插在句中的，句法比较特别：

12. 微君之故，胡为乎中露？（又《式微》）
[不是为了你，我为什么老立在露中呢？]

例 12 的"胡为乎中露"等于"胡为中露乎"，乃是以"乎"为句末语气词的变式。

这些例子，虽然只是《诗经》一书的，但却可以代表早期疑问语气词的用法。春秋战国时期基本上沿用这些语气词，只是由于音变关系，"也"派生了"邪（耶）"和"与（欤）"罢了。

二、"也""邪"（耶）的发展

"也""邪"可以表疑问和反诘的语气。中古音"也"和"耶"近似，均喻四，上古同属余母（d）字，而"耶"又往往作"邪"。"邪"中古喻四，上古音同"耶""也"，所以上古书面语，"也"和"邪"常通用。① 《荀子·正名》："如此者，其求物也？养生也？鬻（卖）寿也？"唐杨倞注："也，皆当为邪，问之辞。"其实"也""耶""邪"在上古作句末语气词用时，往往是不加区别的，三个词实同音而异形。在表达疑问语气时，它们还有一个共同特点：可以同疑问副词相呼应，也可以不依靠疑问副词而单独表示疑问语气。例如：

13. 敢问天道乎？抑人故（人事）也？（《语·周语》）
14. 父邪？母邪？天乎？人乎？（《庄·大宗师》）
15. 然则物无知邪？（又《齐物论》）
16. 不知天之弃鲁耶？抑鲁君有罪于鬼神，故及此也？（《左·昭26》）

（以上表疑问）

17. 今应侯亡地而不忧。此其（岂）情也？（《秦策》）
[现在应该失掉封地却说不发愁，这难道是合情的吗？]

（以上表反诘）

"矣"在先秦书面语里，一般都有两种用法，即用以表已然的陈述语

---

① 《颜氏家训·音辞篇》："'耶'者未定之词，北人即呼为'也'。"

气和疑问语气。在疑问语气里表反诘的很少，个别用例如：

18. 邪而诅之，将何益矣？（《左·隐 11》）
[自己不正而诅咒别人，又有什么好处呢？]

三、"乎"和"与"的发展

"乎"中古属匣母模韵字（户吴切），我们如果给它拟音 ɣu，那么，上古音当为 ɣɑ。"与"中古属喻四鱼韵字（以诸切），上古则属余母鱼部，拟音 dǐwɑ。看来，"乎"和"与"并不是同源词。但在上古用法上，有一点是相同的，即既可以表疑问语气，也可以表反诘，惟"与"的语气较"乎"缓和。同时"乎""与"也有和"也""耶"（邪）共通之处，即既可和疑问副词相呼应，也能不依靠疑问副词而单独表示疑问语气。"与"，后来作"欤"，这大概是因为"与"的用法太多，所以需要创造个形声字"欤"和它区别。例如：

19. 潘崇曰："能事诸（之）乎？"曰："不能。""能行（出走）乎？"曰："不能。""能行大事乎？"曰："能。"（《左·文元》）
[能事诸乎：能服从他吗？能行大事：指杀死对方，搞政变。]
20. 子常宣言代我相秦，岂有此乎？（《秦策》）
[你常常公开讲要代我为秦国宰相，难道真有这事吗？]
21. 其君能下人，必能信用其民矣，庸（岂）可几（冀）乎？（《左·宣 12》）
[郑君能够以礼待人，一定能相信和使用他的人民，我们难道还好心存侥幸去取他的国家么？]
22. 子非三闾大夫与？（《楚辞·渔父》）
（以上表反诘）

四、"哉"和"焉"的发展

"哉"：可以表疑问，也可以表反诘，但是前面常有个疑问副词（岂、胡、何等）相呼应。这一点和"也""耶"（邪）、"乎""与"是大不相同的。如：

23. 天实为之，谓之何哉？（《诗·邶风·北门》）
[是天干的，还说它什么？]
24. 足下何以得此声（名）于梁楚间哉？（《史·季布传》）
[你在梁楚地方是怎么得到这个名声的呢？]
（以上表疑问）
25. 身死东城，尚不觉悟，而不自责，过矣！乃引"天亡我，非用兵之罪也"岂不谬哉？（《史·项羽本纪》）
26. 岂有篡杀之谋，为天下僇哉？（又《楚元王世家》）
[难道还有杀人夺位的阴谋，致被天下人讨伐吗？]
（以上表反诘）

"焉"：《毛诗》以外的"焉"用以表疑问语气的为多，表反诘的却罕见。如：

27. 嗟行之人，胡不比焉？（《诗·唐风·杕杜》）
[叹息那些行路的人，为什么不给我帮助？比：辅。]
28. 及夏之时，有卞随、务光者，此何以称焉？（《史·伯夷世家》）
[待至夏朝时候，有不要天下的卞随和务光两人，这故事不知道怎么传开的。]

五、疑问语气词兼表感叹语气

疑问语气词全都可以用作感叹语气词，这两类词在上古简直没有分别，它们究竟是表疑问，还是表感叹，完全要看整个句子的语气。中古以后，渐渐有了区别，如"耶""乎""欤"只用于表疑问语气，"也""矣"可以兼表感叹，但罕用于疑问句末。"哉"则仍然两用，表疑问表感叹都成。因此，关于感叹词的用法，这里就不打算详细讨论了。

六、疑问语气的演变

疑问语气词在中古汉语里的用法，基本上和上古相同，这里不必再加讨论。但个别地方的变化，当然还是有的。如在文言书面语里，"也""焉"渐渐固定在作陈述语气词使用，而较少用以表疑问语气。但在口语里可不同。"也"在"呀"未产生以前，一直是作为疑问语气词使用的，有时也用于感叹句。这从唐代变文起已经如此。如：

29. 更被妻女，说言道语，道个甚言语也？（《敦变》814 页）
30. 丈人丈母不知，今日浑成差事，少（小）娘子如今变也，不是旧时精魅。（又 799 页）

到了近代，宋元民间文学还是保留这种用法：

31. 小行者出去买菜，一午不见回来，莫是被此中人妖法定了也？（《取经诗话》上）
32. 猴行者便问主人："我小行者买菜从何去也？"（同上）
33. 这妇人好歹也！（《元曲·鸳鸯被》）
34. 孩儿去了也。（又《李亚仙花酒曲江池》）

《红楼梦》里有许多"呀"，说明清初时期，"呀"已经代替了"也"，但用法似乎只限于充当句末感叹语气词和陈述句的决定语气词，而不用以表达疑问语气。在这一点上，"呀"和"也"是有区别的。现代汉语"呀"用以表感叹、疑问、陈述都可以。就这一点说，"呀"和古代的"也"没有两样，可以说"呀"是"也"的转化。

"哉"在口语里不用来表达疑问语气，但它的表感叹的职能，却至今保留在方言里，例如吴语和客家话里都有这种说法。

总体来说，上古语气词"也""邪（耶）"、"乎"，从字形上看来，似乎和现代汉语没有什么继承关系，但从语音的演变考察一下，却又不然，例如以 xɑ（呵）来表达疑问语气，现代汉语也是有的，而 xɑ 和 ɣɑ（乎），上古正是同源。"也""耶"和"呀"的关系是比较明显的。只有"欤"和"焉"，和我们现代人的语音距离较远。

第四节　现代汉语语气词"呢""哩""么""吗""吧""罢"的起源

这几个语气词从表面看来，似乎和古汉语没有什么关系，实则不然，它们都是从古汉语发展来的。

一、由"尔"到"呢""哩"

"呢"有两种用法，可以表示疑问，也可以表示感情语气。这两种用法，都来源于上古汉语语气词"尔"。"尔"在秦汉时期的用法正是这样，既可以表疑问，也可以表感情语气。"尔"古音属泥母，和后来的"呢"声韵都很接近。古代"尔"的用法，正如人今用"呢"。如：

A. 表疑问：

1. 然则何言尔？成公意也？（《公·隐元》）
[那么为什么又说呢？是迁就鲁公之意呀！]
2. 外逆女不书，此何以书？讥。何讥尔？讥始不亲迎也。（又《隐2》）
[外国派人来迎女儿，《春秋》照例是不记载的，这个为什么又记载？这是讥讽。为什么讥讽呢？讥讽他不亲迎呀。]
3. 远国至矣，则中国曷为独言齐、宋至尔？（又《僖2》）

B. 表感情语气：

4. 此吾昔日之言尔，请以今言为正也。（《列子·仲尼》）
[这是我从前说的呢，要现在的话才算数呀。]

中古时期，用"尔"表感情语气像"呢"一样的，继续流行。如《世说新语·识鉴》："（张翰）曰：'人生贵得适意尔，何能羁官数千里以要名爵？'遂命驾便归。"

在近代作品里，经常出现作为句末语气词的"裏"，是来源于"尔"，即今语的"哩"。"裏""尔"当然不同声，"裏"来母，"尔"日母。但

是鉴于"尔"中古也作"尔",泥母,那么,来泥相混(n、l 不分)是很可能的。① 举例如下:

5. 若还替得你,可知好裏。(曾三异《因话录》卷 23)
6. 因甚无箇阿鹊地?没工夫说裏!(辛弃疾《谒金门词》)
7. 若嫁得这个官人,可知好哩!(《京本》卷 12)
8. 将这十五贯钱给还原主,也只好奉与衙门中人做使用——也还不够哩!(又卷 15)

在元人作品里,"哩"可以用在疑问句末,同时"呢"也已经出现,同样用于疑问句。这种情况,对于上述 n、l 音混,"呢""哩"同源的假设似有矛盾;其实可以认为那是一音而二形,同时存在,因为它们在用法上也很难区别。下面是从《元曲选》里摘录下来的例子:

9. 你做什么哩?(《救风尘》三折)
10. 大哥,那里是那牢哩?(《黑旋风》)
11. 我那大嫂呢?(同上)
12. 这厮,你怎么这等骂他,假似(使)他听得呢?(同上)

在清初的白话小说里,"哩""呢"开始有了分工,"哩"专表感叹语气,而"呢"大多数用在疑问句末,同时一部分仍被用来表示感叹。如:

13. 多九公道:"既无韵书,为何你们说的,老夫都不懂呢?"(《镜花缘》31 回)
14. 内中缺了许多声音,何能传响呢?(同上)
15. 只怕再走一年还不到哩。(又 46 回)
16. 如此之大,莫讲不能立起,并且翻身还不能哩。(又 20 回)

---

① n、l 不分的现象,现在南方方言里仍然存在。又关于唐宋时期"裏"的应用情况,可参考吕叔湘先生的《汉语语法论文集》中《景德传灯录中在、著二助词》一文。

二、由"未""无"到"么""吗"

"么"来源于否定副词"未",因常常用在句末,久而久之,便虚化为语气词。最早的用例始见于汉代作品。《史记·田蚡传》:"君除吏已尽未?吾亦欲除吏。"《汉书·外戚传》:"太后独有帝,今哭而不悲,君知其解未?"南北朝时因沿这个用法,如《世说新语·方正》:"南阳宗世林,魏武同时,而甚薄其为人,不与之交。及魏武作司空:总一朝政,从容问宗曰:'可以交未?'"此"未"字后来因声近变作"无"或"么"。"么"是在唐人诗词里出现的,和"无"同时被用来表示疑问语气。敦煌曲子里作"磨"。举例如下:

17. 众中遗却金钗子,拾得从他要赎么?(王建《宫词》)
18. 南斋宿雨后,仍许重来么?(贾岛《王侍御南原庄》诗)
19. 不知陶靖节,还动此心么?(李中《听蝉寄朐山孙明府》)
20. 锦衣公子见,垂鞭立马,断肠知么?(《云谣集杂曲子》凤归云编)
21. 淡泊知闻解好么?(又《抛球乐》)
22. 妆罢低声问夫婿:画眉深浅入时无?(朱庆余诗)
23. 晚来天欲雪,能饮一杯无?(白居易《问刘十九》)

在宋元话本里,完全作"么",以后就稳固下来,沿用至今。例如:

24. 帝曰:"卿可召黄河神行雨么?"(《宣和遗事·元集》)
25. 徽宗又曰:"卿还见人物么?"(同上)
26. 那汉道:"可是郑州人,姓王小字进奴么?"(《京本》卷16)

"吗"和"无""么"同属微母字,但它作疑问语气词比较晚出,现在已经发现的用例是成书于18世纪的《红楼梦》,如:

27. 人不知,鬼不觉的,不好吗?(31回)
28. 才鸳鸯送了好些果子来,都湃在那水晶缸里呢,叫他们打发你吃不好吗?(同上)

［湃：用冰镇或冷水浸，使东西变凉。］
29. 就把扇子搬出来，让他尽力撕不好吗？（同上）
30. 你既拿款（摆身份），我敢亲近吗？（32回）

"吗"字最早见于明人编的《字汇》，说是"骂"的俗写。当时口语里"么"通行已久，明人小说也沿用"么"作疑问语气词，还未见"吗"。"吗"大概是在清初才由"么"音转而分化出来的，当时使用得还不很普遍，除《红楼梦》外，别的作品就罕见了。

三、由"夫"到"吧"

"吧"原作"罢"，来源于古代的"夫"。"夫"上古属重唇音 p^-，读如"罢"，音义正同。当它用在句末时，也和今语"罢"的读音和用法一样。例如：

31. 子在川上曰："逝者如斯夫！不舍昼夜。"（《论·子罕》）
［孔子在河边叹息说："消逝的岁月像河水一样呀！日夜不停地流去了。"］
32. 吾歌，可夫！（《史·孔子世家》）
［我唱歌，可以罢！］

在宋元话本戏曲里始用"罢"作句末语气词，如：

33. 叫大娘子收拾回家，与刘官人做了周年，转了身去罢。（《京本》卷15）
34. 有什么话就讲罢。（又卷16）
35. 你等也不必争论，各自回家去罢。（《元曲·铁拐李》四折）

自此以后就一直沿用下来，这里不再举例。

由此可见，现代汉语的语气词，表面上似乎跟古汉语完全不同，实则仍多来自古代。"呢""哩"来源于"尔"。"么"来源于"无"，"无"又是"未"演变来的。"吗"是"么"的分化。"罢"（吧）即古代的

"夫"。只有"了"和古代的"矣"是没有语原关系的。从"尔"到"呢",从"未""无"到"么""吗",从"夫"到"罢",在这些地方,古今语言演变之迹及其关系,还是显然可寻的。

第十一章 判断句的发展

第一节 上古判断句的基本形式

现代汉语的判断句，通常要用系词"是""不是"来表示，只有个别的是例外。所谓系词，是具有这样性质的一种语法成分：用以联系句子的主语和表语，判断两者的相同关系（肯定的）或相异关系（否定的）。这种主语和表语通常都是名词或名词性的词语（即所谓名词句），这是典型的判断句。但是古汉语的判断句却不一定这样。表判断的系词本身属于动词。

肯定的判断句在上古以不用系词为常，它经常采用的表示判断的语法形式有三种：①主语—表语；②主语—表语+"也"；③主语+"者"—表语+"也"。各举例如下：

1. 祈父！予，王之爪牙。（《诗·小雅·祈父》）
   [祈父！我是周王的警卫。爪牙：指武臣，保卫王的。]
2. 百里奚，虞人也。（《孟·万章上》）
3. 《书》者，政事之纪也。（《荀·劝学》）
4. 天地者，生之本也。（又《礼论》）

但是，否定的判断句，却是借用否定副词"非"（匪）来联系主语和表语的，如：

5. 我心匪石，不可转也。（《诗·邶风·柏舟》）
6. 子非我，安知我不知鱼之乐？（《庄·秋水》）
7. 人死，则曰："非我也，岁也。"（《孟·梁惠王上》）
8. 子非三闾大夫与？何故至于斯？（《楚辞·渔父》）

以上例句的用法，普遍适用于先秦典籍，从其使用范围的广泛看来，无疑，它们是较早产生的判断句的基本形式。

不过，在这之前，甲骨卜辞和西周典籍里，在表肯定语气的句子主语和宾语之间，早已经常使用某些类似虚化词作为联系性的语法成分，其中较常见的"隹"（卜辞、金文作"隹"，金文偶亦作"惟"，古文《尚书》作"惟"，今文《尚书》和《诗经》作"维"）。例如：

9. 癸丑卜贞：勿自鱼羊，隹牛。（《前》5.39.7）
10. 我将我享，维羊维牛。（《诗·周颂·我将》）

管燮初先生对古文字中"唯"字用法做过专门研究（《中国语文》1962年6月号），分析得很好，曾经指出例9的"隹"（唯）和例10的"维"用法相同。这对读者很有启发性，但他说这样的"唯"是构成主要谓语的动词，这点却还可以商量。按唐孔颖达对《周颂》此句的疏解，似乎倒可信从。他疏解云："我所献荐者维是肥羊，维是肥牛也。"（见《十三经注疏》，这个解释，同六朝人顾野王所撰《玉篇》训"惟"为"为也"的完全符合）按号称古本的日本大《玉篇》也是释"惟，为也"，并引毛晃曰："有是惟之惟。"举《禹贡》"济河惟兖州"为例。这里显然以"为"训"惟"，"是惟"即"是为"，同上述孔颖达以"维是"训"维"正同。清人王引之《经传释词》也训"惟，为也"，并以《尚书·酒诰》为例证之一："我民用大乱丧德，亦罔非酒惟行，越小大邦用丧，亦罔非酒惟辜。"王氏还引《传》曰："亦无非以酒为行，亦无不以酒为罪。"由此可见，"惟"训为"为"乃至认为"惟""为"相通，这是其来有自的。但现在有些专家学者坚决否认"惟""为"可以相通，理由是：上古"惟"属余母脂部字，"为"属匣母歌部字，前者属喻四，后者属喻三，两者在上古不相通，这早已为前人所论证（曾运乾即其代表）。这似乎已成定论，应毋庸议，笔者亦无意去否定这个定论。不过，语言是一种复杂的社会现象，特别是上古前期的汉语，由于年代久远、文献不足，人们现在所知道的，充其量只能说大抵如此，恐怕还不可遽下断语，绝无例外。

鉴于上述历史事实，笔者浅见，认为从造字时期看，喻四和喻三字，即余母与匣母字，未必一开始就是毫不相关的吧。例如："惟"从"隹"

得声，上古自属余四字；但从"隹"的字还有"淮"，中古户乖切，上古却匣母字。又"帷"字，中古洧悲切，是于母脂三字，上古是和匣母同纽的。再举一例"敫"，中古以灼切，是喻四字；但被谐的字，如"檄"，胡结切，上古属匣母字。另一同切字"覈"，也是这样。被"敫"所谐的"檄"，中古胡狄切，上古也是匣母字。从这些事实看，"惟""为"在上古的音义关系，似未可完全否定。正因如此，所以"为"后来才能取代"惟"字充当准系词。语言文字是渐变的，渐变本身也有一个过程。它在变化的萌芽阶段，不可能用例一下子就上千上百，否则便说什么"例不十，法不立"，硬给它一个否定。

上古春秋时期，还经常出现另一个准系词"乃"字。它早见于甲骨文、金文，但其原始意义还不完全清楚。至于用作准系词，多见于春秋前后的作品。时下训诂学家对"乃"字的解释有好几种，但最基本的是："是也，为也。"（《词诠》）"乃犹即也；口语就是。"（《古书虚字集释》）总之，"乃"和"惟"一样，是个准系词性质的虚词。如：

11. 其木乃格。（《管·地员》）
[那木即是格树。格：通椵，植物名。]
12. 此乃其精也。（又《水地》）
[这是它的精华。]
13. 是（此）乃狼也，岂可畜乎？（《左·宣4》）
14. 黍稷非馨，明德惟馨。（又《僖5》）

从上面这些句子中"乃""惟"的用法可以看出，当时的判断句已经提出系词的要求；在纯系词"是"产生以前，"乃""惟"初步适应了这个功能上的需要。所以我们姑且称它们为准系词。到了春秋以后，"为"就代替了"惟"。"为"的实义是做，是表行为的动词。后来分化出了一个意义虚化的"为"，它不表示句子主语的行为，而只表示主语和表语之间的同异关系。像下面的"为"（有圆黑点的）都是准系词①：

---

① 过去洪诚《王力〈汉语史稿〉语法部分商榷》一文曾有过类似这里的观点（见《中国语文》1964年第3期），但所引证和分析方法同本书是不相同的。

15. 余为浑良夫，叫天无辜！（《左·哀17》）
16. 桀溺曰："子为谁？"曰："为仲由。"（《论·微子》）
17. 左师曰："谁为君夫人？余胡弗知？"（《左·襄26》）
    [左师说："谁是人君的夫人？我为什么不知道？"]
18. 是为是，非为非，能为能，不能为不能。（《荀·强国》）
19. 楚为荆蛮。（《语·晋语八》）

上面各例的"为"之所以是准系词，是因为：第一，它们都没有实义，不能作为动词的"做"来解释。这就是说它们已经虚化。第二，它们都在句子的主谓之间起着联系作用，并且表示判断。这基本符合于判断句的系词的功能，我们没有理由不承认它们是准系词。第三，这些句子的"为"并不是可有可无的，如果去掉它们，就不成话，除非把句子改变，用"也"字煞句。如："余，浑良夫也。"但也有根本不能改动的，如例16—18。它们不用"也"煞句，而用"为"，恰好说明不用系词的旧形式，正在让位于使用准系词的新形式。

这样，春秋战国时代的判断句就同时存在着两种形式：不用系词的和用准系词"为"。

比"为"稍后，语言中还出现另一系词"是"。"是"的本义是"直也"（见《说文》），引申为"对"或"不错"。"是"在先秦的另一用法是作近指代词，跟"此"的用法大致相同，后来分化和虚化而成为系词。在秦代和秦汉间典籍里，"是"充当判断句的系词的，已有一些用例。如：

20. 齐桓公与管仲谋伐莒，谋未发而闻于国。……管仲曰："国必有圣人也。"……少顷，东郭牙至。管仲曰："此必是已！"（《吕·重言》）
21. 蔡人不知其是陈君也，而杀之？（《谷·桓6》）
22. 何以知其是陈君也？（同上）
23. 是齐侯与？齐侯也。何用见其是齐侯也？（又《僖元》）
24. 君若欲无礼，此是已！（《晏·内篇谏二》）

以上各例的"是"，没有一个能够用指示代词来解释的。其中例19—

21，倘在较早的文献里，该一律用"为"，这里以"是"代"为"是十分明显的。不过值得注意的是《谷梁传》著作的时代问题。从该书的语言风格看，它不可能是汉代的作品；但也不会与《左传》同时，因为《左传》时代的"是"，还没有转化为像上例各例那样的用法。看来，它成书于秦汉之际最有可能。

第二节 "是"由近指代词到系词的发展

"是"由指代词虚化为系词的过程，可从以下三方面来说明。

一、由"者……也"到"者，是……也"

上文已举例指"者……也"是先秦判断句的一种句式，那么，"者……也"本就有今语"……是……"的意思。同时，"者"的前面紧接主语，不管主语多长，"者"本身都兼有指代作用，无须再加指示代词，例如"庠者养也"，等于说，庠就是养。如果说成"庠者，是养也"，那指代词"是"就完全没有必要了。然而先秦的确存在着这样的用法。这是"是"向系词转化的一个因素，试比较下面两类句子：

甲类：

  1. 南冥者，天池也。(《庄·逍遥游》)
  2. 彼后王者，天下之君也。(《荀·非相》)

乙类：

  3. 问者曰："礼义积伪者，是人之性，故圣人能生之也。"(《荀·性恶》)
  4. 故美之者，是美天下之本也；安之者，是安天下之本也；贵之者，是贵天下之本也。(又《富国》)

这里甲类是老形式的判断句，用"者……也"来表示的。乙类例4用"者……也"又用"是"，这种句法在战国之前还没有先例。照理，用"者……也"就不必用"是"来复指，用"是"复指主语，就无须用

"者"。现在两者并用,"是"的指代词性质就已经虚化,但它在主谓之间的联系作用却是显然存在的。由此,"是"的系词性就逐步形成了。我们看看后来《论衡·说日篇》的"其谓霣(yǔn,陨)之者皆是星也"一句,就知道其中的系词"是",正与例4的"是"是一脉相承的,例3的"者"不用煞句的"也"相呼应,而以"是"紧接着"者","是"的系词性就更多了一些。这是因为像这样的"是"不能解作指代词"此",既然如此,"是"的复指作用就更轻微,而联系性却相反地强化了。

二、由"……是……也"到"……是……"

"……是……也"的"是"是复指主语,位置在主谓之间。这是先秦最广泛的用法。但是用之既久,复指代词"是"就容易流为形式,变成只有联系作用的虚词。例如:

5. 我实不德,而以隶人之垣以赢诸侯,是吾罪也。(《左·襄31》)
6. 詹何坐,弟子侍,有牛鸣于门外。弟子曰:"是黑牛也,而白题(额)。"詹何曰:"然,是黑牛也,而白在其角。"(《韩·解老》)
7. 日月星辰瑞历,是禹、桀之所同也。(《荀·天论》)
8. 故非礼,是无法也;非师,是无师也。(又《修身》)

这些例子里的"是",还算是指代词,但是这些句子如果不停顿,或者是比较简单,无须停顿也可以,那么,"是"就变成系词了。像例7、8两句,就容易变为:"日月星辰瑞历是禹桀之所同。""非礼是无法,非师是无师。"而例6尤其是这样,它们本身就已具有十分近似的系词性。后来的书面语像《论衡》就有"风伯雨师雷公是群臣也"(《祀义篇》),"百岁之命是其正也"(《气寿篇》)的句子,这里的系词"是"不是和上述4例的"是"一模一样么?由此可见,由先秦的"……是……也"变为后来的"……是……",是完全可以理解的,虽然这一类的用法,比前一类的发展缓慢些。

三、由"是则"到"则是"

"是则"的"是"是指代词,"是则"等于今语"这就",而"则是"

的"是"却不完全是指代词,它是在虚化中的系词性的东西。"则是"等于今语"这就是",试比较下面两类例子。

甲类:

9. 无信,患作;失援,必毙;是则然矣。(《左·僖14》)
10. 是则可忧也。(《孟·离娄下》)
[这是值得担心的事。]

乙类:

11. 文公恐惧,绥静诸侯,秦师克还无害,则是我有大造于西也。(《左·成13》)
[晋文公很害怕,于是就安抚诸侯,使得秦国部队完整地撤回去,这里可见我们是对秦国大有帮助的。]
12. 东道之不通,则是康公绝我好也。(同上)
[往东的交通停顿,那是由于你们秦康公同我们绝交嘛。]

上例11、12两句的"是"都是可有可无的,也许把它去掉,更符合于先秦语法。说它可有可无,就是因为它已经失去指代词的意义和作用,而向系词虚化和转化了。后来东汉作品《论衡》里的一些系词"是"的用法正是来源于此,如"如见大鸟来集,群鸟附之则是凤凰"(《讲瑞篇》),"每当饮者起至中庭,乃复还坐,则是烦苦相踏借(互相践踏),不能甚乐"(《语增篇》),等等都是。

综合上述三方面的演变来看,"是"由指代词虚化为系词,在战国后期周秦之际已臻于成熟。《荀子》正是当时的作品,上面所举《荀子》各例最有代表性,最能说明问题。这样,上一节所举《吕氏春秋》和《谷梁传》诸例(例18—21)之为系词,这也就不奇怪了。

到了西汉时代,系词已经发展完成,判断句已经渐渐使用系词。例如:

*13. 吾以尔是元子,早有立意。(汉高祖手敕太子,见《古文苑》卷十)

14.（齐庄公）问其御曰："此何虫也？"御曰："此是螳螂也。"（《韩诗外传八》）

15. 其友识之曰："汝非豫让邪？"曰："我是也。"（《史·刺客传》）

*16. 襄子曰："此必是豫让也。"（同上）

17. 乃于邑曰："其是吾弟与？"（同上）

18. 巫妪弟子是女子也。（《史·滑稽传褚补》）

19. 龟者是天下之宝也。（《史·龟策传褚补》）

*20. 此是家人言耳。（《史·儒林传》）

*21. 客人不知其是商君也，曰："商君之法，舍人无验者，坐之。"（又《商君传》）

有些学者否认西汉有系词，并且认为《史记》里虽然也有一些系词，如《豫让传》："此必是豫让也。"但是《史记》有经后人改动的地方，这类例子又少，为谨慎处理材料起见，未敢拿来作为证据①。按《史记》没有人怀疑过它是伪书，所谓"有经后人改动的地方"，既然没提出任何根据，自难成立。而且即使有之，未必恰恰就是这些系词被改动了。何况这里13、14、18 条，均是《史记》以外的西汉著作之用例，更可证明当时系词确已存在。至于光是《史记》，也共有 7 例。自然难以说是偶然了（上文凡有 * 符号的例，均已见于《语言研究》1957 年第 2 期洪诚《论南北朝以前汉语中的系词》一文，这里只是借用）。

西汉初期之常用系词"是"，还可证以 1973 年年底长沙马王堆三号汉墓出土帛书中的彗星图里几条占文考释②：

*13. 是是帚彗，有内兵，年大孰（熟）。

*15. 是是竹彗，人主有死者。

*17. 是是蒿彗，军起，兵几（饥）。

---

① 参见王力《汉语史稿》中册第 354 页注①。

② 参见《文物》1978 年第 2 期席泽宗《马王堆汉墓帛书中的彗星图》一文。这里有 * 符号的五个例句，均转引《文物》原文，* 符号表示与本书举例有区别，* 符号后的阿拉伯数字，悉依原文。

*19. 是是苦彗，天下兵起，若在外归。
*22. 是是苦发彗，军起，兵几（饥）。

这里所举 5 例，句式相同，都是典型的判断句。各句的"是是"，第一个"是"是近指代词，当主语；第二个"是"即系词。"是是"即"此是"。按这个帛书是在汉文帝刘恒前元十二年（公元前 168 年）时埋在地下的。一个彗星图，竟用了 5 个（除上述之例，尚有二处）系词"是"，可见当时使用系词的频率之高。

至于系词在东汉时期之普遍使用，是众所周知的事实，光举《论衡》一书，例子也就够多了，如《吉验篇》："窦太后言于景帝，召见，问其故，果是。"《气寿篇》："百岁之命是其正也。"《谈天篇》："海外西南有珠树焉，察之是珠，然非鱼中之珠也。"《说日篇》："其谓贾之者皆是星也。"

魏晋时期，系词使用得更为普遍，无论散文或韵文，都有不少用例。如：

22. 问今是何世？乃不知有汉，无论魏晋。（陶潜《桃花源记》）
23. 本是朔方士，今为吴越民。（曹植《门有万里客行》）
24. 汝是大家子，仕宦于台阁。（《焦仲卿妻》）

上例都是具备主表两项的典型的判断句。由此可见，判断句使用系词"是"确是萌芽于先秦，而完成和普遍于西汉，这是无可争辩的事实。至于南北朝以后，判断句有进一步的发展，最突出的就是判断词"是"后的表语逐步扩大化，它可以是复杂的词组，也可以是复杂句子。如：

25. 其人答言："我是某国人，而于道路值此群贼。"（《百喻经》下）
26. 谢太傅曰："不得尔，此是屋下架屋耳。"（《世说·文学》）
27. 又若生是禀气而歘（hū，忽也）有，死是气散而歘无，则谁为鬼神乎？（宗密《原人论·斥执迷》）
28. 树上君子，应是陆贽使来。（柳理《上清传》）
29. 玉环一枚，是儿婴年所弄。（元稹《莺莺传》）

30. 其寺是五祖忍大师在彼主化。(《坛经·自序品》)
31. 老管营道："眼见得是张团练替蒋门神报仇,买嘱张都监,却设出这条计策陷害武松。"(《水》30回)
32. 我是一个不戴头巾男子汉,叮叮当当响的婆娘。(又24回)

系词后面的表语的复杂化,是判断句的一大发展,从此判断句已不仅适用于简单的判断,同时也适用复杂概念的判断。这从上面各例可以看出。到了现代,它有了新的更大的发展,"是"后面的表语可以连续用几个长句子构成。这个是为大家所熟知的,就无须举例了。

第三节 系词"是"的扩张用法

跟判断词"是"发展的同时,汉语中产生了这样的一种句子:形式上用系词"是",句子也往往带有类似判断的性质;但是从结构上看,它又不具备判断句的条件,关键在于"是"的用法扩张起来了,而且扩张得相当厉害。把这种句子的特点归纳起来,大概有如下四类:第一,"是"插在原来意思已经完整的主谓之间,以示强调,这种谓语都是形容词性或动词性的;第二,"是"在句首,和普通连系主谓的系词大不相同;第三,用"是"煞句,"是"本身就是简单谓语;第四,"是"在主谓之间,但主和谓是不等属的。兹分述如下。

第一类,作强调用的"是"。最早的用例见于《荀子·天论篇》:"祅（妖）是生于乱。"本来按照先秦的句法,说"祅生于乱"。语气就已经完足,现在加上一个"是",无疑是为了加强肯定。这种句法,可能来源于《左传·襄公二十一年》的说法:"深山大泽,实生龙蛇。"这句的"实"是副词,它和"祅是生于乱"的"是",古音义并通,在上述句子里的功能也相同,"是"可能即来源于"实"。它当然不是指代词,也不是典型的系词,从功能上看,它是副词性质的成分。

这种加强肯定语气的"是",在汉代继续出现了一些,但还不普遍。《盐铁论·申韩》:"文学曰:有国者选众而任贤,学者博览而就善,何必是周公孔子。"这里的"是",并不是必要的,只说"何必周公孔子"也行。类似的句子在先秦正是这样,如"何必楚"(《左传·宣公十二年》),"何必高宗"(《论语·宪问》)。可见像《盐铁论》的这种"是"

是后起的，作用是为了强调。自中古南北朝至近代时期，这种句法发展得很快。下面就是这种例子的一部分。它们共同的特点是：谓语大多数是动词性或形容词性的词语，"是"似乎并不是必要的。但去掉它，句子就没有强调的作用，而且变得和判断句越发没有关系了。如：

1. 谢太傅谓子侄曰："中郎始是独有千载。"（《世说·轻诋》）
2. 此中最是难测地。（又《雅量》）
3. 到明日略备草酌，看红娘来请，你是必来一会，别有商议。（《西》二本楔子）
4. 我儿，你只是性气不好，把言语伤触了他。（《水》21回）
5. 我是好意。（又23回）
6. 哥哥去清风寨回来，是必再到山寨相会几时。（又32回）

类似的还有一种，就是用"是……的"形式来表示强调的。特点和上一种一样，谓语是动词性的或形容词性的词语，只是句末多了一个"的"，和谓语前面的"是"相呼应，但语气却比前一种更加肯定。这种句法产生于宋元时期，以后便沿用下来。例如：

7. 贫僧是普救寺来的。（《西》二本楔子）
8. 三日后不送出去，便都是死的。（同上）
9. 这个贼头陀，正是打兄弟的。（《水》32回）
10. 庄家（稼）们不省得师父是活佛去处来的。（又5回）
11. 我原叫芸香，是花大姐姐改的。（《红》21回）
12. 七房的太老爷是中过状元的。（《儒》31回）

上面这些例子，虽然原来谓语是动词性或形容词性的，但是仔细看来，加上"是……的"以后，毕竟谓语起了变化。如例8"是死的"，指的是死的人，而不是死的动作；例9"是打兄弟的"，指的是打的人，而不是打的行为。其他可以类推。总之，"是……的"有使谓语名物化的作用，但和一般的名词句又有不同，因为名词句的谓语不借助于"是"，它本身是名词性的词语，而这却离不开"是……的"。一离开，它便是动词性的或形容词性的谓语了。可见"是"在这种句型中具有联系作用是很明显的。就这一点说，它和 1—6 各例的"是"又不完全相同，那是副词，而这却仍是系词性的成分。

第二类，"是"在句首的。这是在无主句的谓语前头，或动词的前头，凭空来个"是"（或"是"和别的副词结合），形成一种特殊判断的语气。这种句法，最早见于东汉时代。例如《论衡·儒增篇》："儒书言楚熊渠子出见寝石，以为伏虎，将弓射之，矢没其卫。或曰，养由基见寝石，以为兕也，射之，矢饮羽。或言李广。便是熊渠，养由基、李广主名不审，无实也。"南北朝以后，这种句法渐多。如《世说新语·言语篇》："卿云'艾艾，定是几艾？'对曰：'凤兮凤兮，故是一凤。'"又庾信的《杨柳歌》："定是怀王作计误，无事翻复用张仪。"这里的"定是""故是"虽有所指，却无主语，在分句里是凭空而来的。唐宋以后的文学语言或口头语里，这种用法更加普遍起来，例子是很多的，下面只摘录其中的一部分：

13. 后阿娘（后母）问瞽叟曰："是你怨（冤）家修仓，须得两个笠子"（《敦变》132 页）
14. 正是江南好风景，落花时节又逢君。（杜甫《江南逢李龟年》）
15. 终是圣明天子事，景阳宫井又何人？（郑畋《马嵬坡》）
16. 莫是长安行乐处，空令岁月易蹉跎。（李颀《送魏万之京》）
17. 那时吴加亮向宋江道："是哥哥晁盖临终时分道与俺：他从正和年间，朝东岳烧香，得一梦，见寨上会中合得三十六数；若果应数，须是助行忠义，卫护国家。"（《宣和遗事·亨集》）
18. 是一年前，也是赌输了，身边并无一文，夜间便去掏摸些东西。（《京本·错斩崔宁》）
19. 哎也！是我走的慌了，脚后跟只打着脑杓子。（《水》32 回）
20. 是这些小事，有甚利害，如何敢受银两？（又 25 回）

这些句子的"是"，形式上差不多，实则用法上并不一样。像例 14、15、16、18、20 这几句，可说是无主句。这一类的"是"看来不像联系性的系词，倒像副词。其他各句的"是"都放在句子前头，既不是系词，也不是连词，实际它们也是执行了副词的功能。

第三类，"是"是用于煞句的。它单独充当谓语，后面除了能带语气词"也""矣"之类以外，再没有其他成分。这种句型，起源于先秦常见的"是也"。在上古，"是也"有两种意义：一种是"对啊"，如《论语·阳货》"偃之言是也"，《孟子·公孙丑下》的"皆是也"。另一种意义是"这……就是"的意思，"是"为肯定词，如《韩非子·十过》："夫虞之有虢也，如车之有辅。辅依车，车亦依辅，虞虢之势正是也。"又《解老》："凡物不并盛，阴阳是也。"由此进一步，就是《史记·刺客列传》里的："汝非豫让耶？曰：我是也"的句法。"我是也"正是不折不扣的今语"我是呀"。这两种"是也"都是现在煞句"是"的来源。下面就以甲、乙来代表这两类用法的发展。

甲类：作为煞句的"是"，都有"对"义，属形容词谓语句，这是唐宋以后常见的用法。如：

21. 若佛与凡同，所说例皆不是。(《敦变》189页)
22. 张胜道："你也说得是。"(《京本·志诚张主管》)
23. 夫人，今日却知老僧说的是。(《西》五本四折)
24. 何涛听罢，说道："这一论也是"。(《水》19回)
25. 巧姐听了，答应个"是"。(《红》92回)

这里例25的"是"，是比较虚化的，实际是答应对方的语气词；但按其渊源，仍然是从对义的"是"来的。

乙类：煞句的"是"，是"是不是"的"是"。这种用法，也是在汉代出现的，如《史记·外戚世家》褚先生补云："尹夫人与邢夫人同时并幸，有诏不得相见。尹夫人自请武帝，愿望见邢夫人。帝许之。……尹夫人望见之，曰：'此真是也。'于是乃低头俛而泣，自痛其不如也。"又如上文举过的《吕氏春秋·重言篇》："东郭牙至，管仲云：'此必是矣。'"这里的"真是也""必是矣"就是今语的"真是呀""一定是啊"。这一类煞句的"是"，多半同副词连在一起，表示单纯的肯定。南北朝以后有，这种用法，很是普遍，举例如下：

26. 形即是神者，手等亦是邪。(范缜《神灭论》)
[你说形体即是和精神结合的，那么手这个器官也是有精神的吗？]

27. 梳洗罢,独倚望江楼;过尽千帆皆不是,斜晖脉脉水悠悠,肠断白苹洲。(温庭筠《梦江南》)

28. 师曰:"汝从玉泉来,应是细作。"对曰:"不是。"师曰:"何得不是?"对曰:"未说即是,说了不是。"(《坛经·顿渐品》)

29. 贾奕道:"止不过王公驸马。"师师道:"也不是。"(《宣和遗事·亨集》)

30. 智深道:"引洒家新妇房内去。"太公引至房边,指道:"这里面便是。"(《水》5回)

这一类表示单纯肯定或否定的"是""不是",如果从意义看来,仍属系词的一种用法。一般系词,后面还有表语,这里却都省去,如"这里面便是"。实际是"这里面便是新妇的房子"之省,可见"是"后的表语虽然省去,但根据上下文的意义,可以断定它是系词的变式。如果从结构上看,没有表语,就无所谓系词,"是"在这类句子中的功能,显然不是联系主谓,而是本身单独充当谓语,它无须补出表语就可表示肯定。它的特殊性就在这里。如果我们不管结构,索性把它作为系词处理,看来也有问题。也许把这种句子作为准判断句,较为合理吧。

第四类,"是"在主谓之间,但主语和谓语的关系并不是等于或属于的关系,而是毫不相关的两个概念,通过"是"而联系起来。这种句式,产生于魏晋时代。较早的用例见于《三国志·蜀书·赵云传》裴松之注引《列传》云:"子龙一身都是胆也。""一身"不等于"胆",这和"荀卿是法家"那种判断句是完全两样的。所以它不是判断句,而只是"是"的扩张用法。自南北朝以后,这种用法很活跃,而且往往以方位词作主语。例如:

31. 此中谓长江以北尽是夷狄。(《伽蓝记》卷2)

32. 善庆思惟既毕,满目是泪。(《敦变》182页)

33. 打开他那柳藤箱子看时,上面都是些衣服,下面却是些银酒器皿。(《水》30回)

34. 又走不过数里多路,只见前面来到一处济济荡荡鱼浦,四面都是野港阔河。(同上)

35. 王夫人抱着宝玉,只见他面白气弱,底下穿着一条绿纱小

衣，一片皆是血渍。(《红》33回)

36. 凤姐听了，满脸是笑，由不的止了步。(又24回)

以上"是"的四种扩张用法，在现代汉语里都得到了普遍的发展。无论判断句也好，"是"的扩张用法也好，它们从中古以来都向多样化发展，运用得非常灵活，大大地丰富了现代汉语的文学语言。

第十二章　描写句的发展

描写句是指以形容词或形容词性词组为谓语，描写事物状态的句子。有些用动词谓语来描写事物的性质、状态而不是表述事物的行为的句子，这里也把它作为描写句处理。

描写句是描写文体经常使用的一种句式。但它也同样适用于其他文体。描写文所使用的句子也不限于描写的，还可以使用其他类型的句子。所以当我们考察汉语史上的描写句时，不能认为描写句便是描写文，虽然两者的关系是很密切的。

第一节　描写句最早出现的几种形式

甲骨文限于文体，没有什么描写句。关于上古前期的描写句的面貌，只能在《尚书》和《诗经》里约略窥见。从它的谓语形式来看，大约有以下四种：

（1）形容词或形容词性的词组作谓语的最为常见，这是描写句中较典型的一种。如：

1. 岳曰："瞽子父顽，母嚚（yìn，愚），象傲。"（《书·尧典》）
［岳官说："瞽叟的儿子舜，他的父亲顽固，母亲愚蠢，弟弟象傲慢。"］

2. 有火自上复于下，至于王屋，流为乌，其色赤，其声魄。（晚出古文《泰誓》，采孙星衍注）
［有火焰自上空而下，飞到武王的屋子上面，变为乌鸦，赤色，鸣声安闲。］

3. 昔我往矣，杨柳依依；今我来思，雨雪霏霏。（《诗·小雅·采薇》）

4. 桑之未落，其叶沃若。（又《卫风·氓》）

[桑树还没有凋谢时，它的叶儿密柔柔。]
5. 其人美且仁。(又《齐风·卢令》)
[那人生得又漂亮，又仁慈。]

后来的，像"且是人也，蜂目而豺声，忍人也"(《左传·文公元年》)，"高祖为人，隆准而龙颜，美须髯"(《史记·高祖本纪》)等，都属于这类描写句。

(2) 数量词作谓语的句子，显然也有描写的性质，如："鹏之徙于南冥也，水击三千里，抟扶摇而上者九万里，去以六月息者也"(《庄子·逍遥游》)，"邹忌修八尺有余"(《战国策·齐策》)等，都属于这类描写句。

(3) 用连系性动词"若""如"等构成的描写句，表示主语像或好像什么。这种句子为数不少，结构上具有很大的灵活性，在"若""如"等后面的成分，可以简单到只有一个名词，也可以多到几个词组，甚至是个复杂句子。如果从修辞学角度来看，这种句子都属于比喻句；但我们从句法上着眼，仍然把它作为描写句的一种。这种描写句又可粗略地分为甲、乙两类。

甲类：有明显的两种事物相比，说某事物像某事物，有时说出它相似的地方在哪里，有时不说。这类句子最常见于《诗》《书》，有时用"若"，更多用"如"。按"若""如"上古音同，实际是一个词。例如：

6. 勖哉夫子！尚桓桓，如虎如貔，如熊如罴。(《书·牧誓》)
7. 若火之燎于原，不可向迩，其犹可扑灭？(又《盘庚上》)
[浮言到处诱惑众听，就像大火燎原一样，那时连接近都无法接近，还能扑灭它吗？]

乙类：没有明显的两种事物相比，因此句子往往没有主语；但仍然含有不定性的比喻，表示某种事物好像有某些性质、状态。这类描写句，也起源于《诗》《书》，用"若"，也用"如"。例如：

8. 予若观(爟)火，予亦拙(炪)谋，作乃逸。若网在纲，有条而不紊。(又《盘庚上》)

[我的威严像热火一样旺盛，但我并不使用，这使得你们放纵起来。你们必须像网一样地结在纲上，方可有条不紊。乃，你们。逸，放纵。]

9. 天保定尔，以莫不兴。如山如阜，如冈如陵，如川之方至，以莫不增。……群黎百姓，遍为尔德，如月之恒，如日之升，如南山之寿，不骞不崩；如松柏之茂，无不尔或承。（《诗·小雅·天保》）

[大意：上帝使你安定，一切都蓬勃而兴。就像大山岳、大丘陵那样高大，那样广厚；就像河水正在涨潮，一切都在上升。百官族姓，都在学习你的品德。就像上弦的月亮，像旭日方升，像南山那么长寿，永远不会崩塌；像松柏那样茂盛，都是叶叶相承。]

（4）谓语是动词或动词性的词组，但它不是叙述行为，而是描写性质、状态，或称表态句，或者表述某种可能性的，这种句子也往往变成描写句。如：

10. 甲子昧爽，受（纣）率其旅若林，会于牧野。罔有敌于我师，前徒倒戈，攻于后以北，血流漂杵（chǔ）。（晚出古文《书·武成》）

[甲子日凌晨，商纣王率领着他的浩荡大军，在郊区牧野集结。可是敌不住我（周朝）军的进攻，纣的前军就倒戈反攻后军，全军都溃逃了。死人流出来的血水到处泛滥，简直要把捣米的木槌子都漂流起来了。]

11. 谁谓河广？一苇杭（渡过去）之。……谁谓河广？曾不容刀（舠，小船）。（《诗·周南·河广》）

12. 维南有箕，不可以簸扬；维北有斗，不可以挹酒浆。（又《小雅·大东》）

[南方有个簸箕星，不能拿来簸米糠；北方有座北斗星，不能拿来舀酒浆。]

表述性态的动词描写句，后来有了进一步的发展，它可以连用几个动词性的词组，构成复杂谓语，来充分表示事物的性状。如《战国策·齐策》："临淄之途，车毂击，人肩摩，连衽成帷，举袂成幕，挥汗成雨。"

这里主语是"临淄之途",其余都是动词性词组充当谓语,极写当日齐国的都城临淄车多、人多,攘往熙来的盛况。

以上四种描写句,基本上可以代表汉语在先秦时期所有描写句型的面貌,即在周秦以后的描写句,也大致不出这个范围。但是这不等于说,以后就没有什么变化发展了。和其他句式一样,描写句也是向前发展的,尤其是上述第三、第四两种的发展更为突出。下文分别做一简单的描述。

第二节　连系性动词描写句的发展

在春秋战国时代,用连系性动词构成的描写句,上承《诗》《书》,继续沿用"若""如",同时也用"似""犹"。这四个词意义差不多,都有像、好像、如同的意思。就句法而论,这种描写句已有了新的发展,谓语后面添一个新成分"然"。"然"是副词,"那样"的意思。在《诗经》时代,"然"只能放在动词谓语或形容词之前,作为状语成分,没有后置于谓语或表语的。例如《诗·大雅·皇矣》的"帝谓文王:无然畔援(横暴)。无然歆羡(羡慕)"。其中,"然"就是这种用法。战国诸子中的语法和这不同,"然"字可以后置。较多出现的是"若"(如)字句,"似……然"和"犹……然"均未发现,"似""犹"都是独用的。"若(如)……然"构成一种固定结构,意思是"像……那样"。在"若(如)"和"然"之间的,可以是名词,可以是形容词,也可以是动词性的词组。"若(如)……然"在句中的语序比较自由,放在句首、句中或句末都可以。例如:

1. 如是,则夫名声之部发于天地间也,岂不如日月雷霆然矣哉!(《荀·王霸》)

[这样,那名声的分布发扬于天地之间,岂不是像日月雷霆那样举世皆知了吗?]

2. 及以燕、赵起而攻之,若振槁然,而身死亡国,为天下大戮,后世言恶,则必稽焉!(同上)

[等到燕、赵两国起兵攻打齐国,像摧枯拉朽一样,齐闵公身死而亡国,大为天下所耻笑,后代人谈起此事,就必定会数到他。]

3. 善养生者若牧羊然,视其后者而鞭之。(《庄·达生》)

［很会保养的人对待养生条件，就像牧羊一样，看哪只羊落后的，就把它鞭打一下，让它赶上去。］

4. 若性之自为而民不知其所由然。（又《天地》）

［人民做好事，就像他生性自愿这样而不知道从哪里来的一样。］

5. 譬之如医之攻人之疾者然，必知疾之所自起焉，能攻之；不知疾之所自起，则弗能攻。治乱者何独不然。（《墨·兼爱上》）

［比方好像医生治病一样，一定要先了解病是怎样发生的，才能医治它；不了解病怎样发生，就不可能下药。平治变乱的人又何尝不是这样。］

6. 譬若筑墙然，能筑者筑，能实壤者实壤，能欣者欣，然后墙成也。为义犹是也。（又《耕柱》）

［比如筑墙那样，能筑墙的就筑墙，能填土的就填土，能测量的就测量，这才能把墙筑成。干好事也像这样。欣者：指筑墙时手持表尺观测远近的人。］

以上都是"若（如）……然"的用例。其中"若"和"如"可以互换。至于"似""犹"，一般都是独用，后面不接"然"字，这是它们的一大区别。如：

7. 故鼓似天，钟似地，磬似水，竽、笙、箫和、筦、籥似星辰日月，鞉、柷、拊、鞷、椌、楬似万物。（《荀·乐论》）

8. 譬之，犹以指测河也。（又《劝学》）

9. 吾惊怖其言，犹河汉而无极也。（《庄·逍遥游》）

［我对于他（指接舆）的大话，不免害怕，好像银河天汉那样无边无际的样子。］

10. 望之似木鸡矣。（又《达生》）

"若……然""如……然"的产生，使汉语语法得到进一步的完善。第一，这种结构使描写句的谓语具有较大的灵活性，在"若""如"后面，不论什么性质的谓语都可以容纳；如果所比拟的概念复杂的话，就用像例3、6那种句式，先来个"若……然"，接着再加以说明。第二，"若（如）……然"在结构上比单用"若""如"的紧密得多，它可以把较复杂的结构（如例 4 的"性之自为而民不知其所由"）放入"若……然""如……然"内，化作简单成分，从而使语言紧凑起来。

"如……然"，即口语的"如……一般"或"同……一般""似……一般"。在口语里，"一般"的词性也跟古语的"然"同样属于副词。"一般"和"一样"同义，是中古时期产生的新词。在口语化的书面语里，这种结构，直到唐代才出现。例如：

11. 若说殑伽河里，沙细人间莫比，恰如粉面一般，和水浑流不止。(《敦变》504 页)
[字书无"殑"字，疑为"硷"。]
12. 暂得身居天上，还如花下一般。(又 510 页)
13. 如或信心不起，似无手足一般。(又 518 页)

现代汉语的"像""像……一般"，是在明、清小说里才用开的，但还不是很普遍，比方《水浒全传》就习惯用"似"不用"像"，而《西游记》却用"像"为多。"一般"有时作"一样"，或改用"似的"，都是副词。放在谓语末尾，具有补语作用。有时和前面的"像"或"如"相呼应，有时可以单独使用。此外，有以"和"代"像"，成为"和……一般"的。"和"有时又作"合"。这种多样化的用法，在《红楼梦》里反映得最为完备。《儒林外史》里的用法大致相同。举例如下：

"似……一般"：

14. 那些奇草仙藤，愈冷愈苍翠，都结了实，似珊瑚豆子一般，累垂可爱。(《红》40 回)

"如……一般"：

15. 各色笔筒、笔海内插的笔，如树林一般。(同上)

"像……一般"：

16. 这园子却是像画儿一般。(又 42 回)

"和……一般":

17. 侄儿糊涂死了，既做了不肖的事，就和那猫儿狗儿一般。（又68回）

"合……一样":

18. 嫂子的妹子，就合我的妹子一样。（同上）

"似……一样":

19. 要是做了帐子，糊了窗屉，远远的看着，就似烟雾一样，所以叫做软烟罗。（又40回）

至于表相反、表疑问、表否定的句子，多半只用"像"，句末可不用"一般"。上述诸例，足以充分说明汉语连系性动词构成的描写句，是极其丰富多彩的，它们是先秦这种句式多样化的历史发展的结果。

第三节　动词谓语的描写句的发展

这种描写句的特点是：谓语的动词只表述主语的性质、状态并且不止一个，而是几个动词的综合，它的长处是能够描写比较复杂的事物。上文已提到这种句式，它产生于上古前期，在后期战国时代已逐渐趋于复杂。例如：

1. 尔作言造语，妄称文武；冠枝木之冠，带死牛之胁，多辞缪说；不耕而食，不织而衣；摇唇鼓舌，擅生是非，以迷天下之主；使天下学士不反其本，妄作孝弟，而侥幸于封侯富贵者也。（《庄·盗跖》）

〔这是庄子的后学们为了反对和他们对立的儒家学派而虚构出来的寓言之一段。文中为了诋毁，把对方极力加以讥讽的描绘。下一例的旨意同此。〕

2. 孔子再拜趋走，出门上车，执辔三失，目芒然无见，色若死灰，据轼低头，不能出气。（同上）

例 1 是柳下跖给孔子的画像，用五个复句来描写他不事生产、搞空头政治，这五个复句的谓语虽然都是动词或动词性词组，但主要是用以描写孔子的形象及其为人行事，而不是表述动作。例 2 和这相反，表面上是表述孔子的动作，但却是用于刻画他的窘态，这仍然可以看作动词性的描写句。

这种描写句，普遍流行于整个中上古后期，很少有较大的变化，看下面的例子便知。如：

3. 高祖为人，隆准而龙颜，美须髯，左股有七十二黑子，宽仁爱人，意豁如也。（《汉·高帝纪》）

［高祖（刘邦）的为人：高鼻子，长龙脸，胡子很美，左大腿有七十二黑痣，性情宽厚，对人仁爱，思想很开朗。］

4. 前立者一人，狭腰长面，多发不妆，衣青衣，仅可二十余。（牛僧孺《周秦行纪》）

5. 更有一人，圆题（头）、柔脸、稳身，貌舒态逸，光彩射远近，时时好矉（pín，频瞪眼），多服衣绣……（同上）

这种句法在近代白话小说里有了变化。描写句不论多么复杂，句子不论多长，都可以通过两种固定形式表达出来。

第一，用"只见"或"但见"引出一大串的复杂描写句。就整个结构说，这些描写句都成了动词"见"的宾语；就意义说，它们又是见到的情态，可以说全是表态句。例如：

6. 只见就那汴河岸上，起一阵狂风，俄刻中间，云生四野，雾长八方，轰雷闪电，雨若倾盆，则见汴河水厌厌地长上岸来。（《宣和遗事·亨集》）

7. 但见（杨志）头戴一顶铺霜耀日镔铁盔，上撒着一把青缨；身穿一副钩嵌梅花榆叶甲，系一条红绒打就勒甲绦，前后兽面掩心；上笼着一领白罗生色花袍，垂着条紫绒飞带；脚蹬一双黄皮衬底靴；

一张皮靶弓，数根凿子箭；手中挺着浑铁点钢枪；骑的是梁中书那匹火块赤千里嘶风马。(《水》13回)

在《红楼梦》里，这种句法到处可见，单只第十七回就有十余例，绝大多数用于写景，在别回则以写人物外表的居多。下面略举数例：

8. 贾政先秉正看门。只见正门五间，上面筒瓦泥鳅脊；那门栏窗槅俱是细雕时新花样，并无朱粉涂饰，一色水磨；群墙下面，白石台阶，凿成西番莲花样；左右一望，雪白粉墙，下面虎皮石砌成纹理，不落富丽俗套。(17回)

9. 只见进门便是曲折游廊，阶下石子漫成甬路，上面小小三间房舍，两明一暗，里面都是合着地步打的床几椅案。(同上)

10. 俯而视之，但见清溪泻玉，石磴穿云；白石为栏，环抱池沼；石桥三港，兽面衔吐。(同上)

11. 不一时，只见三个奶妈并五六个丫鬟拥着三位姑娘来了：第一个，肌肤微丰，身材合中，腮凝新荔，鼻腻鹅脂，温柔沉默，观之可亲；第二个，削肩细腰，长挑身材，鹅蛋脸儿，俊眼修眉，顾盼神飞，文彩精华，见之忘俗；第三个，身量未足，形容尚小。(3回)

第二，用"生得"引出一串描写句。这种句法只适用于描写人物。就其结构说，"得"字后的是补语的一种演化。关于补语，另有专章讨论，这里只指出它和描写句法有关的地方。如：

12. 看那人时，似秀才打扮……生得眉清目秀，面白须长。(《水》14回)

13. 宋江勒住马看那人时，生得目炯双瞳，眉分八字；七尺长短身材，三牙掩口髭须，戴一顶乌绉纱抹眉头巾，穿一领皂沿边褐布道服；系一条杂彩吕公绦，着一双方头青布履。(又90回)

以上是动词描写句在近代汉语里的两种演变，它说明这种句法已经有了较大的扩展。像例7的"骑的是梁中书那匹火块赤千里嘶风马"，例9的"进门便是曲折游廊"，本来都是判断句或准判断句；但在这里充当了

"见"的宾语，却只是一种情态描写，而不是表示判断，所以都成了动词描写句的组成部分。可见汉语的句型在一定的语言环境下是会变化的，变化的根据跟结构和意义两方面都有关系。

第十三章　叙述句的特殊形式的发展

叙述句是指主要以具有动作性的动作或动词化的词语充当谓语的句子。叙述句的类型很多，这里只讨论某些词类的意动用法和使动用法两类。因为这两类用法是汉语动词的特殊形式，在语法史上出现得很早，值得重视。

在上古前期，由于词类还没有定型化，某词属于某类及其在句子中的职能，还不是固定的，所以汉语词类很早就产生活用的现象，但这不是无条件的活用，伴随着词类活用而来的结果，是引起句子中有关成分在职能上的变化。所谓意动用法和使动用法就是由此产生的。

第一节　意动用法引起宾语性质的变化

在古代，一般他动词和宾语的关系是宾语接受他动词所发出来的行为，即所谓受事者。但是当其他词类临时充当他动词时，宾语的性质就要发生变化，它不是接受他动词的动作，而是被"认为"或"以为"具有那个动词的性质。由于并不是宾语真有那种性质，而是被人认为如此，所以这叫作意动用法。

意动用法，早在上古前期的殷商文献里已经产生，例如："王吉兹卜。"（《佚》894）"吉"是形容词，这里却作为意动用法，即王认为此卜吉利[1]。又："余弗其子妇侄子。"（《殷虚书契》1.25.3）"子"，原为名词，这里第一个"子"，却作为意动用法，即不以妇侄之子为子[2]。又见于《尚书》的有："重我民。"（《盘庚上》）即认为我民重要。

自春秋战国以至秦汉时期，在文学语言中继续产生以形容词或名词充当他动词的意动用法，偶然也有把代名词用如他动词的。前后合计，于是

---

[1] 参见陈梦家《殷虚卜辞综述》，科学出版社1956年版，第103页。
[2] 转引自裘锡圭《殷虚甲骨文研究概说》一文，载《中学语文教学》1979年第6期。

就构成意动用法的三种类型。各举例如下：

A. 形容词作他动词用，构成意动的：

1. 齐君弱吾君，归弗来矣。（《左·昭12》）
[弱吾君：以吾君为弱者，即轻视的意思。]
2. 人主自智而愚人，自巧而拙人。（《吕·知度》）
[自智：自以为智。愚人：认为别人愚蠢。拙人：以为别人很笨拙。]
3. 然则吾大天地而小毫末，可乎？（《庄·秋水》）
4. 莫敖狃于蒲骚之役，将自用也，必小罗。（《左·桓13》）
5. 时充国年七十余，上老之。（《汉·赵充国传》）
[上老之：皇上认为他太老了。]

B. 名词作动词用，构成意动的：

6. 不如吾闻而药之也。（《左·襄31》）
[不如保留乡校，使我能常常听到批评，把它作为治病的药石啊。]
7. 托地而游宇，友风而子雨。（《荀·赋篇》）
[云托付于大地而游于寰宇，以风为友，以雨为子。]
8. 孟尝君客我。（《齐策》）
[孟尝君认为我是客了。]
9. 其谓之秦何？夷狄之也。（《公·僖34》）
[称它为秦是什么缘故？认为它是夷狄之类呢。]
10. 公子乃自骄而功之，窃为公子不取也。（《史·魏公子传》）

C. 代名词作他动词用，构成意动的。这种例子极少。

11. 且也相与吾之耳矣，庸讵知吾所谓吾之乎？（《庄·大宗师》）
[意思是：人们彼此都各自认这形体为我，哪里懂得我所谓我的是什么。]

意动用法虽有上述三种类型，但是它们的意义却只有一个："以为"或"以……为……"。由于这句法具有意义上的概括性，后来意动用法就逐渐为动词"以为"所替代。

不过，在上古后期，"以为"是和意动用法同时存在的另一种语法形式。如《孟子》里既有"登东山而小鲁，登泰山而小天下"（《尽心篇》），又有"民以为小""民以为大"（均《梁惠王篇》）。下面是其他典籍用"以为"来表意动的例子：

12. 始也吾以为其（指老聃）人也，而今非也。（《庄·养生》）
[最初，我以为他是人（指太上忘情的人），现在才知道还不是呢。]
13. 世主必从而礼之，以为自好之士。（《韩·显学》）
14. 冥冥而行者，见寝石（卧石）以为伏虎也。（《荀·解蔽》）
15. 宋襄公即位，以公子目夷为仁，使为左师以听政。（《左·僖9》）

东汉以后，在文言书面语言里，一直存在着上述两种意动用法，即在同一著作，也是这样。比方上面例5《汉书》的"上老之"，同书《李广传》的同义语却作"上以为老"。后来，像上述那样的形容词、名词作他动词的意动用法已渐渐少用，仅在文言里偶一见之。如宋胡铨《上高宗议除奸疏》"是欲臣妾我也，是欲刘豫我也"（刘豫是宋朝济南知府，后投降金人，做了伪皇帝。"刘豫我"：以我为刘豫）即是。在近代白话小说和现代汉语里，也有以名词充当他动词的例子，但并不构成意动用法。例如（下面有黑点的表示名词动化）：

16. 凤姐笑道："好兄弟，你是个尊贵人，和女孩儿似的人品，别学他们猴在马上。"（《红》15回）
17. （小虎子）听得老祥大伯说，猫着腰，虎虎势势跑前两步，手巴掌拍得呱呱的响。（现代小说《红旗谱》）

现代汉语表示意动的句法，除了沿用"以为"外，还有个动词"认为"，这大概是最近60年来才普遍使用起来的。

第二节　使动用法引起主谓关系的变化

在古汉语里面，普遍他动词和主语的关系是，他动词所表示的行为产生自主语，主语是施事者，而宾语则是受事者。但是如果自动词作他动词用，或者非动词充当他动词，那么，主谓关系就要发生变化，即动词所表示的行为不是直接出自主语，而是主语使宾语发生这种行为。这就是所谓使动用法，或称致动，意思是使他（宾语）那样行动。

使动用法在上古前期已经有一些萌芽。如甲骨卜辞有："丁归在川人。"（使在川之人归）（《殷虚书契》8.6.3）"不其来象。"（不把象送来）①（《下》5.11）《尚书·盘庚上》"天其永我命于兹新邑"的"永我命"，意思是使我们的生命长久；又同篇的"以常旧服正法度"的"正法度"，意思是使法度端正过来。以上 4 例均属动词的使动用法。此外，《诗·大雅·丞民》的"城彼东方"，是把东方筑为城邑的意思，也是名词作动词使动用法的句子。以后自春秋至战国，语言中都通行使动用法。归纳历史上的用例，可以充当使动用法的有自动词、形容词、数词和名词四种，各举例如下。

（1）自动词作他动词用，构成使动的：

1. 遂仕之，使助为政。（《左·襄30》）
［仕之：使他做官。］
2. 重为之礼而归之。（又《成3》）
［楚王待知莹以重礼，使他返回晋国去。］
3. 郄子曰："人不难以死免其君，我戮之不祥。"（又《成2》）
［郄克说："一个人（指齐国逢丑父）不以一死为难，使其君脱身灾难，我要是把他杀了，这不是好事。"］
4. 宁不亦淫从（纵）其欲以怒叔父？（同上）
［齐国岂不是因为放纵自己的欲望，致激怒了叔父您（指晋国）？］
5. 夫子，所谓生死而肉骨也。（又《襄22》）

---

① 转引自裘锡圭《殷虚甲骨文研究概说》一文，载《中学语文教学》1979 年第 6 期。

[生死：使死者复生。肉骨：使枯骨长肉。后者是名词作使动用。]

6. 欲辟土地，朝秦楚，莅中国而抚四夷也。(《孟·梁惠王上》)
[朝秦楚：使秦国和楚国来朝贡。]

7. 张孟谈乃行其妻之楚，长子之韩，次子之魏，少子之齐。(《赵策》)
[行其妻之楚：使他的老婆起行到楚国去。]

8. 秦兵围大梁，破魏华阳下军，走芒卯。(《史·魏公子列传》)
[走芒卯：逼使魏将芒卯逃走。]

9. 买臣深怨，常欲死之。(《汉·朱买臣传》)
[死之：把他（张汤）弄死。]

(2) 形容词作他动词用，构成使动的：

10. 人洁己以进，与其洁也，不保其往也。(《论·述而》)
[别人把自己弄得干干净净走前来，就该赞成他干净的一面，不要老记着他过去的表现。]

11. 高其闬闳（hùn hóng），厚其墙垣。(《左·襄31》)
[把宾馆的门升高，把宾馆的墙加厚。]

12. （吕不韦）乃往见子楚，说曰："吾能大子之门。"(《史·吕不韦传》)
[大子之门：使你的门庭发扬光大。]

13. 张孟谈既固赵宗庙、封疆，发五霸。(《赵策》)
[张孟谈已经使赵家的宗庙、封地巩固起来，重新发扬五霸的事业。]

14. 卑其志意，大其园囿，高其台。(《荀·成相》)
[把志愿放得很低，却把园地扩大，亭台加高。]

15. 曰："然则众贤之术将奈何哉？"子墨子言曰："譬若：欲众其国之善射御之士者，必将富之、贵之、誉之，然后国之善射御之士将（乃）可得而众也。"(《墨·尚贤上》)
[众贤：使贤人众多。富之、贵之、誉之：使他有钱、使他显贵、使他有好名声。]

16. 以王（指楚怀王）之强而怒周，周恐，必以国合于所与粟之国，则是劲王之敌也。(《东周策》)
[劲王之敌：使王的敌人强劲起来。]

(3) 数词充当动词使动用法的，早出现于《诗经》时代。如：

17. 士也罔极，二三其德。(《卫风·氓》)
[男人的心没个准，把品德来个朝三暮四。]
18. 亲结其缡，九十其仪。(《豳风·东山》)
[做妈妈的为女儿结佩巾，把礼节说个千言万语。]

(4) 名词作他动词用，构成使动的，如例5的"肉骨"是。意思是"使骷髅变为肌肉"。下面再举些例子：

19. 楚人城州来。(《左·昭19》)
[把州来筑为城池。]
20. 尔欲吴王我乎？(又《定10》)
[你要把我当作吴王吗？按春秋时，吴王僚曾被刺客专诸用剑刺杀了。吴王我：意思就是把我当作吴王僚来刺杀。]
21. 齐威王欲将孙膑。(《史·孙武列传》)
[将孙膑：使孙膑为将。]
22. 齐桓公合诸侯而国异姓。(又《晋世家》)
[国异姓：封异姓为侯国。]
23. 今我在也，而人皆藉（践踏）吾弟。令（假使）我百岁后，皆鱼肉之矣。(又《魏其武安侯列传》)
[鱼肉之：把他作为鱼和肉来宰割。]

以上所举例子多是汉以前的，这是使动用法在先秦及汉代的基本情况。自汉以后，使动用法已逐渐变化，变化的趋势大致表现在以下四个方面。

第一，有不少能作使动用的动词和形容词复合化，复合的后缀成为能表示行为结果的补语，如例4"怒叔父"的"怒"变为"激怒"，例8"走芒卯"的"走"变为"驱走"，例14"大其园囿"的"大"变为

"扩大",等等。

第二,使动用法的部分职能让位给同时存在的另一语法形式——兼语式,如"生死而肉骨"变为"使死者复生,使枯骨复为血肉","来之"变为"使之来",等等。

第三,一部分自动词的使动用法,还保留在历代的文学语言里。例如《左传·隐公元年》的"庄公寤生,惊姜氏",《史记·刺客列传》的"大惊韩市人",杜甫有"语不惊人死不休"之句,其中的"惊"均为使动用法。现代汉语也有"很惊人"(使人惊)的说法,即来源于此。又如《庄子·人间世》云:"鼓荚播精(指卖卜为活),足以食十人。""食十人"即使动法,意思是能使十个人吃得饱。这正是今语"一锅饭能吃十个人""一张凳子坐四个人"一类句法的来源。此外,如"先来一杯酒""真气人"之类的说法,都是古代使动用法之遗。

第四,古代形容词以单音节形式充当使动用法,现在已经罕见。近年来报上出现"朝气勃勃,形势喜人"的标题,"喜人"就是使人欢喜,这是形容词"喜"的使动用法在现代汉语里的偶然用例。现代汉语中另有一种新兴的形容词使动用法,都是双音节的,如"壮大革命力量"的"壮大","密切了党和群众的关系"的"密切","端正学习态度"的"端正","丰富文化生活"的"丰富"等是。但是这一类形容词的使动用法还为数不多,并且具有很大的习惯性,不能类推。

第三节 从意动用法和使动用法看汉语的词类问题

在研究古汉语某些词类的意动用法和使动用法的时候,必须弄清楚下面的两种情况。

第一,古汉语有一部分动词是自动与他动两可的,既可以带宾语,也可以不带。那么,当这种动词用于使动时,意义上怎样区别它?是他动词,还是自动词呢?用法上怎样区别?是自动词的使动用法呢,还是他动词也有使动用法?例如:

见 { 自动词:他日复见。(《庄·大宗师》)
　　他动词:往见盗跖。(又《盗跖》)
　　使动用法:见其二子焉(使二子出见)。(《论·微子》)

从 {
  自动词：故可以从而不从，是不子也。(《荀·子道》)
  　　　　[所以该服从的而不服从，这不是好儿子。]
  他动词：从道不从君，从义不从父。(同上)
  　　　　[应该服从道理，不服从君主；服从合理的，不服从父亲。]
  使动用法：吴王濞反，欲从闽越（使闽越从己），闽越未肯行。(《史·东越传》)
}

　　这一类的用法，的确很难区别，只有从意义上观察，才能确定它是他动词的普通用法，抑或是动词的使动用法。还有，它们究竟是自动词抑或是他动词，这也无法分别。好在这种词能用于使动的并不多，合理的说法是，最好承认它们是两可的，不必硬说是他动词的使动用法①。因为我们还找不出很多用例来证明他动词也有作使动用法的。

　　第二，古代有些形容词在转为他动词使用时，往往具有两重性。即既可以构成意动法，也可以构成使动法。杨树达所著《高等国文法》在谈到形容词的意动用法时，曾举例指出这点。兹略加调整，转引如下：

小 {
  意动用法：孔子登东山而小鲁，登泰山而小天下。(《孟·尽心上》)
  　　　　[孔丘上了东山就认为鲁国小了，上了泰山就认为天下小了。]
  使动用法：匠人斫而小之。(又《梁惠王上》)
  　　　　[木匠把大木头削小了。]
}

愚 {
  意动用法：人主自智而愚人。(《吕·知度》)
  使动用法：古之为治者，将以愚民。(《老子》)
}

美 {
  意动用法：吾妻之美我者，私我也。(《齐策》)
  使动用法：故庆赏刑罚埶诈之为道者，佣徒鬻卖之道也，不足以合大众，美国家，故古之人羞而不道也。(《荀·议兵》)
  　　　　[所以使用奖罚变诈的办法，是雇工做买卖的办法，不能团结大众，使国家美好，故古人是不屑谈它的。]
}

---

① 参见杨树达《高等国文法》第四章。杨氏把此类动词作为他动词的致动（即使动）用法。

像这种同时可作意动和使动用的形容词，为数是不多的，也不妨看作特殊的例外。

对于上述两种情况，应当怎样看法？能不能因此否定意动用法和使动用法是汉语句法变化的一种表现呢？有人认为这是汉语的一种修辞现象，还有人否认汉语有词类之分，否认具有动词功能的词有自动和他动之分，因而也就否认上述意动用法和使动用法是一种语法形式。我们认为这两种看法都不正确。无论意动用法和使动用法，都应该看作汉语句法变化的一种形式。这是因为从句子成分的关系的变化中可以得出这个结论。上文所举的例子，足以充分说明一个重要现象：古代的词类具有相对的固定性，唯其如此，所以具有某类职能的词，一经移作别用，就会引起句子中其他语法成分在职能上的变化。第一种明显的变化是：意动句的宾语不像普通动词句的那样接受动作，而是被认为具有那个动作的性质。第二种明显的变化是：使动句的动词不像普通动词句那样直接表示主语的行为，而是使宾语发生这种行为。如果一个词没有词类的一定的属性，这种现象根本就不会发生。同时，看来动词能不能带宾语，并不是一概漫无限制可此可彼的，否则就不会产生使动用法的第一种，即自动词作他动词用的使动法。当然，上面已经指出汉语动词在自动与他动、意动与使动之间都存在着一些两可的例子，但这只是一部分现象，并不能因此否定意动与使动在语法上的普遍规律。

第十四章　汉语动补结构的发展

古汉语的动补结构计有三种：第一，他动词后面带着自动词或形容词表示结果的，叫结果补语；第二，动词后面带有另一表示动作趋向的动词的，叫趋向补语；第三，动词后面带有介宾结构表示时间、处所或和动词有关的事物的，叫关系补语。这里专谈前两种补语结构的发展。至于第三种补语，本部分第九章第三节已有所论述，这里从略。

第一节　动补结构的产生和发展

古代汉语动词的使动用法后来的发展之一，是变成动补结构。形式是：他动词后面紧接着一个自动词或形容词，表示动作所产生的结果，然后接上一个宾语。如果是自动词带补语的，则不带宾语。

结果补语比使动词更为完善，表达更为明确。试比较下列两种结构就会清楚：

> 使动词：宁不亦淫从（纵）其欲，以怒叔父？（《左·成2》）
> 　　　　走白羊、楼烦王。（《史·卫将军传》）
> 动补结构：（苏秦）乃激怒张仪，入之于秦。（《史·苏秦传》）
> 　　　　陈余击走常山王张耳。（《史·张丞相传》）

上述前两例使动用法之所以能成立，是靠词序（叔父怒→怒叔父；白羊、楼烦王走→走白羊、楼烦王），而后两例的结果补语，则改用两个动词复合的新结构（激怒，击走），来表达同一意思。后者比前者精密完善，是很明显的。这应当看作汉语语法史上的一个进步。

结果补语是什么时候产生的呢？一般说来，先秦时期较流行的是使动用法，至于动词后面带结果补语的用例还不多见。但是一种语法结构的产生，绝不会是突然而来的。下面几个例子，可算是先秦时期结果补语的萌芽。

1. 若火之燎于原，不可向迩，其犹可扑灭？（《书·盘庚上》）
2. 天用剿绝其命。（又《甘誓》）
3. 鲧则殛死，禹乃嗣兴。（又《洪范》）
4. 必有事焉，而勿正，心勿忘，勿助长也。（《孟·公孙丑上》）
[大意是一定要把"义"字时刻放在思想上，但又别以此为目的，不人为地去助长它，做到心安理得就对了。]
5. 子之相燕，坐而佯言曰："走出门者何，白马也？"（《韩·内储说上》）
6. 田先生坐定，左右无人……（《燕策》）
7. 此二士者，……从属弥众，弟子弥丰，充满天下。（《吕·当染》）
8. 齐侯伐卫，战败卫师。（《左·庄28》）

"扑灭"就是扑之使灭，"剿绝"就是断之使绝，"死"是"殛"的结果。"助长"就是助之使长。"战败"就是把它打败。这几个动词组合的共同特点是，两个动词紧紧跟着，后一个是前一个所表示的行为的结果。这正是后世结果补语的萌芽。例6的"定"和例7的"满"是形容词，表示动作所达到的程度，也是最早的结果补语。这几个例子，又可分为四类：

A. 他动词 + 自动词 + 宾语——例2、8。
B. 动词（他动或自动） + 自动词——例1、3、4。
C. 动词 + 形容词 + 宾语——例7。
D. 动词 + 形容词——例6。

A、B两类略多，而C、D两类则仅偶尔见之，总体来看，在先秦时期，这四类都已经出现，但还不多见①。这是因为当时最通行的语法是用

---

① 祝敏彻同志的《先秦两汉时期的动词补语》一文，认为无"得"的结果补语，例如："小事倒弄大了——这是汉代以前所没有的。"（见《语言学论丛》第二辑，新知识出版社1958年版，第17-18页）王力先生的《汉语史稿》（中册第405页）也认为外动词带形容词的使成式是在汉代产生的。看了本文C类例7、D类例6，应该说它在先秦就出现了。

"而"来连接前后两个有关的动词,如果是两个动词共带宾语"之"的,尤其如此。例如:

9. 今夫水,搏而跃之,可使过颡;激而行之,可使在山。(《孟·告子上》)
10. 鲲之大,不知其几千里也,化而为鸟,其名为鹏。(《庄·逍遥游》)
11. 晋文公得南之威,三日不听朝,遂推南之威而远之,曰:"后世必有以色亡其国者!"(《魏策》)
12. 射而中之。(《左·成16》)

在上古后期的西汉,结果补语才开始流行,许多像例11、12的两个动词中间用"而"来连接的结构,都给新兴的补语结构所取代。像例10的"化而为",同时已有"臭腐复化为神奇"(《庄子·知北游》)的说法,后来"化为"就普遍用起来了。"推而远之"变为"推远","射而中之"变为"射中"。诸如此类,它的演变规律大致是:使动法→动+"而"+补→动补。例如:远之→推而远之→推远。

这个规律只是就整个演变趋势概括而言,并不是说每个具体结构都必定经过这三个阶段,有的只经过两个阶段,如:射而中之→射中。

自汉魏六朝至唐代,结果补语的发展很快,应用范围也日趋扩大。现依照上述A、B、C、D四类的特点,各举例如下:

A. 他动词带自动词为补语,并且有宾语的:

13. 旦日飨士卒,为击破沛公军。(《史·项羽本纪》)
14. 广暂腾而上胡儿马,因推堕儿。(又《李将军传》)
15. 奴乘涉(涉指原涉)气,与屠争言,斫伤屠者,亡。(《汉·游侠传》)
16. 今大将军爽……破坏诸营,尽据禁兵。(《三国·曹爽传》)
17. 裁成合欢扇,团团似明月。(《乐府·怨歌行》)
18. 羊踏破菜园。(《笑林》59页)①

---

① 指鲁迅编《古小说钩沉》页数,人民文学出版社1951年版。

19. 打坏木栖床，谁能坐相思？（《乐府·读曲歌》）
20. 撑船而冲破莲荷。（《敦变》422页）

B. 动词（他动或自动）带自动词为补语，而没有宾语的。在这期间，结果补语有个新发展，即不仅他动词可以带自动词为补语，而且自动词后面也可以带上另一自动词为补语。当然，有些动词本来是他动与自动两可的，但它们仍有共同的特点，即后面不带宾语。这一点是和 A 类不同的。例如：

21. 遂饿死于首阳山。（《史·伯夷传》）
22. 诸侯更相诛伐，周天子弗能禁止。（又《始皇本纪》）
23. 会大霖雨三十余日，或栈道断绝（《三国·魏·曹真传》）
24. 童谣云："谁谓尔坚石打碎。"（《晋列》40）
25. 交伊舜子修仓，四畔放火烧死。（《敦变》131页）

C. 动词带形容词为补语，并且有宾语的，如：

26. 走长安，匡正天子，以安高庙。（《史·吴王传》）
27. 汉氏减轻田租。（《汉·王莽传》）
28. （王）凤不内省责，反归咎善人，推远定陶王。（又《元后传》）
29. 田，填也，五稼填满其中也。（《释名·释地》）

D. 动词带形容词为宾语，而没有宾语的。这种结构比较少些，举例如下：

30. 叟，缩也，人及物老皆缩小于旧也。（又《释亲属》）
31. 我不独食，果自减少。（《百喻经》下）

以上四类，自唐宋以后，在原来结构的基础上又有了新的发展，有的则早在南北朝时已开始。兹择其中三种比较重要的，略述其发展过程。

首先，是结构助词"得"的产生和发展。这种结构是在动词和结果补语中间插入助词"得",紧接上去的补语,可以是形容词(说得好),也可以是形容词组(演得非常美妙),还可以是句子(驳得他无话可说)。此外,动词也可以作"得"后的补语(完得成)。结果补语的扩大,使得汉语的表现力大为增强。这种演变,首先起源于"得"的虚化。"得"在先秦的基本意义是"获得""得到",是个实义他动词,常带宾语。如:

32. 得良友而友之,则所见者忠信敬让之行也。(《荀·性恶》)
33. (丧)得王五城,并力而西击秦。(《赵策二》)

由"获得"引申为可能义,并由主要动词演变为动词前的助动词,这是"得"走向虚化的第一步。如:

34. 今守度揉量之士欲以忠婴上而不得见。(《韩·诡使》)
35. 穰侯十攻魏而不得伤者,非秦弱而魏强也,其所攻者地也。(《秦策三》)

"不得见"就是不能见,"不得伤"就是不能伤害它,这里的"得"已不是原来获得什么的意思,而只是抽象意义的获得。正因为如此,"得"就有可能成为助动词,并且只能放在动词之前。到了汉代,"得"的这种用法,发生了一个显著的变化,它由动前转移到动后,从而演化为补语,表示动作所得的结果。如:

36. 今臣为王却齐之兵,而攻得十城。(《史·苏秦传》)
37. (显)为人巧慧习事,能探得人主微指(旨)。(《汉·石显传》)
38. 太公钓得巨鱼,剖鱼得书。(《论衡·纪妖》)
39. 捕得单于从兄。(《后·班超传》)
40. 平子饶力,争(挣)得脱,逾墙而走。(《世说·规箴》)
41. 众僧闻像(指金佛像)叫声,遂来捉得贼。(《伽蓝记》卷1)

以上36—41各例的"得",和它前面的动词结合得很紧,到底还算是实词。但其中也有一些并不表示实义"获得"的，如例40。是动后先来个"得"，然后接上另一自动词"脱"作补语。动补之间插入"得"，这是历史上第一次出现的新结构。这种例子是南北朝时期出现的，可见当时动后补语"得"已走向虚化。下面是同时期出现的例子，尤可说明这种虚化趋势日益明显。

42. 凡种小麦地，以五月内耕一遍，看干湿转之，耕三遍为度，亦秋社后即种，至春能锄得两遍，最好。（《齐民·杂说》）
43. 秋耕不堪下种，无问耕得多少，皆须旋盖磨如法。（同上）

这两个例子的"得"，都比例40的"得"更为虚化，却和例40的"得"一样，是最早出现的结构助词。"得"后的补语是数量词组，这也是前此所无的。像例36—41的"得"后的都是名词（例40是例外）或名词性词组，并且是宾语而不是补语。只有例42的"两遍"和例43的"多少"才是真正的补语。

由此可见，动后带结构助词"得"的补语结构，应该说起源于南北朝。

自唐以后，直至近代，这种结构逐渐发展起来，在"得"后充当补语的，已出现过六种类型。甲类：名词或名词性词组；乙类：动词或动词性词组；丙类：数量词或数量词组；丁类：形容词或形容词组；戊类：句子；己类：自动词。分别举例如下：

甲类：这一类的"得"多少还有一点"达到"义，如果去掉"得"，补语便是宾语。如：

44. 直至天明，造得一寺，非常有异。（《敦变》169页）
45. 如是家中养得一男，父母看如珠玉。（又181页）

乙类："得"只表示前一动词的结果。如：

46. 这两个踢下水去的才挣得起，正待要走……（《水》30回）
47. （武松）大笑道："小人真个娇惰了，哪能拔得动！"（又28回）

丙类：像上文例 42 和例 43 这一类的"得"，有点像表完成体的"了"，但仔细一看，它又和"了"不同，它毕竟是表动词的结果的补语。这种动补结构，产生于南北朝，后来又有发展。如：

48. 相公问汝念得多少卷数？远公对曰："贱奴念得一部十二卷，昨日惣念过。"（《敦变》177 页）

丁类：动词后面以形容词（词组）表示动作的程度或结果的：

49. 拍手叫道："杀得好！"（《京本》卷 15）
50. 我两个起得早了，好生困倦……（《水》62 回）

戊类："得"后句子表夸张性的结果的：

51. 是经声朗朗，远近皆闻，清韵珊珊，梵音远振，敢（感）得大石摇动，百草亚（曲）身，瑞鸟灵禽，皆来赞叹。（《敦变》168 页）
52. 吓得两腿不摇而自动。（《宣和遗事·亨集》）
53. 一句话，说得满屋子里笑起来。（《红》11 回）

己类：这是例 40"争（撑）得脱"这一句型的新发展：

54. 只是他做得出来须差异。（《朱子语录》卷 4）
55. 此秀才展拓得开。（同上）
56. 只有彩霞还和他合得来，倒了茶给他。（《红》25 回）

以上甲、乙、丙、丁、戊、己六种补语都是上文所说的 A、B、C、D 四类"动后带补"范围以内的发展。

其次，是形后带"得"和补语的新结构（好得很）的产生。这个结构有点像上述的丁类，但毕竟不同。丁类是在动后带上形容词或形容词组。而这是在形容词后加"得"带补语，而且补语的结构也比较复杂。这种结构是在近代文学作品里才流行起来的，而过去只有个别用例曾出现于宋人的话本讲史。像《宣和遗事·亨集》的"这贾奕昼忘飡，夜忘寝，

禁不得这般愁闷,直瘦得肌肤如削"就是。这种结构里面"得"后的补语,大致不出形容词、副词或副词性词组、句子等类。例如:

57. 我与你说他姓名,惊得你屁滚尿流。(《水》73回)
58. 袭人等见了,都慌的(得)了不得。(《红》34回)
59. 王夫人看了,……急的(得)又把赵姨娘骂一顿。(又25回)

最后,结果补语的另一发展是和"把字式"相结合。动后补语既然是表示动作的结果的,就很容易和那用介词"把"(将)提宾的句式结合起来,因为后者正是要求表示结果的句式。例如:

60. 我将这纸窗儿润破,悄声儿窥视。(《西》三本一折)
61. 燕青看了,便扯扁担,将牌打得粉碎。(《水》74回)
62. 把生死关头看破。(《儿女英雄传》16回)

此外,一部分动补结构的发展,走向词化,如"扩充""冲破""充满""破坏""矫正"等,现在都成了复合动词。其所以如此,是因为这些一动一补的词经常连用在一块,结合得很紧,久而久之,就变为复合词了。

第二节 趋向补语的发展

趋向补语是动补结构的第二种。所谓趋向补语,是指动词后面带有表示动作趋向的动词作补语的结构。充当这种补语的趋向动词,限于"去""来""上""下""起""过""出""上去""上来""下去""下来""起来""过去""过来""出来"等几个。为方便起见,其中单音词的,我们不妨叫它为"单词趋向补语",简称"单趋补";复合词的,叫它为"复词趋向补语",简称"复趋补"。复趋补里的前一个词,我们管它叫"复趋补前",后一个词叫"复趋补后"(只有"去""来"两个)。

汉语史上的趋向补语,按其结构,基本上可以归纳为以下五种:

A. 动+单趋补(走去,走来,上去,下来)。
B. 动+复趋补(走上去,走下来)。
C. 动+单趋补+宾(走上台,走下台)。

D. 动+宾+单趋补（看戏去，看戏来）。
E. 动+复趋补前+宾+复趋补后（走上台去，走下台来，唱起歌来）。

以上说的这五种趋向补语的起源和发展的情况，并不完全相同。在先秦前期的典籍里，还没有发现趋向补语，像《诗·君子于役》的"日之夕矣，羊牛下来"的"下来"，算是动后带趋补的唯一例外。先秦后期的语法，开始有了一些表示动作趋向的属于 A 类结构的初期形式。例如：

1. 还入于郑。（《左·僖24》）
2. 楼缓闻之，逃去。（《赵策二》）

此外，《战国策·齐策》里还有"燕将攻下聊城"一句，算是 C 类早见的一例①。

以上 AB 两种例子都不多，当时通行的句法是在他动词和趋向动词之间插入连词"而"来联系两个不同的动作，成为一种连动式句子。但是就这种句子的后一动词的意义来说，它也表示着趋向补语的概念。如："有渔父者，下船而来，须眉交（皎）白"（《庄子·渔父》）；"我腾跃而上"（《庄子·逍遥游》）；"子贡趋而进曰"（《庄子·大宗师》）。例外的有《论语·乡党》："趋进，翼如也。"

由此可见，A 类和 C 类的趋补结构是最早产生的。它们起源于先秦，而盛行于汉代，并由此派生 B 类和 D 类两种新结构。至于 E 类，则是在近代才有的。兹依类举例，并简述其发展中的特点。

A 类：结构的公式是：动+单趋补（走去，走来，上去，下来）。单从这个公式看，两汉以后的用法，同例 1、2 的没有多大的不同。但是例 1、2 表明，在先秦，这种结构只限于"入""去"等几个，并且用例还不多。西汉以后的情况有两点明显的不同：①"入""去"的用例多了，许多动词后面都能接上这两个单趋补；②除"入""去"等外，"出""来""下"等也陆续成为趋向补语。例如：

---

① 祝敏彻的《先秦两汉时期的动词补语》一文，认为先秦时期趋向动词和它前面的动词还未复合在一起（见《语言学论丛》第二辑，新知识出版社1958年版，第 27 页）。观本文在这里所举的3例，足见祝说亦非事实。

3. 于是吴王乃与其麾下将士数千人夜亡去。(《史·吴王传》)
4. 今上祷词备谨,而有此恶神,当除去。(又《始皇本纪》)
5. 《诗经》旧时亦数千篇,孔子删去,复重正而存三百篇。(《论衡·正说》)
6. 阿奴欲放去耶?(《世说·德行》)
7. 武帝择官人不中用者,斥出,归之。(《史·项羽本纪》)
8. 君为我呼入,吾得兄事之。(同上)
9. 汝只有一手,那得遍笛?我为汝吹来。(《幽明录》)①

B类:结构的公式是:动+复趋补(走上去,走下来)。它和A式最大的不同是,A式的趋向补语为单音词,而B式则以复合动词为趋向补语。复趋补在先秦是没有的(例外的是《诗经》"牛羊下来"的"下来"),它起源于西汉,自汉以后,陆续产生"出去""上去""过去""过来"等固定结构。如:

10. 楚围汉王荥阳急,汉王遁出去,而使周苛守荥阳城。(《史·张丞相传》)
11. 征和二年春,涿郡铁官铸铁,铁销,皆飞上去。(《汉·五行志》)
12. 遂有一童子,过在街坊,不听打鼓,郎放过去。(《敦变》161页)
13. 何清不慌不忙,却说出来。(《水》17回)
14. (黛玉)知道烫了,便亲自赶过来。(《红》25回)

形容词作动词用时,也适用此式,如"众人看时,只见鳌子一般红肿起来"(《水浒传》第六十五回)。

近代口语文学里还出现了B式的另一种新结构,即动词与复趋补之间可以插入表完成体的词尾"将",如"跳将起来""飞将上去"。这和今语"跳了起来""飞了上去"的句法是一样的。按,动词与趋补之间带词尾"将",萌芽于南北朝及唐人著作,如《颜氏家训·治家篇》"若生

---

① 参见鲁迅《古小说钩沉》,人民文学出版社1951年版,第294页。

女者，辄持将去"，白居易《长恨歌》"惟将旧物表深情，钿合金钗寄将去"，以及变文中常见的"唱将来"，都是。不过这是属于单趋补的 A 式。到了宋元时代，新 B 类"跳将起来"式的句法才多了起来。如：

    15. 张胜看时，原来是屋梁上拴着一个包，取将下来道：……（《京本》卷 13）
    16. 张大公，凭着你留下我这一条柱杖，怕这忤逆不孝子蔡邕回来，把这柱杖与我打将出去！（《琵琶记》22）

在明清小说里，更常见这种结构。如：

    17. 从地下叫将起来。（《水》8 回）
    18. 这行者飞将上去。（《西游记》46 回）
    19. 宝玉听了，不觉心内痒将起来。（《红》26 回）

形容词后也能接"将"，用如上例，如"天气冷将起来"（《红楼梦》第六十四回）。如果动词是双音节的话，那么，"将"字就往往不用，或者把复趋补变成单趋补。这大概是四字格的习惯在起作用吧。例如：

    20. 起身抢出房门，正待声张起来。（《京本》卷 15）
    21. 想到此间，便又伤感起来。（《红》44 回）
    22. 宋江白着眼，却乱打将来，口里乱道：……（《水》39 回）
    23. 从外摇摆将来。（《金瓶梅》14 回）

C 类：这类的结构公式是：动 + 单趋补 + 宾（走上台，走下台）。这比 A 式只是末尾多带个宾语，别的并无不同。用例最早见于《战国策·齐策》"攻下聊城"，上文已经指出，两汉以后便逐渐增多了。如：

    24. 灌夫复驰还，走入汉壁。（《史·魏其武安侯传》）
    25. 收去诗书百家之言，以愚百姓。（又《李斯传》）
    26. 攻下睢阳外黄十七城。（《汉·高帝纪》）
    27. 舜子走入宅门，跪拜阿娘四拜。（《敦变》130 页）

28. 把马牵去后槽上栓了。(《水》17 回)

D 类：公式是：动 + 宾 + 单趋补（看戏去，看戏来）。特点是趋向补语不是紧紧跟在动词后面，而是接在宾语之后。这种"动—宾—动"的结构，跟兼语式相像，区别在于兼语式的后动行为是出自宾语，而这里趋向动词却不是这样，它仅仅是先行动词的补充，用以表示方向，而且在意义上一望而知，它不是宾语发出的行为。如兼语式："司马夜引袁盎起"（《史记·袁盎传》）、"左右或欲引相如去"（《史记·蔺相如传》）。这里的"动—宾—动"都是兼语式，而不是 D 类的动补结构。像下面各例，则是汉代产生的典型的 D 类句子：

29. 王使人持其头来。(《史·范雎传》)
30. 毛遂谓楚王之左右曰："取鸡狗马之血来！"（又《平原君传》）

南北朝以后，D 类句子得到相当广泛的发展。例如：

31. 还侬扬州去。(《乐府·襄阳乐》)
32. 蛮奴领得战残兵士，便入城来。(《敦变》262 页)
33. 沩山问："师什么处去来？"师曰："看病来。"(《传灯录》14)
34. 小人也难回大师府里去。(《水》17 回)

趋向补语"去""来"后面还能接另一动词，构成连动词。这是自宋以来一贯通行的句法。如：

35. 再说这鲁智深就客店里住了几日，等得两件家生都完备，做了刀鞘，把戒刀插进鞘内；禅杖却把漆来裹了。(《水》5 回)
36. （鲁智深）行了半月之上，于路不投寺院去歇，只是客店内打火安身，白日间酒肆里买吃。（同上）

E 类：公式是：动 + 复趋补前 + 宾 + 复趋补后（走上台去，走下台来，唱起歌来），特点就在于把复合词的趋向补语分离开来，中间插进一个宾语。如果拿 D 式来比较，则 E 的动后多了一个复趋向补语的前一个音节。这种句法，在宋以前还未发现过，可能是宋以后的新兴结构。举例如下：

  37. 明日捉个空，便一径到临安府前叫起屈来。(《京本》卷 15)
  38. 若是你做出事来，老身靠谁？(又卷 13)
  39. (府尹)便唤过文笔匠来，去何清脸上刺下"迭配……州"字样，空着甚处州名……(《水》17 回)

  和 D 式一样，在补语"去""来"后面也可以接另一动词，成为连动式句子，如："徐信且不数钱，急走出店来看，……"(《京本通俗小说》卷十五)

  汉语的趋向补语，也可以跟结果补语重叠起来使用，在近代汉语里已经有过这种例子，如《水浒传》第八回："行一步，算一步，倒走得我困倦起来。"又二十三回："话说宋江因躲一杯酒，去净了手，转出廊下来，趿了火锨柄，引得那汉焦躁，跳将起来就欲要打宋江。"

  由此可见，汉语的动补语结构是历史悠久、内容丰富的，它是汉语不断发展、不断完善的重要手段之一，并由此形成近代汉语的一大特点。

第十五章 被动式的产生和发展

第一节 古汉语的被动式问题

关于古汉语的被动式，1898年出版的《马氏文通》卷四算是第一次谈到这个问题。马氏认为凡外动（即他动或及物动词）转为受动（即被动）约有六式：

(1) 以"为""所"两字先乎外动者：

卫太子为江充所败。(《汉·霍光传》)

(2) 惟以"为"字先于外动者：

道术将为天下裂。(《庄·天下》)
[道术（指统治人民的理论和方法）将要给天下人所分裂，弄得支离破碎。]

(3) 外动字后以"于"字为介者：

御人以口给，屡憎于人。(《论·公冶长》)
[好用口才去顶别人，是常常讨人厌的。]

(4) 以"见""被"等字加于外动之前者：

百姓之不见保，为不用恩焉。(《孟·梁惠王上》)
[老百姓没有被保养得好，是因为王没有施恩。]
错卒以被戮。(《史·酷吏传》)
[晁错卒之给杀头了。]

(5) "可""足"两字后动字，概有受动之意：

> 晋楚之富，不可及也。(《孟·公孙丑下》)
> 余不足畏也。(《史·黥布传》)

(6) 外用字单用，先后无加，亦可转为受动：

> 迫（被迫），斯可以见矣。(《孟·滕文公下》)

现在看来，马氏这个分析有两个缺点：

第一，把概念上的被动意义同语法上的被动句式混为一谈。如所举第六类例句就是。有的连概念上的被动意义也还很不明显的，如第五类，更不用说了。

第二，一至四类是哪一类先见，哪一类后出，看不出来，这就缺乏历史观点。

当然，在马氏当时历史条件下，这些缺点是难免的。这就需要后人来继续研究了。不过，有的语法家却又走到另外一个极端，认为古汉语是没有被动式的，而只有由施动形式表示受动意思。① 这也和历史事实不符。应当肯定，古汉语先只有以主动形式表示被动意义的句式，后来逐渐产生几种表被动的语法形式。这种语法形式不像印欧系语言那样用动词的变化来表示，而是借助于辅助词的运用。我们当然不能只承认前者才是被动式，而后者却不是。对于某种语言的语法形式，只能按照这种语言的历史特点去理解和分析，这种以印欧语为中心来衡量一切的观点是错误的。

第二节 上古汉语被动意念的表示法

上古汉语表示被动意思，并不一定要使用被动的语法形式，它往往以主动句式出现。这可能是一种最古老的语法。如：

> 1. 吾不试（被用），故艺。(《论·子罕》)

---

① 参见高名凯《汉语语法论》第二编第七章第一节，开明书店1948年版。

[我没有当官,所以学会一些技能。]

2. 春秋伐者为客,伐(被伐)者为主。(《公·庄28》)

[东汉末的何休注:"伐人者为客,读伐,长言之;见伐者为主,读伐,短言之。齐人语也。"]

3. 宗周既灭(被灭)。(《左·昭16》)

4. 子于郑国,栋也;栋折榱崩,侨将厌(被压)焉。(又《襄31》)

5. 昔者龙逢斩,比干剖,苌宏胣,子胥靡。……鲁酒薄而邯郸围。(《庄·胠箧》)

[剖:被剖心。胣:被剖肠。靡:烂。围:被围于楚。]①

这种较古的语法,在汉代还通行。如:

6. 而吕不韦废(被废)。(《史·春申君传》)

7. 纵有姊姁,以医幸(被宠幸于)王太后。(《汉·义纵传》)

8. 王稽为河东守,与诸侯通(私通),坐法,诛(被杀)。(又《范雎传》)

这种句法在中古以后,也还是沿用,如《世说新语·方正》上文说"夏侯玄既被桎梏",用了个"被"字,动词,被披带的意思,还有宾语"桎梏"。但下文却说"考掠初无一言","考掠"是被拷打,可前面就没有"被"字。同是表示被动,都不用被动式,但意思还是明确的。可见古汉语的句式并不重要,意义才是重要的,只要不引起误会,语言不妨精简些,这是汉语的传统习惯。现在这种句法,我们仍然沿用,如说"那强盗枪毙了""饭吃光了""书看过了",都不必在动词前头加上表示被动的介词"被""给"之类,就全懂了。

《马氏文通》所举第五和第六受动式,都属于这一类,就是以主动形式来表示被动意思。

---

① 有人否认这种句子是被动句,参见方光焘《关于古汉语被动句基本形式的几个问题》一文,载《中国语文》1961年10—11月合刊号。

第三节 被动式的起源和发展

上文谈了以主动句式来表示被动意义，可能是最古的语法形式。但是，"最古的"并不是"唯一的"，因为上古前期的汉语是包括以甲骨文为代表的殷商和以金文为主要代表的西周（也有一部分是商的）在内的。直到现在为止，许多甲骨学者都认为，在卜辞里尚未发现有被动句式。这可能是事实。但如果一直说下去，以为"在西周金文犹如此，如以'令'为'赐'为'受赐'"①，这就不然了。比方说，去年（1980 年）9 月在成都召开的中国古文字学术研究会上，就有杨五铭同志提出了一篇名为《西周金文被动句式简论》的油印本论文，认为西周金文中已有两种被动式的句子（文长不引，这里只摘注其要点几句——注）②：

一是用"于"字句表示施动者的被动句，例：

　　叔夗锡贝于王姒，用作宝尊彝。（《叔夗方彝》）
　　〔王姒即文王之妃太姒，是施动者。叔夗当是文王之子成叔武，是被锡贝者。〕

二是用"见……于"式表示被动意义的句子，例：

　　呜呼，乃沈子妹克蔑，见厌于公，休沈子肇、敦、狃贮积。（《沈子簋》）
　　〔郭沫若定此簋为康昭时器。见厌于公，郎沈子被公所厌足之意。施动者为公，受动者是沈子。〕③

杨文虽还未发表，但所论尽能成立。因此，关于汉语被动式的起源时限，应该断自西周初期。④

---

① 陈梦家：《殷虚卜辞综述》，科学出版社 1956 年版，第 103 页。
② 作者杨五铭同志曾为中山大学古文字研究室研究生，曾于暨南大学中文系执教。
③ 据作者注明："见郭沫若《两周金文辞大系考释》第 49 页。"
④ 王力先生在《汉语史稿》中册第 420 页说："真正的被动式在先秦是比较少见的，而且它的出现是春秋以后的事。"看来，可以提前几百年。

用"于"表示被动句的施动者这种句式出现于西周初期,还可以《周易》和《诗经》为证。如"困于酒食""困于葛藟"(《周易·困卦》),"忧心悄悄,愠于群小"(《邶风·柏舟》),"无射于人斯"(《周颂·清庙》。射:嫌厌。斯:无义助词)。

后来的发展,先后产生出四种被动句式。现在就顺便先从(一)他动词+"于"式谈起,以次谈到(二)"为"+他动词式,(三)"见"+他动词,(四)"被"+他动词。

(一)用他动词+"于"

这种结构,卜辞里未见。从上文所述,可见它最早产生于西周金文。以后就用开了。例如:

1. 君子役物,小人役于物。(《荀·修身》)
[君子使用物质,小人却被物质所驱使。]
2. 郤克伤于矢,流血及屦(jù,麻鞋)。(《左·成2》)
[伤于矢:被箭所伤。]
3. 夫破人之与破于人也,臣人之与臣于人也,岂可同日而言哉?(《赵策一》)
[打破别人同被别人打破,使人称臣同称臣于人,这两者难道可以相提并论吗?]
4. 以勇气闻于诸侯。(《史·廉颇传》)
5. 兵破于陈涉,地夺于刘氏。(《汉·贾谊传》)

以上各例动词都是他动词,但"于"后面并不是它的宾语,而是表施动者的补语。施动者也可以不出现,换上施动的处所。如:

6. 傅悦举于版筑之间,胶鬲举于鱼盐之中,管夷吾举于士,孙叔敖举于海,百里奚举于市。(《孟·告子下》)
[举于:从某处被举荐出来做官。]

"于"也有省去的。在这种情况下,被动式不明显,最容易引起读者的误会,但它又确是被动句。如〔(　)表示被省去的"于"〕:

7. 能谤讥于市朝，闻（　　）寡人之耳者，受下赏。(《齐策》)
[闻寡人之耳：被我听到。]
8. 又荆州之民附操者，迫（　　）兵势耳，非心服也。(《通鉴·赤壁之战》)
[迫兵势：被兵势所迫。]
9. 老人饿死，田宅没（　　）官。(《笑林》55页)
[没官：被官府没收。]

这种句法随着汉语的发展，已归于退隐，这是因为它和活人的语言距离较远，表达不明确的缘故。

（二）用"为"+他动词

中间也可以插入施动者。这种结构，春秋以前用的还少，战国以后较多。如：

10. 不为酒困。(《论·子罕》)
[不为酒所困扰。]
11. 子鱼曰："射为背师，不射为戮，射为（而）为礼乎？"射两鞘（qú）而还。(《左·襄14》)
[子鱼说："我要是射嘛，那就背叛老师，不射嘛，却要被杀头，那就射而又合礼吧。"于是射了对方车辄下端两边就回去了。]
12. 子听吾言，吾与子分国，不听吾言，身死，妻子为戮。(《语·越语》)
13. 臣已为辱矣。(《吕·忠廉》)

汉代"为"已发展为"为……所"+他动词。这比单用"为"的，结构上又进了一步，完善得多了。"所"在这种结构里已经词头化，接在他动词前头，成为被动式的一种固定形式。如：

14. 吾闻先即制人，后则为人所制。(《史·项羽本纪》)
15. （项）梁父即楚将项燕，为秦将王翦所戮者也。(同上)
16. 世子申生为骊姬所谮。(《礼·檀弓上》)

17. 微赵君，几为丞相所卖。(《史·李斯传》)
   [要不是赵君，我几乎给丞相出卖了。]

魏晋以后，文学语言中普遍沿用这种句法。如：

18. 有妇为魅所疾。(《列异传》)
19. 苍梧广信女工苏娥，行宿高安鹊奔亭，为亭长龚寿所杀。(同上)
20. (谢允)为苏竣贼军王免所掠。(《甄异传》)
21. 屠氏明日出行，为虎所食。(《述异记》)

现代典范白话文里也有不少这类例子。常用的有"为……所"和"被……所"两式。如：

22. 近世各国所谓民权制度，往往为资产阶级所专有，适成为压迫平民之工具。(《毛泽东选集》691页引孙中山的话)
23. 逐步地展开为当时当地内外环境所许可的一切必要的斗争。(同上996页)

这两例的被动式都是作为句子里面的一个成分——附加语的。这又显示着被动式的一个发展，它已经从一个句子的谓语结构演进为复句中的一个附加成分，它的作用增多了。

(三) 用"见"+他动词

上文已指出这种被动式，最早已见于西周金文。"见"本来是个实义词，但在这种被动式里只是作为一个词头使用，意思和"被"同，但用法有区别："见"紧接在动词前头，不能离开；"被"则不然。这种被动式，从西周至春秋战国时代，都经常使用。如：

24. 子曰："年四十而见恶焉，其终也已。"(《论·阳货》)
25. 故君子耻不修，不耻见污；耻不信，不耻不见信。(《荀·非十二子》)

26. 盆成括见杀。(《孟·尽心下》)
27. 即此言爱人者必见爱也，而恶人者必见恶也。(《墨·兼爱下》)
28. 晏子请发粟于（与）民，三请不见许。(《晏·谏上》)
29. 郢人之以两版垣（用两块板子筑墙）也，吴起变之而见恶。(《吕·义赏》)
30. 此二人者，说皆当（恰当）矣，厚（重）者为（被）戮，薄（轻）者见疑，则非知之难也，处之则难也。(《韩·说难》)

也有和（一）式结合，在动词后面用介词"于"（见×于×）介出施动者的。① 这种句子能同时表出受动和被动者，是（一）（三）两式进一步的完善。不过，读了上文，令人惊异的是，这种较完善的被动式，竟然早就产生于西周的金文。现在在下面再举春秋以后的一些例子：

31. 且夫有高人之行者，固见负于世；有独知之虑者，必见鳌于民。(《商·更法》)
[见负：指被讥笑。见鳌：指受诽谤。]
32. 以四百里之地见信于天下，君犹得也。(《吕·贵信》)
33. 昔者弥子瑕见爱于卫君。(《韩·说难》)
34. 吾长见笑于大方之家。(《庄·秋水》)

自汉代至魏晋六朝，基本上沿用这个形式，施动者或有或无都行。如：

35. 代君死而见戮，后人臣无忠其君者矣。(《史·齐世家》)
36. 式何故见冤于人？(又《平准书》)
37. 中郎将苏武使匈奴，见留二十年。(《汉·燕王传》)
[见留：即被拘留于匈奴。]
38. 其见敬礼如此。(又《汲郑传》)
[他受到这么敬重。]
39. 此由（犹）禽鹿少见驯育，则服从教制；长而见羁，则狂顾

---

① 按《马氏文通》校注本208页已指出这点，这里部分例子即采自该书。

顿缨。(嵇康《与山巨源绝交书》)

[这比如家禽和鹿子那样,小时被驯养,很服从管束;长大了,一被束缚,就跳跃起来抗拒。]

但是这种被动式,到了魏晋六朝人那里,词序方面略有变动。他们往往把动词后头的施动者提到前面,以示强调,形式上看似主语,实则是介宾倒装。① 这种句子最易误解。例如,和例37同时出现的还有这样的句子:

40. 少加孤露,母兄见骄。(同上)
[孤露:孤苦。母兄见骄:见骄于母兄。]
41. 而为侪类见宥,不改其过。(同上)
[为侪类见宥:见宥于侪类。侪类:同辈。]
42. 生孩六月,慈父见背。(李密《陈情表》)
[慈父见背:见背(被丢下)于慈父。]
43. (布)因往见司徒王允,自陈卓几见杀之状。(《后·吕布传》)
[卓几见杀:是说自己几乎见杀于董卓,不是说董卓几乎被杀。]
44. 步有何过,君前见攻之甚乎?(又《张步传》)
[君前见攻之甚:前甚见攻于君。]
45. 吾有笔在卿处多年,可以见还。(《南史·江淹传》)

按此种句法,先秦已有个别用例。《韩非子·五蠹》:"人之情性莫先于父母,父母皆见爱而未必治也。"这是"人皆见爱于父母"的变式说法。严格说来,这是古汉语中不"规范"的句子,但它经过了长期的使用,也就部分沿用下来了。比方我们现在也常说下面的话,这就是来自上古而盛行于中古的那种语法的残存。

---

① 吕叔湘先生认为这是"见"字的指代作用。参见吕著《汉语语法论文集》,科学出版社1955年版,第46-50页。不过,从这里例39-41同在一文中出现看来,显然还是被动式的一种变式,因此,以提宾强调来解释它们,似较合适。

请你见谅。
不要见笑。
请勿见怪。
过蒙见爱。

"见"在这里已失去表被动的作用，而和动词紧紧结合，成为一个虚化了的助词。由此可见，语法规则本身是发展的，它发展的方向往往决定于社会习惯的约定俗成。

（四）用"被"+他动词

"被"原是名词，指卧被，先秦多引申为动词，和"披"的意思同。如《韩非子·说林上》："越人被发。"《楚辞·山鬼》："若有人兮山之阿，被薜荔兮带女萝。"又《涉江》："被明月兮佩宝璐。"（背披明月之珠，腰佩美玉）由这又引申为外加义，再引申为"蒙受"的意思，就变成表被动的介词的萌芽了。它的演变过程，可在《韩非子》一书中看出。如：

46. 其不可被以罪过者，以私剑而穷之。（《孤愤》）
[那些不能加以罪名的，就用暗杀来对付。]
47. 今兄弟被侵必攻者，廉也；知己被辱随仇（报仇）者，贞也。（《五蠹》）
[如今自己的兄弟如果被人侵犯就一定帮他反击的人，就称为"廉"了，自己的好朋友被人侮辱就跟他一道去报仇的人，就称为"义气"了。]
48. 智伯兼范、中行而攻赵不已，韩魏反之，军败（于）晋阳，身死高梁之东，遂卒被分，漆其首以为溲器（小便壶）。（《喻老》）

例46的"被"是加上去的意思，还是个动词。例47和48的三个"被"后面都带有主要动词，"被"显然为表蒙受义的介词了。同时用作真正表被动式的介词"被"，在《战国策》里也已出现了一些。

49. 万乘之国被围于赵。（《齐策》）

50. 国一日被攻,虽欲事秦,不可得也。(同上)

由此可见,用介词"被"构成的被动式起源于战国时代,是肯定的;但当时还不普遍,还找不出很多例子来。到了汉代,就逐渐使用起来了,不论散文或诗歌,都常常出现这种被动句。这说明被动式在上古后期已经完成。例如:

51. (屈平)信而见疑,忠而被谤。(《史·屈原传》)
52. 被汙(于)恶言而死。(又《酷吏传》)
53. 被戮者,不太迫乎?(《贾子·阶级篇》)
54. 虽万被戮,岂有悔哉?(司马迁《报任少卿书》)
55. 错卒被戮。(《汉·酷吏传》)
56. 敞身被重劾。(又《张敞传》)
[被重劾:被揭发有罪。]
57. 仍更被驱遣,何言复来还?(《焦仲卿妻》)
58. 同是被逼迫,君尔(那样)妾亦然。(同上)

在新形式完成的期间,同时也残存着旧形式,如《史记》里就还有这样的句子:"其次,关木索(木刑具)被棰楚(扑打的刑具)受辱。"(《报任少卿书》)"群臣莫不被润泽,蒙厚德。"(《李斯传》)"勤苦如此,尚复被水旱之灾。"(晁错《论贵粟疏》)这里的"被"当然还是动词,但不能因此就否认汉代有"正规的被动式"①,因为这只能看作旧句法的残余。本文所举汉代诸用例,说明这个残余已经不能代表当时的"被"字句。书面语言往往有这样的情况,它一方面反映口语,反映新的语法形式,另一方面又保存着一些旧形式。"被"字作动词的用法,不但见于《史记》,甚至直到南北朝时期,在那部比较能够反映口语的《世说新语》里也还残存着。如上文已提到的《方正篇》的"夏侯玄既被桎梏",还有《尤悔篇》的"大儿年来弱冠,忽被笃疾",都是。我们当然不能因此就连众所周知的南北朝盛行被动式这一事实也否认了吧。

---

① 参见刘世儒《被动式的起源》一文(载《语文学习》1956年8月号),他甚至认为汉代还没有正规的被动式。

南北朝以后，被动式不但盛行，而且还有了新的发展，即在"被"的后面出现施事者。现以老式无施事者为 A，新式有施事者为 B，各举例如下：

A. 59. 嵇中散既被诛。（《世说·言语》）
　　60. 周伯仁被收（收，收捕）。（《裴子·语林》）
　　61. （许允）初被收，举家号哭。（六朝《小说·郭子》）
　　62. 铛（指古三足炊具）已被烧失脚。（又《笑林》）
　　63. 桓石虎是桓征西儿，未被举时，西出猎……（《俗说》）

B. 64. （玄石）因问（狄）希曰："尔作何物也，令我一杯大醉，今日方醒？……"墓上人皆笑之，被（玄）石酒气冲入鼻中，亦各醉卧三月。（《搜神记》卷19）
　　65. （庾）亮子被苏峻害。（《世说·方正》）
　　66. 祢衡被魏武谪为鼓吏。（又《言语》）
　　67. 皮袋被贼盗去。（唐张鷟《朝野佥载》）
　　68. 事既彰露，便被州县捉来。（《敦变》189 页）

第四节　近代以来被动式的发展

从近代汉语到现代汉语，被动式继续有新的发展。

第一，沿用两种"被"字句，但结构比从前复杂了。比方，过去施事者绝大多数是单词，宋以后就常常出现带有附加语的施事者，如：

1. 却被这阎婆惜缠将我去。（《水》21 回）
2. 我……被这两个贼男女缚了双手。（又65 回）
3. 马克思主义已经被大多数人承认为指导思想。（报）①
4. 帝国主义的假和平真备战的阴谋，被已经觉悟起来的世界人民完全揭穿了。（报）

---

① 指出自报纸，因年代久远，无从查询，故以"报"标识，下同。

第二，过去动后很少带补语。近代以来，这种补语可多起来了。如：

5. 何涛……已被割了两个耳朵。(《水》21回)
6. (宝玉)进来，又被王夫人数说教训了一番。(《红》33回)
7. 美国侵略军在朝鲜战场上被我们打得个落花流水。(报)

第三，施动者后面还可以带修饰语，这也是宋以前所未见的，例如：

8. 被林冲把棒从地下一跳，洪教头措手不及，……扑地倒了。(《水》9回)
9. 李逵被那人在水里揪扯，浸得眼白。(又38回)
10. 那两个提朴刀的走近一步，却被武松叫声"下去"，一飞脚早踢中，翻筋斗踢下水去了。(又30回)

第四，近代文学语言里，还出现了另一个表被动的"吃"（喫），后来又有一个"叫"。"吃"常见于元人戏曲和元明小说里，有两个意义：一是和"被"同义，凡是用"被"的，都可以换为"吃"（喫）；二是遭受的意思，这却不能换用"被"。现各举例如下（A代表第一种用法，B代表第二种用法）：

A. 11. 什么意思，娶也不曾娶的，我倒吃他抢白了这一场。(《秋胡戏妻剧二》)
12. 喫我直说过了，夫人如今唤你来完成亲事哩！(《西》四之二)
13. 武松右手却吃钉住在行枷上，左手却散着。(《水》30回)
14. 若投别处去，终久要吃拿了。(又31回)
B. 15. 盆儿也，俺可便待今番吃了三顿打。(《盆儿鬼剧》四)
16. 又吃这一跌，我更待乾罢。(《秋胡戏妻剧二》)
17. 原来武松吃断棒之时，却得老管营使钱通了……(《水》30回)
18. 刘唐说道："奉山上哥哥将令，特使人打听得哥哥吃官司，直要来郓城县劫牢。"(又36回)

以上"吃"的两种用法，在当时正统的文言著作里是没有的。"吃"的来源还不清楚，很可能是当时的一种方言。按《广韵》《集韵》《韵补》，"吃"并居乙切（kiət），而"给"是居立切（kiəp），两字的读音，是很接近的。因此，很可能近代汉语里的"吃"后来转化为现代汉语的表被动的"给"。用"给"来充当表被动的介词，在明、清小说里还很罕见，只是在最近几十年间才流行起来。举例如下：

19. 好人给坏人挤得没有路走啦！（《少奶奶的扇子》第一幕）
20. 看看到底儿子叫人家给打坏了没有。（《二马》438页）

例20的"叫"和"给"都表示被动。按"叫"的这种用法，早见于《红楼梦》，例如：

21. 谁知那日一下子失了脚掉下去，几乎没淹死，好容易救上来了，到底叫那木钉把头硼破了。（《红》38回）
22. 我叫大奶奶拉扯住说话儿，我又没逃了，这么连三接四的叫人来找！（又39回）
23. 刚才一个鱼上来，刚刚儿的要钓着，叫你吓跑了。（又81回）

第十六章　处置式的起源和发展

上文曾经讲过，汉语语法的一般规律是动词在前、宾语在后。但是，这只是指在一般情况下的语序；如果说话的人要把宾语强调一下，或者表示对宾语带有处置的意思，那就会用介词"将"或"把"把宾语提前（把工作搞好，将他说服）。这种句法叫作处置式，是王力先生很早就提出来的。① 这里赞同他的意见，但是做了不同的观察和描述。

处置式是汉语语法的特殊形式，它和普遍的介宾结构不同，其所以不同，就在于句子具有处置的意思。当然，后来处置式的发展也有并不表示处置的；但是，"处置"毕竟是这一句式原来的最大特点，不应该拿后来的发展去否认它。

第一节　处置式的起源

上古没有处置式，但不能说古人没有类似处置式的概念。古人是有这种概念的，只不过在语言里还没有成为一种固定的语法形式。例如《尚书·盘庚中》："惟涉河以民迁""今予将试以汝迁"，《诗·卫风·氓》："以尔车来，以我贿迁"；《孟子·万章上》："天子不能以天下与人。"这些例子中的"以"都有提宾（"以"后的宾）作用，意义和处置式的"把"差不多。当然，"以"的作用毕竟和"把""将"不同，而且它的用法又灵活多样。所以这几个例子只能说是汉语处置式概念的萌芽罢了。

在上古，"将"和"把"都是有实义的动词，而不是介词。例如：

1. 之子于归，百两将之。(《诗·召南·鹊巢》)
   ［毛传：将，送也。］

---

① 处置式这个名称是王力先生提出来的，也有人称为"把"字句。参见王力《中国语法理论》上册第十二节，中华书局1954年版。

2. 不遑将母。（又《小雅·四牡》）

［毛传：将，养也。］

3. 阙党童子将令。（《论·宪问》）

［马融曰："阙党之童子，将命者，传宾主之语出入。"］

4. 左手把其袖。（《燕策》）

［把，持也。］

5. 将甲者进。（《庄·秋水》）

［将，持。甲，兵士护身的铁甲。］

后4、5两例，值得咱们注意。"把"和"将"有"持"义。依陆德明的《经典释文·庄子音义》解释："将，本亦作持。"那么，"将"和"持"原是同义词，今语是"拿"。因此，"将"首先引申为介词，是很自然的。如：

6. 苏秦始将连衡说秦惠王。（《秦策》）

这是较早出现的类似介词的"将"，意思是拿连横的策略去说服秦惠王。可惜能够找到的这类例子还少，很难判断"将"在当时究竟虚化到什么程度。后来汉魏乐府《上山采蘼芜》里有"将缣来比素，新人不如故"句，这就和处置式更接近了。至少可以说是处置式的初期形式吧。

直到中古时代南北朝时，用"将""把"组成的初期处置式已陆续有所出见。如：

7. 把火出看，了无所见。（《述异记》，《钩沉》本153页）

8. 把粟与鸡呼朱朱。（《伽蓝记》卷4）

9. （王）便谓傍臣："急将是梵志释逐出我国界去。"［《佛说义足经》卷上，（三国吴）支谦译］

10. 譬如有人若患眼病，若有目瞑，如是之人为开眼故，一月疗治，勤不休息，过一月已，眼得少开。彼有怨恶，常伺其便，把碎苹芨（一种胡椒之类的植物）著其眼中，令彼人眼暂暗，更闭不得开明。（北魏瞿昙般若流支译《大藏经》"宙"函第八册《不必定入定入印经》）

第二节　处置式的成熟流行

由上所述，可知初期处置式产生于南北朝，已无疑义。到了唐代已经流行起来，无论"变文"和诗词里都普遍出现，而且"将"和"把"同时使用。它们已经完全由动词分化出来充当介词，组成介宾结构，以修饰动词。"变文"里的用法最能反映这种情况。如：

将：1. 又将七宝依前施。（《敦变》442 页）
　　2. 帝知枉杀孝真，即将梁元纬等罪人于真墓前斩之讫。（又 876 页）
　　3. 将竹插于腰下。（又 8 页）
　　4. 何处将身回避？（又 661 页）
　　5. 遂将其笔望空便掷。（又 170 页）
　　6. 争取天花伸供养，竟将异宝表虔成（诚）。（又 597 页）
　　7. 早晚曾将智惠开。（又 583 页）
　　8. 直饶便得洗至骨，拾（恰）如将水洗乌金。（又 586 页）
把：9. 乾坤似把红罗展。（又 552 页）
　　10. 爱把眼花空里玩。（又 596 页）
　　11. 不把门前竹马骑。（又 607 页）
　　12. 谁知渐识会东西，时把父娘生毁辱。（又 692 页）
　　13. 阿郎把数都计算，计算钱物千匹强。（又 111 页）
　　14. 莫把杭州刺史欺。（白居易诗）
　　15. 欲知求友心，须把黄金链。（孟郊《求友》）

从以上的例子看来，唐代的处置式可用"将"，也可以用"把"，没有什么分别。更显明的是有时上下句中"将"与"把"对举，完全可以通用。如：

　　16. 乾坤如把绣屏桢，世界似将红绵展。（《敦变》549 页）
　　17. 只把练魔求志理，不将谄曲顺人情。（又 615 页）
　　18. 莫把娇姿染污我，休将天女恼人来。（又 633 页）

19. 敢将十指夸针巧，不把双眉斗画长。（秦韬玉《贫女》诗）

在上述的情况下，到底"将"和"把"哪个先演变为处置式？在初期处置式里哪个占优势？都不容易遽下断语。

"将""把"没有区别的情形，宋元以后还是这样。不过，"把"已经占了优势，如《水浒传》里就是这样。试拿第七回为例：全回共有 17 个处置式，其中 15 个用"把"，只有两个用"将"。又《儒林外史》第二回共有 12 个处置式，其中 10 个是"把"，"将"只两个。《红楼梦》的情况有点不同，以二十二回为例，里面 11 个处置式，"将"倒有 7 个，"把"只 4 个，五十二回有 10 个处置式，"把"占 6 个，"将"却只有 4 个。

后来的发展是，"将"和"把"在书面语里还是并行不悖，同样用作处置式。直到现在还是这样，我们说"将革命进行到底"，也说"一定要把淮河修好"，一用"将"，一用"把"，都成。不过总的说来，口语里以用"把"为常。

第三节　处置式的发展

唐代的处置式，由于产生的时间还短，结构比较简单，这表现在以下四个特点：①"把""将"后的宾语一般说来比较简单；②动词也单纯，几乎没有动后补语；③宾后罕见有否定词；④动词后头不再有宾语。到了宋元以后，这些情况都逐渐改变了，朝着复杂多样而完备的方向前进。下面就分四点来谈。

（1）在上节所举许多例子中，只有例 2、11 的宾语稍为复杂一点。例 2 的"梁元纬等"是"罪人"的同位语；例 11 的"门前"是"竹马"的附加语。不过，这只是极其个别的例子，大多数的宾语都是单词。但后来宋元作品中却出现许多长宾语的句子。例如（例句下面的横线表示长宾语）：

1. 杨志把那卖刀杀人的事，一一说与孙立。（《宣和遗事·元集》）

2. 将佛教改为官，释迦改为天尊，菩萨改为大士，罗汉改为尊

者，和尚改为德士。(又《亨集》)
3. 第一来把俺这亲兄长好看成，
第二来将俺那俊男儿奈心等。(《元曲·鸳鸯被》)
4. 把一个宜梳裹脸搽。(又《汉宫秋》)

像例2那样一个介词直管5个宾语的结构，是南宋以前所绝无仅有的。宾语长了（如例3、4），就非用"把""将"提宾不可，处置式因此就成为必要的了。它从此巩固下来了，也发展了。在现代汉语里，"把"后带着一个长长的宾语，这已经是司空见惯的事，它比过去的处置式进了一个大步，而且更加完善了。例如："在划分阶级成分时，必须注意不要把本来是中农成分的人，错误地划到富农圈子里去。""然后才有希望把已经缴械了和投降了的地主阶级分子、官僚资产阶级分子和国民党反动集团的成员及其帮凶们给以由坏人变好人的教育，并尽可能地把他们变成好人。"这两个例子都一望而知，如果不用处置式把长宾语提前，简直无法处理，同时也很明显，这样严密的句子是近代时期所不能有的。

(2) 初期的处置式的动词，绝大多数是单词或词组，再没有什么补语。这从上节各例可以得到说明。宋元以后的处置式往往和动补结构相结合，动词比较复杂，带有各种补语。如（～～～表示补语）：

5. 把这鸳鸯儿拆散了。(《宣和遗事·亨集》)
6. 如今将礼、义、廉、耻一切扫除了。(《朱子语录》卷5)
7. 小夫人把适来说的话，从头细说一遍。(《京本》卷13)
8. 林冲把这口刀翻来复去看了一回。(《水》7回)
9. 旁边耳房里走出二十余人，把林冲横推倒拽（得）恰似皂雕追紫燕，浑如猛虎啖羊羔。(同上)

像例9那样用两个句子来补充动词的结构，是汉语语法上的一大跃进，它使汉语的描写力与灵活性大大地增强起来。

(3) 唐代的处置式，"把"字后面还没有出现否定语，宋元以后就有了。如：

10. 把这件事不记心了。(《水》7回)

11. 今人所以悠悠者，只是把学问不曾做一件事看。(《朱子语录》)
12. 你把共乳同胞亲兄弟孙二不礼。(《杀狗劝夫》剧楔子)
13. 姑奶奶平日只敬重的王家哥儿几个，把我们不瞅不睬。(《儒》6 回)

处置式发展到这里，已离开了处置的意义，只有单纯的提宾作用。但这不是对处置式的否定，而是处置式的又一发展，因为这表示它不仅适用于肯定句，现在连否定句也能用了。

（4）处置式既然是要把宾语提前的，当然在动词后头不会再有宾语（间接宾语除外）。早期处置式的确是这样。但是，宋元以后，处置式里可以同时有两个宾语，即除了"把"后的正式宾语以外，动词后面容许再带一个次宾语。它跟动词的关系，比正式宾语还要来得紧密些。例如：

14. 把一丈青拴了双手。(《水》48 回)
15. 如何今日到把我强扭做贼。(又 33 回)
16. 把春梅揩抹了灰尘。(又 6 回)
17. 故意把我女儿坏了性命。(《醒世恒言》卷 14)
18. 把这情由细细写了个禀帖。(《儒》5 回)

有人管这种结构叫"保留宾语"①。其实不必多立名目，咱们索性承认近代以来的处置式容许动后再带宾语，这就成了。现代汉语正是继承了这种语法形式，并且加以发展的。例如（句里有黑点的是次宾语）：

19. 把资产阶级政党的庸俗作风也搬进共产党里来了。(《毛泽东选集》844 页)
20. 希特勒只好把整个方针转入战略防御。(又 909 页)
21. 尤其是第三次"左"倾路线的代表者，为贯彻其意旨起见，在党内曾经把一切因为错误路线行不通而对它采取怀疑、不同意、不满意、不积极拥护、不坚决执行的同志，不问其情况如何，一律错误

---

① 参见吕叔湘《汉语语法论文集》，科学出版社 1955 年版，第 133–134 页。

地戴上"右倾机会主义"、"富农路线"、"罗明路线"、"调和路线"、"两面派"等大帽子……（又 1007 页）

22. 在划分阶级成分时，必须注意不要把本来是中农成分的人，错误地划到富农圈子里去。（又 1251 页）

23. 孙中山死了，蒋介石起来。在二十二年的长时间内，蒋介石把中国拖到了绝境。（又 1476 页）

例 20、23 的次宾语比较简单，例 21 却是带有复杂定语的次宾语，这是现代以前的处置式所罕见的。19 和 20 两例则在次宾语之后还带有趋向补语，这更是一种新生的句式，在近代白话中似乎还未出现过。

结束语

以上各章有关汉语语法发展的叙述，告诉我们一个基本事实：汉语是一种无形态变化的古老语言，其前身是华语或称华夏语，也就是春秋时代的"雅言"，有人释为"正音"。这种"正音"成为历代汉语语法的核心。作为汉语的符号——汉字，自甲骨文、金文、小篆、汉隶以至今天的正楷行草，字体虽经种种变迁，但其表意的体系却是始终不变的。再就语言方面说，先秦音系也是大致相同的，例如本书开头已经指出《诗经》包括十五国风，而用韵并无不同。连当时被称为南蛮的楚地，其文学语言《楚辞》的用韵，同《诗经》比较，也只是大同小异。就整个汉语语法来说，它不仅有严密的句法，同时也有自己的词法，如果我们没有丢掉历史主义的观点的话，那么，我们必须承认，汉语词类确有它本身的特点，这些特点是汉语自己历史发展的结果。它逐步发生，逐步成长。在汉语史上，它的确曾经有过名、动、形不分的时期，在这个时期，词类活用比较流行，所以意动法和使动都出现得很早。但后来产生了自己的特点（多数是由实词虚化而产生的助词，如动词表示"体"的"着""了""过"）以后，词类就逐渐互相区别开来了。此外，汉语还不断从外语吸收了好些词尾如"性""化"。又经过语法学者的研究，还弄清楚了动词具有功能上的特征：它经常充当谓语，并且能够重叠，甚至双音动词也能重叠。动词的使动用法，会引起宾语性质的变化，这说明上古汉语的动词确有自动与他动之分，但不是所有动词都能分的。这种情况，在现代汉语里仍然存在着。形容词的传统特征，是不仅能充当修饰语，也能充当谓语，能重叠。这是自上古以来就已经如此的。形容词的词尾"的"和副词词尾的"地"是区别这两类词的特征之一。古代形容词和副词还有自己的词尾，如"乎""尔""如""若"等。现代词尾"儿"即来源于上古属 n 母字的"尔""如""若"。汉语的人称代词和其他词类一样，并没有格数之别，直到中古时期才产生了一个表示众数的词尾"们"。所有这些，都是汉语词类发展的结果，并不是可有可无的。

词序的固定性是汉语的一大特点，但不是唯一特点。汉语的词序，在一定条件下是会变动的。同时词序比较固定，并不妨碍词类的存在。因为各类的词都具有自己的特点，词序就不是词类赖以存在的唯一根据了。外国有些汉学家断言汉语是"列位语"，没有词类可分，这是没有事实根据的，是以印欧语系为中心说的谬论。其实按诸汉语历史实际，我们的祖先不仅很早就知道名词是怎么来的（如《荀子·正名篇》），而且还懂得名词是怎样当作动词用的。如《诗经·小雅·白华》"樵彼桑薪"笺："……人之樵出桑薪。"孔颖达疏："樵者，薪之一名，但诸事皆反其名以名其事。此'樵彼桑薪'犹薪是获薪也。"（见《十三经注疏·毛诗正义》。北师大研究生李芳圃同志毕业论文曾论及这点）"诸事皆反其名以名其事"（事指行为），这是汉语名词同作动词的一条规律。

汉语语法发展的总趋势是，句式日益完备，结构日益严密和复杂化。例如上古判断句基本上不用系词，但战国后期，系词就已有萌芽，西汉以后，就逐渐使用而走向普遍化了，上古前期汉语句子往往主动与被动不分，西周初期就开始有固定的被动式了。上古流行使动式，中古产生了动补结构，就比使动式更完善了。五四运动以后的许多新兴句法的产生（包括吸收外来语法），中华人民共和国成立后，普通话的推广和汉语规范化以及文字改革工作的推行，都把汉语的发展推向新的阶段。从此，语法结构更严密了，句式更多样化了，语法成分更复杂了，汉语的表现力已经空前增强。我们可以毫不夸张地说，现在汉民族共同语确实已经完成，它是世界上最发达的语言之一。我们当前的任务是要促进汉字改革，促进汉语规范化，使之现代化，继续整理古籍，振兴精神文明，以迎接我们社会主义中国四个现代化的到来，并继续为向人类宣扬、介绍中华民族传统文化做出伟大的贡献。

附录　第二部分《汉语语法史概要》引书简称

《书》——《尚书》（指今文《尚书》、曾运乾《尚书正读》为主）

《易》——《周易》（以下经典均以世界书局十三经影印合订本为主，不一一注明）

《左》——《左传》

《谷》——《谷梁传》

《语》——《国语》（国学丛书本）

《汉》——《汉书》（世界书局影印本）

《三国》——《三国志》（世界书局影印本）

《商》——《商君书》（通行本）

《墨》——《墨子》（通行本）

《论》——《论语》（十三经合订本）

《孙》——《十一家注孙子》中华版

《荀》——《荀子》（通行本）

《老》——《老子》（任继愈今译本为主。也参用出土的《老子》）

《楚》——《楚辞补注》中华书局1957年二册本

《齐民》——《齐民要术》（商务四部丛刊本）

《百喻经》——为萧齐天竺三藏求那毗地译，分上下两卷。本书所用是民国三年金陵刻经处本

《乐府》——指《乐府诗集》，中华书局《四部备要》本

《敦变》——《敦煌变文集》，数字指人民文学出版社1957年版的页数

《世说》——《世说新语》（1955年文学古籍刊行社影印两卷本）

《临济语录》——《唐临济禅师语录》（唐语录均据日本大正大藏经）

《刘宫调》——《刘知远诸宫调》

《诗》——《诗经》

《礼》——《礼记》

《公》——《公羊传》

《史》——《史记》，日本会注本

《策》——《战国策》（商务四部丛刊本为主。数目字表示卷数，偶亦采用出土的《战国纵横家》）

《后》——《后汉书》（世界书局影印本）

《韩》——《韩非子》（通行本）

《管》——《管子》（通行本）

《庄》——《庄子》（通行本）

《孟》——《孟子》（十三经合订本）

《晏》——《晏子春秋》（通行本）

《吕》——《吕氏春秋》（通行本）

《晋列》——《晋书·列传》（商务二十四史缩印百衲本）

《小说》——《古小说钩沉》，鲁迅辑，为南北朝作品，本书所引，是据1951年人民文学出版社单行本

《宣和》——《新刊大宋宣和遗事》，据中国古典文学出版社1954年上海版

《洞山语录》——《唐洞山悟本禅师语录》

《匡语录》——《匡真禅师语录》

《慧语录》——《慧照禅师语录》

《伽蓝记》——《洛阳伽蓝记》，周祖谟校释本，科学出版社1958年版

《甲》——董作宾《殷虚文字甲编》，阿拉伯数字表示片数。其他同

《乙》——董作宾《殷虚文字乙编》

《粹》——郭沫若《殷契粹编》

《菁》——罗振玉《殷虚书契菁华》

《通》——郭沫若《卜辞通纂》

《珠》——金祖同《殷契遗珠》

《上》《下》——罗振玉《殷虚书契后编》卷上、卷下

《前》——《殷虚书契前编》

《续》——罗振玉《殷虚书契续编》

《佚》——商承祚《殷契佚存》

《西》一之二——西表示王实甫著,王起校注《西厢记》,一表该书的本书,二表折数。他处类似的,同

《水》——《水浒》71回本

《水全》——《水浒全传》(即120回本)

《红》——《红楼梦》,阿拉伯数字表回数。下二书同

《儒》——《儒林外史》

《京本》——《京本通俗小说》,中国古典文学出版社1954年版

跋

潘师讳允中，字尹如，号殺庵，1906年生于广东兴宁，1996年逝于广州。语言学家、书法家，中山大学中文系教授。

《潘允中汉语史论集》包含潘师两种学术专著，一是《汉语语法史概要》，原为中州书画社1982年出版；一是《汉语词汇史概要》，原为上海古籍出版社1989年出版。两书声誉卓著，早已售罄。今裒为一集，由中山大学出版社重新梓行，既可聊应学界之需求，亦以纪念潘师之德业。

20世纪80年代，中山大学研究生尚少，博士研究生、硕士研究生学制均为三年，教授、副教授轮流招生，带完一届之后才能再招生。1983年，中文系招了六名硕士生，汉语史专业三人，美学专业三人。潘师只带过两届硕士生，一届开门，一届关门，1978级有周锡、董琨、张华文和袁庆述，1983级有李中生、李铭建和我。当年，暑假还未入学时，本校应届本科毕业的我和铭建兄接受了潘师布置的第一次作业，将出版不久的《汉语语法史概要》校读一过，新书编校稍欠认真，印刷错误颇多，我们两人将校读结果誊清呈交潘师，只是此后迄未再版，亦无从改正。

我们入学时，潘师已是77岁高龄，住在马岗顶东北区330号202室（今址），赵仲邑先生住同一栋101室，哲学系罗克汀教授住302室。据潘师讲，罗氏出门散步穿布鞋，在家踱步反而穿皮鞋。有一晚人静更深，罗先生又在踱步，吵得潘师无法成眠，潘师忍无可忍，和师母拿起拐杖和扫把，拼命捅着天花板提醒罗氏。听着潘师讲述的情景，我仿佛又看到了法国电影《疯狂的贵族》。

潘师客厅甚简洁，除了彩电、沙发、餐柜和书柜各一，几乎没有其他摆设。平时我们上课就在客厅。书柜中的书既有线装，也有洋装。玻璃门上贴着潘师墨书提示语："本架图书，恕不借出。"读书人爱书之心可见。

同铭建兄初次拜访潘师，潘师给每人一张名片，特别指着名片对我们说，自己是"中国书法家协会会员"，不是"书法协会会员"。潘师擅行草，喜用茅龙笔。河南漯河许慎文化园碑林有潘师自书诗作："一部《说文》辉郿邑，千秋功首耀金坛。二王既响阳春曲，喜见今王续斓斑。"在学期间，我向潘老求过墨宝，请潘老书拙撰一联："奇松生绝巘，短笛伴渔歌。"《水经注·江水》："绝巘多生怪柏。"我以前随家兄下海打过鱼，其时年少，颇为崇尚奇崛不凡之气。可惜自己数十年平庸碌碌，愧对师门。后来还曾经请潘师为我季姑父陈岳彪写了一副对联，潘师书邓石如名联相赠："海为龙世界，天是鹤家乡。"以茅龙书之，犹如老藤虬枝，绕折盘旋，苍劲朴茂。

1984年秋，潘师不顾年事已高，坚持赴西安参加中国训诂学会年会，还带着我们三个学生随行旁听。此次入秦，是我首次远足，一路游学，获益良多。会外有潘师引荐，见到不少学界前辈，印象较深的有徐复、周大璞、周秉钧、赵天吏等先生，还听了四场专题讲座，黄典诚先生讲汉语方言与诗文诵读，许嘉璐先生讲"同步引申"，吉常宏先生讲古汉语中的姓氏名字，曹先擢先生讲通假字问题。

1981年，潘师在珠海讲课时突发脑血管栓塞，幸好及时急送广州抢救，康复不错，后遗症就是嘴巴有点歪。潘师同事黄家教先生是方言学专家，平时善谑，中秋节拎着月饼去医院探病，潘师说眼睛看东西有点重影，黄先生说："潘老，重影挺好，我送您一盒月饼，不就变成两盒了？"出院过了许久，潘师嘴巴才真正好了，黄先生一见到潘师，笑着说："潘老，祝贺您转正啦。"在高校，副高转正高，临时工转正式工，都是"转正"，一点也不轻松。黄先生一语双关，妙趣横生。

1985年，花城出版社出版了韦戈先生的《古文字趣谈》，先生赠书潘师，扉页有行楷墨书题签："允中老前辈教正。后学陈炜湛敬呈。一九八五年五月。"潘老在此书上用红色圆珠笔写道："这本小书早就收到，但是直至今天才能仔细地细看——真是本好书，我早就该读了！允中。离休后五年志。"

1991年，暨南大学中文系陈初生先生要升教授，王彦坤学兄和我一同送晋升职称评审表至潘师家。过了一周我们如约来取评审表，潘师遍寻不获，最后还是我从字纸篓里找出来，原来潘师当作稿纸练笔之后丢弃了，还好，涂抹不多，表格尚可用，潘师赶紧补写了意见，让彦坤兄带回暨大。

潘师多年在中山大学开设"汉语语法史"和"汉语词汇史"课程，50年代还曾借调到兰州大学中文系主讲一年。《汉语语法史概要》和